LEI Nº 14.133/2021 COMENTADA
UMA VISÃO CRÍTICA

IVAN BARBOSA RIGOLIN

LEI Nº 14.133/2021 COMENTADA
UMA VISÃO CRÍTICA

2ª reimpressão

Belo Horizonte

2022

© 2022 Editora Fórum Ltda.

2022 1ª Reimpressão

2022 2ª Reimpressão

É proibida a reprodução total ou parcial desta obra, por qualquer meio eletrônico, inclusive por processos xerográficos, sem autorização expressa do Editor.

Conselho Editorial

Adilson Abreu Dallari
Alécia Paolucci Nogueira Bicalho
Alexandre Coutinho Pagliarini
André Ramos Tavares
Carlos Ayres Britto
Carlos Mário da Silva Velloso
Cármen Lúcia Antunes Rocha
Cesar Augusto Guimarães Pereira
Clovis Beznos
Cristiana Fortini
Dinorá Adelaide Musetti Grotti
Diogo de Figueiredo Moreira Neto (*in memoriam*)
Egon Bockmann Moreira
Emerson Gabardo
Fabrício Motta
Fernando Rossi
Flávio Henrique Unes Pereira

Floriano de Azevedo Marques Neto
Gustavo Justino de Oliveira
Inês Virgínia Prado Soares
Jorge Ulisses Jacoby Fernandes
Juarez Freitas
Luciano Ferraz
Lúcio Delfino
Marcia Carla Pereira Ribeiro
Márcio Cammarosano
Marcos Ehrhardt Jr.
Maria Sylvia Zanella Di Pietro
Ney José de Freitas
Oswaldo Othon de Pontes Saraiva Filho
Paulo Modesto
Romeu Felipe Bacellar Filho
Sérgio Guerra
Walber de Moura Agra

FÓRUM
CONHECIMENTO JURÍDICO

Luís Cláudio Rodrigues Ferreira
Presidente e Editor

Coordenação editorial: Leonardo Eustáquio Siqueira Araújo
Aline Sobreira de Oliveira

Rua Paulo Ribeiro Bastos, 211 – Jardim Atlântico – CEP 31710-430
Belo Horizonte – Minas Gerais – Tel.: (31) 2121.4900
www.editoraforum.com.br – editoraforum@editoraforum.com.br

Técnica. Empenho. Zelo. Esses foram alguns dos cuidados aplicados na edição desta obra. No entanto, podem ocorrer erros de impressão, digitação ou mesmo restar alguma dúvida conceitual. Caso se constate algo assim, solicitamos a gentileza de nos comunicar através do *e-mail* editorial@editoraforum.com.br para que possamos esclarecer, no que couber. A sua contribuição é muito importante para mantermos a excelência editorial. A Editora Fórum agradece a sua contribuição.

Dados Internacionais de Catalogação na Publicação (CIP) de acordo com ISBD

R572l	Rigolin, Ivan Barbosa
	Lei nº 14.133/2021 comentada: uma visão crítica / Ivan Barbosa Rigolin. 2. Reimpressão. - Belo Horizonte : Fórum, 2022.
	508 p. ; 14,5cm x 21,5cm.
	ISBN: 978-65-5518-285-9
	1. Direito administrativo. 2. Direito constitucional. 3. Direito civil. 4. Direito público. I. Título.
2021-4010	CDD 341.3
	CDU 342.9

Elaborado por Odilio Hilario Moreira Junior - CRB-8/9949

Informação bibliográfica deste livro, conforme a NBR 6023:2018 da Associação Brasileira de Normas Técnicas (ABNT):

RIGOLIN, Ivan Barbosa. *Lei nº 14.133/2021 comentada*: uma visão crítica. 2. Reimpr. Belo Horizonte: Fórum, 2022. 508 p. ISBN 978-65-5518-285-9.

*Aos licitadores brasileiros,
e que tenham muita sorte.
Eles vão precisar.*

SUMÁRIO

APRESENTAÇÃO 13

LEI Nº 14.133/21 COMENTADA
UMA VISÃO CRÍTICA 17
Impressões iniciais 17
Art. 1º 20
Art. 2º 30
Art. 3º 33
Art. 4º 34
Art. 5º 36
Art. 6º 40
Art. 7º 72
Art. 8º 74
Art. 9º 76
Art. 10 79
Art. 11 81
Art. 12 83
Art. 13 87
Art. 14 88
Art. 15 94
Art. 16 97
Art. 17 99
Art. 18 102
Art. 19 109
Art. 20 111
Art. 21 112
Art. 22 113
Art. 23 116
Art. 24 121
Art. 25 122

Art. 26	127
Art. 27	130
Art. 28	131
Art. 29	133
Art. 30	135
Art. 31	137
Art. 32	140
Art. 33	143
Art. 34	145
Art. 35	147
Art. 36	149
Art. 37	152
Art. 38	154
Art. 39	155
Art. 40	159
Art. 41	164
Art. 42	167
Art. 43	170
Art. 44	172
Art. 45	173
Art. 46	175
Art. 47	181
Art. 48	184
Art. 49	186
Art. 50	188
Art. 51	190
Art. 52	192
Art. 53	194
Art. 54	197
Art. 55	199
Art. 56	202
Art. 57	205
Art. 58	206
Art. 59	208
Art. 60	211
Art. 61	214
Art. 62	216
Art. 63	217

Art. 64	221
Art. 65	223
Art. 66	224
Art. 67	225
Art. 68	233
Art. 69	236
Art. 70	240
Art. 71	242
Art. 72	244
Art. 73	247
Art. 74	248
Art. 75	254
Art. 76	271
Art. 77	280
Art. 78	281
Art. 79	283
Art. 80	286
Art. 81	289
Art. 82	292
Art. 83	298
Art. 84	299
Art. 85	300
Art. 86	302
Art. 87	305
Art. 88	307
Art. 89	310
Art. 90	312
Art. 91	315
Art. 92	317
Art. 93	324
Art. 94	326
Art. 95	328
Art. 96	332
Art. 97	334
Art. 98	336
Art. 99	337
Art. 100	338
Art. 101	339

Art. 102..........340
Art. 103..........343
Art. 104..........346
Art. 105..........350
Art. 106..........351
Art. 107..........353
Art. 108..........354
Art. 109..........355
Art. 110..........356
Art. 111..........358
Art. 112..........359
Art. 113..........360
Art. 114..........361
Art. 115..........362
Art. 116..........365
Art. 117..........366
Art. 118..........369
Art. 119..........370
Art. 120..........371
Art. 121..........372
Art. 122..........376
Art. 123..........379
Art. 124..........380
Art. 125..........385
Art. 126..........387
Art. 127..........389
Art. 128..........390
Art. 129..........391
Art. 130..........392
Art. 131..........393
Art. 132..........395
Art. 133..........396
Art. 134..........397
Art. 135..........398
Art. 136..........400
Art. 137..........401
Art. 138..........408
Art. 139..........411

Art. 140	413
Art. 141	416
Art. 142	419
Art. 143	420
Art. 144	421
Art. 145	423
Art. 146	425
Art. 147	426
Art. 148	429
Art. 149	430
Art. 150	431
Art. 151	432
Art. 152	434
Art. 153	435
Art. 154	436
Art. 155	437
Art. 156	442
Art. 157	446
Art. 158	447
Art. 159	449
Art. 160	450
Art. 161	452
Art. 162	454
Art. 163	456
Art. 164	458
Art. 165	459
Art. 166	462
Art. 167	463
Art. 168	464
Art. 169	465
Art. 170	467
Art. 171	469
Art. 172	471
Art. 173	471
Art. 174	473
Art. 175	478
Art. 176	479
Art. 177	481

Art. 178 482
Art. 179 493
Art. 180 494
Art. 181 495
Art. 182 496
Art. 183 497
Art. 184 499
Art. 185 500
Art. 186 501
Art. 187 502
Art. 188 503
Art. 189 503
Art. 190 504
Art. 191 505
Art. 192 506
Art. 193 507
Art. 194 508

APRESENTAÇÃO

Após vinte e oito anos de espera, foi promulgada a lei que substituirá, em abril de 2023, a Lei Nacional de Licitações e Contratos Administrativos, a Lei nº 8.666, de 21 de junho de 1993. Até então vigorarão e se poderão aplicar, alternativamente, ou uma ou outra.

Ocorreu uma raríssima eficácia alternativa de duas leis: o aplicador, representante do ente público, escolhe uma ou outra, enquanto não se completam dois anos da promulgação da nova lei. Elegendo uma para reger suas licitações ou suas contratações diretas, utilizar-se-á esta até a produção do último efeito do contrato que dela se originar, ocorra quando for.

Existem sobejantes motivos para os entes públicos, nesse ínterim, escolherem a arquiconhecida Lei nº 8.666, simplesmente por ser diuturnamente praticada e já ter sido abundantemente palmilhada ao longo de quase três décadas – e não porque seja uma boa lei. Ocorre que a nova lei é espantosa, sob diversos aspectos.

Fruto da mentalidade, que tomou conta do legislador brasileiro, de que a lei precisa ser imensa, superdimensionada, ultra-abundante e detalhista em todos os aspectos e em todos os assuntos, por esse motivo, logo à primeira mirada, assusta, uma vez mais, o público a que se destina – de resto já tão habituado a levar sustos ao longo de sua vida funcional –, que é a comunidade dos licitadores de nosso país.

Uma receita caseira para o aperfeiçoamento da lei de 1993 é a de simplesmente cortar dela a matéria, suprimir muitas disposições em prol da clareza e da objetividade, e essa fórmula tão simplista parece se aplicar de novo à Lei nº 14.133/21. Os seres dotados de obesidade mórbida se valem proveitosamente dessa fórmula, que não raro resolve grande número de problemas de aptidão humana.

Ambas as leis merecem, *mutatis mutandis*, o comentário que Ruggiero Ricci teceu sobre o concerto para violino de Tchaikovsky, o de que *este concerto tem notas demais*. Com efeito, ambas ostentam uma imensa abundância, porém a nova lei excedeu de longe a primeira.

Existem dispositivos, em boa quantidade e de vasta extensão, que são simplesmente inúteis, desnecessários e os quais ninguém imagina quem ou o que teria inspirado. São institutos novos ou novas apresentações de antigos, em ambos os casos incompreensíveis, já que nada indicava sua demanda. Assusta, entretanto, o seu número.

Uma leitura crítica

Em temas como licitações, jamais nos satisfez o mero comentário – friamente tecido e indiferente ao mérito, ao panorama comparado do direito e às circunstâncias institucionais do momento – dos dispositivos em foco.

Comentários assim são melhores que nenhum comentário, porém o assunto é por demais palpitante e dinâmico para dispensar uma análise mais ampla da sua oportunidade e da sua conveniência em meio à espantosa realidade social, jurídica, econômica e de extremo exacerbamento de valores que o país e o mundo inteiro vivem e experimentam neste momento particularmente crucial.

Não satisfaz a simples decifração em elementos léxicos dos inúmeros artigos, quase duas centenas, eis que tal deixaria uma lacuna de todo frustrante à expectativa do aplicador, sempre sequioso de informação crítica, de confirmação ou de denegação de suas impressões, de arrazoados que convençam e que de fato informem o que ele não sabe, e não apenas invertam a redação da lei e finjam esclarecer o que quer que seja.

A cada novo tempo, a visão crítica das instituições é mais exigida de mestres, de profissionais do direito, de operadores, de estudiosos e, mesmo, de leigos por completo do tema, todos os quais têm como denominador comum a sede de dominar o sentido da lei e das regras que leem.

Uma coisa todos sabem, e é a de que não podem permanecer à mercê de informações desencontradas e desconexas, de boatarias, de noticiários tendenciosos e irresponsáveis, de opiniões expendidas sem a menor reflexão e inteiramente descomprometidas com a verdade, como de mesmo modo não se pode fiar ou validar como irrefutável o simples argumento de autoridade, proferido pela autoridade institucional que cunhou a indagação *"sabe com quem está falando?"*, e a quem a análise técnica da ordem que expediu apavora.

Impossível prezar uma leitura, uma interpretação ou uma estatuição simplesmente porque foi produzida pela autoridade ocupante do cargo, sem a explanação da sua razoabilidade. Inviável veicular uma informação apenas pelo seu autor, sem indagar da sua qualidade, neste mundo que se descortina e no qual a informação vale pelo seu conteúdo e sua consistência, e não por ter provindo de quem proveio.

Os mestres assim o são pela qualidade do que falam ou escrevem, e não porque foram ungidos pela divindade...

A leitura crítica e refletida de qualquer diploma jurídico – a iniciar pela Constituição – é uma necessidade primária do cidadão, irrenunciável, irrevogável e, a esta altura, impostergável. Não mais se admite a mansa atitude do *cordeiro das instituições*, se é que algum dia se a admitiu, como aplicação real do direito, mal e autoritariamente traduzida da regra legal.

Tal última atitude é, ademais, de efêmera duração. Nada que não seja fundamentado com solidez e convicção, mas apenas o exercício da autoridade institucional não correspondida com autoridade técnica, tem vida longa, nem permanência considerável.

Quem resiste à argumentação razoável e lógica, alicerçada nos valores estáveis que regem a vida do homem no planeta, em breve estará falando com seus botões, e a eles dando ordens.

Quem renegar a natureza das instituições, desdenhar a verdade que todos veem e pretender aos subordinados impor a sua, este é de esperar que a qualquer momento despenque da artificialidade que erigiu em torno de si, a qual evoca o bíblico bezerro de ouro que os seguidores de Moisés erigiram para adorar enquanto o líder não descia do Monte Sinai. Não vai longe.

Nessa tônica, foram escritos estes comentários à nova Lei de Licitações e Contratos, que, em abril de 2023, substituirá em definitivo a Lei nº 8.666, de 21 de junho de 1993.

Jamais seriam escritos diferentemente, já que a única ambição permitida, dizem, é a do tempo e, se um dia existiu, hoje não mais existe tempo a perder.

E existe outra razão para a crítica acerba e mordaz quando é técnica ou materialmente cabível.

Por coincidência ou não, diversos apontamentos agudamente críticos sobre alguns artigos, formulados em nosso livro de comentários à Lei nº 8.112, de 1990 – do regime jurídico único dos servidores da União –, muito curiosamente se viram correspondidos em várias modificações que aquela lei sofreu, principalmente em 1997, com a edição da Lei nº 9.527.

Teria alguém, influente na esfera federal, lido os comentários e refletido sobre o assunto? Pelo sim, pelo não, aquela constatação foi estimulante à formulação de comentários críticos, e não mornos e insípidos, aos textos legislativos.

Dificilmente apenas a adulação e os comentários diplomáticos ao legislador e à lei impulsionam a evolução do direito, uma vez que somente o confronto de ideias e o debate de propósito honesto e construtivo, somente desse modo o ambiente jurídico se refina e se esmera.

Há momentos, sem embargo, em que se faz impossível, a quem seja *do ramo* e tenha sangue nas veias, manter atitude diplomática e conciliadora. Com todo efeito, leis "codificantes" como esta de licitações e contratos contêm passagens literalmente insuportáveis, intragáveis, quer pelo conteúdo, quer pela forma.

E nesses momentos da pior inspiração imaginável, a diplomacia, as boas-maneiras, *data maxima venia*, passam longe. A política do impacto e o tratamento de choque se revelam imprescindíveis, até para que o recado pretendido reste claro, e não embatumado em nuvem de fumaça. Aos leitores mais sensíveis, recomenda-se, por conseguinte, discrição.

Enfim, conta o humílimo autor com a boa-vontade dos interessados neste palpitante e ultradinâmico tema do direito administrativo, a licitação, beneplácito esse que constitui o estímulo máximo a quem se dedica a esse ofício.

LEI Nº 14.133/21 COMENTADA

UMA VISÃO CRÍTICA

Impressões iniciais

I – Em 1º de abril de 2021, foi publicada a nova Lei Nacional das Licitações e dos Contratos Administrativos, a Lei nº 14.133, de 1º de abril de 2021, sancionada pelo presidente da República após a aposição de 26 (vinte e seis) vetos ao projeto aprovado pelo Congresso Nacional.

Visa substituir a anterior Lei nº 8.666, de 21 de março de 1993, e incluir a matéria da Lei do *Pregão* (Lei nº 10.520, de 17 de julho de 2002) e da Lei do *RDC* – o *regime diferenciado de contratações* (Lei nº 12.462, de 4 de agosto de 2011). E para o mister principal de trocar a Lei de Licitações, levou 28 (vinte e oito), após infrutíferas tentativas de se aprovarem outras leis nesse lapso, a começar por um projeto publicado em fevereiro de 1997 para receber sugestões e que jamais vingou.

Finalmente, a nova lei saiu, porém a revogação da lei anterior ainda não se deu, porque, graças ao art. 193, inciso II, da nova lei, apenas em 1º de abril de 2023 estarão revogadas a L 8.666, a Lei do Pregão e a Lei do RDC; até então, *conviverão* os regimes da L 8.666 e da Lei nº 14.133, de maneira que o aplicador poderá aplicar o regime que quiser nos certames realizados dentro dos dois anos posteriores à promulgação da nova lei.

Escolhe um deles, licita e contrata exclusivamente por esse regime escolhido, sem jamais misturar, baralhar ou confundir as duas leis e sem que jamais uma interfira na licitação e na contratação regida pela lei escolhida. Se, por exemplo, for escolhida a L 8.666, então a licitação e o contrato correrão, até a produção do seu último efeito, exclusivamente pela L 8.666, decorra para tanto o tempo que decorrer.

Uma licitação já iniciada antes de 1º de abril de 2021 e ainda não concluída, com o contrato já tendo sido assinado ou ainda não, seguirá até seu último efeito pela lei de regência, ou seja, a L 8.666. Basta que o edital da licitação já tenha sido publicado para ser considerada iniciada a licitação para esse efeito declinado. Ninguém é obrigado a revogar o edital pela L 8.666 para publicar outro regido pela nova lei.

Assim é o direito, porque o edital é (supostamente, até prova em contrário) um *ato jurídico perfeito*, e a lei nova não prejudica o ato jurídico perfeito, como assegura a Constituição, art. 5º, inciso XXXVI.

Mais: mesmo que um edital já publicado em 1º de abril de 2021 venha a ser agora anulado por ilegalidade, mesmo assim, se for antes de 1º de abril de 2023 outro edital poderá ser publicado regido pela mesma L 8.666, e a licitação e o contrato seguirão pela L 8.666 até seu último efeito.

A única exceção àquela revogação programada para dois anos é a Seção III do Capítulo IV da L 8.666, que altera o Código Penal para contemplar os crimes de licitação, previstos nos arts. 89 a 108 da L 8.666.

Esses artigos acima estão revogados desde 1º de abril de 2021 e já não produzem nenhum efeito para novos processos judiciais, tendo sido substituídos pelo art. 178 da Lei nº 14.133, que modifica diversos artigos do Código Penal para tipificar os crimes em licitações.

Porém, pelo art. 5º, inciso XL, da Constituição, quem já for réu em ação penal regida por algum artigo ora revogado da L 8.666 pode invocar a lei nova para reger a sua ação, se essa lhe for mais benéfica. A Carta, naquele dispositivo, assegura a irretroatividade da lei penal, exceto se para beneficiar.

Se, portanto, a nova lei for mais benéfica no apenar o réu processado com base no mesmo tipo penal do seu caso já em curso pela lei antiga, então esse réu poderá invocar a aplicação da nova lei para passar a reger o seu processo ao invés da anterior, mais gravosa. Basta que o tipo penal seja o mesmo, e a punição seja mais leve na nova lei.

Entendemos que a autoridade judicial não está obrigada, apenas pelo advento da nova lei, a verificar a cada caso em curso o favorecimento ao réu pela nova lei; a matéria é para ser alegada, quando for o caso, pela defesa para então ser apreciada e definida pelo Judiciário.

II – A impressão inicial é de que a nova lei, como sói acontecer no Brasil, é *extraordinariamente maior* do que poderia ser e na melhor técnica, entendemos, do que deveria ser.

O poder de síntese, se é importante na literatura e na escrita técnica, na legislação é crucial e deveria ser perseguido ao máximo por qualquer legislador em qualquer tema ou assunto.

A prolixidade – sobretudo quando a matéria *não é própria de lei, mas de ato infralegal!* – é um defeito de didática, uma negação de objetividade, um grave empecilho à própria eficácia do texto normativo.

Com efeito, ler uma lei cujos artigos são superdimensionados a olhos vistos e a qual, a todo tempo, desce a particularidades de reduzidíssima relevância no mundo jurídico e que, em verdade, pouco alteram o direito, mas consomem tempo e capacidade de atenção preciosos do leitor e do aplicador, isso não é um bom texto normativo. Antes constitui um castigo, amiúde imerecido.

Escrever muito jamais significou escrever bem, e esta Lei nº 14.133 é apenas mais um dos milhões de exemplos dessa verdade.

Toureá-la doravante, como a nação brasileira precisará fazer por não se imagina quantas décadas, será muita vez um tormento inenarrável, uma tortura institucional com requintes de crueldade.

Um repto que se pode lançar é o seguinte: aposta-se em que a L 8.666 será *esmagadoramente preferida* à nova lei dentro dos dois anos iniciais da nova lei, enquanto o aplicador ainda puder escolher. Entrar numa dantesca *selva escura e tenebrosa* quando ainda se pode palmilhar terreno, se não dos melhores, ao menos conhecido... quem preferirá?

O tempo dirá e sabe-se lá, inclusive, quantas alterações a nova lei sofrerá nesse lapso, sabendo-se que a L 8.666, em seus 28 aninhos de existência, até o momento sofreu cerca de 225 (duzentas e vinte e cinco) alterações. A lei no Brasil, como antes a própria Constituição, é um periódico.

****

Vistas essas breves impressões iniciais da nova lei, que o tempo filtrará, passa-se ao comentário artigo por artigo de todo o *excessivamente longo* texto.

A lei será doravante referida apenas por Lei nº 14.133, e seu texto destacado entre barras, conforme se apresenta a seguir. A Lei nº 8.666, de 21 de março de 1993, será semelhantemente referida apenas por L 8.666.

Assim é a lei:

Art. 1º

LEI Nº 14.133, DE 1º DE ABRIL DE 2021

Lei de Licitações e Contratos Administrativos

O PRESIDENTE DA REPÚBLICA Faço saber que o Congresso Nacional decreta e eu sanciono a seguinte Lei:

TÍTULO I

DISPOSIÇÕES PRELIMINARES

CAPÍTULO I

DO ÂMBITO DE APLICAÇÃO DESTA LEI

Art. 1º Esta Lei estabelece normas gerais de licitação e contratação para as administrações públicas diretas, autárquicas e fundacionais da União, dos Estados, do Distrito Federal e dos Municípios, e abrange:

I – os órgãos dos Poderes Legislativo e Judiciário da União, dos Estados e do Distrito Federal e os órgãos do Poder Legislativo dos Municípios, quando no desempenho de função administrativa;

II – os fundos especiais e as demais entidades controladas direta ou indiretamente pela Administração Pública.

§1º Não são abrangidas por esta Lei as empresas públicas, as sociedades de economia mista e as suas subsidiárias, regidas pela Lei nº 13.303, de 30 de junho de 2016, ressalvado o disposto no art. 178 desta Lei.

§2º As contratações realizadas no âmbito das repartições públicas sediadas no exterior obedecerão às peculiaridades locais e aos princípios básicos estabelecidos nesta Lei, na forma de regulamentação específica a ser editada por Ministro de Estado.

§3º Nas licitações e contratações que envolvam recursos provenientes de empréstimo ou doação oriundos de agência oficial de cooperação estrangeira ou de organismo financeiro de que o Brasil seja parte, podem ser admitidas:

I – condições decorrentes de acordos internacionais aprovados pelo Congresso Nacional e ratificados pelo Presidente da República;

II – condições peculiares à seleção e à contratação constantes de normas e procedimentos das agências ou dos organismos, desde que:

a) sejam exigidas para a obtenção do empréstimo ou doação;

b) não conflitem com os princípios constitucionais em vigor;

c) sejam indicadas no respectivo contrato de empréstimo ou doação e tenham sido objeto de parecer favorável do órgão jurídico do contratante do financiamento previamente à celebração do referido contrato;

d) VETADO.

§4º A documentação encaminhada ao Senado Federal para autorização do empréstimo de que trata o §3º deste artigo deverá fazer referência às condições contratuais que incidam na hipótese do referido parágrafo.

§5º As contratações relativas à gestão, direta e indireta, das reservas internacionais do País, inclusive as de serviços conexos ou acessórios a essa atividade, serão disciplinadas em ato normativo próprio do Banco Central do Brasil, assegurada a observância dos princípios estabelecidos no caput do art. 37 da Constituição Federal.

Esse art. 1º da Lei nº 14.133 é extenso, prolixo e rebarbativo e, com isso, de técnica acentuadamente inferior à do art. 1º da L 8.666, que sintetizava o que importava na ocasião. Agora navega o legislador, uma vez mais, na ilusão de que, para escrever bem, é preciso escrever muito, quando a verdade, antes, é a inversa.

Ocorre, porém, que escrever objetiva e concisamente *é para quem sabe*, o que dificilmente se pode afirmar do legislador brasileiro, com base na sua produção das últimas décadas.

O gigantismo e o detalhismo desnecessário e tremendamente cansativo outra vez tomam conta de todo o texto, como se o aplicador tivesse todo o tempo do mundo para deleitar-se nesse oceano de inutilidades sistematicamente organizadas.

Dizíamos que se, seletivamente, se pudesse cortar um terço da L 8.666, ela melhoraria significativamente. Com esta, parece dar-se o mesmo. Os 26 (vinte e seis) vetos apostos poderiam multiplicar-se amplamente com grande vantagem para o direito, sendo, porém, que o texto poderia ter sido muito mais econômico desde a mais remota origem, eis que não é ampliando um mau texto que se o escoima das suas imperfeições.

A *praga* da lei inteira de normas gerais de licitação – unanimemente condenada pela doutrina desde 1993 em face do óbvio exagero em generalizar a noção de normas gerais e, com isso, se desnaturar por completo esse conceito – foi mantida e ampliada.

À evidente alta de discernimento sobre o que são ou seriam normas gerais, o legislador uma vez mais declara todas as disposições da nova lei normas gerais, de modo a obrigar todos os entes públicos a que destina a lei a jamais desobedecerem nenhuma delas – algo que, de saída, já é rematadamente impossível.

E o mesmo ridículo ambiente verificado na L 8.666 se repete, por exemplo, aqui: os *crimes* de licitação são, pela técnica generalizante da lei, *normas gerais de licitações*. Ou seja, parece ser obrigatório cometer os crimes, já que estão na lista das normas gerais, que são todos os artigos da lei...

Alguém já terá um dia lido, um dia e onde quer que fosse, alguma lei em que os crimes, tipificados no Código Penal, sejam *norma geral* de alguma coisa?

Passam-se as décadas, os governos e as legislaturas; alteram-se a fundo os costumes e os hábitos da sociedade; o mundo se revira e as informações dobram a cada período cada vez mais curto, mas o legislador não se dá conta do rematado absurdo de generalização das normas gerais numa lei de licitações, mesmo com toda a literatura de que dispõe.

E o país, que aguardava lei melhor que a L 8.666, chafurdará, não se imagina por quantos anos, dentro de um pântano ainda maior, afronta explícita à nossa inteligência jurídica e institucional. Neste assunto de licitações, vai longe o dia da redenção para o direito brasileiro.

O *caput* do art. 1º estabelece o âmbito de abrangência da lei, inovando um pouco com relação ao direito anterior. Diz aplicar-se a lei *às administrações públicas diretas, autárquicas e fundacionais da União, dos Estados, do Distrito Federal e dos Municípios*, o que, desde logo e imediatamente, força a conclusão de que *entidades que não integram a administração pública estão excluídas da sua incidência*.

E, por excelência, acorrem ao palco – pela extraordinária relevância institucional de que desfrutam em nosso país para a organização das profissões brasileiras – os *conselhos de fiscalização profissional*, que são autarquias federais, porém, na qualidade de corporativas ou especiais, *absolutamente diferenciadas* das autarquias tradicionais. Permita-se uma detença maior sobre esse exato assunto.

São absolutamente díspares daquelas porque, entre ouras características, não prestam serviço público, mas privado, nem recebem verbas do poder público, nem gerenciam sequer um centavo de dinheiro público e, com tudo isso, *não integram a administração pública*.

Nesse sentido decidiu recentemente o Supremo Tribunal Federal, na ADPF nº 367/DF:

ADMINISTRATIVO. REGIME JURÍDICO ADMINISTRATIVO. NATUREZA *SUI GENERIS* DOS CONSELHOS DE FISCALIZAÇÃO PROFISSIONAL. POSSIBILIDADE DE CONTRATAÇÃO DE FUNCIONÁRIOS PELO REGIME DA CONSOLIDAÇÃO DAS LEIS DO TRABALHO.

1. Os Conselhos Profissionais, enquanto autarquias corporativas criadas por lei com outorga para o exercício de atividade típica do Estado, tem maior grau de autonomia administrativa e financeira, constituindo espécie *sui generis* de pessoa jurídica de direito público não estatal, a qual não se aplica a obrigatoriedade do regime jurídico único preconizado pelo artigo 39 do texto constitucional.

2. Trata-se de natureza peculiar que justifica o afastamento de algumas das regras ordinárias impostas às pessoas jurídicas de direito público. Precedentes: RE 938.837 (Rel. Min. EDSON FACHIN, redator p/ acórdão Min. MARCO AURÉLIO, Tribunal Pleno, julgado em 19/4/2017, DJe de 25/9/2017; e ADI 3.026 (Rel. Min. EROS GRAU, Tribunal Pleno, DJ de 29/9/2006.

3. Constitucionalidade da legislação que permite a contratação no âmbito dos Conselhos Profissionais sob o regime celetista. ADC 36 julgada procedente, para declarar a constitucionalidade do art. 58, §3º, da Lei 9.649/1998. ADI 5367 e ADPF 367 julgadas improcedentes.

ACÓRDÃO

Vistos, relatados e discutidos estes autos, os Ministros do Supremo Tribunal Federal, em Sessão Virtual do Plenário, sob a Presidência do Senhor Ministro DIAS TOFFOLI, em conformidade com a certidão de julgamento, por maioria, acordam em julgar improcedente o pedido formulado na arguição de descumprimento de preceito fundamental para declarar a recepção pela Constituição Federal do art. 35 da Lei 5.766/1971; do art. 19 da Lei 5.905/1973; do art. 20 da Lei 6.316/1975; do art. 22 da Lei 6.530/1978; do art. 22 da Lei 6.583/1978; e do art. 28 da Lei 6.684/1979, nos termos do voto do Ministro ALEXANDRE DE MORAES, Redator para o acórdão, vencidos os Ministros CÁRMEN LÚCIA (Relatora), RICARDO LEWANDOWSKI, MARCO AURÉLIO e CELSO DE MELLO, que proferiu voto em assentada anterior, e parcialmente o Ministro EDSON FACHIN. Não participou deste julgamento, por motivo de licença médica, o Ministro CELSO DE MELLO.

Brasília, 8 de setembro de 2020.

Ministro ALEXANDRE DE MORAES

Relator

Em seu voto vencedor, o ministro Alexandre de Moraes, transcrevendo doutrina de Lucas Rocha Furtado sobre a natureza e o regime jurídico das autarquias fiscalizadoras do exercício profissional de diversas carreiras, dissera:

> Essas autarquias especiais devem, assim, em suas contratações realizarem a prévia licitação. Estas não necessitam, todavia, observar fielmente as regras previstas na Lei 8.666/93. As licitações das autarquias corporativas devem observar regras eventualmente editadas previamente por elas mesmas, regras que busquem realizar a impessoalidade, a publicidade, a moralidade, a eficiência, etc.
> À OAB, ao CREA, aos Conselhos de Contabilidade etc., não se justifica a aplicação da Lei de Responsabilidade Fiscal – Lei Complementar 101/02 – ou da Lei 4.320/64. Estas leis existem para disciplinar e limitar os gastos públicos efetuados pelas entidades da Administração Pública. Dado que as autarquias corporativas não integram a Administração Pública, a elas não se aplicam essas leis. A necessidade de que os cargos, empregos ou funções a serem criados na Administração decorra de lei é forma de controle a ser exercido pelo Legislativo sobre o Executivo. Em

relação às autarquias corporativas, que dispõem de plena autonomia administrativa, gerencial, financeira etc., não se justifica a necessidade de lei para criar empregos. O dever de realizarem concurso público e licitação decore da aplicação dos princípios constitucionais de moralidade, de impessoalidade, de publicidade etc. (...)
(voto do Ministro Alexandre de Moraes)
Assim, tenho por válida a opção feita pelo legislador, no sentido da formação dos quadros dos Conselhos Profissionais com pessoas admitidas por vínculo celetista.
Em vista do exposto, DIVIRJO da Ministra Relatora, para julgar PROCEDENTE o pedido formulado na ADC 36 e IMPROCEDENTES os pedidos formulados na ADI 5367 e na ADPF 367, e declarar a constitucionalidade do art. 58, §3º, da Lei 9.649/1998, bem como da legislação que permite a contratação no âmbito dos Conselhos Profissionais sob o regime celetista.
E também deliberara o Ministro Dias Toffoli, no mesmo sentido vencedor:
Assim, de acordo com a jurisprudência da Corte, não resta dúvida de que os conselhos de fiscalização de profissão são autarquias.
Mas são autarquias comuns? Penso que não. Como destacado nos votos que antecederam o meu, os conselhos de fiscalização de profissão são autarquias especiais ou *sui generis*, pois não integram a Administração Pública. As autarquias de regime especial (*sui generis*) não podem ser confundidas com as autarquias comuns, porque "a atribuição de fiscalização e de controle sobre profissionais difere-se daqueles serviços públicos comuns prestados à população, sendo esta competência das autarquias comuns" (informações do Senado Federal).
O caráter especial dessas autarquias assegura liberdade administrativa e financeira no desempenho de suas atribuições, sujeitando-se tais autarquias aos princípios constitucionais.
O enquadramento dos conselhos de fiscalização de profissão como autarquias não os integra automaticamente na estrutura estatal. Nesse sentido, os professores Carlos Ari Sundfeld e Jacintho Arruda Câmara sustentam que "não há relação necessária entre possuir natureza de direito público e integrar a estrutura estatal" e que "não é todo ente estatal que apresenta regime jurídico de direito público, bem como não é necessário que todo ente público faça parte da estrutura estatal" (Informações da AGU).

Desse modo:

(i) se as autarquias fiscalizadoras do exercício profissional – em geral, Conselhos ou Ordens –, apesar de serem autarquias, são *inteiramente diferentes* das autarquias tradicionais e clássicas, e *não integram a administração pública*;

(ii) se, pelo *caput* do art. 1º, esta lei se aplica às *administrações públicas diretas, autárquicas e fundacionais*, então
(iii) esta lei *não se aplica aos Conselhos, Ordens ou demais autarquias corporativas fiscalizadoras de exercício profissional*, seja qual for a carreira ou profissão.

A coerência, a lógica e a mais rudimentar forma de raciocínio obrigam a esta conclusão.

O inciso I do *caput* menciona que se aplica esta lei aos Poderes Judiciário e Legislativo *quando em função administrativa*.

Imaginaria o autor da lei, talvez, que o juiz aplicaria a Lei de Licitações em sua função judicante para nela se embasar e poder proferir seu julgamento? Ou que o senador ou o deputado elaborariam leis com base e fundamento na Lei de Licitações?

É o que dá escrever por escrever... e porque se adverte imemorialmente que falar é prata, e calar é ouro.

O inciso II menciona *fundos especiais e demais entidades* controladas direta ou indiretamente pela administração pública.

Então fundo, que sempre foi uma simples conta bancária, um dinheiro ou uma verba especializada, vinculada e controlada para não se confundir com outras verbas, passou a ser uma *pessoa jurídica*?

Sim, porque entidade é uma pessoa. Inexiste entidade sem personalidade ou, de outro modo, é apenas parte de outra entidade, que, como tal, é sempre uma pessoa.

O fundo, então, tem personalidade jurídica?

Contrata, assume obrigações, age como pessoa?

O Estado não sabe o que mais fazer para controlar tudo quanto possa, seja da espécie ou da natureza que for, corpórea ou incorpórea, material ou imaterial, física ou virtual, presente ou eventual. E quanto mais tenta nesse esforço fiscalizatório, mais explodem os escândalos de corrupção, de malversação de dinheiro público, de bandidagem institucional e de falência dos controles. Nem a atual *pandemia* mundial impediu práticas conhecidas de deslavada corrupção.

Mil vezes preferível seria que a lei circunscrevesse o seu escopo e a sua abrangência a entidades grandes, visíveis e reais, na tentativa de ser eficaz, e não um roteiro de teatro, como amiúde é.

Entra lei, sai lei; entra Constituição, sai Constituição, enquanto a norma não detiver o mágico condão de mudar *a pessoa humana*, então será apenas uma cartada após a outra, em carnavalesco desfile.

Mas não terminou o comentário ao inciso II.

Que quererá dizer o dispositivo com *entidades controladas direta ou indiretamente pela administração*? Não é nova a ideia, mas, agora como dantes, precisa ser resolvida sem meias-palavras.

Que é exatamente e onde reside o *controle indireto* de alguma pessoa pela administração pública? Como se exerce algum controle oficial indireto?

Uma empresa *conveniada* com o poder público é por ela controlada indiretamente? Não nos parece, porque o poder público não controla quem tem autonomia de vontade. Controla posturas sociais, comportamentos externos que afetem a coletividade, mas não a sua atividade essencial e principal, o seu *modus faciendi*, a sua marca pessoal.

Uma *organização social* é controlada indiretamente pelo poder público? Também não parece, e pelo mesmo motivo.

Existe, sim, controle público sobre a aplicação de verbas públicas repassadas às organizações sociais, sujeitas como são, sempre, a um prévio plano de aplicação. Mas daí a fiscalizar em ponto pequeno a operacionalização daquelas aplicações ou fiscalizar a gerência da atividade diária e permanente de uma OS em prol daquilo, essa é matéria defesa ao poder público.

O poder público fiscaliza os resultados, não os discricionários e particulares procedimentos da entidade em perseguição daqueles resultados. Então, não controla.

Os tribunais de contas controlam o ente público que repassou verbas à entidade particular para saber se elas vêm sendo ou foram despendidas de acordo com o plano de aplicação, mas não interfere na política interna da entidade privada, simplesmente porque não a controla nem direta, nem indiretamente.

Ou seja: quanta subjetividade reside nessa ideia de "controle indireto" de entidades particulares pelo Estado! Que dificuldade imensa terá o implementar com racionalidade essa genérica, evasiva e fluida ordem legal – que, de resto, é tão cômoda para o legislador quão molesta para o aplicador, o fiscal, o fornecedor, o usuário, o juiz e para quantos mais lidem com a lei!

E, nesse diapasão, quanta disputa já se deu e ainda se dará pelos entes particulares que recebem dinheiros públicos para se assegurarem isentos daquele "controle indireto" pelo ente público e, com isso, antes de mais nada, pela *inaplicação da Lei de Licitações...*

Precisar aplicar a Lei de Licitações é tão confortável quanto andar algemado, com libambo no pescoço e dois *rottweilers* famintos no encalço. Se era ruim sob a L 8.666, agora, sob esta lei de 2021, o ambiente do administrado resulta significativamente pior. Todos esses esperem apenas *sangue, suor e lágrimas...*

O §1º diz o óbvio e, se não existisse o direito, permaneceria rigorosamente igual.

Informa que a lei não se aplica às estatais e às suas subsidiárias, a não ser o dispositivo que alterou o Código Penal, que se aplica. Isto é igualmente acaciano, porque o Código Penal se aplica a todo cidadão no país, e não seria o agente de uma estatal que lhe escaparia da incidência.

O §2º, que chove no molhado, é a diplomática tentativa de conciliar o direito estrangeiro com essa nova lei, mas sua eficácia antes serve *para inglês ver.* Repartições brasileiras sediadas no exterior, todos sabem, licitam no exterior segundo a lei local e coisa alguma além disso. É a própria regra da *soberania nacional* que o impõe.

E os princípios básicos da licitação, que o dispositivo manda observar, já são sempre previstos e observados onde quer que exista licitação, e não será por força de lei brasileira que deverão ser obedecidos no exterior.

Os §§3º e 4º entraram na lei como Pilatos no Credo: ninguém explica, nem faz a menor ideia por quê.

Contêm matéria que poderia ser resolvida com folga num decreto executivo ou até em diploma menor. Como o *soprador de verruma* do conto de Monteiro Lobato, o §3º autoriza providências e rotinas administrativas que *jamais foram proibidas,* como estabelecer condições em acordos internacionais que envolvam custeio de objetos de licitações internacionais ou fixar condições peculiares daquelas licitações... como se cada licitação não fosse peculiar...

Desse §3º, a alínea *d* do seu inciso II foi vetada. Tivera sido vetado todo o parágrafo (por rematada inutilidade), então melhor teria restado o direito.

Outra vez o legislador brasileiro inventa a roda e talvez se julgue importantíssimo após escrever tais platitudes, absolutamente inúteis, na nova lei – sendo que, aqui também, caso esses parágrafos inexistissem, a matéria de que tratam poderia continuar a ser exercitada pelas autoridades brasileiras tão desembaraçadamente como sempre foi...

Em bisonhice, o §4º é insuperável ao informar que a documentação a ser remetida ao Senado para autorização de empréstimos deverá indicar as condições contratuais respectivas... alguém acredita? Poderia não ser assim? O Senado acaso poderia autorizar um empréstimo não descrito para um objeto desconhecido e em condições ocultas?

E o §5º – *cuja matéria jamais deveria estar na Lei de Licitações, muito menos no seu art. 1º, porque nada tem a ver com o assunto da lei!* – informa que o Banco Central disciplinará *contratações relativas à gestão, direta e indireta, das reservas internacionais do País.*

O Banco Central, que recentemente ganhou autonomia administrativa, sofre agora essa azucrinação, veiculada, como se disse, pelo meio (formalmente) mais inidôneo imaginável, que é a Lei Nacional de Licitações.

Que tinha o legislador de *meter o bedelho* na administração do autônomo Banco Central? E, pior, justamente na Lei de Licitações?

***

E assim é, gentil leitor, a nova Lei de Licitações da nossa república federativa. Pela sua abertura, já é possível entrever o que virá, uma vez que pelo dedo se conhece o gigante. Esteja, pois, preparado.

Art. 2º

Art. 2º Esta Lei aplica-se a:

I – alienação e concessão de direito real de uso de bens;

II – compra, inclusive por encomenda;

III – locação;

IV – concessão e permissão de uso de bens públicos;

V – prestação de serviços, inclusive os técnico-profissionais especializados;

VI – obras e serviços de arquitetura e engenharia;

VII – contratações de tecnologia da informação e de comunicação.

Este artigo informa a que objetos se aplica a Lei nº 14.133. Como na L 8.666, é ruim, porque excessivamente genérico e, dentro das contratações diretas por inexigibilidade e por dispensa de licitação, acontecem exceções a essas regras que não parecem estar admitidas aqui.

Trata-se da regra geral e ampla, que vigora eficazmente quando não for excepcionada pela própria lei, verificada cada circunstância ocasional. *Não é fatal nem peremptória esta lista*, é o que se quer dizer.

Assim, em não sendo excepcionado cada caso real, ou seja, se não existir regra excepcionadora incidindo sobre a ocasional pretensão do poder público, como regra inicial, aplica-se esta lei nas:

– *alienações e nas concessões de direito real de uso* (inciso I). Abrange-se qualquer alienação, de bens móveis ou imóveis, significando a transferência da titularidade do bem ou do direito (em geral classificado como bem móvel), e sejam materiais ou imateriais.

Também, caso o poder público queira outorgar *concessão de direito real de uso*, modalidade de transferência da propriedade pública que é vinculada à manutenção da finalidade do negócio pelo concessionário e que é regida pelo art. 7º do Decreto-Lei nº 271, de

28 de fevereiro de 1967, como regra inicial – que pode comportar exceções – precisará licitá-la por esta lei;
– *compras, inclusive por encomenda* (inciso II). Que as compras são licitadas é regra antiga, que também comporta exceções, como, por exemplo, aquelas que não atingem o valor mínimo licitável, previsto na lei. O lance curioso é a previsão de que mesmo compras encomendadas se licitam. Alguém supunha que não seriam licitáveis?

Se, por exemplo, o ente público licita móveis que devem ser fabricados especialmente ou próteses individuais, pode sempre a isso denominar encomendas. Se, por outro lado, licita bens para serem entregues em certos prazos e em certas condições, também pode a isso denominar encomendas, independentemente do regime contratual de pagamento. Não se atina, no entanto, com a razão desta inédita especificação, algo como a *pedra na sopa* do dito popular;

– *locações* (inciso III), que são o mesmo que aluguel. Toda locação que não estiver dentro de regra excepcionadora deverá ser licitada, e essas regras excludentes existem com abundância, como a de, por exemplo, apenas um bem servir para ser locado, caso típico de inexigibilidade.

Entendemos que também o *arrendamento* e o arrendamento mercantil ou *leasing*, se acaso permitidos e necessários para a administração, enquadram-se nessa regra de licitabilidade, salvo naquelas ditas exceções;

– *concessões e permissões de uso de bens públicos* (inciso IV). Previsão juridicamente estúpida, obra de jejunos do direito que desconhecem que esse assunto é de órbita local, dependente e resolúvel segundo a lei orgânica de cada município e pela Constituição e legislação estadual para cada estado. Se se licita permissão e concessão de uso de bem público, é cada município e cada estado que deliberam, nos termos da sua legislação, e não lei federal sobre assunto nenhum.

Merece ação de inconstitucionalidade com pedido de liminar suspensiva, tal qual ocorreu com o art. 17 da L 8.666, declarado em parte inconstitucional pelo STF na ADI nº 927-3-RS, relator min. Carlos Velloso, em 3 de novembro de 1993, numa cautelar que, a propósito, até hoje vigora.

Dispositivo profundamente deseducativo e deplorável;

– *prestações de serviços, inclusive os técnico-profissionais especializados* (inciso V). A coisa parece desandar de vez. São tantas as exceções à licitabilidade de serviços técnico-profissionais especializados que este inciso é outro dispositivo que mais atrapalha o direito que o constrói.

Então, se não se estiver diante de alguma das inúmeras exceções, licitam-se os serviços que a administração pretende contratar.

Quanto a serviços comuns, as exceções à licitabilidade são menores, mas também existem, e teria sido muito mais inteligente e proveitoso que o legislador mantivesse a técnica concisa e resumida da lei anterior, art. 2º, que a abrisse desajeitada e ineptamente como fez aqui, aparentemente para demonstrar ao mundo *que tem poder...* e é lamentável precisar trabalhar num tal cenário involucional, no qual o legislador tenta consertar a natureza;

– *obras e serviços de arquitetura e engenharia* (inciso VI). Temos a mesma ladainha, já enfadonha: sempre que não se estiver dentro de alguma exceção, então se licitam obras e serviços de engenharia e de arquitetura, como é de regra geral dos contratos públicos. São tantas as exceções, entretanto, que essa previsão pouco vale para nortear quem quer que seja neste assunto e, curiosamente, deixa mais dúvidas em pé que as esclarece... e ai de quem se restringir a este art. 2º;

– *contratações de tecnologia da informação e de comunicação* (inciso VII). Pode-se repetir o comentário anterior. São tantas e tantas as hipóteses de licitações inexigíveis e dispensáveis neste caso, no mundo real, e não no imaginário do legislador, que outra vez ficou pior essa previsão expressa que uma genérica junção de objetos no *caput* do artigo, como no art. 2º da L 8.666, para clarear o direito.

Em caso de informática e de TI se acentua particularmente este problema, porque o mundo de hoje é quase uma realidade virtual, em que poucas coisas não se conseguem resolver diante de uma tela e dentro de um programa de computador. Desse modo, confiar nesse dispositivo generalizante é tudo o que se desaconselha ao aplicador da lei, eis que, segundo parece, existem mais exceções à regra do *caput* do que efetivas hipóteses em que vigora desimpedidamente.

Art. 3º

Art. 3º Não se subordinam ao regime desta Lei:

I – contratos que tenham por objeto operação de crédito, interno ou externo, e gestão de dívida pública, incluídas as contratações de agente financeiro e a concessão de garantia relacionadas a esses contratos;

II – contratações sujeitas a normas previstas em legislação própria.

Prosseguindo na sua técnica ineditamente ruim, a lei neste ponto parece querer resumir em que objetos não se aplica a Lei nº 14.133, como se fossem apenas estes e não a miríade interminável de exceções à licitação que a realidade do dia a dia a todos impõe.

Por este artigo, não se aplica esta lei a operações de crédito interno ou externo (dentro do país ou fora) e contratos de gestão da dívida pública, algo meio futurista, que parece anunciar que o poder público talvez não saiba suficientemente como gestionar sua dívida, daí precisar contratar terceiros para auxiliá-lo nesse mister.

Os eventuais consectários de tais contratações, como a contratação de agente financeiro e de garantias de execução, seguem o principal, como é de regra em direito, e também escapam à aplicação da lei (inciso I).

E pelo inciso II, não se aplica a Lei nº 14.133 quando a contratação for regida por legislação específica e própria, algo que parece óbvio, mas cuja previsão não faz mal, para desde logo prevenir confusões ou baralhamentos.

Em caso de contratações no estrangeiro, esta previsão, aí, sim, é redundante, porque jamais uma lei nacional rege negócios estrangeiros – a não ser na improbabilíssima hipótese em que o respectivo contrato assim o determine.

Art. 4º

Art. 4º Aplicam-se às licitações e contratos disciplinados por esta Lei as disposições constantes dos arts. 42 a 49 da Lei Complementar nº 123, de 14 de dezembro de 2006.

§1º As disposições a que se refere o *caput* deste artigo não são aplicadas:

I – no caso de licitação para aquisição de bens ou contratação de serviços em geral, ao item cujo valor estimado for superior à receita bruta máxima admitida para fins de enquadramento como empresa de pequeno porte;

II – no caso de contratação de obras e serviços de engenharia, às licitações cujo valor estimado for superior à receita bruta máxima admitida para fins de enquadramento como empresa de pequeno porte.

§2º A obtenção de benefícios a que se refere o *caput* deste artigo fica limitada às microempresas e às empresas de pequeno porte que, no ano-calendário de realização da licitação, ainda não tenham celebrado contratos com a Administração Pública cujos valores somados extrapolem a receita bruta máxima admitida para fins de enquadramento como empresa de pequeno porte, devendo o órgão ou entidade exigir do licitante declaração de observância desse limite na licitação.

§3º Nas contratações com prazo de vigência superior a 1 (um) ano, será considerado o valor anual do contrato na aplicação dos limites previstos nos §§1º e 2º deste artigo.

Este artigo diz respeito às micro e pequenas empresas, cujo estatuto é a aqui referida Lei Complementar nº 123, de 14 de dezembro de 2006. O *caput* manda aplicar a Lei nº 14.133 às licitações e aos contratos por ela regidos os arts. 42 a 49 daquele estatuto. Por esses dispositivos, concedem-se privilégios às MPE nas licitações promovidas pelo poder público.

O §1º abre exceções à regra do *caput* e exclui da incidência desta Lei nº 14.133 – retirando delas o privilégio, portanto – estas duas seguintes hipóteses:
  a) aquisição de bens ou contratação de serviços quanto ao item cuja estimativa de valor superar a receita bruta máxima admitida para o enquadramento do proponente como empresa de pequeno porte;
  b) contratação de obras e serviços de engenharia nas licitações cujo valor total estimado for superior à receita bruta máxima admitida para enquadramento do proponente como empresa de pequeno porte.

Está correta a lei dentro do seu detalhismo, que não tem fim. Se a micro e a pequena empresas obtiveram privilégios exatamente por auferirem receita limitada a valores que a LC nº 123/06 fixou, então não faz sentido que mantenham aqueles privilégios em ocasionais contratações por valores superiores aos que permitiram o enquadramento como empresa de pequeno porte.

Privilegia-se – e já muito contestavelmente segundo entendemos – a empresa que se limita a auferir renda circunscrita a limites legais diferenciadores; se a empresa os ultrapassa em licitações que redundarão em contratações, será injusto manter as regalias, de modo que a lei neste ponto acertou.

O §2º, mantendo regra já existente na Lei das MPEs, também acerta ao limitar os benefícios dos arts. 42 a 49 do estatuto às empresas que, no ano-calendário em que se der a licitação, ainda não tenham celebrado contratos públicos cujos valores somados ultrapassem a receita bruta máxima admitida para o seu enquadramento como empresas de pequeno porte.

Deve ser então exigida daqueles licitantes declaração de adequação a esse limite, o que evidentemente se dará sob as penas da lei por declaração falsa à administração pública – e ao licitante é um péssimo negócio falsear suas informações.

O derradeiro §3º complementa os anteriores, estabelecendo que, nos contratos superiores a um ano, será de um ano o prazo a ser considerado para os fins de apuração do valor e dos limites previstos nos §§1º e 2º.

Além de coerente e lógico, é de tradição no direito brasileiro esse prazo anual, que atrai naturalmente o raciocínio em matéria de duração contratual. E não se trata no caso de ano-calendário, que se inicia em 1º de janeiro e termina em 31 de dezembro, mas um ano corrido, iniciado na data que for.

Art. 5º

CAPÍTULO II
DOS PRINCÍPIOS

Art. 5º Na aplicação desta Lei, serão observados os princípios da legalidade, da impessoalidade, da moralidade, da publicidade, da eficiência, do interesse público, da probidade administrativa, da igualdade, do planejamento, da transparência, da eficácia, da segregação de funções, da motivação, da vinculação ao edital, do julgamento objetivo, da segurança jurídica, da razoabilidade, da competitividade, da proporcionalidade, da celeridade, da economicidade e do desenvolvimento nacional sustentável, assim como as disposições do Decreto-Lei nº 4.657, de 4 de setembro de 1942 (Lei de Introdução às Normas do Direito Brasileiro).

Este artigo verte para o plano da lei os cinco princípios de administração figurantes do art. 37 constitucional, acrescido de outros 17 (dezessete), totalizando o possível *record* mundial de 22 (vinte e dois). Devem ter sido colecionados durante meses a fio, num trabalho de pacientíssima compilação. Dos *oito* do art. 3º da L 8.666 passaram a *vinte e dois* nesta Lei nº 14.133!

O texto parece desafiar outros legisladores ou doutrinadores a encontrarem outros princípios, como se tal colecionismo auxiliasse em alguma coisa o direito e o trabalho das licitações. Redonda ilusão, quando faltam figuras como o princípio da *vergonha na cara* ou o da racionalidade do agente.

Isso não quer significar, entretanto, que sejam desprezíveis os princípios, aqui desfilando como vistoso rebanho, pois que são frequentes ações civis públicas contra envolvidos em licitações – sejam agentes públicos, sejam licitantes ou fornecedores –, em geral movidas pelo Ministério Público, por violação a princípios de administração. Com essa nova *chusma* de princípios, muito mais alegações passam a ter os autores de tais ações. E quando muita vez as ações já são sabida e reconhecidamente nefastas pelo evidente exagero da pretensão punitiva, neste momento poderão tornar-se bastante mais deletérias aos réus.

Com efeito, parece que os princípios inserem ideias na consciência dos fiscais, com as quais jamais haviam sonhado. Teme-se profundamente esse possível efeito dessa lista do art. 5º.

Pulando-se desde já os arquiconhecidos princípios que já figuram na L 8.666, cinco dos quais já existiam na Constituição desde 1988, temos que:

– *Planejamento* significa simples organização dos trabalhos envolvendo as contratações pretendidas, os editais de licitação, as minutas de contratos e todos os trabalhos necessários para o certame.

– *Transparência*, regra muito em moda e que precisa ser efetiva em prol das diversas fiscalizações que incidem sobre os contratos governamentais, é a garantia de acesso do cidadão aos negócios públicos, através de ao menos inserção nos *sites* oficiais das informações negociais mais importantes.

– *Eficácia* é eficiência, capacidade de produzir efeito, aptidão para o fim proposto, suficiência de resultados.

– *Segregação de funções* é a necessária separação das funções dos setores e dos agentes envolvidos nas licitações, sem baralhamentos ou interferências recíprocas, de modo a permitir que cada qual bem desempenhe seu papel.

– *Motivação* é o fim público a que se destina a licitação, a utilidade pública da sua realização, sem desvios de interesse e sem tredestinações dos objetos e dos procedimentos.

– *Vinculação ao edital* e *julgamento objetivo* são duas importantíssimas regras que já existem na L 8.666, fundamento de impugnações aos editais, ações judiciais e conflitos de toda ordem e sem conta entre e interessados.

Não pode o julgamento (I) se desviar do que estabeleceu o edital como regra específica para cada licitação, e o julgamento, dentro do possível, precisará ser frio e objetivo, sabendo-se, entretanto, que realmente objetivo (II) será apenas um julgamento de menor preço, sem possibilidade de sofrer influências pessoais dos agentes;

– *Segurança jurídica*. Excelente! Vejamos se o agente das licitações observa este mandamento, sendo porém que deveria, antes, dirigir-se aos ministros da mais alta corte de justiça do país e também aos governadores dos estados, sem dizer de abundantes prefeitos municipais. Não é propriamente nas licitações e nos contratos públicos que falta segurança jurídica ao cidadão brasileiro.

– *Razoabilidade.* É bom que conste escrito na lei este princípio, porque poderá com mais efetividade ser alegado em recursos, em impugnações ao edital, em julgamentos e em todo o procedimento licitatório, sem dizer das fiscalizações.

Quanto a essas, é em matéria de defesas que será mais intensamente verberado por quem se sinta injustiçado com algum apontamento ou alguma condenação, que entenda simplesmente pouco razoável dentro do comportamento médio dos agentes administrativos.

– *Competitividade.* Redundância perfeitamente dispensável, porque não se imagina uma competição, como a licitação, que precise ser advertida de que deverá observar o princípio da competitividade... licitação é competitividade, de modo que a previsão, aqui, é infantil.

– *Proporcionalidade.* Isto é a própria razoabilidade dita com outra palavra, ou mesmo a motivação, ou a finalidade. *Vana verbis*, diriam os romanos.

– *Celeridade.* Dentro do que for dado ao agente da licitação trabalhar rapidamente observando os prazos da lei em favor do licitante, essa é a meta expressa por este princípio. Apenas que *não se acredita em nada* que respeite ao tema dentro da lei quando se sabe que a Constituição garante ao cidadão *duração razoável do processo* (CF, art. 5º, inciso LXXVIII), quando se conhecem ações que correm há um século e quando inúmeras ações penais a todo tempo prescrevem no curso do processo por demora no julgamento final.

Outra parolagem flácida para dormitar bovino, da pior categoria.

– *Economicidade.* Demagogia infantil, quando a licitação em nosso país é a perseguição do melhor preço. Economicidade é a regra primeira da administração pública, fora da qual os contratos podem ser e frequentemente são anulados em ações civis públicas ou em ações populares. Alguém precisa ensinar a alguém, ainda mais se se tratar da administração pública, que é preciso ser econômico nesta vida?

– *Desenvolvimento nacional sustentável.* O legislador, que escreveu isto, deve saber o que significa e onde entraria no contexto de uma licitação. Para nós, é mais um exercício de demagogia bem-soante, na medida em que a licitação tem regras financeiras e econômicas muito rígidas e fiscalizadas de perto, que não cedem a rótulos de moda ou ondas passageiras como este vacuoso conceito. Se o legislador escreveu, este autor supõe que isto existe mesmo.

Conclui o artigo informando que a antiga Lei de Introdução ao Código Civil, atual Lei de Introdução às Normas do Direito Brasileiro, se aplica às licitações regidas por esta lei. Ora, se todas as instituições jurídicas brasileiras devem imaculado respeito e observância a esta basilar e estrutural lei que dá os pilares do direito brasileiro, será que, por acaso, a Lei de Licitações escaparia à sua incidência?

A infantilidade do legislador é de desanimar profissionais do direito. Parece faltar-lhe o que fazer – quando se sabe que não falta. A quem exige economicidade do agente da licitação trata-se de uma decepção que seja tão prolixo e antieconômico na lei.

Art. 6º

CAPÍTULO III
DAS DEFINIÇÕES

Art. 6º Para os fins desta Lei, consideram-se:

I – órgão: unidade de atuação integrante da estrutura da Administração Pública;

II – entidade: unidade de atuação dotada de personalidade jurídica;

III – Administração Pública: administração direta e indireta da União, dos Estados, do Distrito Federal e dos Municípios, inclusive as entidades com personalidade jurídica de direito privado sob controle do poder público e as fundações por ele instituídas ou mantidas;

IV – Administração: órgão ou entidade por meio do qual a Administração Pública atua;

V – agente público: indivíduo que, em virtude de eleição, nomeação, designação, contratação ou qualquer outra forma de investidura ou vínculo, exerce mandato, cargo, emprego ou função em pessoa jurídica integrante da Administração Pública;

VI – autoridade: agente público dotado de poder de decisão;

VII – contratante: pessoa jurídica integrante da Administração Pública responsável pela contratação;

VIII – contratado: pessoa física ou jurídica, ou consórcio de pessoas jurídicas, signatária de contrato com a Administração;

IX – licitante: pessoa física ou jurídica, ou consórcio de pessoas jurídicas, que participa ou manifesta a intenção de participar de processo licitatório, sendo-lhe equiparável, para os fins desta Lei, o fornecedor ou o prestador de serviço que, em atendimento à solicitação da Administração, oferece proposta;

X – compra: aquisição remunerada de bens para fornecimento de uma só vez ou parceladamente, considerada imediata aquela com prazo de entrega de até 30 (trinta) dias da ordem de fornecimento;

XI – serviço: atividade ou conjunto de atividades destinadas a obter determinada utilidade, intelectual ou material, de interesse da Administração;

XII – obra: toda atividade estabelecida, por força de lei, como privativa das profissões de arquiteto e engenheiro que implica intervenção no meio ambiente por meio de um conjunto harmônico de ações que, agregadas, formam um todo que inova o espaço físico da natureza ou acarreta alteração substancial das características originais de bem imóvel;

XIII – bens e serviços comuns: aqueles cujos padrões de desempenho e qualidade podem ser objetivamente definidos pelo edital, por meio de especificações usuais de mercado;

XIV – bens e serviços especiais: aqueles que, por sua alta heterogeneidade ou complexidade, não podem ser descritos na forma do inciso XIII do *caput* deste artigo, exigida justificativa prévia do contratante;

XV – serviços e fornecimentos contínuos: serviços contratados e compras realizadas pela Administração Pública para a manutenção da atividade administrativa, decorrentes de necessidades permanentes ou prolongadas;

XVI – serviços contínuos com regime de dedicação exclusiva de mão de obra: aqueles cujo modelo de execução contratual exige, entre outros requisitos, que:

a) os empregados do contratado fiquem à disposição nas dependências do contratante para a prestação dos serviços;

b) o contratado não compartilhe os recursos humanos e materiais disponíveis de uma contratação para execução simultânea de outros contratos;

c) o contratado possibilite a fiscalização pelo contratante quanto à distribuição, controle e supervisão dos recursos humanos alocados aos seus contratos;

XVII – serviços não contínuos ou contratados por escopo: aqueles que impõem ao contratado o dever de realizar a prestação de um serviço específico em período predeterminado, podendo ser prorrogado, desde que justificadamente, pelo prazo necessário à conclusão do objeto;

XVIII – serviços técnicos especializados de natureza predominantemente intelectual: aqueles realizados em trabalhos relativos a:

a) estudos técnicos, planejamentos, projetos básicos e projetos executivos;

b) pareceres, perícias e avaliações em geral;

c) assessorias e consultorias técnicas e auditorias financeiras e tributárias;

d) fiscalização, supervisão e gerenciamento de obras e serviços;

e) patrocínio ou defesa de causas judiciais e administrativas;

f) treinamento e aperfeiçoamento de pessoal;

g) restauração de obras de arte e de bens de valor histórico;

h) controles de qualidade e tecnológico, análises, testes e ensaios de campo e laboratoriais, instrumentação e monitoramento de parâmetros específicos de obras e do meio ambiente e demais serviços de engenharia que se enquadrem na definição deste inciso;

XIX – notória especialização: qualidade de profissional ou de empresa cujo conceito, no campo de sua especialidade, decorrente de desempenho anterior, estudos, experiência, publicações, organização, aparelhamento, equipe técnica ou outros requisitos relacionados com suas atividades, permite inferir que o seu trabalho é essencial e reconhecidamente adequado à plena satisfação do objeto do contrato;

XX – estudo técnico preliminar: documento constitutivo da primeira etapa do planejamento de uma contratação que caracteriza o interesse público envolvido e a sua melhor solução e dá base ao anteprojeto, ao termo de referência ou ao projeto básico a serem elaborados caso se conclua pela viabilidade da contratação;

XXI – serviço de engenharia: toda atividade ou conjunto de atividades destinadas a obter determinada utilidade, intelectual ou material, de interesse para a Administração e que, não enquadradas no conceito de obra a que se refere o inciso XII do *caput* deste artigo, são estabelecidas, por força de lei, como privativas das profissões de arquiteto e engenheiro ou de técnicos especializados, que compreendem:

a) serviço comum de engenharia: todo serviço de engenharia que tem por objeto ações, objetivamente padronizáveis em termos de desempenho e qualidade, de manutenção, de adequação e de adaptação de bens móveis e imóveis, com preservação das características originais dos bens;

b) serviço especial de engenharia: aquele que, por sua alta heterogeneidade ou complexidade, não pode se enquadrar na definição constante da alínea "a" deste inciso;

XXII – obras, serviços e fornecimentos de grande vulto: aqueles cujo valor estimado supera R$ 200.000.000,00 (duzentos milhões de reais);

XXIII – termo de referência: documento necessário para a contratação de bens e serviços, que deve conter os seguintes parâmetros e elementos descritivos:

a) definição do objeto, incluídos sua natureza, os quantitativos, o prazo do contrato e, se for o caso, a possibilidade de sua prorrogação;

b) fundamentação da contratação, que consiste na referência aos estudos técnicos preliminares correspondentes ou, quando não for possível divulgar esses estudos, no extrato das partes que não contiverem informações sigilosas;

c) descrição da solução como um todo, considerado todo o ciclo de vida do objeto;

d) requisitos da contratação;

e) modelo de execução do objeto, que consiste na definição de como o contrato deverá produzir os resultados pretendidos desde o seu início até o seu encerramento;

f) modelo de gestão do contrato, que descreve como a execução do objeto será acompanhada e fiscalizada pelo órgão ou entidade;

g) critérios de medição e de pagamento;

h) forma e critérios de seleção do fornecedor;

i) estimativas do valor da contratação, acompanhadas dos preços unitários referenciais, das memórias de cálculo e dos documentos que lhe dão suporte, com os parâmetros utilizados para a obtenção dos preços e para os respectivos cálculos, que devem constar de documento separado e classificado;

j) adequação orçamentária;

XXIV – anteprojeto: peça técnica com todos os subsídios necessários à elaboração do projeto básico, que deve conter, no mínimo, os seguintes elementos:

a) demonstração e justificativa do programa de necessidades, avaliação de demanda do público-alvo, motivação técnico-econômico-social do empreendimento, visão global dos investimentos e definições relacionadas ao nível de serviço desejado;

b) condições de solidez, de segurança e de durabilidade;

c) prazo de entrega;

d) estética do projeto arquitetônico, traçado geométrico e/ou projeto da área de influência, quando cabível;

e) parâmetros de adequação ao interesse público, de economia na utilização, de facilidade na execução, de impacto ambiental e de acessibilidade;

f) proposta de concepção da obra ou do serviço de engenharia;

g) projetos anteriores ou estudos preliminares que embasaram a concepção proposta;

h) levantamento topográfico e cadastral;

i) pareceres de sondagem;

j) memorial descritivo dos elementos da edificação, dos componentes construtivos e dos materiais de construção, de forma a estabelecer padrões mínimos para a contratação;

XXV – projeto básico: conjunto de elementos necessários e suficientes, com nível de precisão adequado para definir e dimensionar a obra ou o serviço, ou o complexo de obras ou de serviços objeto da licitação, elaborado com base nas indicações dos estudos técnicos preliminares, que assegure a viabilidade técnica e o adequado tratamento do impacto ambiental do empreendimento e que possibilite a avaliação do custo da obra e a definição dos métodos e do prazo de execução, devendo conter os seguintes elementos:

a) levantamentos topográficos e cadastrais, sondagens e ensaios geotécnicos, ensaios e análises laboratoriais, estudos socioambientais e demais dados e levantamentos necessários para execução da solução escolhida;

b) soluções técnicas globais e localizadas, suficientemente detalhadas, de forma a evitar, por ocasião da elaboração do projeto executivo e da realização das obras e montagem, a necessidade de reformulações ou variantes quanto à qualidade, ao preço e ao prazo inicialmente definidos;

c) identificação dos tipos de serviços a executar e dos materiais e equipamentos a incorporar à obra, bem como das suas especificações, de modo a assegurar os melhores resultados para o empreendimento e a segurança executiva na utilização do objeto, para os fins a que se destina, considerados os riscos e os perigos identificáveis, sem frustrar o caráter competitivo para a sua execução;

d) informações que possibilitem o estudo e a definição de métodos construtivos, de instalações provisórias e de condições organizacionais para a obra, sem frustrar o caráter competitivo para a sua execução;

e) subsídios para montagem do plano de licitação e gestão da obra, compreendidos a sua programação, a estratégia de suprimentos, as normas de fiscalização e outros dados necessários em cada caso;

f) orçamento detalhado do custo global da obra, fundamentado em quantitativos de serviços e fornecimentos propriamente avaliados, obrigatório exclusivamente para os regimes de execução previstos nos incisos I, II, III, IV e VII do *caput* do art. 46 desta Lei;

XXVI – projeto executivo: conjunto de elementos necessários e suficientes à execução completa da obra, com o detalhamento das soluções previstas no projeto básico, a identificação de serviços, de materiais e de equipamentos a serem incorporados à obra, bem como suas especificações técnicas, de acordo com as normas técnicas pertinentes;

XXVII – matriz de riscos: cláusula contratual definidora de riscos e de responsabilidades entre as partes e caracterizadora do equilíbrio econômico-financeiro inicial do contrato, em termos de ônus financeiro decorrente de eventos supervenientes à contratação, contendo, no mínimo, as seguintes informações:

a) listagem de possíveis eventos supervenientes à assinatura do contrato que possam causar impacto em seu equilíbrio econômico-financeiro e previsão de eventual necessidade de prolação de termo aditivo por ocasião de sua ocorrência;

b) no caso de obrigações de resultado, estabelecimento das frações do objeto com relação às quais haverá liberdade para os contratados inovarem em soluções metodológicas ou tecnológicas, em termos de modificação das soluções previamente delineadas no anteprojeto ou no projeto básico;

c) no caso de obrigações de meio, estabelecimento preciso das frações do objeto com relação às quais não haverá liberdade para os contratados inovarem em soluções metodológicas ou tecnológicas, devendo haver obrigação de aderência entre a execução e a solução predefinida no anteprojeto ou no projeto básico, consideradas as características do regime de execução no caso de obras e serviços de engenharia;

XXVIII – empreitada por preço unitário: contratação da execução da obra ou do serviço por preço certo de unidades determinadas;

XXIX – empreitada por preço global: contratação da execução da obra ou do serviço por preço certo e total;

XXX – empreitada integral: contratação de empreendimento em sua integralidade, compreendida a totalidade das etapas de obras, serviços e instalações necessárias, sob inteira responsabilidade do contratado até sua entrega ao contratante em condições de entrada em operação, com características adequadas às finalidades para as quais foi contratado e atendidos os requisitos técnicos e legais para sua utilização com segurança estrutural e operacional;

XXXI – contratação por tarefa: regime de contratação de mão de obra para pequenos trabalhos por preço certo, com ou sem fornecimento de materiais;

XXXII – contratação integrada: regime de contratação de obras e serviços de engenharia em que o contratado é responsável por elaborar e desenvolver os projetos básico e executivo, executar obras e serviços de engenharia, fornecer bens ou prestar serviços especiais e realizar montagem, teste, pré-operação e as demais operações necessárias e suficientes para a entrega final do objeto;

XXXIII – contratação semi-integrada: regime de contratação de obras e serviços de engenharia em que o contratado é responsável por elaborar e desenvolver o projeto executivo, executar obras e serviços de engenharia, fornecer bens ou prestar serviços especiais e realizar montagem, teste, pré-operação e as demais operações necessárias e suficientes para a entrega final do objeto;

XXXIV – fornecimento e prestação de serviço associado: regime de contratação em que, além do fornecimento do objeto, o contratado responsabiliza-se por sua operação, manutenção ou ambas, por tempo determinado;

XXXV – licitação internacional: licitação processada em território nacional na qual é admitida a participação de licitantes estrangeiros, com a possibilidade de cotação de preços em moeda estrangeira, ou licitação na qual o objeto contratual pode ou deve ser executado no todo ou em parte em território estrangeiro;

XXXVI – serviço nacional: serviço prestado em território nacional, nas condições estabelecidas pelo Poder Executivo federal;

XXXVII – produto manufaturado nacional: produto manufaturado produzido no território nacional de acordo com o processo produtivo básico ou com as regras de origem estabelecidas pelo Poder Executivo federal;

XXXVIII – concorrência: modalidade de licitação para contratação de bens e serviços especiais e de obras e serviços comuns e especiais de engenharia, cujo critério de julgamento poderá ser:

a) menor preço;

b) melhor técnica ou conteúdo artístico;

c) técnica e preço;

d) maior retorno econômico;

e) maior desconto;

XXXIX – concurso: modalidade de licitação para escolha de trabalho técnico, científico ou artístico, cujo critério de julgamento será o de melhor técnica ou conteúdo artístico, e para concessão de prêmio ou remuneração ao vencedor;

XL – leilão: modalidade de licitação para alienação de bens imóveis ou de bens móveis inservíveis ou legalmente apreendidos a quem oferecer o maior lance;

XLI – pregão: modalidade de licitação obrigatória para aquisição de bens e serviços comuns, cujo critério de julgamento poderá ser o de menor preço ou o de maior desconto;

XLII – diálogo competitivo: modalidade de licitação para contratação de obras, serviços e compras em que a Administração Pública realiza diálogos com licitantes previamente selecionados mediante critérios objetivos, com o intuito de desenvolver uma ou mais alternativas capazes de atender às suas necessidades, devendo os licitantes apresentar proposta final após o encerramento dos diálogos;

XLIII – credenciamento: processo administrativo de chamamento público em que a Administração Pública convoca interessados em prestar serviços ou fornecer bens para que, preenchidos os requisitos necessários, se credenciem no órgão ou na entidade para executar o objeto quando convocados;

XLIV – pré-qualificação: procedimento seletivo prévio à licitação, convocado por meio de edital, destinado à análise das condições de habilitação, total ou parcial, dos interessados ou do objeto;

XLV – sistema de registro de preços: conjunto de procedimentos para realização, mediante contratação direta ou licitação nas modalidades pregão ou concorrência, de registro formal de preços relativos a prestação de serviços, a obras e a aquisição e locação de bens para contratações futuras;

XLVI – ata de registro de preços: documento vinculativo e obrigacional, com característica de compromisso para futura contratação, no qual são registrados o objeto, os preços, os fornecedores, os órgãos participantes e as condições a serem praticadas, conforme as disposições contidas no edital da licitação, no aviso ou instrumento de contratação direta e nas propostas apresentadas;

XLVII – órgão ou entidade gerenciadora: órgão ou entidade da Administração Pública responsável pela condução do conjunto de procedimentos para registro de preços e pelo gerenciamento da ata de registro de preços dele decorrente;

XLVIII – órgão ou entidade participante: órgão ou entidade da Administração Pública que participa dos procedimentos iniciais da contratação para registro de preços e integra a ata de registro de preços;

XLIX – órgão ou entidade não participante: órgão ou entidade da Administração Pública que não participa dos procedimentos iniciais da licitação para registro de preços e não integra a ata de registro de preços;

L – comissão de contratação: conjunto de agentes públicos indicados pela Administração, em caráter permanente ou especial, com a função de receber, examinar e julgar documentos relativos às licitações e aos procedimentos auxiliares;

LI – catálogo eletrônico de padronização de compras, serviços e obras: sistema informatizado, de gerenciamento centralizado e com indicação de preços, destinado a permitir a padronização de itens a serem adquiridos pela Administração Pública e que estarão disponíveis para a licitação;

LII – sítio eletrônico oficial: sítio da internet, certificado digitalmente por autoridade certificadora, no qual o ente federativo divulga de forma centralizada as informações e os serviços de governo digital dos seus órgãos e entidades;

LIII – contrato de eficiência: contrato cujo objeto é a prestação de serviços, que pode incluir a realização de obras e o fornecimento de bens, com o objetivo de proporcionar economia ao contratante, na forma de redução de despesas correntes, remunerado o contratado com base em percentual da economia gerada;

LIV – seguro-garantia: seguro que garante o fiel cumprimento das obrigações assumidas pelo contratado;

LV – produtos para pesquisa e desenvolvimento: bens, insumos, serviços e obras necessários para atividade de pesquisa científica e tecnológica, desenvolvimento de tecnologia ou inovação tecnológica, discriminados em projeto de pesquisa;

LVI – sobrepreço: preço orçado para licitação ou contratado em valor expressivamente superior aos preços referenciais de mercado, seja de apenas 1 (um) item, se a licitação ou a contratação for por preços unitários de serviço, seja do valor global do objeto, se a licitação ou a contratação for por tarefa, empreitada por preço global ou empreitada integral, semi-integrada ou integrada;

LVII – superfaturamento: dano provocado ao patrimônio da Administração, caracterizado, entre outras situações, por:

a) medição de quantidades superiores às efetivamente executadas ou fornecidas;

b) deficiência na execução de obras e de serviços de engenharia que resulte em diminuição da sua qualidade, vida útil ou segurança;

c) alterações no orçamento de obras e de serviços de engenharia que causem desequilíbrio econômico-financeiro do contrato em favor do contratado;

d) outras alterações de cláusulas financeiras que gerem recebimentos contratuais antecipados, distorção do cronograma físico-financeiro, prorrogação injustificada do prazo contratual com custos adicionais para a Administração ou reajuste irregular de preços;

LVIII – reajustamento em sentido estrito: forma de manutenção do equilíbrio econômico-financeiro de contrato consistente na aplicação do índice de correção monetária previsto no contrato, que deve retratar a variação efetiva do custo de produção, admitida a adoção de índices específicos ou setoriais;

LIX – repactuação: forma de manutenção do equilíbrio econômico-financeiro de contrato utilizada para serviços contínuos com regime de dedicação exclusiva de mão de obra ou predominância de mão de obra, por meio da análise da variação dos custos contratuais, devendo estar prevista no edital com data vinculada à apresentação das propostas, para os custos decorrentes do mercado, e com data vinculada ao acordo, à convenção coletiva ou ao dissídio coletivo ao qual o orçamento esteja vinculado, para os custos decorrentes da mão de obra;

LX – agente de contratação: pessoa designada pela autoridade competente, entre servidores efetivos ou empregados públicos dos quadros permanentes da Administração Pública, para tomar decisões, acompanhar o trâmite da licitação, dar impulso ao procedimento licitatório e executar quaisquer outras atividades necessárias ao bom andamento do certame até a homologação.

Chega-se a um momento quase constrangedor, seja para quem escreve, seja para quem lê, seja para o editor, que nestas horas precisa ter capital de giro para comprar papel e tinta...

Se o art. 5º da Constituição era tido como o mais longo artigo jurídico do universo, parece que esse *record* caiu: o art. 5º constitucional tem 78 incisos, 4 parágrafos e 22 alíneas, totalizando 104 unidades intra-artigos. Este art. 6º da Lei nº 14.133 tem 60 incisos e 51 alíneas, num total de 111 unidades.

Quebrado portanto restou mais um *record* mundial, interplanetário e possivelmente galáctico! Salve o legislador brasileiro! Nesse aspecto, é inquestionavelmente o maior do mundo! E, assim sendo, não é apenas o país que ostenta dimensão continental...

O artigo, quase se pode desde logo afirmar, tem importância jurídica inversamente proporcional à sua dimensão. De absoluta falta de uniformidade lógica, coloca lado a lado definições de grande relevância com algumas que nem com microscópio eletrônico de varredura se enxerga por que constam da Lei de Licitações.

Muitas definições constam da L 8.666, do seu art. 6º, que contém apenas 19 incisos e suas 11 alíneas. Se na L 8.666 o elenco já é excessivo, que então dizer desse novo elenco da Lei nº 14.133, com 110 unidades internas?

Nesse panorama, *jamais comentaríamos*, como não comentaremos, todas as definições, por duas principais razões: I) quem as comentar todas, talvez sem se dar conta, descerá até, e se igualara à, a própria insignificância do dispositivo, como se esse trabalho valesse a pena ou servisse para alguma coisa, e II) poucas daquelas definições serão levadas a sério e consideradas por quem quer que seja, dentre os fiscais, os aplicadores, as autoridades, os julgadores, os licitantes, os profissionais do direito ou quem mais quer que seja. Se as da L 8.666 já não inspiram muita atenção nem nunca inspiraram, então o que dizer dessa selva constante da Lei nº 14.133?

Com efeito, será que alguém em sã consciência precisará examinar a definição legal-licitatória para *aprender* o que é obra, serviço, entidade, contratante, contratado, autoridade, licitante, compra?

A Lei de Licitações poderia acaso emprestar *significado diferente* a essas palavras que fazem parte do vocabulário até da mais humilde das pessoas há alguns milênios? E, porventura, uma lei civil poderia dar-lhes outro significado ainda? E uma lei comercial, ainda mais um? Um juiz precisará aprender em alguma lei o que significa *obra*?

A lei, do assunto que for, jamais poderia imiscuir-se no mundo caseiro, doméstico, familiar, porque esse não é o seu lugar. A lei existe para modificar o direito, não para ensinar ao cidadão o que significam coisas com as quais lida por toda a sua vida ou palavras que ele conhece desde que nasceu e sempre significaram uma só e exclusiva coisa.

A lei não deve pretender inventar a roda nem descobrir o fogo, porque o seu papel será inevitavelmente ridículo, e o resultado, desprezível. Se tal inapropriação já ocorria na L 8.666 como sempre apontamos em livros e em dezenas de artigos, nessa nova lei multiplicou-se constrangedoramente o espetáculo jurídico-circense.

Selecionaremos, então, apenas algumas definições para comentar com detença – e, creia-se, já serão demasiadas.

Inicia-se pelas *batatadas* da L 8.666 que essa nova lei copiou para, a seguir, adentrar a matéria nova.

Até o inciso XI, a lei antiga foi reproduzida praticamente sem alteração, em conceitos hoje mais do que conhecidos, que, com todo respeito, dispensam comentário a esta altura dos acontecimentos, salvo a quem ingressar neste mister apenas agora.[1]

A partir do inciso XII, o artigo merece detença, entretanto. Esse inciso define obra como sendo a *atividade (...) privativa de arquiteto e engenheiro*, etc. *Péssima* definição. Atividade é serviço, trabalho, e não obra, que é uma modificação da natureza, em geral por acréscimo material, mas que pode ser por redução, nunca uma atividade. Atividade é o que o profissional realiza para alguém chegar à obra, mas são duas realidades absolutamente diferentes.

O projeto conteve a atividade privativa da profissão, mas, se a obra não for realizada, então não teremos obra – apesar de a atividade ter sido empreendida. Se o ente tem uma construção cujo projeto foi de alguém não habilitado, nem por isso deixará de ser obra, nem deverá ser demolida...

O inciso XIII repete a definição de serviços comuns da Lei do Pregão, a Lei nº 10.520/02, art. 1º, parágrafo único. Desnecessária aqui como fora lá, porque todas as pessoas no planeta sabem o que são serviços comuns. Lei não serve para ensinar o que todos aprendem em casa desde a mais tenra idade.

---

[1] E, nesse caso, remete-se o leitor a nosso *Manual prático das licitações*. 8. ed. Saraiva, SP, 2009, p. 137 e seguintes.

Por oposição, bens e serviços especiais (inciso XIV) – nome absolutamente arbitrário e que não tem nenhuma correspondência no mercado – são os não comuns, dentro dessa *subjetivíssima* categorização, que empresta ao aplicador tanta segurança quanto é a de pilotar uma jangada numa tempestade no Canal da Mancha.

O inciso XV, de boa qualidade no *caput*, ventila um conceito também absolutamente conhecido e, no seu sintetismo, acerta mais que discursos artificiais. Por vezes, entretanto, resta difícil a segurança de que este ou aquele serviço é contínuo ou não é.

Publicidade, exemplificando, pode não ser, se for de um produto ou um assunto específico para o momento, mas, se se tratar de propaganda institucional, em que o objeto é uma marca que permanece e que sempre precisará ser veiculada comercialmente, esse possivelmente é um serviço contínuo.

As três alíneas são de uma desprezibilidade absoluta, servindo ao direito aproximadamente para nada. Trata-se de uma daquelas explicações que confundem o leitor – que havia compreendido a explicação inicial – e com as alíneas, sem as alíneas ou apesar das alíneas, o serviço é ou não é contínuo pela sua própria natureza.

O inciso XVII é de uma genialidade ímpar: serviço não contínuo é o que não se enquadrar na definição da alínea anterior... é mais ou menos como definir caminhão, descrevendo suas características, e depois, elaboradamente, passar descrever o não caminhão. Quanta tinta e quanto tempo jogados fora...

O inciso XVIII teve a boa intenção de elencar os serviços técnicos especializados usualmente considerados na tentativa de reduzir conflitos de interpretação do que sejam, ensejados sobretudo por agentes dos tribunais de contas nas suas fiscalizações de rotina e pelos membros do Ministério Público em inquéritos ou já em ações civis públicas que visam anular contratos desses serviços e repor o dinheiro do seu pagamento ao erário público. Nesse sentido, a ideia é elogiável, ajudando a prevenir mal-entendidos ou *péssimo-entendidos*.

A lista de alíneas foi copiada do art. 13 da L 8.666, afora a alínea *h*, original desta lei.

Todo o propósito da previsão é, em conjunto com os posteriores artigos da lei sobre contratações diretas, fornecer subsídio à caracterização de hipóteses de licitação inexigível.

O grande problema que se observa, entretanto, nesses casos não é este de demonstrar a intelectualidade da concepção nem a notória especialização do contratando, porém o de se configurar a *natureza singular* do objeto de cada qual daqueles contratos: aí *a roda pega*, pois natureza singular de alguma coisa é, em geral, um conceito *absolutamente subjetivo*. Essa matéria da singularidade vem à frente na lei.

Os trabalhos são a) estudos técnicos, planejamentos, projetos básicos e projetos executivos; b) pareceres, perícias e avaliações em geral; c) assessorias e consultorias técnicas e auditorias financeiras e tributárias; d) fiscalização, supervisão e gerenciamento de obras e serviços; e) patrocínio ou defesa de causas judiciais e administrativas; f) treinamento e aperfeiçoamento de pessoal; g) restauração de obras de arte e de bens de valor histórico.

Todos esses serviços foram copiados da L 8.666, mas, a seguir, a alínea *h* menciona *controles de qualidade e tecnológico, análises, testes e ensaios de campo e laboratoriais, instrumentação e monitoramento de parâmetros específicos de obras e do meio ambiente e demais serviços de engenharia que se enquadrem na definição deste inciso*, e isto é matéria original desta Lei nº 14.133.

Não parece difícil compreender o que sejam, nem aplicar diretamente a relação dos trabalhos, até a alínea *g*, é o tipo de relação integrada ao dia a dia do leitor, seja de que ramo for.

Quanto ao serviço da alínea *g*, são contratações, a pessoa física ou jurídica, de serviços de controle do mais amplo espectro dentro das especificações e das áreas mencionadas. Causa preocupação, entretanto, a parte final, a mencionar *demais serviços de engenharia que se enquadrem na definição deste inciso*.

Com efeito, existem incontáveis serviços dentre os previstos na alínea que inquestionavelmente *não são de engenharia*. Um controle laboratorial, por exemplo, pode nada ter de engenharia, sendo apenas matéria de química e para químicos de profissão. Um controle de meio ambiente pode estar afeto a sanitaristas, sem envolver engenharia nenhuma. E assim incontáveis outros.

Aguarda-se que não seja dada interpretação fechada ou muito restritiva a essa alínea *h* ou, de outro modo, se desnaturará o propósito eminentemente organizador da nova lei.

O inciso XIX define *notória especialização* bem melhor que a L 8.666 fazia, repetindo o início (que é bom) e corrigindo o desastroso final antigo para excluir a previsão de que notoriamente especializado era o serviço "indiscutivelmente mais adequado à plena satisfação do objeto do contrato" – como se isso pudesse ser adivinhado por qualquer criatura humana, ainda que dotada dos poderes da grande pitonisa, de Nostradamus ou, quiçá, de Mãe Dinah...

Desta feita, precisa ser apenas *reconhecidamente adequado à plena satisfação do objeto do contrato* – o que é algo amplamente demonstrável pelos precedentes do contratando e, com isso, factível e realista. Ponto para o legislador.

De novo é de recordar que, dentre o rol de características definidoras da notória especialização, bastam algumas em quantidade considerável, ou todas em menor quantidade, ou uma ou duas em grande quantidade para se configurá-la. Ninguém precisa ostentar todo o rol para ser tido como notoriamente especializado em alguma matéria.

O inciso XX redunda no óbvio: estudo técnico preliminar é o ensaio, a projeção, o conjunto de dados que oferece baliza, norte, diretriz ou orientação ao trabalho pretendido pelo ente público e pode revestir infinitas formas e configurações, da mais simples à mais elaborada e complexa.

O inciso XXI fala demais: serviço de engenharia é e sempre foi apenas aquele que precisa ser assinado por engenheiro, por força da lei disciplinadora da profissão. Precisou ser, é de engenharia; não precisou, não é. Na dúvida, recomenda-se considerar o serviço como *não sendo* de engenharia, e o assunto para nós estaria encerrado, não fossem as desastrosas alíneas que o legislador teve a péssima ideia de incluir.

Estão completamente erradas: *não existe serviço comum de engenharia*, como não existe serviço comum de advocacia, como não existe serviço comum de economia, como não existe serviço comum de medicina, nem de qualquer profissão de nível superior – que especializa a prestação.

A lei involui um século com essa *absolutamente estúpida* previsão, que, a nosso ver, deve ser solenemente ignorada pelo aplicador da nova lei. Parece-nos mesmo ilegal, contrariando a lei organizadora da profissão e reduzindo a dignidade da profissão de engenheiro a alguma atividade indiferenciada e inexigidora de formação universitária. As alíneas são incomentáveis.

Merecem mesmo, a nosso ver, *ação direta de inconstitucionalidade*, movida com base no art. 103, inciso IX, da Constituição Federal, pelo Conselho Federal de Engenharia, para sua invalidação pelo Poder Judiciário.

O inciso XXII fixa em duzentos milhões de reais o valor estimativo mínimo para que uma obra, um serviço ou um fornecimento seja considerado de grande vulto. Não se compreende por que a *compra* foi deixada de lado quando se sabe que fornecimento é compra com entrega parcelada.

Desse modo, não parece técnico falar-se em "compra de grande vulto".

O inciso XXIII, inspirado no hoje derrogado Decreto nº 3.555, de 08.08.00, do pregão presencial, art. 8º, inciso II, estende-se rebarbativa e prolixamente por 9 (nove) alíneas, outro, em geral, desnecessário tormento para o autor do termo e do edital da licitação.

Termo de referência é simplesmente o conjunto das informações necessárias que o edital deve conter sobre o objeto pretendido na licitação, sem o que nem o licitante saberá propor, nem o licitador saberá apreciar propostas. A vida era muito mais simples e fácil quando não se falava em termo de referência, mas simplesmente se descreviam as especificações pretendidas do objeto, a constarem das propostas.

O legislador demonstra autêntica volúpia em complicar tudo que pode e tudo que vê à frente. Confunde e baralha complexidade com qualidade, sendo que a verdade operacional é bem a inversa: quanto mais simples for o procedimento e quanto menores forem as exigências formais, melhor deverá ser o resultado do procedimento e menor o suplício que a licitação só em si já constitui.

Nesse passo, andamos realmente mal. A complexidade do TR, inteiramente artificial para a imensa maioria das licitações que se realizam, constitui uma trava, um empecilho, uma barreira ou uma muralha à própria licitabilidade dos objetos, tal qual se a licitação fosse um mal a ser combatido ou um erro a ser evitado.

E a prolixidade e a mesma absoluta falta de senso prático que se observa quanto ao termo de referência repetem-se no inciso seguinte.

O inciso XXIV repete a mesma inconsciência revelada no inciso anterior, desta vez quanto ao anteprojeto.

Ora, *nenhum anteprojeto é necessário para nada, nunca!* Quem pode ter o projeto, para que quererá a sua prévia, com inúmeras complicações tão necessárias quanto uma gripe ou uma trombada de trens?

O inciso é o requinte da superfluidade, a quinta-essência da inutilidade e o apogeu da leviandade legislativa e procedimental!

Dificilmente, nos objetos mais complexos, poderá ser lembrado, e até mesmo nesses é dispensável quando se pode ter já o projeto pronto. Não se compreende a atração do legislador pelo inútil, pelo trabalhoso sem a menor razão de existir, até porque existem o projeto básico e o projeto executivo – *cada qual com múltiplas gradações de complexidade!* –, sem nenhuma necessidade de anteprojetos.

Nota *zero* para a lei neste péssimo momento.

O inciso XXV cuida, exatamente, do projeto básico. Também exagera enormemente, mas pelo menos se está dentro de um projeto, e não de ensaios de esboços de estudos de intenções de alguma realização.

Projeto básico é e sempre foi, em licitação, o conjunto dos elementos mínimos que permitam ao interessado saber o que o ente público pretende obter e quanto isso custa.

Considerando que nunca se sabe até onde em detalhamento o projeto básico pode ou deve avançar, então tem-se na prática que a transição entre o projeto básico e o executivo é dada pela autoridade no momento em que esta o quiser, sem regra alguma que minimamente obrigue isto ou aquilo. É mais ou menos o que se dá quando alguém constrói sua casa: ela está pronta quando a pessoa decide ou decreta que está, porque não mais aguenta a situação...

Projeto básico, diga o que disser qualquer lei, é aquele que assim e como tal seja considerado pela autoridade, e não faz muito sentido a lei insistir em tentar emprestar objetividade a esse trabalho, porque *o limite do projeto básico é sempre subjetivo.*

As seis alíneas deste inciso XXV são boas e úteis ideias, sugestões, indicações, *dicas* ou lembretes para o autor de projetos básicos, no sentido do que ele vantajosamente deve considerar antes de dar por terminado seu trabalho.

Se, entretanto, pouco ou nada de tudo aquilo estiver contido no seu projeto básico, mas se esse documento contiver todos os elementos necessários a que o potencial licitante bem compreenda o que o ente público quer e que permitam ao interessado cotar seu preço e suas condições, então, por tudo que é sagrado, *isso é um projeto básico*.

Em terminologia popular, de nada serve a lei procurar pelo em ovo ou chifre em cabeça de cavalo quando a realidade da prática administrativa é imensamente mais simples do que as garatujas da lei querem fazer crer.

Concluindo: como sugestões e indicações técnicas, os elementos das alíneas são bastante bons; como obrigação à autoridade, *zero*. Quando o legislador descer da sua onírica estratosfera e pisar a terra em que vivemos, suas leis deverão ser bastante melhores que isto.

O inciso XXVI trata do projeto executivo.

Raramente ele é indispensável em obras, sendo-o em projetos de máquinas e equipamentos, uma vez que não se concebe um projeto básico de um avião, um automóvel, um motor ou, até mesmo, uma máquina de depenar frangos. Sem o conjunto completo dos detalhes, especificados até o ponto que for possível, não se tem realizável nenhum desses projeto.

Isso acima, porém, não se dá necessariamente com obras de engenharia, que, na maioria das ocasiões, podem ser realizadas com o projeto básico e instruções a cada passo do que incluir, e tão logo gradativamente forem sendo implementadas as especificações ir-se-á obtendo o projeto executivo daquela parte até a execução completa de que resultará o projeto executivo da obra.

Um projeto básico custa em torno de 2% (dois por cento) da obra, enquanto um executivo custa por volta de 6% (seis por cento), em virtude da complexidade de cada qual. Isso representa muito dinheiro e, se for público, toda austeridade, que não prejudique o resultado, deve ser encetada e estimulada.

Neste momento, a Lei nº 14.133 foi significativamente econômica e ponderada ao não se estender por alíneas sem fim na descrição do projeto executivo. Também excluiu a anterior menção à ABNT, no que fez bem, porque nem tudo em licitações se resolve por aquelas normas.

Por fim, uma reiteração: será projeto executivo aquele que assim, em dado momento das especificações, for considerado pela autoridade. Não existe sinal sonoro ou visual que apite ou que acenda luzinhas quando um projeto executivo está suficiente: isto é uma conclusão do autor e da autoridade, à medida que considere suficientemente detalhados os característicos para a execução do seu projeto.

E pode parecer curioso, mas nem mesmo o projeto executivo é uma configuração muito objetiva, porque é certo que depende da satisfação da autoridade quanto à transparência do que necessita, com imponderáveis descrições, apontamentos e especificações.

O inciso XXVII introduz o instituto da matriz de riscos na licitação. Pode parecer simples modismo, como são tantos outros, porém, quando se examinam os casos mais e menos recentes de revisões de grandes ou gigantescos contratos de obras – vide a duplicação da rodovia Fernão Dias, que teve uma revisão de cerca de 75% ao seu final –, então se atina com o motivo da previsão.

Tenta a lei com isso equacionar ao máximo os riscos e as incertezas do preço contratual ante as frequentes reivindicações pelos contratados – sempre deles – de repactuações as mais diversas e variadas, sob as alegações também as mais variadas de aumento imprevisto de custos e de insumos.

Diante da imprevisão que cerca os objetos contratuais e seus componentes de preço, a matriz de riscos prevê a listagem de possíveis eventos desequilibrantes econômico-financeiros, como previsto na alínea *a* do inciso.

Quanto às duas outras alíneas, a imaginação do legislador voou solta, e não parecem minimamente seguras a ponto de merecerem equacionamento em cláusula contratual. Trata-se de suposição sobre suposição, sem nenhum lastro de concreta exigibilidade, nem de objetiva executabilidade. Com toda licença, as alíneas *b* e *c* melhor se encaixariam na histórica película *Fantasia*, de Walt Disney.

Os seguintes incisos XXVIII e XXIX, cópias dos dispositivos equivalentes da L 8.666, significam a empreitada – ou empreita, que é o contrato de obra ou de serviço – respectivamente contratada por *preço certo e predeterminado de cada unidade de obra ou de serviço* (inc. XXVIII), que o edital e o contrato precisarão descrever com precisão e seja ela qual for, e aquele de que não interessa preço de cada unidade, mas apenas *o preço do contrato inteiro, global* (inc. XXIX).

A cada caso, conforme o objeto, será vantajoso ao ente público optar por preço unitário ou por preço global. Um mesmo objeto com frequência se presta tanto a um regime quanto a outro, variando o interesse que a circunstância do momento impõe ou recomenda ao ente licitador.

Na licitação por preço unitário, só interessa apurar o melhor (em geral, o menor) preço unitário, e não o global do contrato. Naquela por preço integral, apenas o preço global interessa a ser pago proporcionalmente por medição a cada período predeterminado.

O inciso XXX – empreitada integral – foi copiado da lei anterior, que era inútil e sem função ali, e neste caso ficou inútil e sem função aqui. Tudo que uma empreitada integral exige pode estar contido sem a mínima dificuldade num edital de empreitada (obra) por preço global, bastando ao edital descrever todas as exigências ao contratado, as quais, em seguida, o contrato plasmará como anexo do edital. Se existe *pedra na sopa* nesta lei, cá está.

O inciso XXXI, também copiado da lei anterior, refere-se a um *servicinho*. Quando o contratado, um humilde pedreiro, por exemplo, fica sabendo que seu contrato se deu pelo regime de tarefa, é de supor que fique honrado ante tanta consideração...

Não se confunda a *contratação integral* do subsequente inciso XXXII com a empreitada integral do inciso XXX. A contratação integrada se inspira na Lei do RDC – regime diferenciado de contratações públicas, instituído pela Lei nº 12.462, de 4 de agosto de 2011.

O texto é autoexplicativo: o contratado realiza todas as fases da contratação, desde a elaboração do projeto de obra ou serviço de engenharia até a execução completa desse objeto, inclusive realizando testes da sua adequação.

Invenção para a Copa do Mundo de 2014 e que agora, *em péssimo momento*, é acatada pela Lei nº 14.133, significa a administração contratando alguém elaborar um projeto básico e um executivo, executar o executivo e, depois, atestar o resultado. O resultado de esperar é o mesmo que sucedeu com a construção da estação Morumbi do metrô paulistano, que afundou num buraco de oitenta metros de diâmetro por trinta de profundidade, matando sete pessoas e destruindo diversas casas, e que até então estava atestada pelo próprio consórcio de construtores como de execução perfeita.

Duvida-se da sanidade mental – ou moral – de quem concebeu isso, sendo que a Lei do RDC se deu no governo de uma presidente da República que sofreu *impeachment* e cujo nome não se declina por motivos éticos.

O inciso XXXIII cuida da contratação semi-integrada, cuja única diferença com aquela integrada do inciso anterior é a de que, neste regime, o contratado já recebe pronto o projeto básico e elabora apenas o executivo, que a seguir utiliza para executar o objeto. Os comentários são os mesmos.

O inciso XXXIV define fornecimento e prestação de serviço associado como sendo regime de contratação em que, além de fornecer o objeto, o contratado é responsável pela sua operação ou sua manutenção – ou ambas – durante o tempo no contrato.

É algo muito mais lógico e plausível que as contratações integrais e semi-integrais dos incisos anteriores, nas quais o poder público *entrega a guarda das galinhas ao lobo* e dele exige máxima fidelidade.

Nesse caso, nada existe de irregular ou estranhável no fato de que o contratado, após a entrega, opere e mantenha o objeto que entregou – seja obra, seja serviço – pelo prazo preestabelecido, desde que a fiscalização de tudo isso seja do poder contratante, e não do próprio interessado.

O seguinte inciso XXXV repete a definição de licitação internacional, que, como seria de esperar, é aquela realizada em território nacional na qual o edital admite a participação de licitantes estrangeiros, "com a possibilidade de cotação de preços em moeda estrangeira, ou licitação na qual o objeto contratual pode ou deve ser executado no todo ou em parte em território estrangeiro".

Não parece de todo correta ou inteiramente obrigatória essa previsão, pois que pode perfeitamente o edital de um certame internacional oferecer o pagamento em moeda brasileira e quem não se interessar simplesmente não participa. Nenhuma irregularidade acontecerá nesse caso. Será que os Estados Unidos aceitariam pagamento em reais, bolívares ou pesos argentinos numa licitação internacional que promovessem?

Se, por outro lado, parte do objeto precisar ser executado em outro país, então por evidente esse outro país precisará participar da elaboração do edital e acordar formalmente com o Brasil quanto a isso.

O inciso XXXVI define serviço nacional como aquele prestado no Brasil... recusamo-nos a comentar.

A seguir, informa: "Nas condições estabelecidas pelo Presidente da República". Então, um município que licita a compra de dois caminhões de mandioca brava fá-lo, então, nas condições dadas pelo presidente da República? Ele acaso disciplinou esse assunto?

O legislador, em dados momentos do seu trabalho, parece um humorista de circo. Esse dispositivo é juridicamente indigente.

O inciso XXXVII define produto manufaturado nacional. Sem sequer comentá-lo, pergunta-se: então, antes desta lei nº 14.133, o que vinha a ser um produto manufaturado nacional? Nada? Ou era coisa diferente disso?

Como esta lei não é obrigatória antes de 1º de abril de 2023, então outra pergunta: a quem segue a L 8.666 *já existe produto manufaturado nacional*? Ou ainda não foi instituído pela legislação brasileira?

A mendicância legislativa e jurídica prossegue. O legislador parece passar longe de se aperceber do *ridículo monumental* da sua construção.

Daquele ridículo transcendental, a lei transita para um dos seus momentos mais importantes: a definição de *concorrência*.

Primeira observação: como era anunciado há tempos, esta Lei nº 14.133 suprimiu, eliminou, extinguiu tanto o convite (ou carta-convite) quanto a tomada de preços. O convite se havia tornado mais ou menos *amaldiçoado* pela fiscalização em face do seu fácil dirigismo, e a tomada de preços, menos; porém, as dificuldades procedimentais que envolvia, como o cadastro prévio, em nada favoreceram a sua manutenção nesta lei.

Trata-se de revolução em um panorama que vem desde ao menos 1972, com a Lei Paulista nº 89, que inspirou o Decreto-Lei nº 2.300, de 1986, o qual foi a base da L 8.666. Nova era quanto a isso se descortina.

Advirta-se outra vez, entretanto, que a L 8.666 ainda está em vigor e até 31 de março de 2023 poderá ser utilizada – e o será *intensissimamente*, com absoluta certeza. Então, até essa última data, tanto o convite quanto a tomada de preços *ainda existem*, positivos e atuantes. Por fim, augura-se que o prazo de início obrigatório da nova lei seja prorrogado por mais uns trinta ou quarenta anos.

Concorrência, além do *diálogo competitivo* que vem à frente, é a *única* modalidade consignada na Lei nº 14.133 para a licitação de bens e serviços especiais, e de obras ou serviços comuns e especiais de engenharia. Até este ponto do inciso, ele recorda o chiste segundo o qual o chefe que ditava um texto à sua secretária lhe disse: "Muito bem, somente três erros. Podemos passar à próxima palavra". São tantas as atecnias e as péssimas ideias que é preciso organizar com calma o comentário.

"Bens e serviços especiais". Quis o legislador dizer bens especiais e serviços especiais ou, então, apenas bens, e serviços especiais? Ficamos com a primeira opção: *ambos especiais*. O que se questiona, antes de tudo, é a existência de bens especiais e de serviços especiais. Sem o auxílio de Nostradamus, ninguém pode ter certeza de se este ou aquele serviço, ou este bem, é ou não especial. O que for decidido na hora de elaboração do edital é que valerá.

A seguir, a asnice de morder a nuca dos "serviços comuns de engenharia", algo que somente existe na leiga, confusa e desorientada visão do legislador autor dessa infâmia. Não existe serviço comum realizado por quem tem de passar por um exame admissional ao curso universitário e ser, após alguns anos, aprovado e diplomado consciência nessa graduação.

Augura-se que o aplicador desta lei jamais mencione serviço comum de alguma profissão universitária, pois que, se for preciso, para provar que é comum, terá de fazer das tripas coração e desdobrar-se artificialmente.

Os entes de fiscalização profissional, repita-se, deveriam propor *ação direta de inconstitucionalidade* contra essa abstrusa previsão da lei, que rebaixa os profissionais universitários a trabalhadores comuns e sem qualquer diferenciação.

Os 5 (cinco) critérios de julgamento das concorrências vêm enunciados nas alíneas *a* a *e* do inciso: menor preço, melhor técnica ou conteúdo artístico, técnica e preço, maior retorno econômico e maior desconto. A inspiração, além da L 8.666, foi a Lei do RDC principalmente.

Menor preço é a regra geral das licitações no Brasil, e técnica e preço é também velha conhecida. Na melhor técnica, alternou-se com o melhor conteúdo artístico para quando se tratar de obra artística. Maior retorno econômico é critério típico de concessões ou permissões de uso de bem público ou de serviço, mas serve também para empreendimentos que propiciem receita ao poder público.

Por fim, maior desconto (sobre tabelas de referência que o edital estabeleça) se confunde com menor preço, pois o resultado a apurar é, ao fim e ao cabo, o menor preço a ser pago pelo poder público ao contratado.

O concurso vem enunciado no inciso XXXIX e de modo mais simples e objetivo que na L 8.666, continuando a ser a modalidade de licitação para escolha de trabalho técnico, científico ou artístico, a ser julgado pelo critério da melhor técnica ou do melhor conteúdo artístico, com atribuição de prêmio ou remuneração ao vencedor.

A novidades são: a) não fica tão desparametrado e solto o julgamento quanto era (ou ainda é) na L 8.666, ainda que mantenha forte subjetividade; b) o vencedor receberá prêmio o*u remuneração*, conforme o regulamento dispuser.

O inciso XL, muito semelhante ao dispositivo equivalente da L 8.666, prevê o *leilão* como sendo a modalidade de licitação para alienação de bens imóveis ou de bens móveis inservíveis ou legalmente apreendidos, a quem oferecer o maior lance.

As regras civis de alienabilidade de bens públicos evidentemente continuam a se impor e, quanto aos bens móveis, esses ou precisarão ser declarados inservíveis pela autoridade local, ou provirem de apreensão na forma da lei, como no caso do confisco de armas de criminosos, por exemplo.

O inciso XLI introduz importantemente o pregão na Lei Geral de Licitações, o que era de há muito reclamado pelos estudiosos e pelos práticos da licitação, não havendo por que figurar em lei apartada.

A definição tradicional, dada pela Lei nº 10.520, de 2002, se manteve como sendo a modalidade de licitação *obrigatória* para aquisição de bens e serviços comuns, cujo critério de julgamento poderá ser o de menor preço ou o de maior desconto.

Destacamos a palavra obrigatória, ali inserta para evidenciar que bens e serviços comuns somente poderão ser licitados por pegão, e nem mais, sequer, por concorrência.

O pregão com efeito veio para ficar como todos sentiram ao seu advento, mas o tempo dirá se essa novidade responderá aos anseios de quem desejava ventilar o ambiente de institutos como o convite à tomada de preço, que substituiu. A autoridade que ainda queira realizar convites ou tomadas de preços faça-o até 31 de março de 2023. Que o pregão é mais racional e direto que ambas aquelas modalidades, inquestionavelmente é.

No inciso XLII, define-se o *diálogo competitivo*: é a modalidade de licitação "para contratação de obras, serviços e compras em que a Administração Pública realiza diálogos com licitantes previamente selecionados mediante critérios objetivos, com o intuito de desenvolver uma ou mais alternativas capazes de atender às suas necessidades, devendo os licitantes apresentar proposta final após o encerramento dos diálogos".

O procedimento de escolha dos licitantes aptos a *dialogar* é dado pelo art. 32, §1º.

Neste momento inicial, causa profunda desconfiança essa ideia, na medida em que se evidencia que o ente público não sabe bem o que quer, mais ou menos como no concurso, e pretende dialogar com fornecedores pré-escolhidos para se convencer de alguma coisa proposta pelos interessados... não seria mais razoável definir antes o projeto e licitar logo a ideia oficial?

Estranho, na medida em que se imagina que o autor da ideia afinal escolhida será o mais apto a propor preços e condições melhores que os demais para o seu projeto, de modo que, escolhido o projeto ou a ideia, parece que nesse momento já desponta o vencedor do certame.

No mesmo certame, existe uma troca de ideias para escolha do projeto ou da ideia; escolhida uma, vem a competição de preços para essa. Pergunta-se: terão os licitantes condição de propor, na mesma sessão, preços para uma ideia que desconheciam até então? Mais: não precisariam, todos, ter no papel plasmados todos os detalhes da ideia vencedora, de modo a poderem propor condições com serenidade e base em documento oficial?

O tempo, outra vez, dirá sobre a conveniência dessa modalidade. O humilde autor antecipa, entretanto, que, caso fora um agente licitador, detestaria ser o primeiro a testá-la.

O inciso XLIII cuida do *credenciamento*, definindo-o como o processo administrativo de chamamento público em que a administração convoca interessados em prestar serviços ou fornecer bens para que, preenchidos os requisitos necessários, se credenciem no órgão ou na entidade para executar o objeto quando convocados.

Dito apenas assim, parece loucura de *morder a nuca*, porque simplesmente exclui a licitação: quem quiser contratar, basta credenciar-se e será em dado momento contratado...

O art. 79 especifica condições e parametra o credenciamento, mas o regulamento a que se refere o seu parágrafo único é que deverá *arredondar* a juridicidade do instituto, a qual, até que se o edite, ficará francamente em suspensão.

O subsequente inciso XLIV define a *pré-qualificação* de interessados em participar de licitações em cada ente licitador, antecipando o que o art. 80 disciplina sobre esse instituto, o que faz desse inciso algo tão necessário quanto uma boa gripe.

O inciso XLV cuida do sistema de registro de preços, que até mesmo já conta com a sigla SRP: é "o conjunto de procedimentos para realização, mediante contratação direta ou licitação nas modalidades pregão ou concorrência, de registro formal de preços relativos a prestação de serviços, a obras e a aquisição e locação de bens para contratações futuras".

Os arts. 82 a 87 disciplinam o instituto, muito mais detalhadamente que o art. 15 da L 8.666, como seria de esperar nesta lei.

Os subsequentes incisos XLVI, XLVII, XLVIII e XLIX definem partes ou detalhes do SRP, respectivamente a *ata* (inc. XLV), o *órgão gerenciador* (XLVII), o *órgão participante* (XLVIII) e – este é *de lascar* – o *órgão não participante* (XLIX).

Importantes são os assuntos dos dois primeiros desses incisos, que definem a ata e o órgão gerenciador, e os dois demais incisos não fazem mais que, como se diz, redundar no óbvio.

Os quatro incisos, entretanto, que se inspiraram nos decretos reguladores do SRP são absolutamente claros e inequívocos, nenhuma dificuldade apresentando ao leitor e ao aplicador da lei e da licitação.

O inciso L institui novidade, ao menos de nomenclatura: comissão de *contratação*, que absolutamente nada mais é que a boa e velha comissão de licitação.

É tão péssima a ideia e o dispositivo que ele próprio se contradiz ao incluir na chamada comissão de contratação todas as atribuições da comissão de licitação, *sem incluir a atribuição de contratar!*

Sim, porque contratar *não é atribuição* da comissão condutora da licitação, e sim da autoridade superior, aquela que determinou a licitação e que a homologa. A comissão apenas recebe, examina e julga documentos na licitação, inclusive e principalmente as propostas. Então, por que raios mudar a *correta* denominação de comissão de licitações para a *incorreta e absurda* denominação de comissão de contratação?

O despreparo e a presunção do legislador nesse momento atinge um de seus tristes ápices. Esta lei precisaria ser modificada em profundidade antes de se tornar efetivamente obrigatória, pois tecnicamente se revela um grande desastre jurídico em nosso país.

Os incisos LI e LII instituem na lei o *catálogo eletrônico de padronização de compras, serviços e obras* (inc. LI) e o *sítio eletrônico oficial* (inc. LII).

O primeiro é o *catálogo eletrônico de padronização*, um "sistema informatizado, de gerenciamento centralizado e com indicação de preços, destinado a permitir a padronização de itens a serem adquiridos pela Administração Pública e que estarão disponíveis para a licitação".

O art. 43 cuidará rapidamente de padronização e, no mais, esse catálogo eletrônico fica simplesmente jogado na lei, desvinculado do que quer que seja e tal fosse um lembrete, uma sugestão ou um palpite ao Executivo. Esse Poder, se quiser implementá-lo, partirá do que já tem implantado e regulamentará o assunto como bem queira. Mais fútil e leviana a lei dificilmente seria ao criar, alegre e despreocupadamente, obrigações administrativas para o Executivo e o Judiciário.

Já o *sítio eletrônico oficial* (inc. LII), que de resto já existe há bom tempo, não poderia partir de iniciativa do Legislativo senão para os seus próprios limites e os seus próprios serviços internos. Todos os entes públicos, por menores que sejam, têm seus *sites*, e não será a Lei Central de Licitações que nisso poderá interferir. A lei reinventa a roda, somente que quadrada.

Reiteram-se os comentários sobre a qualidade da lei.

O inc. LIII define o *contrato de eficiência*, novidade desta lei, como aquele de serviço, que pode incluir obra(s) e fornecimento de bens e que visa gerar economia ao contratante através de reduzir despesas correntes, sendo a remuneração ao contratado calculada em percentual da economia gerada.

Somente a experiência reiterada indicará modelos e formatos adequados aos propósitos e ao sucesso desse contrato, uma vez que todo o mecanismo é novo e, por certo, ensejará desacertos e imperfeições que serão minimizadas gradativamente.

A matéria do inciso LIV é o *seguro-garantia*, que visa garantir o fiel cumprimento das obrigações assumidas pelo contratado – ao menos teoricamente é assim. Esse tema é desenvolvido amplamente nos arts. 96 a 102 da lei.

O bisonho LV define *produtos para pesquisa e desenvolvimento* como sendo os bens, insumos, serviços e obras necessários para atividade de pesquisa científica e tecnológica, desenvolvimento de tecnologia ou inovação tecnológica, discriminados em projeto de pesquisa.

Não se divisa o propósito dessa definição, que coloca no mesmo balaio coisas tão díspares quão são insumos e obras. O só fato de que nessa hipótese são destinados a pesquisas ou desenvolvimento de tecnologias em nada altera a sua natureza, nem material, nem jurídica, de modo que todo o inciso se revela mais uma *pedra na sopa* desta lei, cuja utilidade nem o Satanás de sete barbas explica.

Na sequência do ridículo legislativo, temos o inciso LVI, que define – acredite se quiser! – *sobrepreço*: é o "preço orçado para licitação ou contratado em valor expressivamente superior aos preços referenciais de mercado, seja de apenas 1 (um) item, se a licitação ou a contratação for por preços unitários de serviço, seja do valor global do objeto, se a licitação ou a contratação for por tarefa, empreitada por preço global ou empreitada integral, semi-integrada ou integrada".

Além de ser patético uma lei definir uma prática diariamente praticada por vendedores pouco escrupulosos e que todas as pessoas do sistema solar conhecem e que nada tem de jurídico, outra vez resvala no subjetivismo conceitual ao indicar "valor expressivamente superior (...)".

De quanto é um valor *expressivamente superior*? Dez por cento acima do valor médio de marcado? Trinta por cento? Cinquenta por cento? Vinte e oito vírgula dezessete por cento?

Seria necessário a lei cuidar disso? Acaso já não é, como sempre foi, obrigação da administração desclassificar preços excessivos? Sobrepreço poderia ser outra coisa? Dando continuidade ao circense artigo, o inciso LVII empresta sentido jurídico a uma excrescência da gíria como é o *superfaturamento*.

Sem se precisar ingressar nas alíneas que seguem, essa vulgaridade significa a contratação por mais do que o objeto vale no mercado, tal qual contratar máscaras contra a COVID por dez vezes o valor ou respiradouros por cinco vezes o seu preço real.

Isso é praticado diuturnamente em todas as esferas de governo desde que o Brasil foi descoberto e terminará quando o país for extinto, talvez por bombardeio cósmico ou hecatombe nuclear.

A lei, ao comentar superfaturamento como se se tratasse de relevante instituto, lembra o cavaleiro da triste figura e rebaixa um pouco mais ainda a qualidade tenebrosa desse diploma.

O artigo prossegue, tenebroso. O inciso LVIII define *reajustamento em sentido estrito*: é a "forma de manutenção do equilíbrio econômico-financeiro de contrato consistente na aplicação do índice de correção monetária previsto no contrato, que deve retratar a variação efetiva do custo de produção, admitida a adoção de índices específicos ou setoriais".

Correto, mas degradante que tal figure na lei e como se fora uma importante instituição ou descoberta. O reajustamento ou reajuste está previsto em lei há muitas décadas, nesse sentido de correção do valor pela aplicação do índice contratual, de periodicidade mínima anual, se o contrato previu esse índice.

Difere-se da *revisão*, que é uma alteração do contrato não prevista, porque não previamente avaliável, enquanto o reajuste não altera o contrato, apenas repondo de modo automático na data prevista o valor principal pela aplicação do índice.

O inciso LIX cuida de *repactuação*, fazendo-a de forma desastrosa, como "forma de manutenção do equilíbrio econômico-financeiro de contrato utilizada para serviços contínuos com regime de dedicação exclusiva de mão de obra ou predominância de mão de obra, por meio da análise da variação dos custos contratuais, devendo estar prevista no edital com data vinculada à apresentação das propostas, para os custos decorrentes do mercado, e com data vinculada ao acordo, à convenção coletiva ou ao dissídio coletivo ao qual o orçamento esteja vinculado, para os custos decorrentes da mão de obra".

Uma verdadeira tragédia jurídica, porque:
a) não serve apenas para serviços, muito menos apenas os contínuos, mas para obras e fornecimentos, desde que o custo do contratado se desequilibre por algum fator demonstrável;
b) repactuação é simplesmente revisão, restabelecimento do equilíbrio financeiro do contrato por recombinação de cláusulas e de fatores, e não esse maranhado de casuísmos arbitrários;
c) a parte final não faz muito sentido, ao tentar limitar a eventos de revisão trabalhista, porque esse é apenas um caso, uma hipótese que justifica a repactuação.

Não acreditamos que possa vir a ser levado a sério esse inciso, nem observado, nem fiscalizado com rigor literal, porque deseduca, *desensina* e desencaminha a doutrina.

Do modo como ia esse artigo, é com grande alívio que se chega ao seu último inciso, LX, que vem com outra cabulosa definição: *agente de contratação*. "Pessoa designada pela autoridade competente, entre servidores efetivos ou empregados públicos dos quadros permanentes da Administração Pública, para tomar decisões, acompanhar o trâmite da licitação, dar impulso ao procedimento licitatório e executar quaisquer outras atividades necessárias ao bom andamento do certame até a homologação."

A confusão mental do legislador é constrangedora. O "agente de contratação" faz de tudo um pouco, *menos contratar*. Trata-se de um simples membro da comissão de licitação, que esta lei denomina comissão de contratação, a qual, também, de tudo faz *menos contratar*.

Queda-se o leitor a perguntar-se se todos os membros da comissão são "agentes de contratação" ou se o é somente um dentre eles. E se é somente um, que então fazem os outros?

Ele antes acompanha o trâmite da licitação e, depois, dá impulso ao procedimento licitatório? Nessa ordem?

E outra: quem dá impulso ao procedimento não é mais a autoridade superior, a mesma que manda instaurar o certame?

Esta lei não pode dar certo. É uma aberração do direito. Tomara que se altere substanciosamente dentro dos dois anos de experimentação ou que se prorrogue aquele prazo para a eficácia obrigatória por algumas décadas. Se ser licitador já era profissão de alto risco, sob essa nova lei se trata de um ofício simplesmente apavorante, de arrepiar.

Art. 7º

CAPÍTULO IV
DOS AGENTES PÚBLICOS

Art. 7º Caberá à autoridade máxima do órgão ou da entidade, ou a quem as normas de organização administrativa indicarem, promover gestão por competências e designar agentes públicos para o desempenho das funções essenciais à execução desta Lei que preencham os seguintes requisitos:

I – sejam, preferencialmente, servidor efetivo ou empregado público dos quadros permanentes da Administração Pública;

II – tenham atribuições relacionadas a licitações e contratos ou possuam formação compatível ou qualificação atestada por certificação profissional emitida por escola de governo criada e mantida pelo poder público; e

III – não sejam cônjuge ou companheiro de licitantes ou contratados habituais da Administração nem tenham com eles vínculo de parentesco, colateral ou por afinidade, até o terceiro grau, ou de natureza técnica, comercial, econômica, financeira, trabalhista e civil.

§1º A autoridade referida no *caput* deste artigo deverá observar o princípio da segregação de funções, vedada a designação do mesmo agente público para atuação simultânea em funções mais suscetíveis a riscos, de modo a reduzir a possibilidade de ocultação de erros e de ocorrência de fraudes na respectiva contratação.

§2º O disposto no *caput* e no §1º deste artigo, inclusive os requisitos estabelecidos, também se aplica aos órgãos de assessoramento jurídico e de controle interno da Administração.

O art. 7º infelizmente dá sequência à péssima qualidade média da lei até este momento. Ampliou rebarbativamente o que, por sintético e despretensioso, estava razoável e inflou a norma de pequenas regras da pior qualidade.

Do *caput*, qual é a autoridade máxima do órgão: o presidente nacional da autarquia federal, o presidente estadual, o gerente ou o diretor municipal que tem competência para licitar e para contratar? Ninguém responde.

Que é "promover gestão por competências"? Será que o autor disso faz ideia? Onde começa uma competência e termina outra? Alguém sabe?

Entrando nos incisos: inciso I – se a regra informa *preferencialmente,* então já se pode passar ao dispositivo seguinte, porque a lei não existe para dar conselhos, como se fora uma mãe zelosa.

Inciso II – a parte final é risível, patética. Alguém tem certificado de escola oficial atestando qualificação para licitação? Um município interiorano saberá que isso acaso existe?

Inciso III – este começa mais objetivo e compreensível, porém logo derrapa. Proíbe que cônjuge ou companheiro, ou parente consanguíneo ou por afinidade até o terceiro grau, de *licitantes habituais* do ente integre a sua "comissão de licitação", que nesta lei se transformou em equipe de apoio do agente de contratação. Quem são os licitantes habituais? Quantas vezes precisam participar por ano para serem tidos como habituais?

Os membros da equipe de apoio do agente de contratação (v. art. 8º) também não podem manter vínculo técnico, comercial, econômico, financeiro, trabalhista ou civil com aqueles licitantes habituais, seja lá isso o que for. Aqui a lei está razoável, porque a suspeita seria absoluta por conflito de interesses: um a querer obter um grande contrato, e o outro a favorecer essa manobra contra o interesse do seu ente.

Sendo demonstrável a vinculação, proibida fica a designação do membro da comissão.

O §1º contém uma variação do tema do *caput,* proibindo a designação do mesmo servidor para funções tecnicamente incompatíveis, e também faz todo sentido. Poderá ser anulada uma designação que o contrarie, com relativa facilidade.

O §2º absolutamente desnecessário, redunda no óbvio: a proibição de designações suspeitas se aplica aos órgãos de assessoramento jurídico e aos de controle interno do ente.

Quanto ao direito de fundo, não se imagina pudesse ser diferente ou o simulacro de imparcialidade restaria evidente ao se imaginar membro do controle interno ou da consultoria jurídica, vinculado a alguém interessado em licitações conduzidas para cá ou para lá segundo sua conveniência do momento.

Art. 8º

Art. 8º A licitação será conduzida por agente de contratação, pessoa designada pela autoridade competente, entre servidores efetivos ou empregados públicos dos quadros permanentes da Administração Pública, para tomar decisões, acompanhar o trâmite da licitação, dar impulso ao procedimento licitatório e executar quaisquer outras atividades necessárias ao bom andamento do certame até a homologação.

§1º O agente de contratação será auxiliado por equipe de apoio e responderá individualmente pelos atos que praticar, salvo quando induzido a erro pela atuação da equipe.

§2º Em licitação que envolva bens ou serviços especiais, desde que observados os requisitos estabelecidos no art. 7º desta Lei, o agente de contratação poderá ser substituído por comissão de contratação formada por, no mínimo, 3 (três) membros, que responderão solidariamente por todos os atos praticados pela comissão, ressalvado o membro que expressar posição individual divergente fundamentada e registrada em ata lavrada na reunião em que houver sido tomada a decisão.

§3º As regras relativas à atuação do agente de contratação e da equipe de apoio, ao funcionamento da comissão de contratação e à atuação de fiscais e gestores de contratos de que trata esta Lei serão estabelecidas em regulamento, e deverá ser prevista a possibilidade de eles contarem com o apoio dos órgãos de assessoramento jurídico e de controle interno para o desempenho das funções essenciais à execução do disposto nesta Lei.

§4º Em licitação que envolva bens ou serviços especiais cujo objeto não seja rotineiramente contratado pela Administração, poderá ser contratado, por prazo determinado, serviço de empresa ou de profissional especializado para assessorar os agentes públicos responsáveis pela condução da licitação.

§5º Em licitação na modalidade pregão, o agente responsável pela condução do certame será designado pregoeiro.

Todo o *caput* deste art. 8º já constava da lei, nas definições do art. 6º.

O §1º transforma a antiga comissão de licitação em agente de contratação mais equipe de apoio. O agente responderá pelos atos que praticar – mas que extraordinário! –, salvo se for induzido em erro pela equipe de apoio, diz a lei. Se, entretanto, o erro for inescusável, dizemos nós, nenhum agente espere ser inocentado da sua prática, tenha feito o que for a sua equipe de apoio.

O §2º informa que, nas licitações para aquisição de bens ou serviços especiais, poderá constituir-se uma comissão de, no mínimo, três membros, que serão solidários na responsabilidade por tudo que praticarem no certame, excetuado o membro que divirja da decisão dos demais e declare em ata sua divergência, a qual, naturalmente, haverá de ser fundamentada. Correta regra da lei anterior, aqui acatada.

Justifica-se o dispositivo em face da elevada relevância – e seguramente valor – do objeto, que, em princípio, melhor se licita com o concurso de uma comissão, e não de apenas um julgador. Se duas cabeças pensam melhor que uma, então teoricamente três pensarão ainda melhor.

Pelo §3º, as regras de funcionamento da equipe da licitação serão objeto de regulamento – local a cada caso, ou regional conforme a organização administrativa do ente licitador –, no qual diploma a lei bisonhamente obriga constar que poderá valer-se de assessoramento jurídico e do controle interno.

Desnecessário, porque essa possibilidade existe sempre, já que para isso existem os órgãos de assessoramento, nada impedindo que também o controle interno informe sua experiência e suas balizas, sempre orientadoras e proveitosas.

O §4º também é tempo perdido. Informa que, em licitações de bens ou serviços especiais pouco comuns, o ente poderá contratar empresa ou profissional especializado(a) por tempo certo para assessorar. Desde quando isso foi proibido e por que motivo estaria impedida essa contratação?

O §5º informa que o servidor designado pregoeiro se denomina pregoeiro. Faltou informar que poderá trabalhar e que o seu trabalho é oficial. E a nação tupiniquim esperou vinte e oito anos pela nova Lei de Licitações...

Art. 9º

Art. 9º É vedado ao agente público designado para atuar na área de licitações e contratos, ressalvados os casos previstos em lei:

I – admitir, prever, incluir ou tolerar, nos atos que praticar, situações que:

a) comprometam, restrinjam ou frustrem o caráter competitivo do processo licitatório, inclusive nos casos de participação de sociedades cooperativas;

b) estabeleçam preferências ou distinções em razão da naturalidade, da sede ou do domicílio dos licitantes;

c) sejam impertinentes ou irrelevantes para o objeto específico do contrato;

II – estabelecer tratamento diferenciado de natureza comercial, legal, trabalhista, previdenciária ou qualquer outra entre empresas brasileiras e estrangeiras, inclusive no que se refere a moeda, modalidade e local de pagamento, mesmo quando envolvido financiamento de agência internacional;

III – opor resistência injustificada ao andamento dos processos e, indevidamente, retardar ou deixar de praticar ato de ofício, ou praticá-lo contra disposição expressa em lei.

§1º Não poderá participar, direta ou indiretamente, da licitação ou da execução do contrato agente público de órgão ou entidade licitante ou contratante, devendo ser observadas as situações que possam configurar conflito de interesses no exercício ou após o exercício do cargo ou emprego, nos termos da legislação que disciplina a matéria.

§2º As vedações de que trata este artigo estendem-se a terceiro que auxilie a condução da contratação na qualidade de integrante de equipe de apoio, profissional especializado ou funcionário ou representante de empresa que preste assessoria técnica.

Este artigo em seu *caput*, no inciso I com suas alíneas e no inciso II, mantendo importante regra igualitária e isonômica da lei anterior, nada faz senão proibir ao poder público emprestar tratamento desigual aos licitantes – agora incluídos estrangeiros e cooperativas –, por proibir a inclusão de qualquer sorte de cláusulas discriminatórias ou de privilégio em favor ou contra algum participante, ou, muito importante, algum potencial interessado.

Sim, porque a discriminação ou o privilégio podem se iniciar e, frequentemente, já se iniciam no edital que se publica, quando ainda não existem licitantes formalmente constituídos – que só são assim considerados quando se apresentam ao certame com sua documentação e suas propostas, e são admitidos à competição (porque se por alguma razão não forem admitidos também não serão licitantes).

O inciso II proíbe diferenciar moedas para pagamento, o que é bom e correto; porém, quando pretende proibir diferenciações quanto a exigências documentais, não significa que, nas licitações internacionais, uma empresa estrangeira apresente, por exemplo, regularidade com o INSS ou o FGTS, inexistentes no país estrangeiro. Apenas o que for cabível será exigido, na licitação internacional realizada no Brasil, dos licitantes estrangeiros, porque a regra da igualdade não pode conduzir ao absurdo.

O inciso III reinventa a roda, não exige e não merece comentário, de tão bisonho.

O §1º inicia bem e poderia concluir na palavra *contratante* ou pouco além. Até esse momento, impede que alguém seja licitante *e* licitador, ou licitante e fornecedor, o que evidenciaria conflito de interesses e favorecimento daquele agente público.

Mas mesmo até este ponto e como a seguir o dispositivo corretamente explicita, a administração precisará observar se racional ou razoavelmente se caracteriza o conflito, porque um servidor que tem uma ação de uma fábrica de veículos não pode ser por isso considerado favorecido se essa fábrica vier a vencer uma licitação no ente licitador ao qual pertence, mesmo que seja ele o agente da contratação.

A conclusão é que se revela meio despicienda: se existe legislação que discipline incompatibilidades de ex-servidor com participação em licitações no ente que serviu, então a Lei de Licitações, quanto a isso, é desnecessária.

Seja como for, é bastante séria essa licitação, eis que com grande frequência se verificam os mais desagradáveis episódios de licitações e de contratos anulados por tráfico de influência ou por conflito de interesses caracterizado. Deve o ente público, nesse sentido, esforçar-se por esclarecer a todo tempo, a todos os interessados e participantes, sobre o risco de se caracterizar a situação anômala, na tentativa de coibi-la a tempo.

Muitos *ótimos negócios* no momento têm se revelado péssimos negócios quando da primeira fiscalização, ou de cada vez mais comuns denúncias – ainda que formuladas por maus perdedores inconformados, invejosos e mal resolvidos de todo gênero, e pessoas do pior caráter possível – das que consideram negociata um bom negócio para o qual não foram convidadas, ou das que odeiam privilégios quando deles não participam – como assaz de vezes acontece neste planeta, em que uma das piores constatações é a qualidade do ser humano. Nem por isso, entretanto, a regra legal pode ser negligenciada.

Encerrando o artigo, o §2º é bem intencionado e até certo ponto implícito nas regras anteriores, porém é sempre necessário dosar a sua aplicação para não se desbordar do que é justo: que o membro da equipe de apoio esteja impedido de trabalhar em certame no qual tenha interesse é evidente e já está contido anteriormente no artigo.

Dali, porém, a pretender impedir que qualquer funcionário de empresa que assessora o certame possa exercer sua função na empresa mesmo tendo algum interesse no resultado... parece ir longe demais, lembrando caça a duendes ou fantasmas rondantes...

Prudência, moderação e plausibilidade é o que se recomenda a todas as fiscalizações dos certames, nesse sentido. O moralismo desenfreado, que está muito em voga nos dias que correm como verdadeira praga, causa *muito mais prejuízo* que uma fiscalização ponderada que por vezes deixa escapar alguma irregularidade – ninguém tenha a menor dúvida. Os imorais são temíveis; os moralistas são *apavorantes*.

Art. 10

Art. 10. Se as autoridades competentes e os servidores públicos que tiverem participado dos procedimentos relacionados às licitações e aos contratos de que trata esta Lei precisarem defender-se nas esferas administrativa, controladora ou judicial em razão de ato praticado com estrita observância de orientação constante em parecer jurídico elaborado na forma do §1º do art. 53 desta Lei, a advocacia pública promoverá, a critério do agente público, sua representação judicial ou extrajudicial.

§1º Não se aplica o disposto no *caput* deste artigo quando:

I – (VETADO);

II – provas da prática de atos ilícitos dolosos constarem nos autos do processo administrativo ou judicial.

§2º Aplica-se o disposto no *caput* deste artigo inclusive na hipótese de o agente público não mais ocupar o cargo, emprego ou função em que foi praticado o ato questionado.

O art. 10, *caput*, está corretíssimo ao admitir que a advocacia pública do ente licitador defenda o servidor do mesmo ente que trabalhou na licitação de acordo com parecer jurídico interno. Vale esse direito para defesas administrativas, de controle interno e judiciais de qualquer ramo.

O servidor deverá anuir com essa defesa, pois que sempre poderá constituir seu advogado particular em vez daquilo. O que não faz sentido é se somarem as duas defesas, o que, além de ilógico e antitécnico, é antiético na forma da lei disciplinadora do funcionamento da Ordem dos Advogados do Brasil, devendo qualquer advogado, antes de aceitar o patrocínio, certificar-se de que o cliente está sem advogado para defendê-lo.

O §1º, com seu inciso I vetado, exclui daquele favor o servidor que haja demonstradamente praticado atos ilícitos no certame – o que está rigorosamente correto e nada tem a ver com o parecer jurídico referido no *caput*, cujo autor por suposto não sabia daqueles atos e falou tão só com base nas regras legais aplicáveis.

Imagina-se que os atos ilícitos terão sido descobertos apenas posteriormente ao início do processamento do servidor, uma vez que, se já forem previamente conhecidos pela administração e independentemente de qualquer parecer jurídico, a defesa pública deverá ser-lhe negada liminarmente.

Se os ilícitos forem descobertos no curso do processamento, então, no momento que forem descobertos, deverá o ente público fazer cessar a defesa pública, notificando-se o servidor para que, dali em diante, querendo, providencie a continuação de sua defesa a suas custas.

O §2º, também muito adequadamente, estende o direito à defesa pública a quem já tenha deixado de ocupar o cargo ou o emprego em que trabalhou na(s) licitação(ões). Também esse merece o benefício, uma vez que sua situação funcional do passado não se afetou pela só aposentação ou por outra forma de desligamento, e eventuais prescrições processuais podem e devem ser arguidas pela defesa, se ocorrentes.

Art. 11

TÍTULO II
DAS LICITAÇÕES
CAPÍTULO I
DO PROCESSO LICITATÓRIO

Art. 11. O processo licitatório tem por objetivos:

I – assegurar a seleção da proposta apta a gerar o resultado de contratação mais vantajoso para a Administração Pública, inclusive no que se refere ao ciclo de vida do objeto;

II – assegurar tratamento isonômico entre os licitantes, bem como a justa competição;

III – evitar contratações com sobrepreço ou com preços manifestamente inexequíveis e superfaturamento na execução dos contratos;

IV – incentivar a inovação e o desenvolvimento nacional sustentável.

Parágrafo único. A alta administração do órgão ou entidade é responsável pela governança das contratações e deve implementar processos e estruturas, inclusive de gestão de riscos e controles internos, para avaliar, direcionar e monitorar os processos licitatórios e os respectivos contratos, com o intuito de alcançar os objetivos estabelecidos no caput deste artigo, promover um ambiente íntegro e confiável, assegurar o alinhamento das contratações ao planejamento estratégico e às leis orçamentárias e promover eficiência, efetividade e eficácia em suas contratações.

Este artigo, que inaugura o título das licitações e do processo licitatório, preferiu denominar a licitação um *processo*, e não um procedimento, como era na lei anterior. Por mais que tal possa desagradar aos processualistas, não se enxerga impropriedade alguma, vez que a licitação é um procedimento contraditório, o que constitui a principal característica do processo.

Os quatro incisos do *caput* poderiam inexistir, e o próprio *caput* poderia informar que a licitação se destina a eleger o negócio mais vantajoso à administração ou pouco mais que isso. Todo o resto se constitui em demagógica *parolagem flácida para dormitar bovino*.

O parágrafo único é a quinta-essência da falta do que mais fazer. Nem o autor deve lembrar-se, a esta altura, de que o escreveu. Condensando-se-o, resumindo-se-o, sintetizando-se-o meticulosamente, não se obterá absolutamente nada de coisa alguma nem com microscópio eletrônico de varredura, senão um discursinho insignificante sobre nada.

Art. 12

Art. 12. No processo licitatório, observar-se-á o seguinte:

I – os documentos serão produzidos por escrito, com data e local de sua realização e assinatura dos responsáveis;

II – os valores, os preços e os custos utilizados terão como expressão monetária a moeda corrente nacional, ressalvado o disposto no art. 52 desta Lei;

III – o desatendimento de exigências meramente formais que não comprometam a aferição da qualificação do licitante ou a compreensão do conteúdo de sua proposta não importará seu afastamento da licitação ou a invalidação do processo;

IV – a prova de autenticidade de cópia de documento público ou particular poderá ser feita perante agente da Administração, mediante apresentação de original ou de declaração de autenticidade por advogado, sob sua responsabilidade pessoal;

V – o reconhecimento de firma somente será exigido quando houver dúvida de autenticidade, salvo imposição legal;

VI – os atos serão preferencialmente digitais, de forma a permitir que sejam produzidos, comunicados, armazenados e validados por meio eletrônico;

VII – a partir de documentos de formalização de demandas, os órgãos responsáveis pelo planejamento de cada ente federativo poderão, na forma de regulamento, elaborar plano de contratações anual, com o objetivo de racionalizar as contratações dos órgãos e entidades sob sua competência, garantir o alinhamento com o seu planejamento estratégico e subsidiar a elaboração das respectivas leis orçamentárias.

§1º O plano de contratações anual de que trata o inciso VII do *caput* deste artigo deverá ser divulgado e mantido à disposição do público em sítio eletrônico oficial e será observado pelo ente federativo na realização de licitações e na execução dos contratos.

§2º É permitida a identificação e assinatura digital por pessoa física ou jurídica em meio eletrônico, mediante certificado digital emitido em âmbito da Infraestrutura de Chaves Públicas Brasileira (ICP-Brasil).

Este artigo informa algumas providências a adotar nos processos licitatórios, de relevância variável, como quase sempre.

Inciso I – documentos sempre por escrito, com local, data e assinatura. Quanto aos últimos requisitos, sempre que materialmente possível, devem ser observados. Se o documento não contém campo para assinatura, nem indica local, nem data, deve ter algum modo de ser comprovado e, nesse caso, não se exigirá o impossível. Quanto a serem escritos, alguém imaginaria fossem em vídeo ou em áudio? Qualquer impressão preenche esse requisito, que atende o princípio da *formalidade*.

Inciso II – a expressão financeira nas licitações se dá em moeda nacional, salvo exceção expressa do edital. Mesmo em uma licitação internacional, o silêncio do edital implica em obedecer este inciso; sendo exceção à regra, a aceitação de moeda estrangeira precisa vir expressa no edital.

Inciso III – absolutamente correta esta previsão, afora a *batatada final*. Falhas meramente formais – como inverter numeração ou posição de folhas, fazer soma parcial errada, mas com o total correto, por exemplo –, que não comprometam a inteligência da proposta ou da documentação, podem ser recebidas como inexistentes pelo agente e sua equipe de apoio, que assim a lavrarão em ata como regular, *sem alterar o que quer que seja nos papéis do licitante. Pas de nullité snas grief* (sem gravame inexiste nulidade) asseveram os franceses de há longo tempo.

A última expressão do inciso é que não faz sentido, porque jamais documentação errada ou proposta inválida do licitante prejudicaria o próprio certame.

Inciso IV – prova de autenticidade. Correto, mas um tanto desatualizado, na medida em que quase todo documento existente sobre a Terra hoje em dia é digital ou obtido eletronicamente e deve constar também do computador da equipe da licitação, o que demonstrará a autenticidade. Em caso de impossibilidade, vale o antigo sistema de exibição do original ou, novidade, de declaração de advogado para tanto constituído, sob responsabilidade pessoal.

Inciso V – assunto cada vez menos importante, o reconhecimento de firma, quando não for inexigível por força de lei, somente será exigido em caso de dúvida sobre a autenticidade do documento apresentado.

Não depositamos muita fé no reconhecimento de firma, porque uma coisa é ser autêntico o subscritor, e outra é ser autêntico o teor do documento. E salvo no reconhecimento por autenticidade, com o subscritor assinando no cartório, mesmo o reconhecimento por semelhança é profundamente desconfiável, porque existem falsários mais *autênticos* que os titulares... mas a lei admite essa vetusta prova.

Inciso VI – desnecessário e inútil. Em primeiro, porque qualquer coisa preferencial é o mesmo que coisa nenhuma, já que dar conselhos não é papel para leis. Em segundo, porque o realmente embaraçoso seria a lei exigir que o documento fosse quirográfico, datilografado, linotipado, mimeografado ou produzido fora de um computador. Quem deveria digitalizar-se, parece, é o legislador...

Inciso VII – futilidade legislativa absoluta, permite o que sempre foi permitido e jamais foi proibido: o ente público planejar suas contratações – aliás, se o ente não tiver semelhante planejamento, poderá vir a ter graves problemas com a fiscalização... ilustra a inconsciência do legislador sobre o seu papel, pois que, para elaborar dispositivos como este inciso, pedra na sopa das mais inúteis, ninguém precisa de legislador nenhum, nem de lei nenhuma.

O §1º remata a péssima qualidade do inciso VII, porque manda divulgar em sítio eletrônico o que nem sequer é obrigatório que exista... pelo inciso VII, os entes apenas *podem* ter planejamento anual e, mesmo assim, na forma de regulamento. Se não quiserem ter, não o terão. Então, como pode o §1º obrigar providências a respeito de um procedimento *que não precisa existir* e que, mesmo que exista, existirá na forma de um regulamento, como reza o inciso VII? E se acaso esse regulamento dispensar a publicação?

A qualidade da lei é, em pontos assim, embaraçosa.

O §2º, fechando o artigo, permite a identificação e a assinatura digital, por pessoa física ou jurídica, em meio eletrônico, através de certificado digital emitido em âmbito da Infraestrutura de Chaves Públicas Brasileira (ICP-Brasil). Existem inúmeros entes corporativos autorizados a expedir certificados digitais, e a obtenção dos cartões respectivos é cada vez mais facilitada.

Conveniente que a lei abrigue esse instituto de autenticação eletrônica, presente já no Poder Judiciário e em inúmeros órgãos dos demais Poderes, e que em pouco tempo deverá *sepultar* a assinatura pessoal em atos e em documentos públicos. Com efeito, se o mundo tornou-se digital, por que motivo a assinatura das pessoas ficaria de fora?

Art. 13

Art. 13. Os atos praticados no processo licitatório são públicos, ressalvadas as hipóteses de informações cujo sigilo seja imprescindível à segurança da sociedade e do Estado, na forma da lei.
Parágrafo único. A publicidade será diferida:
I – quanto ao conteúdo das propostas, até a respectiva abertura;
II – quanto ao orçamento da Administração, nos termos do art. 24 desta Lei.

É voz corrente a de que o único segredo em licitação é o conteúdo das propostas e, mesmo assim, até serem abertas, quando se tornam documentos públicos.

Este artigo, que enfeita um pouco o equivalente anterior da L 8.666, confirma a regra e declara públicos todos os atos do processo licitatório, salvo exatamente (parágrafo único, inc. I) o conteúdo das propostas, (inc. II) um eventual segredo do orçamento da administração, na forma do art. 24, quando o edital assim justificadamente o determinar e, naturalmente, (III, *caput*) quando existir necessidade de segredo em caso de possível comprometimento da segurança nacional.

Essas hipóteses existem, de licitações *secretas*, abertas apenas aos participantes convidados e que precisam manter segredo, sempre que o objeto for estratégico e se recomendar sigilo do negócio em prol da segurança nacional.

Tal qual existem *decretos secretos* do Executivo, dos quais somente sai publicado o número no Diário Oficial, e tal qual existe o *segredo de justiça* no Poder Judiciário e na forma da lei processual e, ainda, tal qual existem *sessões secretas* no Legislativo, restritas apenas aos respectivos parlamentares e com as atas custodiadas em cofre – como em caso de deliberação sobre concessão de títulos honoríficos –, existem licitações que o Executivo, geralmente respeitante às Forças Armadas, não pode divulgar por motivos estratégicos. Em todos esses casos, inexiste qualquer embargo da legalidade.

Art. 14

Art. 14. Não poderão disputar licitação ou participar da execução de contrato, direta ou indiretamente:

I – autor do anteprojeto, do projeto básico ou do projeto executivo, pessoa física ou jurídica, quando a licitação versar sobre obra, serviços ou fornecimento de bens a ele relacionados;

II – empresa, isoladamente ou em consórcio, responsável pela elaboração do projeto básico ou do projeto executivo, ou empresa da qual o autor do projeto seja dirigente, gerente, controlador, acionista ou detentor de mais de 5% (cinco por cento) do capital com direito a voto, responsável técnico ou subcontratado, quando a licitação versar sobre obra, serviços ou fornecimento de bens a ela necessários;

III – pessoa física ou jurídica que se encontre, ao tempo da licitação, impossibilitada de participar da licitação em decorrência de sanção que lhe foi imposta;

IV – aquele que mantenha vínculo de natureza técnica, comercial, econômica, financeira, trabalhista ou civil com dirigente do órgão ou entidade contratante ou com agente público que desempenhe função na licitação ou atue na fiscalização ou na gestão do contrato, ou que deles seja cônjuge, companheiro ou parente em linha reta, colateral ou por afinidade, até o terceiro grau, devendo essa proibição constar expressamente do edital de licitação;

V – empresas controladoras, controladas ou coligadas, nos termos da Lei nº 6.404, de 15 de dezembro de 1976, concorrendo entre si;

VI – pessoa física ou jurídica que, nos 5 (cinco) anos anteriores à divulgação do edital, tenha sido condenada judicialmente, com trânsito em julgado, por exploração de trabalho infantil, por submissão de trabalhadores a condições análogas às de escravo ou por contratação de adolescentes nos casos vedados pela legislação trabalhista.

§1º O impedimento de que trata o inciso III do *caput* deste artigo será também aplicado ao licitante que atue em substituição a outra pessoa, física ou jurídica, com o intuito de burlar a efetividade da sanção a ela aplicada, inclusive a sua controladora, controlada ou coligada, desde que devidamente comprovado o ilícito ou a utilização fraudulenta da personalidade jurídica do licitante.

§2º A critério da Administração e exclusivamente a seu serviço, o autor dos projetos e a empresa a que se referem os incisos I e II do *caput* deste artigo poderão participar no apoio das atividades de planejamento da contratação, de execução da licitação ou de gestão do contrato, desde que sob supervisão exclusiva de agentes públicos do órgão ou entidade.

§3º Equiparam-se aos autores do projeto as empresas integrantes do mesmo grupo econômico.

§4º O disposto neste artigo não impede a licitação ou a contratação de obra ou serviço que inclua como encargo do contratado a elaboração do projeto básico e do projeto executivo, nas contratações integradas, e do projeto executivo, nos demais regimes de execução.

§5º Em licitações e contratações realizadas no âmbito de projetos e programas parcialmente financiados por agência oficial de cooperação estrangeira ou por organismo financeiro internacional com recursos do financiamento ou da contrapartida nacional, não poderá participar pessoa física ou jurídica que integre o rol de pessoas sancionadas por essas entidades ou que seja declarada inidônea nos termos desta Lei.

Este longo artigo também *fermentou* a equivalente matéria da lei anterior sobre os impedimentos à participação nos certames. Não é muito técnico na sua sanha de proibir, vedar e impedir.

O *caput* proíbe a participação, direta ou indireta – seja lá o que for isso e até onde se a caracteriza –, tanto na licitação quanto na execução do respectivo contrato, de:

I – autor do projeto ou anteprojeto, pessoa física ou jurídica, quando a licitação se referir à "obra, serviço ou fornecimento relacionado" – é o que diz a lei. Compreende-se: se o autor do projeto puder ser seu licitante, então cercará o projeto de dificuldades interpretativas e operacionais tais que somente ele o compreenderá e poderá propor.

Entendemos que a vedação somente existe se a licitação for para execução da obra ou do serviço *constante do projeto*, e não para qualquer obra ou qualquer serviço, porque isso não faria o menor sentido. Se assim não for, o autor do projeto de alguma obra jamais poderia licitar qualquer outra obra;

II – *completamente desnecessário*, porque já está implícito no inciso I que, sem falar tanto, diz muito mais. Se a autora é uma empresa, então não pode licitar a execução do seu próprio projeto, e o assunto está encerrado;

III – digno do Conselheiro Acácio, este inciso pontifica que quem estiver proibido de licitar não pode participar de licitações públicas!

Por caridade para com o autor, não será comentado, apenas se recordando que qualquer participação *decisiva* de alguém impedido ensejará a nulidade e a consequente anulação de tudo quanto daquilo decorra.[2] Não sendo decisiva a participação do impedido, a isso a Administração deveria, como os italianos, dizer *"me ne frega"* – "não me importa";

IV – metralhadora giratória meio descalibrada por vezes atrapalhará mais do que auxiliará a administração a garantir tratamento isonômico aos licitantes.

Com efeito, são tantas as restrições, e algumas tão subjetivas quanto *parente em linha reta, colateral ou por afinidade, até o terceiro grau*, ou então *vínculo técnico*, que o condutor da licitação e a fiscalização poderão quedar absolutamente desorientados e sem rumo quando lhes forem suscitados inúmeros incidentes de impedimento ou de suspeição de licitantes no correr das licitações.

Moralidade é obviamente necessária, mas moralismo é ruim, e excessivo moralismo é sempre péssimo, destrutivo, antitécnico, frequentemente hipócrita e farisaico e, a todos os títulos, indesejável. E este inciso é ultramoralista, mais ou menos como os santos homens da inquisição espanhola ou os puritanos das caças às bruxas em Salem, nos Estados Unidos do século XVII.

---

[2] Naturalmente, se a malandragem for descoberta, porque alguém já também pontificara que a diferença entre ato nulo e ato anulável é a de que nulo é o ato anulável que foi descoberto...

Summum jus, summa injuria, disse Cícero, a significar que o excesso do direito é a negação do direito. Sim, pois que *in medium virtus,* ou seja, a razão está na média. Um bom aplicador da regra e um bom fiscal pensam duas vezes sobre o que pretendem fazer.

Na prática, a aplicação do inciso provoca apreensão, no mínimo; mas a sua fiscalização impiedosa enseja pânico. Augura-se que as autoridades ajam com proverbial moderação nessa tarefa e, antes de apostrofar e incriminar ao primeiro impulso, apenas hipoteticamente se imaginem *do outro lado* – e o seu apontamento e o seu julgamento haverão de ser mais justos.

Não se está jamais elogiando a corrupção, nem o tráfico de influência, nem qualquer sorte de velhacaria. Muito longe disso. O intolerável é o excesso de zelo, que com frequência mata o doente; o moralismo cego e desparametrado em busca de aceitação fácil e de popularidade – mais ou menos como os governos estaduais brasileiros fazem, ainda neste maio de 2021, com relação à asquerosa pandemia de COVID-19, atitude essa que está destruindo o país. Esse é o temor.

E essas falas serão repetidas e reforçadas nos comentários à parte das penalidades nesta lei;

V – parece começar bem, impedindo empresas controladoras e controladas de participar de licitações, mas termina muito mal, ao informar "concorrendo entre si". Que raio quer isso dizer? Se houver mais de uma disputando, todas deverão ser excluídas – é o que parece. Mas, se apenas uma estiver no certame, então essa pode participar, vencer e ser contratada? É isso? Essa foi a ideia?

A visão do legislador em momentos que tais é a de um palmo à frente do nariz. Parece não dar ponto sem nó...

Ficamos com a leitura acima, apesar da sua enunciação meio cômica, à falta de qualquer ideia mais institucional e lamentamos o destino dos agentes de contratação e da sua equipe de apoio, que, em casos assim, devem se sentir mais desorientados que deficientes visuais subitamente envolvidos em conflagração balística;

VI – novidade absoluta e de bom mérito, veda a participação de condenados por exploração de trabalho infantil ou semiescravo, ou irregular de adolescentes, se dentro de cinco anos do trânsito em julgado das respectivas condenações judiciais.

Bastante claro e objetivo, não oferecerá dificuldade de aplicação se o ente licitador tiver meio de saber se o impedimento ocorre, o que provavelmente fará pedindo declarações sob as penas da lei.

O §1º é incomentavelmente ruim. Estende a proibição do inciso III à pessoa que utilize fraudulentamente a identidade de algum fornecedor proibido de licitar. Ora, mas se é um fraudador, somente por isso já estaria impedido de licitar em nome alheio e merece ser processado.

O parágrafo lembra aquela receita que um garoto oferece a outro para capturar um passarinhão: jogue sal na sua asa e se valha da dificuldade que ele terá para voar...

O §2º compete, em bestialidade legislativa, com seu antecedente. Permite o que jamais esteve proibido: o autor do projeto poderá ser admitido como assessor ou consultor da administração no planejamento e na orientação da licitação para a execução do seu projeto.

Isso sempre foi permitido desde o dia da criação (gênese) e, muita vez, é bastante aconselhável, conforme sejam as dificuldades peculiares do projeto.

O §3º contém uma proibição que talvez não vingue: equipara-se ao autor do projeto a empresa do mesmo grupo econômico.

Se uma multinacional que fabrica desde agulhas até aviões tem uma empresa autora do projeto de obra, e outra empresa do grupo, que fabrica pitos de barro ou pios para coruja, quiser participar da licitação, mesmo se conseguir juntar documentação para habilitar-se, estará, porventura, impedida de participar? Não parece jurídico.

Duvidamos que um mandado de segurança não possa resolver esse artificial impasse. O princípio da igualdade parece afrontado pelo dispositivo em inúmeras hipóteses quando descem da teoria para a prática.

Nesse campeonato nacional de ruindade de parágrafos, o §4º exclui deste artigo licitantes em certame, cujo objeto inclui a elaboração do projeto básico e/ou do projeto executivo.

Mas isto é evidente!

Se o artigo proíbe participação do autor do projeto e se nessa licitação ainda não existe projeto *porque parte do objeto é exatamente elaborá-lo*, então, por tudo que é sagrado, como poderia aplicar-se o artigo do projeto onde não existe projeto?

E finaliza o desastroso rol de parágrafos o §5º, igualmente acaciano, que proíbe a participação em certames internacionais ou financiados com capital estrangeiro de quem estiver proibido de licitar por ter sido declarado inidôneo ou por já estar proibido de licitar pelos organismos financiadores.

Quer parecer que esta lei definitivamente consagrou o axioma de que *quem estiver proibido de licitar não poderá participar de licitações*. O ideador dessa suma principiológica merece agraciamento com o Prêmio Mabel.

Art. 15

Art. 15. Salvo vedação devidamente justificada no processo licitatório, pessoa jurídica poderá participar de licitação em consórcio, observadas as seguintes normas:

I – comprovação de compromisso público ou particular de constituição de consórcio, subscrito pelos consorciados;

II – indicação da empresa líder do consórcio, que será responsável por sua representação perante a Administração;

III – admissão, para efeito de habilitação técnica, do somatório dos quantitativos de cada consorciado e, para efeito de habilitação econômico-financeira, do somatório dos valores de cada consorciado;

IV – impedimento de a empresa consorciada participar, na mesma licitação, de mais de um consórcio ou de forma isolada;

V – responsabilidade solidária dos integrantes pelos atos praticados em consórcio, tanto na fase de licitação quanto na de execução do contrato.

§1º O edital deverá estabelecer para o consórcio acréscimo de 10% (dez por cento) a 30% (trinta por cento) sobre o valor exigido de licitante individual para a habilitação econômico-financeira, salvo justificação.

§2º O acréscimo previsto no §1º deste artigo não se aplica aos consórcios compostos, em sua totalidade, de microempresas e pequenas empresas, assim definidas em lei.

§3º O licitante vencedor é obrigado a promover, antes da celebração do contrato, a constituição e o registro do consórcio, nos termos do compromisso referido no inciso I do *caput* deste artigo.

§4º Desde que haja justificativa técnica aprovada pela autoridade competente, o edital de licitação poderá estabelecer limite máximo para o número de empresas consorciadas.

§5º A substituição de consorciado deverá ser expressamente autorizada pelo órgão ou entidade contratante e condicionada à comprovação de que a nova empresa do consórcio possui, no mínimo, os mesmos quantitativos para efeito de habilitação técnica e os mesmos valores para efeito de qualificação econômico-financeira apresentados pela empresa substituída para fins de habilitação do consórcio no processo licitatório que originou o contrato.

Este artigo, espelhado no anterior, nos incisos I a V também reproduz intocado o direito anterior, constante dos incisos I a V do art. 33 da L 8.666. As regras para a constituição de consórcio de licitantes ou de compromisso de consórcio entre eles continuam tão mal resolvidas quanto antes.

Não foi desta vez que a lei esclareceu que o consórcio que é contratado é uma pessoa jurídica, criada temporariamente pelos compromissários especialmente para ser contratada e que geralmente se denomina *sociedade de propósito específico*, designada por SPE. Enquanto não existe a SPE, o consórcio, em verdade, também não existe, mas apenas um compromisso entre empresas de se consorciarem numa SPE caso vençam o certame.

E valem as velhas regras: (I) compromisso de constituição do consórcio caso o grupo vença; (II) indicação da empresa líder, que, nos termos do edital, será a que preencher essa condição entre os agrupados, como mais capital, mais atestação específica ou outra; (III) somatório admitido dos quantitativos individuais para habilitação; (IV) proibição de uma empresa participar de mais de um consórcio ou de também participar isoladamente, em ambas as hipóteses concorrendo consigo mesma; e (V) responsabilidade solidária de todos os participantes pelos atos praticados no certame e na execução do contrato, naturalmente na medida e nos limites da sua participação no grupo.

Os §§1º e 2º reúnem um amontoado de futilidades e ineficácias, na medida em que parecem exigir acréscimo de 10% a 30% no valor exigido para o consórcio com relação ao que se exige para participantes isolados, com duas exceções: a) quando o ente licitador justificar por que não o faz e b) quando se tratar de consórcio exclusivo de micro e/ou de pequenas empresas. Ou seja: nada vezes nada. Perda de tempo sobre perda de tempo.

O §3º fixa que, para ser contratado, o grupo em "consórcio" deve constituir e registrar o – agora, sim – consórcio, que, até então, era apenas um compromisso de constituição. E o consórcio, nos termos do edital, em geral é a sociedade de propósito específico, que tem duração limitada à vigência do contrato público.

Pelo §4º, o edital poderá justificadamente limitar o número de participantes do dito consórcio, o que faz sentido, pois que administrar um consórcio de doze ou de dezessete integrantes pode ser um sacrifício operacional sem maior propósito técnico, inconveniente até mesmo para o consórcio.

O §5º encerra o artigo dispondo sobre substituição de consorciado, a qual precisará ser autorizada pela contratante e recair sobre substituto detentor, no mínimo, dos mesmos qualificativos ou quantitativos habilitatórios do substituído. É uma figura comum a do substituto, que aparece pelas mais variadas razões, quer durante a licitação – dentro do juridicamente possível –, quer, majoritariamente, na execução do contrato.

Art. 16

Art. 16. Os profissionais organizados sob a forma de cooperativa poderão participar de licitação quando:

I – a constituição e o funcionamento da cooperativa observarem as regras estabelecidas na legislação aplicável, em especial a Lei nº 5.764, de 16 de dezembro de 1971, a Lei nº 12.690, de 19 de julho de 2012, e a Lei Complementar nº 130, de 17 de abril de 2009;

II – a cooperativa apresentar demonstrativo de atuação em regime cooperado, com repartição de receitas e despesas entre os cooperados;

III – qualquer cooperado, com igual qualificação, for capaz de executar o objeto contratado, vedado à Administração indicar nominalmente pessoas;

IV – o objeto da licitação referir-se, em se tratando de cooperativas enquadradas na Lei nº 12.690, de 19 de julho de 2012, a serviços especializados constantes do objeto social da cooperativa, a serem executados de forma complementar à sua atuação.

Artigo sobre cooperativas, que vem em boa hora dadas as incertezas que o tema suscita há décadas, com jurisprudência e doutrina vacilantes.

Inobstante isso, não é muito claro o dispositivo, pois que se refere a "profissionais organizados sob a forma de cooperativa" (*caput*) e, a seguir, nos incisos I e II, se refere à *pessoa jurídica* cooperativa, e o inciso III se referir ao cooperado individual.

Pelos primeiros incisos, a cooperativa tem de estar registrada na forma da legislação pertinente, sem se admitirem informalidades ou "quase-cooperativas". Excelente, porque as regras formais devem valer para todas as pessoas jurídicas, e ninguém nesse sentido é melhor que ninguém – mesmo em se considerando os *odiosos e inconstitucionais* privilégios legais das micro e das pequenas empresas, que nada justifica.

Assim, o ente licitador deve fiscalizar o atendimento da legislação para admitir algum participante sob a forma de cooperativa. Em não atendendo aquele requisito, simplesmente deverá ser inadmitido ao certame ou, se já teve seus papéis abertos, ser inabilitado.

O inciso III passa ao largo da compreensão deste modestíssimo escriba, que pergunta: que tem a ver com este assunto o ente licitador? Se contrata a cooperativa, esta deve simplesmente executar o objeto, seja porque cooperado for, é a única lógica para o contrato. E com nada além de obter corretamente o objeto deve preocupar-se o ente que contratou, parece claro.

O inciso IV informa que, se se tratar de cooperativas de trabalho, o objeto da licitação deve enquadrar-se entre os objetos dos contratos sociais das mesmas cooperativas participantes.

Entende-se, por contraposição, que, se o trabalho não se enquadrar no objeto de uma cooperativa de trabalho, então esta deverá ser inabilitada (ou já inadmitida de início, se isto estiver explícito desde logo) no certame. A vinculação objeto do certame – objeto da cooperativa de trabalho – é imperiosa nesse caso.

Art. 17

Art. 17. O processo de licitação observará as seguintes fases, em sequência:

I – preparatória;

II – de divulgação do edital de licitação;

III – de apresentação de propostas e lances, quando for o caso;

IV – de julgamento;

V – de habilitação;

VI – recursal;

VII – de homologação.

§1º A fase referida no inciso V do caput deste artigo poderá, mediante ato motivado com explicitação dos benefícios decorrentes, anteceder as fases referidas nos incisos III e IV do *caput* deste artigo, desde que expressamente previsto no edital de licitação.

§2º As licitações serão realizadas preferencialmente sob a forma eletrônica, admitida a utilização da forma presencial, desde que motivada, devendo a sessão pública ser registrada em ata e gravada em áudio e vídeo.

§3º Desde que previsto no edital, na fase a que se refere o inciso IV do *caput* deste artigo, o órgão ou entidade licitante poderá, em relação ao licitante provisoriamente vencedor, realizar análise e avaliação da conformidade da proposta, mediante homologação de amostras, exame de conformidade e prova de conceito, entre outros testes de interesse da Administração, de modo a comprovar sua aderência às especificações definidas no termo de referência ou no projeto básico.

§4º Nos procedimentos realizados por meio eletrônico, a Administração poderá determinar, como condição de validade e eficácia, que os licitantes pratiquem seus atos em formato eletrônico.

§5º Na hipótese excepcional de licitação sob a forma presencial a que refere o §2º deste artigo, a sessão pública de apresentação de propostas deverá ser gravada em áudio e vídeo, e a gravação será juntada aos autos do processo licitatório depois de seu encerramento.

§6º A Administração poderá exigir certificação por organização independente acreditada pelo Instituto Nacional de Metrologia, Qualidade e Tecnologia (Inmetro) como condição para aceitação de:

I – estudos, anteprojetos, projetos básicos e projetos executivos;

II – conclusão de fases ou de objetos de contratos;

III – material e corpo técnico apresentados por empresa para fins de habilitação.

Este artigo elenca de modo básico, nos incisos I a VII do *caput*, as fases da licitação, sendo-as: a preparatória; a da divulgação do edital; a da apresentação das propostas e lances (quando for o caso); a do julgamento das propostas; a da habilitação; a recursal; e, finalmente, a da homologação do certame. A lei, a partir do artigo seguinte, detalhará em ponto pequeno cada uma das fases.

Pelo §1º, poderá o edital, justificadamente no processo, promover a inversão das fases da habilitação (inc. V) e as da apresentação e do julgamento das propostas (incs. III e IV), ou seja, proceder como era no passado. Com efeito, conforme o objeto e a configuração do certame, essa inversão é oportuna, e a lei por isso a admite.

O §2º indica que, preferencialmente, a licitação será eletrônica – e até este ponto pode ser solenemente ignorado, porque lei não existe para aconselhar –; porém, se for presencial, essa escolha deve ser justificada, e todo o trabalho será registrado em áudio e vídeo. O que era a única regra agora tornou-se exceção que precisa ser justificada.

O mundo está se tornando tremendamente impessoal, enfadonho e enjoativo, e as licitações não se poderiam colocar à parte.

Pelo §3º, o legislador, ao mencionar "órgão licitante", demonstra que ainda não aprendeu a diferença entre licitante e licitador, porém, no que mais interessa, dentro da sua linguagem tortuosa e prolixa, prescreve que o licitante provisoriamente vencedor pode ter sua proposta examinada sob diversos ângulos, que o edital especifique, antes de ser considerada apta.

Muito estranharia se fosse diferente o dispositivo, pois que o ente público precisa certificar-se por todos os meios razoáveis de que uma proposta realmente atende o requisito do certame antes de lhe dar sequência. De qualquer modo, essa previsão – expressa e não implícita – é útil, pois que afasta confusões mal-intencionadas promovidas por maus perdedores, espécie crescentemente ocorrente nos certames licitatórios de todo gênero e todo nível em nosso sofrido país.

O §4º, primoroso trabalho do Conselheiro Acácio, informa que, nas licitações eletrônicas, o ente poderá determinar que os atos dos licitantes sejam eletrônicos (!!).

Poderia ser diferente onde tudo é eletrônico? Existe licitação eletrônica com envelopes, documentação e papelada físicos?

Então, se o ente não disser aquele óbvio, deve entender-se que podem existir documentos físicos?

Pano rápido.

O §5º repete que, nas licitações presenciais, a sessão deve ser gravada em áudio e vídeo, e a gravação deve ser juntada ao processo após o encerramento do certame. Não se entende a razão de apenas após o encerramento ser juntada a gravação, já que constitui documentação instrutória importante.

Encerra o artigo o §6º, que autoriza a administração a exigir que o licitante seja acreditado pelo Inmetro para aceitar suas atestações e seus documentos relativos aos temas dos incisos I a III. Trata-se de uma instituição, por sua vez, das mais acreditadas para a atestação de qualidade em nosso país.

Isso poupa amargas e indigestas investigações sobre aquela eventualmente suspeita documentação – a não ser, vez que outra, sobre a autenticidade da própria atestação do instituto... mas o dispositivo é útil e meritório.

Art. 18

CAPÍTULO II
DA FASE PREPARATÓRIA
Seção I
Da Instrução do Processo Licitatório

Art. 18. A fase preparatória do processo licitatório é caracterizada pelo planejamento e deve compatibilizar-se com o plano de contratações anual de que trata o inciso VII do *caput* do art. 12 desta Lei, sempre que elaborado, e com as leis orçamentárias, bem como abordar todas as considerações técnicas, mercadológicas e de gestão que podem interferir na contratação, compreendidos:

I – a descrição da necessidade da contratação fundamentada em estudo técnico preliminar que caracterize o interesse público envolvido;

II – a definição do objeto para o atendimento da necessidade, por meio de termo de referência, anteprojeto, projeto básico ou projeto executivo, conforme o caso;

III – a definição das condições de execução e pagamento, das garantias exigidas e ofertadas e das condições de recebimento;

IV – o orçamento estimado, com as composições dos preços utilizados para sua formação;

V – a elaboração do edital de licitação;

VI – a elaboração de minuta de contrato, quando necessária, que constará obrigatoriamente como anexo do edital de licitação;

VII – o regime de fornecimento de bens, de prestação de serviços ou de execução de obras e serviços de engenharia, observados os potenciais de economia de escala;

VIII – a modalidade de licitação, o critério de julgamento, o modo de disputa e a adequação e eficiência da forma de combinação desses parâmetros, para os fins de seleção da proposta apta a gerar o resultado de contratação mais vantajoso para a Administração Pública, considerado todo o ciclo de vida do objeto;

IX – a motivação circunstanciada das condições do edital, tais como justificativa de exigências de qualificação técnica, mediante indicação das parcelas de maior relevância técnica ou valor significativo do objeto, e de qualificação econômico-financeira, justificativa dos critérios de pontuação e julgamento das propostas técnicas, nas licitações com julgamento por melhor técnica ou técnica e preço, e justificativa das regras pertinentes à participação de empresas em consórcio;

X – a análise dos riscos que possam comprometer o sucesso da licitação e a boa execução contratual;

XI – a motivação sobre o momento da divulgação do orçamento da licitação, observado o art. 24 desta Lei.

§1º O estudo técnico preliminar a que se refere o inciso I do *caput* deste artigo deverá evidenciar o problema a ser resolvido e a sua melhor solução, de modo a permitir a avaliação da viabilidade técnica e econômica da contratação, e conterá os seguintes elementos:

I – descrição da necessidade da contratação, considerado o problema a ser resolvido sob a perspectiva do interesse público;

II – demonstração da previsão da contratação no plano de contratações anual, sempre que elaborado, de modo a indicar o seu alinhamento com o planejamento da Administração;

III – requisitos da contratação;

IV – estimativas das quantidades para a contratação, acompanhadas das memórias de cálculo e dos documentos que lhes dão suporte, que considerem interdependências com outras contratações, de modo a possibilitar economia de escala;

V – levantamento de mercado, que consiste na análise das alternativas possíveis, e justificativa técnica e econômica da escolha do tipo de solução a contratar;

VI – estimativa do valor da contratação, acompanhada dos preços unitários referenciais, das memórias de cálculo e dos documentos que lhe dão suporte, que poderão constar de anexo classificado, se a Administração optar por preservar o seu sigilo até a conclusão da licitação;

VII – descrição da solução como um todo, inclusive das exigências relacionadas à manutenção e à assistência técnica, quando for o caso;

VIII – justificativas para o parcelamento ou não da contratação;

IX – demonstrativo dos resultados pretendidos em termos de economicidade e de melhor aproveitamento dos recursos humanos, materiais e financeiros disponíveis;

X – providências a serem adotadas pela Administração previamente à celebração do contrato, inclusive quanto à capacitação de servidores ou de empregados para fiscalização e gestão contratual;

XI – contratações correlatas e/ou interdependentes;

XII – descrição de possíveis impactos ambientais e respectivas medidas mitigadoras, incluídos requisitos de baixo consumo de energia e de outros recursos, bem como logística reversa para desfazimento e reciclagem de bens e refugos, quando aplicável;

XIII – posicionamento conclusivo sobre a adequação da contratação para o atendimento da necessidade a que se destina.

§2º O estudo técnico preliminar deverá conter ao menos os elementos previstos nos incisos I, IV, VI, VIII e XIII do §1º deste artigo e, quando não contemplar os demais elementos previstos no referido parágrafo, apresentar as devidas justificativas.

§3º Em se tratando de estudo técnico preliminar para contratação de obras e serviços comuns de engenharia, se demonstrada a inexistência de prejuízo para a aferição dos padrões de desempenho e qualidade almejados, a especificação do objeto poderá ser realizada apenas em termo de referência ou em projeto básico, dispensada a elaboração de projetos.

Artigo penosamente longo, cuida da fase preparatória, tratando-a como se fora grande novidade para o ente público. Inexistisse este artigo, por seguro toda a fase preparatória estaria mantida e preservada como sempre foi, sem nenhuma carência de nenhuma espécie. Outra *pedra na sopa*.

Os onze incisos do *caput*, de relevância que transita do alfa ao ômega, preveem que integram a fase preparatória:

I – *descrição da necessidade da administração* – isto deve ocorrer no processo, e não no edital, porque o instrumento convocatório não se presta a justificar nem a explicar o que seja, mas apenas para anunciar o que o ente quer. O estudo técnico que o dispositivo menciona será necessário se o ente o quiser e produzido como lhe for possível, se quiser e se e como lhe for viável;

II – *descrição do objeto* através de termo de referência, projeto ou anteprojeto, conforme o caso e a possibilidade – e a conveniência – do ente licitador;

III – *condições de execução e pagamento; garantias exigidas, se o forem, e condições de recebimento.* Variam ao infinito essas condições e, sejam quais forem, sempre precisam estar claramente explicitadas no edital. Toda essa matéria merecerá detalhamento posterior na lei;

IV – *orçamento estimado,* com a composição dos preços utilizados. Tornou-se regra esta exigência, com a L 8.666, e não seria esta nova lei que a excluiria. O poder público orienta com esse seu orçamento os licitantes para lhes balizar o *voo,* evitando com isso que algum vise *fazer a América* de um só golpe e propor na faixa da estratosfera do mercado. Ainda que propostas assim precisem ser desclassificadas de pronto, não custa prevenir delírios;

V – *elaboração do edital.* Não se imagina que a administração não saiba que precisa elaborar o edital se quiser licitar alguma coisa, porém, dizem, em direito mesmo o óbvio precisa ser declarado;

VI – *minuta do contrato,* quando necessária – diz a lei –, que será anexo obrigatório do edital. Entendemos que é *sempre* necessária a minuta do contrato, ainda que seja por instrumento simplificado, de molde a orientar o proponente sobre, se ganhar, o que assinará e, por exemplo, em que barco estará navegando, se Titanic, se Bateau Mouche;

VII – *"regime de fornecimento de bens, de prestação de serviços ou de execução de obras e serviços de engenharia,* observados os potenciais de economia de escala". Judicioso o início e patético o final, que manda observar os potenciais de economia de escala, algo que o autor talvez desconfie o que venha a ser e como se o aproveitar. O legislador esperdiça grandes oportunidades de parar de escrever a tempo e, tendo ouvido cantar o galo sem saber onde, cai em esparrelas como esta;

VIII – *a modalidade da licitação, o critério de julgamento e o modo de disputa*. Deixa-se de transcrever o restante do inciso pela sua essencial inconsistência, sua absoluta e perdida subjetividade, e sua inviabilidade de materializar com utilidade na prática. Naturalmente, a modalidade é o primeiro a ser indicado no edital, seguindo-se o critério de julgamento e o modo de disputa, novidades desta lei. Sem tais elementos, ter-se-ia uma faca sem lâmina da qual fosse judiciosamente extraído o cabo;

IX – *motivação circunstanciada das condições do edital*, ou seja, a justificativa das exigências. Isto deve constar do processo, nunca do edital. Toda a vasta digressão que segue no inciso, a exemplificar e ilustrar, pode ser ilustrativa, porém tem efetivo préstimo para quem não faça ideia do que uma justificativa deve conter, mas não merece maior detença, considerando-se a sua natureza, repita-se, meramente exemplificativa;

X – *análise dos riscos* "que possam comprometer o sucesso da licitação e a boa execução contratual". Não se sabe se o legislador escreveu para a Terra, para o Brasil, ou para a ionosfera de Saturno, ou para Andrômeda. Trata-se de pura poesia dentro de uma lei que precisaria ser objetiva tanto quanto pudesse. Astrologia? Futurismo? Adivinhação? *Jornada nas estrelas*? *Star trek*? Não se imagina o que a lei pretendeu com esta previsão, com a qual ou sem a qual o mundo das licitações remanesce rigorosamente tal e qual, possivelmente melhor;

XI – "motivação sobre o momento da divulgação do orçamento da licitação, observado o art. 24 desta lei". O legislador precisa de tratamento psicológico, talvez psiquiátrico. Não se faz a mais remota ideia do que seja isso, nem onde vai, nem como, nem por que, assim como se imagina que nenhum operador de licitações jamais tentará decifrar este aberrante enigma. É degradante para o direito brasileiro.

O §1º, nessa maré de insânia, tenta orientar o estudo técnico preliminar a que se refere o inciso I em treze torturantes, inúteis e rebarbativos incisos, que mencionam a descrição da necessidade; plano anual de contratações (que nem sequer é obrigatório); estimativas; levantamento do mercado; estimativa de valor do contrato; "descrição da solução como um todo" – algo que particularmente excede o ridículo do que o cerca, pois que não se pode fazer ideia de onde o legislador quer chegar e, seja o que for, para que serviria.

E segue a lista. "Justificativas para o parcelamento ou não da execução" – acredite o leitor: se se parcela, justifica-se; se não se parcela, justifica-se também! Então, parcelar é excepcional, e não parcelar também é? Demonstrativos da economicidade e outros requisitos que deixamos de referir por transcenderem a normalidade institucional de um diploma pretendidamente sério.

O patético não tem fim, e seu destino será o pior ou, como de esperar, nenhum. Quando a lei exige o impossível, além de ser obra de amadores despreparados, como neste caso, malogra logo de largada e compromete a seriedade de todo o texto – que ocasionalmente é bom.

Somente se espera que a fiscalização se dê conta do absurdo que permeia essa infausta lei e trabalhe como se estivesse diante de algo normal, sabendo-se que *ad impossibilia nemo tenetur*.

O §2º segue patético e indica 5 (cinco) elementos obrigatórios no estudo técnico preliminar, elencados em cinco incisos acima. Isso significa que os demais já não eram obrigatórios, ainda que a sua inexistência, reza a lei, exige justificativa. Infelizmente, não se pode esperar que venha ser tido a sério esse enorme rol de retóricas exigências, escritas aparentemente apenas para o legislador demonstrar saber que tanta coisa existe, mas o resultado foi pífio.

O §3º, fechando este desastroso artigo, é ainda pior: não sabe o que quer, mencionando novamente a asnice de serviços *comuns* de engenharia e dispensando projetos para exigir apenas projeto básico...

Este artigo é, em sua maior parte, para ser solenemente ignorado se alguém pretende de fato realizar uma licitação. O legislador é imperdoavelmente ruim. Levou 28 anos para produzir uma aberração jurídica como esta.

Art. 19

Art. 19. Os órgãos da Administração com competências regulamentares relativas às atividades de administração de materiais, de obras e serviços e de licitações e contratos deverão:

I – instituir instrumentos que permitam, preferencialmente, a centralização dos procedimentos de aquisição e contratação de bens e serviços;

II – criar catálogo eletrônico de padronização de compras, serviços e obras, admitida a adoção do catálogo do Poder Executivo federal por todos os entes federativos;

III – instituir sistema informatizado de acompanhamento de obras, inclusive com recursos de imagem e vídeo;

IV – instituir, com auxílio dos órgãos de assessoramento jurídico e de controle interno, modelos de minutas de editais, de termos de referência, de contratos padronizados e de outros documentos, admitida a adoção das minutas do Poder Executivo federal por todos os entes federativos;

V – promover a adoção gradativa de tecnologias e processos integrados que permitam a criação, a utilização e a atualização de modelos digitais de obras e serviços de engenharia.

§1º O catálogo referido no inciso II do *caput* deste artigo poderá ser utilizado em licitações cujo critério de julgamento seja o de menor preço ou o de maior desconto e conterá toda a documentação e os procedimentos próprios da fase interna de licitações, assim como as especificações dos respectivos objetos, conforme disposto em regulamento.

§2º A não utilização do catálogo eletrônico de padronização de que trata o inciso II do *caput* ou dos modelos de minutas de que trata o inciso IV do caput deste artigo deverá ser justificada por escrito e anexada ao respectivo processo licitatório.

§3º Nas licitações de obras e serviços de engenharia e arquitetura, sempre que adequada ao objeto da licitação, será preferencialmente adotada a Modelagem da Informação da Construção (Building

Information Modelling – BIM) ou tecnologias e processos integrados similares ou mais avançados que venham a substituí-la.

Eis outro artigo que lamentavelmente não pode ser levado a sério. Pretendendo instituir obrigações para as unidades licitadoras dos órgãos públicos e as de administração de contratos, já inicia indicando uma regra *preferencial*, ou seja, nada (inc. I).

Segue absurdamente "mandando" criar catálogos eletrônicos de padronização de compras (II), sistema informatizado de acompanhamento de obras (III), modelos e minutas de atos (IV) e adoção gradativa de tecnologias e processos integrados e modelos digitais de obras!

Nada disso pode ser imposto senão ao próprio Congresso que o redigiu. Nenhum estado, nenhum município precisa realizar nada disso, porque a sua autonomia administrativa é constitucionalmente garantida e não permite invasões estratosféricas como essas.

Conhecerá o legislador um pequeno município interiorano dos 5.550 municípios brasileiros? Pensará que são iguais aos gabinetes de Brasília, com dezenas de assessores, ar condicionado e toda a tecnologia moderna a seu serviço? Saberia com que realidade está lidando para escrever uma aleivosia de semelhante envergadura na lei?

Imagina que os entes públicos nada mais tenham a fazer senão atender as novas, invasivas, antirrepublicanas e inconstitucionais exigências da nova Lei de Licitações – este verdadeiro circo de horrores institucional?

Os comentários a esta lei ilustram de perto a figura do muro das lamentações.

Art. 20

Art. 20. Os itens de consumo adquiridos para suprir as demandas das estruturas da Administração Pública deverão ser de qualidade comum, não superior à necessária para cumprir as finalidades às quais se destinam, vedada a aquisição de artigos de luxo.

§1º Os Poderes Executivo, Legislativo e Judiciário definirão em regulamento os limites para o enquadramento dos bens de consumo nas categorias comum e luxo.

§2º A partir de 180 (cento e oitenta) dias contados da promulgação desta Lei, novas compras de bens de consumo só poderão ser efetivadas com a edição, pela autoridade competente, do regulamento a que se refere o §1º deste artigo.

§3º (VETADO).

Caput muito bom, e parágrafos ruinosos.

A qualidade dos insumos da administração deve realmente ser comum, assegurada a qualidade que compense o preço – porque o barato sai caro –, e até esse momento a lei anda bem ao coibir luxos ou requintes incompatíveis com a administração pública. Tal não significa adquirir porcarias baratas, mas limita ostentações ou desperdícios de verbas.

O §1º, entretanto, ao burocratizar exigindo regulamentos disso, e o §2º, dando prazo de 180 dias da promulgação da lei para que se os façam – quando a própria lei não é obrigatória até o fim de abril de 2023, parecendo que o legislador se esqueceu desse detalhe –, outra vez atravessam a linha do constitucional e do razoável, impondo obrigações internas aos entes públicos contra a sua autonomia administrativa constitucional.

O §3º foi vetado, lamentando-se que não o tenham sido também os dois anteriores.

Art. 21

Art. 21. A Administração poderá convocar, com antecedência mínima de 8 (oito) dias úteis, audiência pública, presencial ou a distância, na forma eletrônica, sobre licitação que pretenda realizar, com disponibilização prévia de informações pertinentes, inclusive de estudo técnico preliminar e elementos do edital de licitação, e com possibilidade de manifestação de todos os interessados.

Parágrafo único. A Administração também poderá submeter a licitação a prévia consulta pública, mediante a disponibilização de seus elementos a todos os interessados, que poderão formular sugestões no prazo fixado.

Dentro de todo o patético ambiente que a lei promoveu nesses últimos dispositivos, este contribui para o *nonsense*: permite o que sempre foi permitido, seja o ente realizar audiências públicas sobre o que quer pretenda licitar dentre seus programas ou projetos de governo.

Na lei anterior, a audiência era obrigatória a partir de determinada estimativa de valor para o contrato e, mesmo assim, por vezes falhava e era simplesmente desconsiderada. Imagine-se agora, em que a audiência é apenas permitida... como se algum dia tivesse sido proibida. Que autoridade dedicará tempo e serviço para fazê-lo quando sempre tem muito trabalho *real e necessário* a realizar a cada santo dia?

Mas o artigo seguinte não fica atrás em arte cênica.

Art. 22

Art. 22. O edital poderá contemplar matriz de alocação de riscos entre o contratante e o contratado, hipótese em que o cálculo do valor estimado da contratação poderá considerar taxa de risco compatível com o objeto da licitação e com os riscos atribuídos ao contratado, de acordo com metodologia predefinida pelo ente federativo.

§1º A matriz de que trata o *caput* deste artigo deverá promover a alocação eficiente dos riscos de cada contrato e estabelecer a responsabilidade que caiba a cada parte contratante, bem como os mecanismos que afastem a ocorrência do sinistro e mitiguem os seus efeitos, caso este ocorra durante a execução contratual.

§2º O contrato deverá refletir a alocação realizada pela matriz de riscos, especialmente quanto:

I – às hipóteses de alteração para o restabelecimento da equação econômico-financeira do contrato nos casos em que o sinistro seja considerado na matriz de riscos como causa de desequilíbrio não suportada pela parte que pretenda o restabelecimento;

II – à possibilidade de resolução quando o sinistro majorar excessivamente ou impedir a continuidade da execução contratual;

III – à contratação de seguros obrigatórios previamente definidos no contrato, integrado o custo de contratação ao preço ofertado.

§3º Quando a contratação se referir a obras e serviços de grande vulto ou forem adotados os regimes de contratação integrada e semi-integrada, o edital obrigatoriamente contemplará matriz de alocação de riscos entre o contratante e o contratado.

§4º Nas contratações integradas ou semi-integradas, os riscos decorrentes de fatos supervenientes à contratação associados à escolha da solução de projeto básico pelo contratado deverão ser alocados como de sua responsabilidade na matriz de riscos.

Na esteira dos artigos anteriores, este art. 22 é, na sua maior parte, absoluta e irremediavelmente inútil, na medida em que, até o §3º, não obriga ninguém a nada, mas apenas *permite* que o ente licitador contemple no edital "matriz de alocação de riscos entre o contratante e o contratado".

Ora, numa lei tão acerbamente prolixa, exageradíssima em todos os aspectos formais, prenhe de imposições por vezes dificílimas ou impossíveis de atender, quem na face do planeta ainda se irá dar ao trabalho adicional de incluir uma complexa e trabalhosa – e muito pouco conhecida para o licitador, sendo matéria de securitaristas – matriz de riscos?

Perguntamos e respondemos: aquele mesmo dirigente que, para se dirigir de São Paulo ao Rio de Janeiro, *atalha* o caminho por Manaus, Porto Alegre e Cuiabá para somente então adentrar a Cidade Maravilhosa.

Trata-se de um problema mental tão somente similar ao daquele cidadão que bate incessantemente uma porta em sua cabeça e, quando questionado pelo insólito de sua atitude, responde que o faz porque sente uma delícia indescritível quando para de bater... e consta que existe gente assim.

Muda o panorama, entretanto, no §3º, que *obriga* a adoção da matriz de riscos sempre que a licitação for para a licitação de "obras e serviços de grande vulto ou forem adotados os regimes de contratação integrada e semi-integrada". Os três institutos estão definidos no art. 6º da lei.

Nessas exclusivas hipóteses, vale todo o disposto nos §§1º e 2º da lei, cumprindo então observar:

a) alocação eficiente de riscos do contrato, com fixação das responsabilidades de parte a parte – seja tudo isso o que for dentro desse ambiente próprio para videntes, visionários ou profetas, pois que jamais alguém tabulará eficientemente os riscos de qualquer contrato existente no planeta –, e o autor da lei o sabe muito bem ao estultamente pretender eliminar o elemento aleatório dos contratos;

b) hipóteses para o restabelecimento do equilíbrio econômico-financeiro do contrato. É bem intencionado o dispositivo, porém também resvala no imponderável, pois que ninguém pode resumir antecipadamente todas aquelas hipóteses e, na prática, não se deve revelar muito útil essa previsão, devendo as coisas em matéria de revisão como sempre foram;

c) possibilidade de resolução quando o sinistro tornar impossível a continuidade do contrato. Será que o legislador acredita que criou essa ideia, que existe desde que o mundo é mundo, sabendo-se que ninguém é obrigado ao impossível?
d) contratação obrigatória de seguros, o que irá majorar o valor do contrato.

O §4º manda, também redundantemente, que a matriz de riscos nas contratações integradas ou semi-integradas contemple que os riscos decorrentes de fatos supervenientes à contratação, que estendam associados à escolha da solução de projeto básico pelo contratado, sejam de exclusiva responsabilidade deste. Não se imaginaria diferente, se foi o próprio contratado quem escolheu ou quem elaborou o projeto básico. Quem pariu Mateus que o embale...

Art. 23

Art. 23. O valor previamente estimado da contratação deverá ser compatível com os valores praticados pelo mercado, considerados os preços constantes de bancos de dados públicos e as quantidades a serem contratadas, observadas a potencial economia de escala e as peculiaridades do local de execução do objeto.

§1º No processo licitatório para aquisição de bens e contratação de serviços em geral, conforme regulamento, o valor estimado será definido com base no melhor preço aferido por meio da utilização dos seguintes parâmetros, adotados de forma combinada ou não:

I – composição de custos unitários menores ou iguais à mediana do item correspondente no painel para consulta de preços ou no banco de preços em saúde disponíveis no Portal Nacional de Contratações Públicas (PNCP);

II – contratações similares feitas pela Administração Pública, em execução ou concluídas no período de 1 (um) ano anterior à data da pesquisa de preços, inclusive mediante sistema de registro de preços, observado o índice de atualização de preços correspondente;

III – utilização de dados de pesquisa publicada em mídia especializada, de tabela de referência formalmente aprovada pelo Poder Executivo federal e de sítios eletrônicos especializados ou de domínio amplo, desde que contenham a data e hora de acesso;

IV – pesquisa direta com no mínimo 3 (três) fornecedores, mediante solicitação formal de cotação, desde que seja apresentada justificativa da escolha desses fornecedores e que não tenham sido obtidos os orçamentos com mais de 6 (seis) meses de antecedência da data de divulgação do edital;

V – pesquisa na base nacional de notas fiscais eletrônicas, na forma de regulamento.

§2º No processo licitatório para contratação de obras e serviços de engenharia, conforme regulamento, o valor estimado, acrescido do percentual de Benefícios e Despesas Indiretas (BDI) de referência e dos Encargos Sociais (ES) cabíveis, será definido por meio da utilização de parâmetros na seguinte ordem:

I – composição de custos unitários menores ou iguais à mediana do item correspondente do Sistema de Custos Referenciais de Obras (Sicro), para serviços e obras de infraestrutura de transportes, ou do Sistema Nacional de Pesquisa de Custos e Índices de Construção Civil (Sinapi), para as demais obras e serviços de engenharia;

II – utilização de dados de pesquisa publicada em mídia especializada, de tabela de referência formalmente aprovada pelo Poder Executivo federal e de sítios eletrônicos especializados ou de domínio amplo, desde que contenham a data e a hora de acesso;

III – contratações similares feitas pela Administração Pública, em execução ou concluídas no período de 1 (um) ano anterior à data da pesquisa de preços, observado o índice de atualização de preços correspondente;

IV – pesquisa na base nacional de notas fiscais eletrônicas, na forma de regulamento.

§3º Nas contratações realizadas por Municípios, Estados e Distrito Federal, desde que não envolvam recursos da União, o valor previamente estimado da contratação, a que se refere o *caput* deste artigo, poderá ser definido por meio da utilização de outros sistemas de custos adotados pelo respectivo ente federativo.

§4º Nas contratações diretas por inexigibilidade ou por dispensa, quando não for possível estimar o valor do objeto na forma estabelecida nos §§1º, 2º e 3º deste artigo, o contratado deverá comprovar previamente que os preços estão em conformidade com os praticados em contratações semelhantes de objetos de mesma natureza, por meio da apresentação de notas fiscais emitidas para outros contratantes no período de até 1 (um) ano anterior à data da contratação pela Administração, ou por outro meio idôneo.

§5º No processo licitatório para contratação de obras e serviços de engenharia sob os regimes de contratação integrada ou semi-integrada, o valor estimado da contratação será calculado nos termos do §2º deste artigo, acrescido ou não de parcela referente à remuneração do risco, e, sempre que necessário e o anteprojeto o permitir, a estimativa de preço será baseada em orçamento sintético, balizado em sistema de custo definido no inciso I do §2º deste artigo, devendo a utilização de metodologia expedita ou paramétrica e de avaliação aproximada baseada em outras contratações similares ser reservada às frações do empreendimento não suficientemente detalhadas no anteprojeto.

§6º Na hipótese do §5º deste artigo, será exigido dos licitantes ou contratados, no orçamento que compuser suas respectivas propostas, no mínimo, o mesmo nível de detalhamento do orçamento sintético referido no mencionado parágrafo.

Outro desanimadoramente longo e prolixo artigo nesta lei tremendamente rebarbativa e de pesadíssima digestão. Contém uma grande série de platitudes e de obviedades que, em geral, já são arquiconhecidas, como se repeti-las mudasse o direito aplicável.

O óbvio *caput* fixa que o orçamento da administração deve basear-se nos preços correntes do mercado, que podem ser obtidos em bancos públicos ou particulares de dados. Algum dia foi diferente?

O §1º, que não sabe o que quer, estabelece que os orçamentos de bens e de serviços comuns observem os diversos parâmetros constantes dos incisos I a V, porém *na forma de regulamento*. Ora, então o que vale, os parâmetros ou o regulamento?

E mais: pode a lei mandar os entes de todo nível expedirem regulamentos para tudo que dê na telha do legislador? Onde fica a autonomia administrativa dos entes locais e regionais? Já não basta a lei dar parâmetros em profusão e ainda a todos exige regulamentos? O legislador deve viver em Marte.

Aqueles parâmetros dos incisos I a V do §1º em resumo são os seguintes: I – utilização do Sicro ou do Sinapi para dar os custos de obras e serviços de engenharia, que devem incluir o BDI e os encargos sociais cabíveis – como se pudesse ser diferente; II – valor de contratações similares da administração; III – dados de pesquisas publicadas em revistas especializadas; IV – pesquisa com no mínimo três fornecedores; e V – pesquisa na base nacional de notas fiscais eletrônicas, e outra vez diz a lei: com base em regulamento... o legislador deve imaginar que conseguiu resolver o problema dos orçamentos errados ou tendenciosos.

Segue a cena no §2º, no qual a lei *repete todas as regras do §1º*, desta vez para obras e serviços de engenharia! Qual o senso prático do legislador e qual a sua noção de economia redacional e legislativa? Não teria sido muito preferível fixar as regras uma só vez para todos os objetos dos parágrafos?

O §3º exclui do aparente rigor dos parágrafos anteriores as contratações estaduais, distritais e municipais custeadas por recursos exclusivos dessas pessoas e permite que estas utilizem métodos, sistemas e regras próprios para estimação dos seus orçamentos. Melhor que tenha sido respeitada a autonomia dos entes integrantes da federação, evidenciando-se com isso que toda a *via crucis* anterior se refere apenas a recursos federais.

Dentro da *selva escura e tenebrosa* dos parágrafos, isso é menos mau, mas não exime a lei do grande exagero burocrático.

O §4º reitera o óbvio ululante, que é sabido e consabido por toda a administração: se não for possível, nas contratações diretas (dispensa ou inexigibilidade), estimar os preços na forma deste artigo – o que, repita-se, já nem sequer é obrigatório para os entes locais que custeiem seus contratos –, então os entes devem valer-se do que lhes for possível e acessível. Mais óbvio deve ser impossível.

O extenso §5º tem utilidade inversa à sua extensão. Obra de matemáticos, atuários, securitaristas ou de estritos exatistas, mas jamais de legisladores que escrevam em língua comum, praticamente de nada serve. Cogita tantas hipóteses, e tantas abertas possibilidades, e tantas exceções que, francamente, não se imagina para que foi sequer escrito.

Permita-se nos enunciar uma dúvida cruciante: acreditará o legislador que textos como este §5º serão um dia levados ao pé da letra ou mesmo a sério dentro da vida atribulada dos operadores de licitação em nosso cada vez mais sofrido país? Imbui-se dessa ilusão primigênia?

E quanto à fiscalização de horrores e descalabros legislativos como esse... por tudo que é sagrado, como ficará? Qual será sua *saída honrosa*, nesse tétrico panorama?

Encerra o artigo o §6º, que, num ambiente assim, é surpreendentemente lógico e razoável: a proposta do licitante deve ter o mesmo nível de detalhamento do orçamento do ente licitador.

Conveniente que esse paralelismo – que, de resto, já se espera de bons profissionais no seu trato com a administração mesmo sem lembrete nenhum – seja agora explicitamente exigido na lei. Mal nunca fará, mas, como medida *educativa*, pode revelar-se bastante útil.

Art. 24

Art. 24. Desde que justificado, o orçamento estimado da contratação poderá ter caráter sigiloso, sem prejuízo da divulgação do detalhamento dos quantitativos e das demais informações necessárias para a elaboração das propostas, e, nesse caso:

I – o sigilo não prevalecerá para os órgãos de controle interno e externo;

II – (VETADO).

Parágrafo único. Na hipótese de licitação em que for adotado o critério de julgamento por maior desconto, o preço estimado ou o máximo aceitável constará do edital da licitação.

Este artigo veicula, *prima facie*, uma péssima ideia: orçamentos secretos da administração. Retrocesso absoluto ante a excelente regra da proibição de segredo na licitação, afora a proposta do licitante até a sua abertura.

Ora, se o orçamento não é para ser conhecido, então para que serve? Para que existe? Jogo de adivinhação? Brincadeira com os licitantes?

Trata-se acaso de segredo de Estado, de segurança nacional ou de imperativo estratégico de governo? Se for isso, então a própria licitação ou a negociação direta já deve ser secreta, não apenas o orçamento...

Então, quanto ao *caput* e se não se tratar de segredo de Estado, *jamais* se justifica a ocultação do preço e do orçamento. Licitação não é cabra-cega nem jogo de quebrar pinhata para diversão e gáudio de uma plateia absolutamente amadora.

Recomenda-se à autoridade licitadora *jamais se deixar levar* por esta patética ideia de segredo em licitação e abrir e devassar todos os preços com os quais trabalha e seu ente.

Art. 25

Art. 25. O edital deverá conter o objeto da licitação e as regras relativas à convocação, ao julgamento, à habilitação, aos recursos e às penalidades da licitação, à fiscalização e à gestão do contrato, à entrega do objeto e às condições de pagamento.

§1º Sempre que o objeto permitir, a Administração adotará minutas padronizadas de edital e de contrato com cláusulas uniformes.

§2º Desde que, conforme demonstrado em estudo técnico preliminar, não sejam causados prejuízos à competitividade do processo licitatório e à eficiência do respectivo contrato, o edital poderá prever a utilização de mão de obra, materiais, tecnologias e matérias-primas existentes no local da execução, conservação e operação do bem, serviço ou obra.

§3º Todos os elementos do edital, incluídos minuta de contrato, termos de referência, anteprojeto, projetos e outros anexos, deverão ser divulgados em sítio eletrônico oficial na mesma data de divulgação do edital, sem necessidade de registro ou de identificação para acesso.

§4º Nas contratações de obras, serviços e fornecimentos de grande vulto, o edital deverá prever a obrigatoriedade de implantação de programa de integridade pelo licitante vencedor, no prazo de 6 (seis) meses, contado da celebração do contrato, conforme regulamento que disporá sobre as medidas a serem adotadas, a forma de comprovação e as penalidades pelo seu descumprimento.

§5º O edital poderá prever a responsabilidade do contratado pela:

I – obtenção do licenciamento ambiental;

II – realização da desapropriação autorizada pelo poder público.

§6º Os licenciamentos ambientais de obras e serviços de engenharia licitados e contratados nos termos desta Lei terão prioridade de tramitação nos órgãos e entidades integrantes do Sistema Nacional do Meio Ambiente (Sisnama) e deverão ser orientados pelos princípios da celeridade, da cooperação, da economicidade e da eficiência.

§7º Independentemente do prazo de duração do contrato, será obrigatória a previsão no edital de índice de reajustamento de preço, com data-base vinculada à data do orçamento estimado e com a possibilidade de ser estabelecido mais de um índice específico ou setorial, em conformidade com a realidade de mercado dos respectivos insumos.

§8º Nas licitações de serviços contínuos, observado o interregno mínimo de 1 (um) ano, o critério de reajustamento será por:

I – reajustamento em sentido estrito, quando não houver regime de dedicação exclusiva de mão de obra ou predominância de mão de obra, mediante previsão de índices específicos ou setoriais;

II – repactuação, quando houver regime de dedicação exclusiva de mão de obra ou predominância de mão de obra, mediante demonstração analítica da variação dos custos.

§9º O edital poderá, na forma disposta em regulamento, exigir que percentual mínimo da mão de obra responsável pela execução do objeto da contratação seja constituído por:

I – mulheres vítimas de violência doméstica;

II – oriundos ou egressos do sistema prisional.

Outro artigo muito mais longo do que deveria, inicia por dizer na maior parte o óbvio, que jamais seria diferente mesmo sem lei nenhuma. O edital deve indicar o objeto da licitação e as regras de convocação, julgamento, habilitação, recursos, penalidades, fiscalização e gestão do contrato, entrega e pagamento.

Entenda-se: deve o edital declinar o que já não estiver expresso na lei, como, por exemplo, julgamento, habilitação, recursos e penalidades, pois que tudo que a lei esgotar não será o edital que modificará, e o diploma convocatório poderá apenas reportar a matéria legal para cada assunto, sem estultamente repeti-la – como infelizmente é muito comum ocorrer em nosso país. Deve o edital dizer o que a lei já não diz, porque a lei não precisa ser repetida por diploma ou documento algum para ser obrigatória.

Os §§1º e 2º, apenas facultando o ente licitador a inserir regras no edital, são quase por completo inúteis:

- o §1º recomenda padronização de minutas de editais, o que já se faz desde a primeira licitação havida no Brasil;
- o §2º é tão bisonho que nos faz pensar qual foi seu propósito real: admitir circunscrever a mão de obra e os materiais a serem utilizados àqueles locais – o que é difícil imaginar e dificílimo controlar – ou o que mais diverso disso? Como fica no facultativo e na mera autorização para o edital, *pode ser solenemente ignorado por todos os entes públicos brasileiros* – sem a menor hesitação. A autoridade licitadora já tem problemas demais com só as obrigações dadas pela lei para se preocupar também com o que ela não obriga.

O §3º manda divulgar o edital completo, com todos os anexos, em sítio eletrônico oficial, e – excelente medida – não existirão senhas ou registros para o acesso. A eletrônica visa abrir a publicidade, não fechá-la nem a restringir.

Até este momento, a lei não obriga existir edital impresso à disposição dos interessados, no que acerta considerando o anacronismo obsoleto que a papelada sem fim constitui hoje em dia e que, mais dia, menos dia, desaparecerá sem deixar vestígio.

Pelo §4º, é obrigatória a previsão de implantação, pelo vencedor das licitações para objetos de grande vulto e dentro de seis meses do contrato, de um *programa de integridade*. O que significa isso? O legislador deve saber, já que não diz coisa alguma dentro da lei até o momento. E o dispositivo informa que será na forma de um regulamento que tal se processará, e como...

Ou seja, a lei parece estar obrigando o ente público a editar mais um regulamento, no qual disponha sobre – repita-se, seja lá isso o que for – o programa de integridade.

Duvida-se que alguém venha a se preocupar seriamente com algo assim – inclusive, diga-se, a fiscalização, já tão assoberbada de obrigações *sérias*. O legislador cria chifres em cabeça de cavalo, talvez imaginando que será atendido instantaneamente em todos esses caprichos sem nenhum sentido prático. Como se duvida também, por isso e cada vez mais, do resultado desta Lei nº 14.133.

O §5º não está incorreto, porém autoriza o que já se faz de tempo imemorial, ou seja, que o edital (I) imponha ao contratado obter o licenciamento ambiental necessário para aquele dado objeto e (II) realize as desapropriações necessárias que o poder público tenha autorizado. Segue na linha de autorizar o que já estava autorizado há décadas, mas irregular não é.

O §6º impõe aos órgãos do Sisnama – Sistema Nacional do Meio Ambiente dar prioridade aos licenciamentos ambientais aqui versados. O interessado que entender estar sendo tratado sem prioridade poderá então, doravante, reclamar nesse sentido, nada nem ninguém assegurando eficácia a essa regra.

O §7º cria confusões e baralhamentos tão necessários para a administração quanto uma gripe, um furacão ou uma colisão de trens, na mania infantil e pretensiosa de complicar por complicar. Quando todos conhecem a regras atuais de reajustamento, vem a Lei nº 14.133 mandar que o edital precisa conter índice de reajustamento, vinculado à data do orçamento da administração, independentemente da duração do contrato e com possibilidade de haver mais de um índice regional ou setorial.

Isso significa que, mesmo que o contrato dure apenas um mês e mesmo que o orçamento do ente licitador date de dois meses antes da assinatura desse contrato, mesmo assim precisará haver previsão de reajuste! E que poderá ainda existir mais de um índice setorial!

Quem precisa de lei assim, que num só golpe tende a desorganizar completamente a questão dos reajustes, que, repita-se, estava e ainda está perfeitamente equacionada hoje, data em que – felicissimamente! – pode ainda ser utilizada a L 8.666?

Quem pediu um direito desses? A quem serve uma confusão tal que seguramente nunca terá passado pela cabeça do próprio contratado, habituado à racional e singela regra atual?

O §8º tenta de início ajeitar um pouco as coisas, atropeladas pelo parágrafo anterior; porém, no §2º, literalmente *enfia os pés pelas mãos* e transtorna toda a teoria dos contratos.

Fixa que, nos contratos de serviços contínuos, o intervalo mínimo inter-reajuste será de um ano – o que é perfeito e é a regra atual – e que o reajustamento será:

(i) *em sentido estrito* quando "não houver regime de dedicação exclusiva de mão de obra ou predominância de mão de obra, mediante previsão de índices específicos ou setoriais", e isto complica desnecessariamente o panorama institucional; e

(ii) *repactuação* (acredite-se!) quando houver o regime de dedicação exclusiva de mão de obra ou predominância de mão de obra, e se fará por demonstração analítica de variação de custos. Confunde-se pela primeira vez na história do direito reajuste com revisão, já que repactuação, que sempre foi sinônimo de revisão, agora passa a ser reajustamento!

Quem havia um dia, enfim, aprendido a diferença essencial, pode agora esquecer o que aprendeu!

Não é difícil entender o que está escrito, mas apenas não se imagina por que raios o direito precisava ser invertido, convulsionado e baralhado dessa forma, quando se sabe que *reajuste* é e sempre foi a majoração de preço preestabelecida na forma do índice que fora ajustado e dentro da periodicidade também combinada e que *repactuação* é revisão, que nunca fora preestabelecida porque é imprevisível ao tempo do contrato e que não em limites, periodicidade mínima nem mais regras disciplinadoras.

Não se atina com a razão por que alterar e misturar categorias jurídicas absolutamente distintas, estanques e diferentes. A partir deste momento, a repactuação passa a ser uma regra antecipada nos contratos, sendo que o seu motivo, em verdade, poderá *jamais vir a ocorrer*.

O §9º consigna uma discriminação simpática, porém, inconstitucional de pessoas como compensação por algo que sofreram.

O edital *pode* – o que, outra vez, não significa obrigação nenhuma para quem não quiser – reservar percentual mínimo de mão de obra para (I) mulheres vítimas de violência doméstica ou (II) para pessoas egressas da prisão.

O bom mérito é o de ajudar a compensar esses dois grupos de pessoas por seu sofrimento; porém, a *demagógica inconstitucionalidade* – explicável porque o assunto está na moda – reside na *discriminação* de outros grupos tão necessitados quanto esses dois, como, por exemplo, o de vítimas de violência na rua, no trabalho ou no trânsito, ou o grupo dos egressos de clínicas de recuperação por alcoolismo ou por uso de drogas, ou o dos reabilitados para o trabalho.

A isonomia constitucional entre as pessoas, constante do art. 5º, não admite essas preferências, por mais que os beneficiados mereçam cuidados adicionais do Estado – como incontáveis outros grupos também o merecem.

Quando a moda for outra, a nova lei mudará o seu foco protetivo.

Art. 26

Art. 26. No processo de licitação, poderá ser estabelecida margem de preferência para:

I – bens manufaturados e serviços nacionais que atendam a normas técnicas brasileiras;

II – bens reciclados, recicláveis ou biodegradáveis, conforme regulamento.

§1º A margem de preferência de que trata o *caput* deste artigo:

I – será definida em decisão fundamentada do Poder Executivo federal, no caso do inciso I do *caput* deste artigo;

II – poderá ser de até 10% (dez por cento) sobre o preço dos bens e serviços que não se enquadrem no disposto nos incisos I ou II do *caput* deste artigo;

III – poderá ser estendida a bens manufaturados e serviços originários de Estados Partes do Mercado Comum do Sul (Mercosul), desde que haja reciprocidade com o País prevista em acordo internacional aprovado pelo Congresso Nacional e ratificado pelo Presidente da República.

§2º Para os bens manufaturados nacionais e serviços nacionais resultantes de desenvolvimento e inovação tecnológica no País, definidos conforme regulamento do Poder Executivo federal, a margem de preferência a que se refere o *caput* deste artigo poderá ser de até 20% (vinte por cento).

§3º (VETADO).

§4º (VETADO).

§5º A margem de preferência não se aplica aos bens manufaturados nacionais e aos serviços nacionais se a capacidade de produção desses bens ou de prestação desses serviços no País for inferior:

I – à quantidade a ser adquirida ou contratada; ou

II – aos quantitativos fixados em razão do parcelamento do objeto, quando for o caso.

§6º Os editais de licitação para a contratação de bens, serviços e obras poderão, mediante prévia justificativa da autoridade competente, exigir que o contratado promova, em favor de órgão ou entidade integrante da Administração Pública ou daqueles por ela indicados a partir de processo isonômico, medidas de compensação comercial, industrial ou tecnológica ou acesso a condições vantajosas de financiamento, cumulativamente ou não, na forma estabelecida pelo Poder Executivo federal.

§7º Nas contratações destinadas à implantação, à manutenção e ao aperfeiçoamento dos sistemas de tecnologia de informação e comunicação considerados estratégicos em ato do Poder Executivo federal, a licitação poderá ser restrita a bens e serviços com tecnologia desenvolvida no País produzidos de acordo com o processo produtivo básico de que trata a Lei nº 10.176, de 11 de janeiro de 2001.

Este humílimo autor gostaria de conhecer o processo mental do legislador, aqui como alhures posto em execução, que o leva a requintar tanto e tão completamente o disciplinamento de uma *obrigação que não existe*.

Sim, porque o *caput* deste art. 26 apenas *permite* ao edital incluir margem de preferência para bens manufaturados e bens reciclados ou recicláveis, e não obriga ninguém a coisa nenhuma.

Mas seguem sete parágrafos que se aplicam a quem optar por fazê-lo, como quem aceita uma doação, que é sempre voluntária, como se sabe, porém que exige do doador que cumpra inúmeros requisitos e condições, a ignorar que *a cavalo dado não se olham os dentes!*

O artigo, de duvidosa constitucionalidade em face do mesmo art. 5º constitucional mencionado no comentário do art. 25 – que não é original desta lei, mas é de todo inspirado no *indizivelmente péssimo* art. 3º da L 8.666 –, é, como aquele, de uma desprezibilidade absoluta. Não obrigando ninguém a coisa nenhuma, não tem condão de modificar o direito, porque a lei serve ou para modificar o ordenamento, ou... para nada mais.

Lei não se presta a recomendar, aconselhar, orientar amavelmente, palpitar, prevenir ou maternalmente sugerir.

A quem tiver a discutível ideia de prescrever as *pouco constitucionais* preferências que o artigo admite para o edital, então leia os sete parágrafos, que não oferecem qualquer dificuldade de compreensão dentro da sua irrelevância absoluta para o direito e os quais, por compreensíveis razões de economia do inútil, não se transcrevem neste comentário.

Art. 27

Art. 27. Será divulgada, em sítio eletrônico oficial, a cada exercício financeiro, a relação de empresas favorecidas em decorrência do disposto no art. 26 desta Lei, com indicação do volume de recursos destinados a cada uma delas.

Eis mais uma razão para a autoridade não se valer do permissivo art. 26 sobre preferências a licitantes nacionais, etc., etc.

Quem, meio inadvertidamente ou de caso pensado, pisar naquele barco por inteiro furado precisará depois, em adição ao trabalho que já teve, publicar a cada ano a lista das empresas por aquilo beneficiadas, com indicação dos valores que tenham recebido. É pena em cima de pena...

Art. 28

Seção II

Das Modalidades de Licitação

Art. 28. São modalidades de licitação:

I – pregão;

II – concorrência;

III – concurso;

IV – leilão;

V – diálogo competitivo.

§1º Além das modalidades referidas no *caput* deste artigo, a Administração pode servir-se dos procedimentos auxiliares previstos no art. 78 desta Lei.

§2º É vedada a criação de outras modalidades de licitação ou, ainda, a combinação daquelas referidas no *caput* deste artigo.

Este artigo indica as modalidades de licitação que a lei consagra, resultantes da grande mudança com relação à tradição ultimada pela L 8.666. Das antigas modalidades, restaram a concorrência, o concurso e o leilão, tendo sido excluídas as do convite e da tomada de preços.

Incluiu-se o pregão, numa necessária alteração que elimina as ilhas de licitação criadas por algumas leis, e se o inclui na lei geral, e foi *inventado* o diálogo competitivo, que a lei antes definiu e adiante explicita. Quanto a essa última, o tempo dirá se deu resultado ou se foi uma *linha Maginot* da licitação, sendo, entretanto, que já se vislumbram terrenos de utilidade efetiva para essa modalidade.

O §1º, de inteligência nula, informa que os procedimentos auxiliares previstos no art. 78 podem ser utilizados... e é fantástica a lei que informa que seus artigos valem! Quanto amadorismo!

O §2º reedita o fracasso histórico e acachapante do §8º do art. 22 da L 8.666, que também proibia a criação de novas modalidades, e o pregão a seguir foi criado por medida provisória que depois se transformou em lei. Trata-se de artigo para os súditos de sua real majestade inglesa contemplarem. Quando o governo quer, então a lei... ora, a lei...

Art. 29

Art. 29. A concorrência e o pregão seguem o rito procedimental comum a que se refere o art. 17 desta Lei, adotando-se o pregão sempre que o objeto possuir padrões de desempenho e qualidade que possam ser objetivamente definidos pelo edital, por meio de especificações usuais de mercado.

Parágrafo único. O pregão não se aplica às contratações de serviços técnicos especializados de natureza predominantemente intelectual e de obras e serviços de engenharia, exceto os serviços de engenharia de que trata a alínea "a" do inciso XXI do *caput* do art. 6º desta Lei.

Um curto artigo para estabelecer a preferência do pregão à modalidade da concorrência. Deve o pregão ser utilizado sempre que o objeto puder ser descrito com objetividade e clareza, e que detenha características comuns do mercado respectivo, de conhecimento generalizado.

Isso era de esperar e, mesmo sob a L 8.666 – que ainda vigora –, já era nítida aquela preferência tanto pelas autoridades licitadoras quanto pela fiscalização. Agora se plasmou na lei geral, de modo aparentemente irreversível, sendo muito mais transparente e rápido que uma concorrência, ou mesmo uma tomada de preços, tende a reduzir o banditismo, a corrupção e a ação de quadrilhas na licitação, de triste tradição entre nós.

O parágrafo único informa que não se aplica o pregão para licitar obras e em serviços de engenharia – o que está corretíssimo em face da complexidade e da singularidade de cada projeto –, apenas não descendo pela garganta a exceção, que o admite para o que esta lei denomina serviços comuns de engenharia, o que somente existe na cabeça desse legislador, constituindo a mais rematada *asneira* técnica em degradação direta à engenharia que se pode conceber e que, repetimos, mereceria ação judicial pelos entes fiscalizadores dessa profissão.

A menção a *serviços predominantemente intelectuais* é outra grossa e iletrada herança do passado. Se não é um serviço de puxar carroça ou de encontrar no mato a perdiz abatida pelo caçador e se apenas o homem o realiza porque, para fazê-lo, é preciso utilizar o intelecto, então esse serviço é predominantemente intelectual.

O que não é predominantemente intelectual é um serviço que um animal pode prestar por instinto ou por reflexo condicionado – porque o animal não tem intelecto, ainda que raciocine surpreendentemente bem e ainda que diversos intelectuais lembrem muares ou onagros quando abrem seu órgão fonador. Ainda assim, trabalho humano é sempre predominantemente intelectual.

A lei se refere a trabalhos refinadamente "cerebrais" ou intelectualmente requintados e exigidores de especialização, algo assim. Para licitar esses serviços, não se admite o pregão, mas não se imagine que eles venham carimbados de intelectuais, e será preciso empregar um juízo discricionário por vezes fortemente subjetivo para os detectar – o que pode redundar em chuvas e tempestades...

Art. 30

Art. 30. O concurso observará as regras e condições previstas em edital, que indicará:

I – a qualificação exigida dos participantes;

II – as diretrizes e formas de apresentação do trabalho;

III – as condições de realização e o prêmio ou remuneração a ser concedida ao vencedor.

Parágrafo único. Nos concursos destinados à elaboração de projeto, o vencedor deverá ceder à Administração Pública, nos termos do art. 93 desta Lei, todos os direitos patrimoniais relativos ao projeto e autorizar sua execução conforme juízo de conveniência e oportunidade das autoridades competentes.

Artigo do concurso, baseou-se também na L 8.666 e remete as regras a cada respectivo edital, sendo obrigatório apenas que contenha:

a) qualificação exigida dos participantes, que, em boa técnica, deve ser mínima, devendo observar as privatividades de cada profissão, como em projetos de engenharia, por exemplo;

b) orientação sobre as formas aceitáveis de apresentação do trabalho, que variarão ao infinito; e

c) como serão realizados e julgados o concurso e o prêmio ou a remuneração destinado(a) ao vencedor. Melhor que a forma anterior, admite prêmio, da natureza que for, ou remuneração pelo trabalho vencedor, e se é remuneração deve ser tributariamente assim tratado.

Concurso é a modalidade de licitação para que os interessados apresentem ideias ao ente que licita, que não sabe exatamente o que quer ou de que precisa. A proposta que mais agradar subjetivamente ao ente, que, em geral, nomeia uma comissão julgadora especializada, é adquirida pelo mesmo ente para execução quando e como bem entender. Se nenhuma agradar suficientemente, nenhuma é declarada vencedora, e o concurso terá fracassado.

Não vigora o princípio do julgamento objetivo, eis o resultado deriva inteiramente do critério pessoal e do gosto particular da comissão de especialistas que o julga.

Esta lei melhorou o quadro a restringir o prêmio a um vencedor e não deixar aberto a vencedores, sabendo-se que somente um projeto deverá ser executado; se assim não for, que o edital esclareça objetivamente de quantos projetos ou trabalhos o ente precisa.

Os trabalhos são de projetos da matéria que for, ou científicos, ou artísticos, ou urbanísticos, ou sociais, ou de outras naturezas quaisquer, desde que traduzíveis em documentos escritos ou gráficos, e executáveis materialmente.

Art. 31

Art. 31. O leilão poderá ser cometido a leiloeiro oficial ou a servidor designado pela autoridade competente da Administração, e regulamento deverá dispor sobre seus procedimentos operacionais.

§1º Se optar pela realização de leilão por intermédio de leiloeiro oficial, a Administração deverá selecioná-lo mediante credenciamento ou licitação na modalidade pregão e adotar o critério de julgamento de maior desconto para as comissões a serem cobradas, utilizados como parâmetro máximo os percentuais definidos na lei que regula a referida profissão e observados os valores dos bens a serem leiloados.

§2º O leilão será precedido da divulgação do edital em sítio eletrônico oficial, que conterá:

I – a descrição do bem, com suas características, e, no caso de imóvel, sua situação e suas divisas, com remissão à matrícula e aos registros;

II – o valor pelo qual o bem foi avaliado, o preço mínimo pelo qual poderá ser alienado, as condições de pagamento e, se for o caso, a comissão do leiloeiro designado;

III – a indicação do lugar onde estiverem os móveis, os veículos e os semoventes;

IV – o sítio da internet e o período em que ocorrerá o leilão, salvo se excepcionalmente for realizado sob a forma presencial por comprovada inviabilidade técnica ou desvantagem para a Administração, hipótese em que serão indicados o local, o dia e a hora de sua realização;

V – a especificação de eventuais ônus, gravames ou pendências existentes sobre os bens a serem leiloados.

§3º Além da divulgação no sítio eletrônico oficial, o edital do leilão será afixado em local de ampla circulação de pessoas na sede da Administração e poderá, ainda, ser divulgado por outros meios necessários para ampliar a publicidade e a competitividade da licitação.

§4º O leilão não exigirá registro cadastral prévio, não terá fase de habilitação e deverá ser homologado assim que concluída a fase de lances, superada a fase recursal e efetivado o pagamento pelo licitante vencedor, na forma definida no edital.

O tema agora é o leilão. Esta é a modalidade licitatória para a venda de bens públicos, e não para a aquisição, como são as demais.

Mantida a maior parte das regras da L 8.666, este artigo resultou melhor que o daquela lei. O edital se chama regulamento, a esta altura sem uma explicação racional, pois nada mais é que um edital.

Pode a administração confiar a execução a um servidor seu ou a leiloeiro oficial, o que é sempre preferível, na medida em que o princípio da especialidade ou da especialização de funções não existe à toa e que *quisque simius in ejus ramus* – cada macaco em seu galho – ainda é uma regra sagrada em qualquer mister a cargo do ser humano. Um profissional sabe melhor divulgar o evento e melhor seduzir o público a oferecer lances interessantes ao ente leiloador, eis que desse ofício vive e se sustenta.

Para entregar o leilão a leiloeiro oficial, o ente publico poderá escolhê-lo por credenciamento ou por pregão em que o julgamento será o da menor comissão a ser paga (a lei menciona "maior desconto sobre as comissões", o que é prolixo). Recomenda-se o credenciamento, uma vez que licitar o profissional seria como licitar um motorista de táxi ao invés de contratar o primeiro da fila.

E não é nem um pouco recomendável regatear preço a profissionais que podem ensejar um grande negócio para a administração, pois que profissional mal pago ou descontente não deverá desempenhar tão bem o seu mister quanto aquele bem remunerado, ingressando em cena outra alusão à elevadíssima filosofia das gentes: *saco vazio não para em pé*. Por tudo, então, parece preferível o credenciamento, a ser realizado nas bases estabelecidas por atos internos de cada ente público.

O credenciamento é objeto do art. 79, mas se trata de um dispositivo tão *horroroso*, tão pessimamente ideado e ainda piormente materializado que duvidamos que possa auxiliar quem pretenda montar uma regra de credenciamento. Como adiante se verá, é desses dispositivos que auxiliariam extraordinariamente se fossem revogados o mais breve possível.

Pelo §2º, o regulamento do leilão deve ser publicado em sítio eletrônico oficial e conter, no mínimo: a) descrição do bem e com detalhes da planta, se for imóvel; b) o valor mínimo aceitável e, diz a lei, "se for o caso a comissão do leiloeiro", e entendemos que não é o caso, já que a comissão deve figurar em outro local do processo, uma vez que essa informação não oferece o mínimo interesse para o público ao qual o regulamento se dirige; c) a localização dos bens; d) o sítio eletrônico e a data em que se dará o leilão, salvo se excepcionalmente por razão técnica precisar ser realizado de modo presencial; e) se existirem, os ônus e gravames pesando sobre os bens.

O §3º manda afixar o edital em local de ampla circulação de pessoas e faculta – o que nunca foi proibido e sempre foi executado – outras divulgações, do modo que for, que visem ampliar o universo de interessados.

E conclui o artigo o §4º, que adequadamente dispensa registro cadastral de interessados – algo de resto inconcebível – e dispensa habilitação, momento também ridículo que existe na L 8.666. A única habilitação exigível de quem compre bem público é que pague com dinheiro verdadeiro o mesmo bem.

Em redação confusa, também manda homologar o leilão após – assim entendemos – resolvida a fase recursal e após efetuado o pagamento pelo arrematante, o qual se dará do modo previsto "no edital", e parece que a lei esqueceu que denominou *regulamento* ao edital. Nessa conformidade, até mesmo moedas estrangeiras poderão ser aceitas.

Visto isso, que a nenhuma autoridade ocorra disciplinar o pagamento como até hoje está escrito no §2º do art. 53 da L 8.666, dispositivo escrito por algum *crápula e celerado legislador*, escarnecedor da inteligência humana que seguramente não entrega seu imóvel ou seu automóvel a quem tenha pago apenas parte do valor combinado, mas que, naquele dispositivo, determinou ao poder público que entregue o bem ao arrematante que pagou até 5% (cinco por cento) do seu valor!

O bem público leiloado só pode ser entregue a quem pagou a integralidade do valor obtido no leilão, e quem fizer diferente deve ser processado civil e criminalmente por dilapidação do erário e, se o leiloeiro for servidor, processado também administrativamente.

Art. 32

Art. 32. A modalidade diálogo competitivo é restrita a contratações em que a Administração:

I – vise a contratar objeto que envolva as seguintes condições:

a) inovação tecnológica ou técnica;

b) impossibilidade de o órgão ou entidade ter sua necessidade satisfeita sem a adaptação de soluções disponíveis no mercado; e

c) impossibilidade de as especificações técnicas serem definidas com precisão suficiente pela Administração;

II – verifique a necessidade de definir e identificar os meios e as alternativas que possam satisfazer suas necessidades, com destaque para os seguintes aspectos:

a) a solução técnica mais adequada;

b) os requisitos técnicos aptos a concretizar a solução já definida;

c) a estrutura jurídica ou financeira do contrato;

III – (VETADO).

§1º Na modalidade diálogo competitivo, serão observadas as seguintes disposições:

I – a Administração apresentará, por ocasião da divulgação do edital em sítio eletrônico oficial, suas necessidades e as exigências já definidas e estabelecerá prazo mínimo de 25 (vinte e cinco) dias úteis para manifestação de interesse na participação da licitação;

II – os critérios empregados para pré-seleção dos licitantes deverão ser previstos em edital, e serão admitidos todos os interessados que preencherem os requisitos objetivos estabelecidos;

III – a divulgação de informações de modo discriminatório que possa implicar vantagem para algum licitante será vedada;

IV – a Administração não poderá revelar a outros licitantes as soluções propostas ou as informações sigilosas comunicadas por um licitante sem o seu consentimento;

V – a fase de diálogo poderá ser mantida até que a Administração, em decisão fundamentada, identifique a solução ou as soluções que atendam às suas necessidades;

VI – as reuniões com os licitantes pré-selecionados serão registradas em ata e gravadas mediante utilização de recursos tecnológicos de áudio e vídeo;

VII – o edital poderá prever a realização de fases sucessivas, caso em que cada fase poderá restringir as soluções ou as propostas a serem discutidas;

VIII – a Administração deverá, ao declarar que o diálogo foi concluído, juntar aos autos do processo licitatório os registros e as gravações da fase de diálogo, iniciar a fase competitiva com a divulgação de edital contendo a especificação da solução que atenda às suas necessidades e os critérios objetivos a serem utilizados para seleção da proposta mais vantajosa e abrir prazo, não inferior a 60 (sessenta) dias úteis, para todos os licitantes pré-selecionados na forma do inciso II deste parágrafo apresentarem suas propostas, que deverão conter os elementos necessários para a realização do projeto;

IX – a Administração poderá solicitar esclarecimentos ou ajustes às propostas apresentadas, desde que não impliquem discriminação nem distorçam a concorrência entre as propostas;

X – a Administração definirá a proposta vencedora de acordo com critérios divulgados no início da fase competitiva, assegurada a contratação mais vantajosa como resultado;

XI – o diálogo competitivo será conduzido por comissão de contratação composta de pelo menos 3 (três) servidores efetivos ou empregados públicos pertencentes aos quadros permanentes da Administração, admitida a contratação de profissionais para assessoramento técnico da comissão;

XII – (VETADO).

§2º Os profissionais contratados para os fins do inciso XI do §1º deste artigo assinarão termo de confidencialidade e abster-se-ão de atividades que possam configurar conflito de interesses.

Artigo que resume um vasto amontoado de futilidades, retiradas, em geral, de cartola de mágico e concebidas por alguém que se deve imaginar um prodígio de criatividade e que, pela subjetividade inteira e absoluta, desde já se recomenda que, se possível, *jamais seja utilizado* por ente nenhum da administração pública, porque jamais foi necessário, até o dia de hoje, nada semelhante e porque os negócios públicos jamais se ressentiram da falta de algo semelhante.

Quem tiver a infeliz ideia de tentar pôr em prática essa bisonha instituição do diálogo competitivo – o que se desaconselha com ênfase máxima –, então leia o artigo e veja se dele consegue extrair algo aproveitável.

Verifique se o objeto pretendido pode enquadrar-se nas alíneas *b* e *c* do inciso I, ou seja, se parecer impossível tratar o objeto do modo tradicional, descrevendo-o adequadamente no edital. Para nós, não existe objeto no universo que não possa ser descrito adequadamente. Desafiamos alguém a nos exibir algum.

Se o homem foi capaz de chegar a uma tecnologia tão requintada que chegue de início a assustar, foi porque passou por diversos e penosos estágios de desenvolvimento e, nessa hipótese, com muitíssimo maior facilidade, terá condição de simplesmente descrever aquelas fases, aquele progresso gradativo e o resultado final, com a indicação de toda a utilidade ou a serventia do que concebeu. É sempre muito mais árduo inventar que descrever a invenção.

E a administração, será que outra vez desconhece o de que precisa? Já não basta o *concurso* para sugerir objetos ao ente público que não sabe o que quer?

Se o ente, entretanto, tem apenas *preguiça* e espera que os licitantes façam o trabalho que cabe apenas à autoridade licitadora – assessorada, se necessário, por um colégio de cientistas –, então a questão passa a ser outra, e não à toa se atribui à preguiça o *status* de ser o mais grave dos pecados mortais...

Não comentaremos o conteúdo do artigo, convencidos da absoluta perda de tempo que seria ao se considerar que, entendemos e repetimos, *jamais* será necessário utilizar essa artificial, estapafúrdia e patética instituição. O leitor, a autoridade e nós, todos felizmente temos bem mais o que fazer. Se se dedicar tempo a comentar este artigo, talvez alguém imagine que seja para levá-lo a sério.

Art. 33

Seção III

Dos Critérios de Julgamento

Art. 33. O julgamento das propostas será realizado de acordo com os seguintes critérios:

I – menor preço;

II – maior desconto;

III – melhor técnica ou conteúdo artístico;

IV – técnica e preço;

V – maior lance, no caso de leilão;

VI – maior retorno econômico.

Neste artigo, o legislador desceu da estratosfera dos sonhos e dos devaneios do artigo anterior e voltou a pisar a terra.

Elenca os critérios de julgamento das propostas nas licitações, porém a técnica ainda deixa a desejar, porque o *caput* deveria informar que o julgamento se dará segundo *algum dos critérios* que seguem, já que, como está escrito, pode parecer que os critérios são cumulativos, e não alternativos como são. O ente escolhe *um ou outro* critério para cada certame, não podendo misturar ou combinar mais de um.

Inspirado basicamente no direito anterior, repete alguns critérios, cria outros e mistura outros. O menor preço (inc. I), a melhor técnica (inc. III), a técnica e preço (inc. IV) e o maior lance (inc. V) são matéria antiga; o maior desconto (inc. II), que não é outra coisa senão o menor preço artificialmente redenominado, o melhor conteúdo artístico (inc. III) e o maior retorno econômico (inc. VI) são novidades desta lei, cada qual vem disciplinado adiante na lei.

Reúnem-se critérios *objetivos*, como os incisos I, II, V e VI, com critérios *subjetivos*, como os dos incisos III e IV. E o *azar* da licitação e de todos os envolvidos é o critério subjetivo, que pode engendrar e com muita frequência engendra tremendas disputas, confusões e desavenças administrativas e judiciais, entre furioso ranger de dentes e imprecações as mais variegadas.

Subjetividade, mesmo dentro dos limites legais, que geralmente não são fáceis de divisar, é um campo de trabalho para juízes, mas aplicado a autoridades administrativas – que precisam ter seu trabalho estritamente vinculado à vontade e a roteiros da lei. É um impasse sério e sem solução fácil à vista.

Sempre, dessa forma, que o ente técnica e racionalmente puder escolher um critério objetivo ao invés de um subjetivo, isso lhe resultará imensamente preferível.

Art. 34

Art. 34. O julgamento por menor preço ou maior desconto e, quando couber, por técnica e preço considerará o menor dispêndio para a Administração, atendidos os parâmetros mínimos de qualidade definidos no edital de licitação.

§1º Os custos indiretos, relacionados com as despesas de manutenção, utilização, reposição, depreciação e impacto ambiental do objeto licitado, entre outros fatores vinculados ao seu ciclo de vida, poderão ser considerados para a definição do menor dispêndio, sempre que objetivamente mensuráveis, conforme disposto em regulamento.

§2º O julgamento por maior desconto terá como referência o preço global fixado no edital de licitação, e o desconto será estendido aos eventuais termos aditivos.

São, em geral, infelizes as alterações que esta lei promoveu com relação à matéria anterior equivalente, como aqui.

O artigo, ao disciplinar o menor preço e o maior desconto, já no *caput* evidencia que são uma só coisa: regem a licitação na qual a vencedora será a proposta de menor preço para o ente licitador.

E o dispositivo não deveria ter misturado técnica e preço com menor preço, como fez ao informar que também a técnica e preço, quando couber, prestigiará o menor peço. Se é assim, então diga-o a lei no artigo da técnica e preço que vem adiante, e não *en passant* e fora de hora como neste artigo.

E outra vez surge a expressão *no que couber*, rematada leviandade que as leis consignam insistentemente e que não diz absolutamente nada sobre coisa alguma. O aplicador nunca sabe o que cabe, o que descabe, o que caberia e o que não tem cabimento...

O §1º, útil como uma gripe, informa que todos os custos mensuráveis do objeto, que deverão constar das propostas, computam-se para a apuração do menor preço. Isso é mais do que óbvio, pois que, se representam parte do custo que o ente terá de pagar, por evidente precisam ser computados no cálculo do preço proposto, o menor dos quais será o vencedor. Seja como for, o edital deve esclarecer, nesse sentido, o que já não estiver evidenciado no edital.

O final §2º na primeira parte diz o óbvio e, na segunda parte, é de duvidosa eficácia.

Inicia por declinar que os descontos propostos pelo licitante serão com base no preço global estimado pela administração e anunciado no edital – o que é forçoso ou, de outro modo, inexistiria referência objetiva a qualquer desconto proponível.

E a parte final estipula – lendo-se nas entrelinhas, porque o dispositivo pouco informa – que o desconto dado pelo vencedor e assim lavrado em ata, se posteriormente o contrato for aditivado, "será estendido aos termos aditivos".

Ora, será estendido com base em quê? O preço padrão, estimado para a licitação, ficou para trás e esgotou seu papel com o fim da licitação. Como estender descontos, então, sobre não se sabe o quê?

A administração anunciará um novo preço básico para o aditamento e exigirá o mesmo desconto sobre esse preço? Só se se estiver em espetáculo de humor, de tão ridícula é essa cogitação. Então, repete-se: que desconto será estendido e com base em quê?

Péssimo momento da lei, que já evidencia a desvantagem de o ente escolher o critério do maior desconto sempre que imagina que poderá aditivar os respectivos contratos. O bom e velho *menor preço* continua sendo preferível a tais alegres invencionices, gratuitas como o sorriso de uma criança ou os revoluteios do colibri.

Art. 35

Art. 35. O julgamento por melhor técnica ou conteúdo artístico considerará exclusivamente as propostas técnicas ou artísticas apresentadas pelos licitantes, e o edital deverá definir o prêmio ou a remuneração que será atribuída aos vencedores.

Parágrafo único. O critério de julgamento de que trata o *caput* deste artigo poderá ser utilizado para a contratação de projetos e trabalhos de natureza técnica, científica ou artística.

Artigo embaraçoso, na esteira dos antecedentes. O *caput* informa que o julgamento dos certames de melhor técnica considerará apenas as propostas apresentadas pelos licitantes! Acredite se quiser! Imagina o legislador que se julgaria a proposta de Brunelleschi para a catedral Santa Maria del Fiore, em Florença, ou o projeto de Lúcio Costa e Niemeyer para a Esplanada dos Ministérios em Brasília? Ou o projeto de Ximenes para o Monumento do Ipiranga?

Seguindo no artigo, pergunta-se: então as licitações de melhor técnica ou conteúdo artístico ficaram restritas a projetos técnicos, científicos e artísticos, com prêmio ao vencedor?

Apenas isso pode ser objeto de licitação por esse critério? Nada mais? E o *concurso*, para que serve?

E os julgadores da licitação serão por acaso ou de repente obtiveram a qualificação de peritos em arte para poder indicar qual o melhor conteúdo artístico? Na sua absoluta maioria, *que entendem disso*? Muito pouco, e não se esperava diferente nem se pode exigir de servidores operadores de licitação caso não sejam críticos de arte nas horas vagas....

Se o ente quer ou precisa de uma obra de arte ou de um diverso objeto de natureza artística, não é o caso então de o adquirir por *inexigibilidade,* possivelmente após pareceres e laudos de artistas e de especialistas, inclusive em preço? Licitar conteúdos artísticos... ora, que petulância – ou que tremenda insciência!

Temos séria apreensão sobre o que será de nosso país se a sua legislação passar a ser toda desse nível, o de uma lei que demorou 28 anos para ser editada, e ela saiu prenhe de pontos desse nível técnico.

Assim tristemente sendo, recomenda-se preferir o critério da técnica e preço *desta lei* – atenção: não se fala da técnica e preço da L 8.666, mas do critério *desta lei, art. 36* –, ainda que, para tanto, se precise licitar por essa mesma nova lei, o que não deixa de ser terrível... e esses são apenas alguns dos altos e baixos de cada lei.

Art. 36

Art. 36. O julgamento por técnica e preço considerará a maior pontuação obtida a partir da ponderação, segundo fatores objetivos previstos no edital, das notas atribuídas aos aspectos de técnica e de preço da proposta.

§1º O critério de julgamento de que trata o *caput* deste artigo será escolhido quando estudo técnico preliminar demonstrar que a avaliação e a ponderação da qualidade técnica das propostas que superarem os requisitos mínimos estabelecidos no edital forem relevantes aos fins pretendidos pela Administração nas licitações para contratação de:

I – serviços técnicos especializados de natureza predominantemente intelectual, caso em que o critério de julgamento de técnica e preço deverá ser preferencialmente empregado;

II – serviços majoritariamente dependentes de tecnologia sofisticada e de domínio restrito, conforme atestado por autoridades técnicas de reconhecida qualificação;

III – bens e serviços especiais de tecnologia da informação e de comunicação;

IV – obras e serviços especiais de engenharia;

V – objetos que admitam soluções específicas e alternativas e variações de execução, com repercussões significativas e concretamente mensuráveis sobre sua qualidade, produtividade, rendimento e durabilidade, quando essas soluções e variações puderem ser adotadas à livre escolha dos licitantes, conforme critérios objetivamente definidos no edital de licitação.

§2º No julgamento por técnica e preço, deverão ser avaliadas e ponderadas as propostas técnicas e, em seguida, as propostas de preço apresentadas pelos licitantes, na proporção máxima de 70% (setenta por cento) de valoração para a proposta técnica.

§3º O desempenho pretérito na execução de contratos com a Administração Pública deverá ser considerado na pontuação técnica, observado o disposto nos §§3º e 4º do art. 88 desta Lei e em regulamento.

Chega-se à técnica e preço. O *caput* melhorou o direito anterior, que era tremendamente complicado e quase por completo subjetivo e que ensejava ojeriza por licitadores sérios de propósito. Sintetizou-se agora a regra, e foram eliminados os malfadados pesos de técnica e de preço, que eram (e ainda são, até abril de 2023, para quem adotar a L 8.666) um sério fator de *dirigismo* das licitações, numa medida acertada.

Segue o *caput* prestigiando como decisiva a *ponderação* da nota técnica e da nota de preço para o resultado, ou seja, somam-se as duas notas e se divide o resultado por dois, sem privilegiamento de nenhuma delas – uma ótima ideia. Vence o licitante que obtiver mais pontos, e termina o julgamento.

O §1º, entretanto, volta a anuviar o ambiente, que vinha bem graças ao *caput*. Estabelece um complexo e pouco objetivo mecanismo para avaliar se deve esse critério de técnica e preço ser escolhido para dada licitação, dispositivo o qual desde logo *tem tudo para não ser levado a ferro e fogo...* pois, com efeito, existem regras malsinadas nas leis, que parecem concebidas para não funcionar. Esta é uma delas.

Duvida-se da disposição do ente que licita para realizar o *estudo preliminar* referido no parágrafo e, se o fizer, duvida-se da sua eficácia, da sua objetividade e da confiabilidade das suas indicações – duvida-se apenas disso...

O mais razoável é, *sic et simpliciter,* escolher a técnica e preço conforme seja o objeto da licitação, e a sua listagem figura nos incisos I a V deste §1º, sendo (I) serviços técnicos especializados; (II) serviços majoritariamente dependentes de tecnologia sofisticada – seja como for que isso venha a ser avaliado –; (III) "bens e serviços especiais de tecnologia da informação e de comunicação"; (IV) "obras e serviços especiais de engenharia"; e (V) "objetos que admitam soluções específicas e alternativas e variações de execução" – desprezando-se, *data venia,* a forte *xaropada* que segue neste inciso, tão realística que uma nota de treze unidades monetárias.

Sendo um desses o objeto do certame, então sem hesitação o ente pode compor o edital com adoção do critério da técnica e preço.

O §2º também simplificou bastante o direito anterior ao fixar que serão ponderadas as propostas técnicas e, depois, as de preço dos licitantes e que as de preço poderão responder por, no máximo, 70% do resultado. O edital, dentro dessa limitação, gradua a proporção.

Com isso, a lei permite privilegiar a técnica sobre o preço, porém também admite que sejam iguais os percentuais, respondendo técnica por metade do resultado final de cada licitante e preço pela outra metade.

O que resulta difícil de se aceitar é que o preço prevaleça sobre a técnica – algo que formalmente não está proibido na lei, mas que repugna a consciência profissional. E não foi sem razão a técnica escrita *antes* do preço no enunciado do critério.

Fecha o artigo o §3º, que melhormente não teria sido escrito. Lembra o pedido que a criança faz por instilação de mamãe, ajoelhada aos pés da cama, antes de dormir. Preconiza que o desempenho pretérito do licitante será levado em conta na forma do art. 88 desta lei e de regulamento.

Ou seja, *não preconiza nada*, porque a) se o licitante não tem desempenho pretérito, então nada existe a considerar; b) se depende de regulamento e se inexistir regulamento ou se o regulamento disser diferente, então fica o dito pelo não dito; e c) não tem sentido premiar ou castigar o licitante pelo que ele fez no passado, bom ou mau. Então, para obter mais pontos, será preciso já ter trabalhado para o ente – e bem?[3]

O bom artigo se encerra, portanto, melancolicamente.

---

[3] A recordar o episódio em que o queridíssimo e finado amigo, até então o único presidente de uma associação de classe que fundara nos anos 1980, pretendia incluir no estatuto a exigência de que, para candidatar-se a presidente, o postulante deveria demonstrar que já exercera a presidência da entidade...

Art. 37

Art. 37. O julgamento por melhor técnica ou por técnica e preço deverá ser realizado por:

I – verificação da capacitação e da experiência do licitante, comprovadas por meio da apresentação de atestados de obras, produtos ou serviços previamente realizados;

II – atribuição de notas a quesitos de natureza qualitativa por banca designada para esse fim, de acordo com orientações e limites definidos em edital, considerados a demonstração de conhecimento do objeto, a metodologia e o programa de trabalho, a qualificação das equipes técnicas e a relação dos produtos que serão entregues;

III – atribuição de notas por desempenho do licitante em contratações anteriores aferida nos documentos comprobatórios de que trata o §3º do art. 88 desta Lei e em registro cadastral unificado disponível no Portal Nacional de Contratações Públicas (PNCP).

§1º A banca referida no inciso II do *caput* deste artigo terá no mínimo 3 (três) membros e poderá ser composta de:

I – servidores efetivos ou empregados públicos pertencentes aos quadros permanentes da Administração Pública;

II – profissionais contratados por conhecimento técnico, experiência ou renome na avaliação dos quesitos especificados em edital, desde que seus trabalhos sejam supervisionados por profissionais designados conforme o disposto no art. 7º desta Lei.

§2º (VETADO).

Inicia bem este artigo, informando que o julgamento das licitações de melhor técnica ou o da técnica preço levará em conta (inc. I) a capacidade e a experiência do licitante, atestada em documentos comprobatórios. Tradicional, necessário e corretíssimo.

Na sequência, entretanto, enevoa-se um bocado o panorama, quando os incisos II e III mandam atribuírem-se notas a qualidades do proponente, como conhecimento do objeto, metodologia e programa de trabalho, e qualificação da equipe técnica (inc. II), e também por desempenhos anteriores do licitante.

Ainda que a lei tente objetivar essas atribuições de notas por indicar referências oficiais, como o PNCP – Portal Nacional de Contratações Públicas, ou cadastros públicos oficiais, francamente não é possível confiar na isenção do próprio edital em casos assim, pois que o instrumento convocatório sempre poderá eleger as demonstrações que naquele dia e naquela hora aprouverem à autoridade responsável, muita vez segundo o modismo do dia ou a onda do momento, sem maior preocupação de que seja mesmo significativa ou que perdurará para além da moda da ocasião.

O irrefreável personalismo e a inafastável subjetividade na escolha pelo edital de documentos, demonstrações, comprovações e atestações são absolutos. Nada no universo assegura sempre a imparcialidade e a isenção do edital, se o autor dispuser de uma tal liberdade de escolha documental.

Compreenda-se bem: não é a entidade de referência nem os cadastros existentes os desconfiáveis, em absoluto, mas *o próprio edital*, que, dentro dessa discricionariedade pouco parametrada, pode eleger o que lhe *dê na veneta* como documentação habilitatória ou mesmo classificatória do licitante. E, com essa possibilidade, já de antemão, é impossível concordar.

Tendo sido vetado o §2º, então o §1º, com seus dois incisos, encerra o artigo.

Denomina *banca* a comissão de julgamento e informa que será integrada por no mínimo três membros, que podem ser *servidores* (estatutários efetivos ou empregados e, nesse caso, podendo ser em comissão ou de confiança, caso existam empregos dessa natureza no quadro do ente licitador) do ente ou, de outro modo, podem *não ser servidores*, mas especialistas para tanto contratados, os quais terão seu trabalho supervisionado na forma do art. 7º desta lei.

Conveniente que, desde logo, a lei admita profissionais especializados, não servidores do ente licitador, para constituírem a comissão.

Entendemos que, com esta redação da lei, pode mesmo haver *composição* entre os membros, ou seja, a banca ter em parte servidor(es) e em parte especialista(s) contratado(s). Nesse caso, sorte dos servidores, que, em geral, terão ensejo de aperfeiçoar seu trabalho.

Art. 38

Art. 38. No julgamento por melhor técnica ou por técnica e preço, a obtenção de pontuação devido à capacitação técnico-profissional exigirá que a execução do respectivo contrato tenha participação direta e pessoal do profissional correspondente.

Curto e correto artigo, simplificou adequadamente o direito anterior ao estabelecer que, se o contratado se valeu de sua reputação e qualificação para obter pontuação suficiente para vencer o certame, então deverá participar pessoalmente da execução do contrato. Isso não significa ser o único executante, mas ser ao menos um deles, com direta participação no resultado final.

A condição célebre não pode servir apenas como abridora de portas em licitações e em contratos públicos, mas, se foi decisiva, deve também obrigar a participação autoral daquele consagrado profissional.

Art. 39

Art. 39. O julgamento por maior retorno econômico, utilizado exclusivamente para a celebração de contrato de eficiência, considerará a maior economia para a Administração, e a remuneração deverá ser fixada em percentual que incidirá de forma proporcional à economia efetivamente obtida na execução do contrato.

§1º Nas licitações que adotarem o critério de julgamento de que trata o *caput* deste artigo, os licitantes apresentarão:

I – proposta de trabalho, que deverá contemplar:

a) as obras, os serviços ou os bens, com os respectivos prazos de realização ou fornecimento;

b) a economia que se estima gerar, expressa em unidade de medida associada à obra, ao bem ou ao serviço e em unidade monetária;

II – proposta de preço, que corresponderá a percentual sobre a economia que se estima gerar durante determinado período, expressa em unidade monetária.

§2º O edital de licitação deverá prever parâmetros objetivos de mensuração da economia gerada com a execução do contrato, que servirá de base de cálculo para a remuneração devida ao contratado.

§3º Para efeito de julgamento da proposta, o retorno econômico será o resultado da economia que se estima gerar com a execução da proposta de trabalho, deduzida a proposta de preço.

§4º Nos casos em que não for gerada a economia prevista no contrato de eficiência:

I – a diferença entre a economia contratada e a efetivamente obtida será descontada da remuneração do contratado;

II – se a diferença entre a economia contratada e a efetivamente obtida for superior ao limite máximo estabelecido no contrato, o contratado sujeitar-se-á, ainda, a outras sanções cabíveis.

Este artigo descreve o critério do julgamento por maior retorno econômico e circunscreve esse critério às licitações do *contrato de eficiência*, que, pelo inciso LIII do art. 6º desta lei, é aquele "cujo objeto é a prestação de serviços, que pode incluir a realização de obras e o fornecimento de bens, com o objetivo de proporcionar economia ao contratante, na forma de redução de despesas correntes, remunerado o contratado com base em percentual da economia gerada".

Inspirou-se no §3º do art. 70 da Lei nº 12.462, de 4 de agosto de 2011, a Lei do RDC – o *regime diferenciado de contratação* – e representa uma boa e proveitosa ideia – *ao menos para o ente contratante...* remunera-se o contratado por percentual, anunciado no edital, sobre a vantagem advinda ao ente público contratante.

É uma licitação significativamente trabalhosa para a administração e *trabalhosíssima* para os licitantes, que precisarão munir-se de inúmeros cálculos, previsões, projeções, estimativas e mesmo, quase sempre, *adivinhações* da mais variada espécie.

Não seria de se estranhar, se se permite ironia, que, dentre a equipe técnica do proponente, anexada como documentação, figurasse algum astrólogo ou um sagaz adivinho de proficiência desejavelmente ainda superior à de Mãe Dinah.

As variáveis e o imponderável ao propor nesses termos são invariavelmente altíssimos, e resulta imprescindível reduzir os riscos, dentro da mais avançada técnica à disposição do licitante, tanto quanto lhe for possível. E, se existe alguma licitação *para profissionais*, deve ser esta...

Pelo §1º, com seus incisos, o licitante deverá apresentar (I, *a*) proposta de trabalho descrevendo o objeto sugerido, seja obra, seja serviço, seja mesmo fornecimento de bens – e esses, no silêncio da lei, poderão ser da mais variada natureza –, e (I, *b*) proposta de preço, que indique a economia esperada para o ente contratante.

Essa economia poderá também, na forma do que o edital parametrar mais ou menos objetivamente, assumir os contornos mais diversos, sendo o detalhamento igualmente variável ao extremo.

É o que o §2º sinteticamente informa, ainda que se saiba que, por mais objetivos que tentem ser os parâmetros, o ente navegará a todo tempo no mar da incerteza próprio da ciência econômica, que só em si é o exercício da futurologia posto em execução de modo permanente, no qual quase nada é seguro e confiável.

Todo esforço deve ser encetado sempre, entretanto, pelo elaborador do edital para tentar circunscrever o grau de risco do proponente, bem como o seu próprio, ao menor possível.

Pelo §3º, informa-se algo que já estava implícito até este ponto: o julgamento elegerá vencedor sempre o proponente *classificado* que propuser a maior economia. Não existe outro.

O §4º, como era de temer, expõe mais de perto os riscos do contratado. Esse critério de julgamento parece ser, aproximadamente, cem por cento favorável ao ente contratante e, ainda, aproximadamente, zero por cento ao contratado. Um licitante precisa realmente estar muitíssimo seguro do que irá propor, eis que, pelo teor deste parágrafo, o jogo lembra, para o proponente, uma *roleta-russa*.

Reza o texto que, sempre que a economia prevista e contratada não acontecer, (I) a diferença entre a contratada e a obtida será deduzida da remuneração do contratado. Até aqui, esta regra é apenas a lógica posta em execução, porque, se a remuneração é ditada por um percentual variável, então se o percentual for abaixo do previsto, a remuneração será proporcional.

O inciso II, porém, é que deve introduzir a siphonaptera na região posterior do pavilhão auditivo[4] do contratado. Se aquela diferença for maior que a admitida no edital como máxima – algo com certeza absolutamente indesejado pelo contratado e que ele deve ter tentado evitar como terá podido –, ficará sujeito a outras sanções que a lei não especifica e que o edital, portanto, pode formalmente estabelecer.

Quer isso significar: se o contratado não gerar a economia contratada e nem sequer conseguir manter-se no patamar mínimo fixado no edital, então, além de nada receber, poderá sofrer sanções. Qual atrativo esse contrato oferece ao contratado em tal circunstância?

De duas, uma: ou o proponente, depois contratado, de antemão tem *absoluta certeza* da economia que fará o seu contratante

---

[4] Introduzir-lhe a pulga atrás da orelha.

público obter; ou, em outra hipótese, desejavelmente deve ser, tão logo quanto possível, internado em instituição para doentes mentais, com ou sem camisa de força, conforme o caso.

Um contrato com semelhante grau de risco não se deve revelar muito atrativo, a não ser que o edital desconsidere o inciso II do §4º e não comine penalidade alguma pelo insucesso do contratado.

Mais razoável que apená-lo seria prever, no edital e no contrato, a rescisão do contrato em caso de persistência do desempenho insuficiente do contratado. É o que o bom senso e a razoabilidade indicam como providência a mais civilizada.

Art. 40

Seção IV

Disposições Setoriais

Subseção I

Das Compras

Art. 40. O planejamento de compras deverá considerar a expectativa de consumo anual e observar o seguinte:

I – condições de aquisição e pagamento semelhantes às do setor privado;

II – processamento por meio de sistema de registro de preços, quando pertinente;

III – determinação de unidades e quantidades a serem adquiridas em função de consumo e utilização prováveis, cuja estimativa será obtida, sempre que possível, mediante adequadas técnicas quantitativas, admitido o fornecimento contínuo;

IV – condições de guarda e armazenamento que não permitam a deterioração do material;

V – atendimento aos princípios:

a) da padronização, considerada a compatibilidade de especificações estéticas, técnicas ou de desempenho;

b) do parcelamento, quando for tecnicamente viável e economicamente vantajoso;

c) da responsabilidade fiscal, mediante a comparação da despesa estimada com a prevista no orçamento.

§1º O termo de referência deverá conter os elementos previstos no inciso XXIII do caput do art. 6º desta Lei, além das seguintes informações:

I – especificação do produto, preferencialmente conforme catálogo eletrônico de padronização, observados os requisitos de qualidade, rendimento, compatibilidade, durabilidade e segurança;

II – indicação dos locais de entrega dos produtos e das regras para recebimentos provisório e definitivo, quando for o caso;

III – especificação da garantia exigida e das condições de manutenção e assistência técnica, quando for o caso.

§2º Na aplicação do princípio do parcelamento, referente às compras, deverão ser considerados:

I – a viabilidade da divisão do objeto em lotes;

II – o aproveitamento das peculiaridades do mercado local, com vistas à economicidade, sempre que possível, desde que atendidos os parâmetros de qualidade; e

III – o dever de buscar a ampliação da competição e de evitar a concentração de mercado.

§3º O parcelamento não será adotado quando:

I – a economia de escala, a redução de custos de gestão de contratos ou a maior vantagem na contratação recomendar a compra do item do mesmo fornecedor;

II – o objeto a ser contratado configurar sistema único e integrado e houver a possibilidade de risco ao conjunto do objeto pretendido;

III – o processo de padronização ou de escolha de marca levar a fornecedor exclusivo.

§4º Em relação à informação de que trata o inciso III do §1º deste artigo, desde que fundamentada em estudo técnico preliminar, a Administração poderá exigir que os serviços de manutenção e assistência técnica sejam prestados mediante deslocamento de técnico ou disponibilizados em unidade de prestação de serviços localizada em distância compatível com suas necessidades.

Artigo que lembra um latifúndio: área grande e inculta. Amontoado de platitudes que todos conhecem e há décadas praticam dentro das suas possibilidades e das suas necessidades. Inexistisse este artigo, não faria a mais remota falta ao restante da lei e do direito.

Lembra a genitora cuidadosa a formular conselhos aos seus filhos, o que, em uma lei, é no mínimo embaraçoso. Pretende organizar os serviços internos dos entes públicos e ensiná-los a planejar compras, o que não é papel de lei nacional nenhuma, porém matéria interna de cada ente capaz de licitar. Juridicamente, é de todo desprezível este artigo.

Inicia o artigo informando o que o planejamento das compras deve obedecer uma série de condições. Em primeiro lugar, quem ou o que na lei impõe o próprio planejamento de compras? Nada, e nem poderia impor, porque esse é um assunto *íntimo* de cada ente público, e cada qual planeja o *que* quiser, *como* quiser e *se* quiser.

Pretender diferente viola a regra constitucional da autonomia dos Poderes de um lado e da autonomia dos entes da federação, uns com relação aos outros, de outro lado.

As previsões dos incisos I a V do *caput* são inteiramente recomendáveis – condições de aquisição semelhantes às do setor privado, registro de preços se for o caso, previsão de quantidades segundo o consumo estimado, condições de guarda, atendimento a princípios de administração –, porque traduzem a própria organização interna do ente, porém *absolutamente* não podem ser impostas senão à União, que editou a lei.

Pinçam-se dois exemplos de bisonhice do texto:

a) condições de aquisição semelhantes às do setor privado. Como algum ente planeja isso? Não faz nenhum sentido a previsão se inserida numa seção de planejamento de compras! No direito anterior, era diferente, pois a L 8.666 informa que "as compras observarão, sempre que possível", mas não que o planejamento das compras deva preocupar-se de antemão com as condições do setor privado;

b) condições de guarda. Então a lei nacional vai ensinar ao município amazonense, ou ao pequeno pago incrustado nos pampas gaúchos, ou ao exíguo município paulista, como guardar suas compras?

O §1º repete, reduzido e abreviado, o nele mencionado inciso XXIII do art. 6º das definições. É outra pedra na sopa, tão útil quanto uma broncopneumonia dupla.

O §2º pretende que parcelamento tornou-se princípio. Não é, nunca foi, nem provavelmente jamais será. O parcelamento não é sequer regra – muito menos princípio –; não precisa ser adotado por ente público nenhum nem, como foi aqui referido, merece a menor consideração.

Os §§2º e 3º não precisam ser sequer lidos pela autoridade, eis que, em direito, não significam absolutamente nada. O legislador desta Lei nº 14.133 muita vez *sonha* com algum instituto e, na sequência, o coloca por escrito, imaginando venha a ser alguma coisa. Não se faz ideia de quem tenha ensinado o autor dessas insignificâncias que se sucedem nessa tão importante lei a escrever leis.

Parcelamento é algo que o ente público adota no momento e para a ocasião quando perceber que a execução total ou a compra da totalidade dos itens supostamente necessários se fazem inconvenientes por algum motivo relevante, como, por exemplo, não ter aplicação de plano, ou não existir local para a guarda, ou porque não existe certeza sobre a execução das fases posteriores do objeto em causa.

Nessas hipóteses e em outras sem conta, o ente compra apenas parte do quantitativo total que informa ser a meta final, sem esconder esse fato, e o assunto está encerrado.

A L 8.666, ainda em vigor, disciplina esse assunto espraiadamente por diversos artigos – em técnica nada recomendável –, porém não tem as pretensões, a petulância e o *esnobismo* desta Lei nº 14.133, que transforma o parcelamento em princípio e, mesmo jamais sendo obrigatório, deita abundantes regras sobre este microscópico e casuístico tema, como se dele dependessem os entes públicos que licitam e que compram. E, outra vez, sem respeitar a autonomia administrativa dos entes integrantes de cada pessoa formadora da federação brasileira.

Se vai mal o artigo, ao concluir neste §4º a infelicidade do legislador, atinge seu paroxismo. Fala sobre nada, pois que os serviços de manutenção do que quer que seja podem sempre ser contratados do modo e nas condições que melhor atendam o interesse e a necessidade do ente que os contrata.

É óbvio que não se está diante de dispositivo respeitável, pois que pontos como esse não apresentam nem contêm os mínimos requisitos de institucionalidade e de informação sobre o princípio republicano, nem sobre o princípio federativo. Não imaginamos pontos como este desta lei entrando em vigor exclusivo – e não *concorrente* como acontece neste momento e até abril de 2023.

Algo precisará acontecer até essa última data. O *karma* nacional, todos o sabem, é pesado, mas não deve ser tanto.

Art. 41

Art. 41. No caso de licitação que envolva o fornecimento de bens, a Administração poderá excepcionalmente:

I – indicar uma ou mais marcas ou modelos, desde que formalmente justificado, nas seguintes hipóteses:

a) em decorrência da necessidade de padronização do objeto;

b) em decorrência da necessidade de manter a compatibilidade com plataformas e padrões já adotados pela Administração;

c) quando determinada marca ou modelo comercializados por mais de um fornecedor forem os únicos capazes de atender às necessidades do contratante;

d) quando a descrição do objeto a ser licitado puder ser mais bem compreendida pela identificação de determinada marca ou determinado modelo aptos a servir apenas como referência;

II – exigir amostra ou prova de conceito do bem no procedimento de pré-qualificação permanente, na fase de julgamento das propostas ou de lances, ou no período de vigência do contrato ou da ata de registro de preços, desde que previsto no edital da licitação e justificada a necessidade de sua apresentação;

III – vedar a contratação de marca ou produto, quando, mediante processo administrativo, restar comprovado que produtos adquiridos e utilizados anteriormente pela Administração não atendem a requisitos indispensáveis ao pleno adimplemento da obrigação contratual;

IV – solicitar, motivadamente, carta de solidariedade emitida pelo fabricante, que assegure a execução do contrato, no caso de licitante revendedor ou distribuidor.

Parágrafo único. A exigência prevista no inciso II do caput deste artigo restringir-se-á ao licitante provisoriamente vencedor quando realizada na fase de julgamento das propostas ou de lances.

Este artigo tentou ajudar. Por vezes acerta e preenche lacunas na legislação, e por vezes o resultado não é feliz.

Indicam *caput* e seus incisos que é proibida a indicação de marca – o que já era regra constante da legislação anterior – salvo nas exceções que o inciso I enumera:

a) quando houve *padronização* – e a redação é ruim ao prever "quando houver necessidade de padronização", o que dá a impressão de que primeiro se indica a marca e se a compra, e depois se padroniza.

A padronização, que pode incidir sobre qualquer bem suficientemente complexo, singular ou que não se aconselhe confundir com os ditos similares, ou que pode incidir também sobre serviços rotineiros e usuais, ou ainda sobre projetos de obras, é uma iniciativa inteligente e recomendável, e depende de disciplinamento próprio de cada ente, maior ou menor. Uma vez adotada, evidentemente deve ser observada sempre que se estiver diante de adquirir o objeto padronizado;

b) na necessidade de manter a *compatibilidade* com plataformas e padrões já adotados pela administração – e a novidade das plataformas dá ideia da informatização que tomou conta do serviço público, eis que essa seria a última preocupação do comprador, que deve ter algumas plataformas digitais à sua frente, mas que tem dezenas de milhares de bens que poderiam ensejar padronização;

c) "quando determinada marca ou modelo comercializados por mais de um fornecedor forem os únicos capazes de atender às necessidades do contratante", como no caso de reposição de peças que precisem ser as originais – porque com muita frequência não precisam; e

d) "quando a descrição do objeto a ser licitado puder ser mais bem compreendida pela identificação de determinada marca ou determinado modelo aptos a servir apenas como referência", técnica essa amiúde utilizada na administração para que o interessado simplesmente possa saber o que está sendo licitado.

Nesse caso, recomenda-se a citação de diversas marcas se possível, ficando evidente a preferência do ente pela primeira indicada, já que ninguém indica suas preferências começando pela última.

Nada existe de novo até aqui, porque, no direito anterior e na prática da L 8.666, assim mesmo corriam as coisas, mas a organização da matéria está bastante melhor do que naquela L 8.666.

O inciso II menciona *amostra*, o que é de bom mérito e resolve boa parte dos questionamentos que essa matéria até hoje – sem muito motivo – sofreu. Pode excepcional e justificadamente ser exigida, diz a lei, e isso se dá quando for indispensável ao ente saber exatamente o que está sendo oferecido pelo licitante. A amostra há de ser analisada e julgada apta ou inapta para apenas então prosseguir o certame quanto às aprovadas.

Essa exigência apenas se pode dar quanto ao vencedor provisório das propostas ou lances, segundo o parágrafo único, sem muita necessidade, adiante esclarece. Não se imaginaria nada muito diferente.

Pode ainda existir, sempre justificadamente e com previsão no edital, a fase de pré-qualificação dos produtos da amostragem – o que, na maior parte das vezes, constitui um incômodo bastante considerável, algo como empurrar um trem na subida –; porém, o que também pode acontecer é a exigência de amostras sem pré-qualificação nenhuma, bastando a presença da amostra para que o bem possa ser suficientemente analisado.

O inciso III proíbe adquirir produto ou marca reprovados anteriormente em processo de apuração pelo ente público, e isso nada contém da, anunciada pelo *caput*, excepcionalidade, pois que constitui obrigação da entidade não incidir no mesmo erro aquisitivo ou na mesma experiência infausta, oficialmente documentada. Essa limitação vigorará até que o produto apenado produza provas de que superou sua deficiência, e o ente acate a argumentação e a demonstração.

O inciso IV menciona uma *bobagem* inventada por algum bem intencionado, mas ingênuo servidor, que deve crer em Papai Noel ou em promessas garantidas por um fio de barba. Esse atestado referido, "que assegure a execução do contrato", equivale a contratar tempo firme e seco por duas semanas ou sucesso na loteria.

Deve em boa técnica o ente público, seguramente atarefado com assuntos relevantes, ignorar solenemente essa infantil e quixotesca possibilidade que a lei lhe abre.

Art. 42

Art. 42. A prova de qualidade de produto apresentado pelos proponentes como similar ao das marcas eventualmente indicadas no edital será admitida por qualquer um dos seguintes meios:

I – comprovação de que o produto está de acordo com as normas técnicas determinadas pelos órgãos oficiais competentes, pela Associação Brasileira de Normas Técnicas (ABNT) ou por outra entidade credenciada pelo Inmetro;

II – declaração de atendimento satisfatório emitida por outro órgão ou entidade de nível federativo equivalente ou superior que tenha adquirido o produto;

III – certificação, certificado, laudo laboratorial ou documento similar que possibilite a aferição da qualidade e da conformidade do produto ou do processo de fabricação, inclusive sob o aspecto ambiental, emitido por instituição oficial competente ou por entidade credenciada.

§1º O edital poderá exigir, como condição de aceitabilidade da proposta, certificação de qualidade do produto por instituição credenciada pelo Conselho Nacional de Metrologia, Normalização e Qualidade Industrial (Conmetro).

§2º A Administração poderá, nos termos do edital de licitação, oferecer protótipo do objeto pretendido e exigir, na fase de julgamento das propostas, amostras do licitante provisoriamente vencedor, para atender a diligência ou, após o julgamento, como condição para firmar contrato.

§3º No interesse da Administração, as amostras a que se refere o §2º deste artigo poderão ser examinadas por instituição com reputação ético-profissional na especialidade do objeto, previamente indicada no edital.

Este artigo inova inteiramente o direito anterior – e bem. Deverá resolver inúmeros incidentes quase sempre desnecessários ou gratuitos que com grande frequência ocorrem nas licitações sobre a qualidade dos produtos oferecidos pelos licitantes, sobretudo quando, como reporta o *caput*, o edital exemplificativamente indicou marca(s) ou modelo(s).

Prova-se a qualidade do produto oferecido quando não é daquelas marcas anunciadas no edital por algum(ns) dos meios indicados nos incisos I a III, quais sejam:

I – atestação da qualidade pela ABNT ou por entidade credenciada pelo Inmetro, que são entes oficiais absolutamente acreditados no país – porque também existem aqueles *cabides de emprego* e os politicamente *aparelhado*s que são absolutamente desacreditados;

II – declaração, por entidade de nível federativo equivalente (União, estado ou município para município; União ou estado para estado ou município), de atendimento satisfatório, em face de aquisição realizada;

III – certificação por entidade oficial voltada ao assunto do produto ou por entidade credenciada oficialmente, sem indicação de nomes. E, nessa hipótese, entendemos que o edital não deve indicar nomes, mas examinar cada atestação apresentada e, se necessário, justificar o seu aceite ou a sua recusa. Quando quis especificar nomes de entidades, a lei já o fez.

Atenção, porém: nada impede que valha também o critério acima quando o edital *não indica marca nenhuma*, porque nada o impede, bastando que o edital anuncie essa etapa.

O §1º, ao admitir – não obrigar – que o edital exija como condição de aceitabilidade da proposta atestação de qualidade por entidade credenciada pelo Conmetro, poderia figurar no inciso I. Não se compreende o motivo da separação diante da identidade de matérias.

O §2º, que pode ser examinado em conjunto com o §3º, desmascara a "excepcionalidade" da exigência de amostras, prevista no art. 41, *caput*, combinado com o inciso II.

Com efeito, *nada tem nem nunca teve de excepcional a exigência de amostras em licitação*, porque, muita vez, apenas com a antecipação do que o licitante pode oferecer, o ente licitador poderá aferir a suficiência do que oferece, por vezes em fase de pré-qualificação da amostra. Julgar uma licitação sem saber exatamente o que é ou como é o objeto vencedor é como comprar um livro, um sapato ou um vestido de noiva por telefone, sem se imaginar de que coisa se está falando...

E, quanto ao mais no parágrafo, a administração sempre pôde exibir um protótipo do objeto pretendido – em geral, obra – para orientação dos interessados em participar do certame. Neste ponto, a lei outra vez autoriza o que sempre esteve autorizado e sempre foi comum. E pode também o ente exigir a apresentação de um protótipo pelo licitante, o que vem a ser a sua amostra.

E ainda o edital poderá indicar que as amostras serão submetidas a exame de qualidade ou suficiência pela entidade que indicar – e teria sido melhor que o edital não fosse obrigado a nominar de antemão a entidade para evitar futuras suspeições de toda ordem e gênero.

Art. 43

Art. 43. O processo de padronização deverá conter:

I – parecer técnico sobre o produto, considerados especificações técnicas e estéticas, desempenho, análise de contratações anteriores, custo e condições de manutenção e garantia;

II – despacho motivado da autoridade superior, com a adoção do padrão;

III – síntese da justificativa e descrição sucinta do padrão definido, divulgadas em sítio eletrônico oficial.

§1º É permitida a padronização com base em processo de outro órgão ou entidade de nível federativo igual ou superior ao do órgão adquirente, devendo o ato que decidir pela adesão a outra padronização ser devidamente motivado, com indicação da necessidade da Administração e dos riscos decorrentes dessa decisão, e divulgado em sítio eletrônico oficial.

§2º As contratações de soluções baseadas em software de uso disseminado serão disciplinadas em regulamento que defina processo de gestão estratégica das contratações desse tipo de solução.

Art. 43: é curioso que uma providência *que não é obrigatória*, como a padronização, se for realizada pelo ente público, deverá conter isto e aquilo, e ser assim ou assado... algo como uma doação, que é sempre voluntária, mas para a qual, para quem quiser doar, se estabeleçam regras, restrições e condições, como quem examina os dentes a cavalo dado...

Não é possível fiar inteiramente neste artigo nem recomendar segui-lo à risca, vez que manda fazer em ponto pequeno o que ninguém sequer é obrigado a realizar em ponto grande, ou seja, como deve fazer o micro quem nem precisa fazer o macro.

Sendo desnecessária *toda a padronização*, as regras aqui contidas são, entretanto, no mínimo, boas sugestões ao ente público que queira padronizar produtos de seu consumo para futuras licitações.

Pelos três incisos do *caput*, o processo de padronização – se existir porque o ente assim quer, porque, se não quiser, não terá de padronizar coisa nenhuma – deverá conter (I) parecer técnico fundamentado sobre o produto e suas características; (II) despacho da autoridade adotando o padrão respectivo; e (III) síntese da justificativa técnica, divulgada em sítio oficial.

Disséramos em comentário ao art. 41 que a padronização depende de regras internas de cada ente e mantemos esse entendimento – que sempre foi o único existente no Brasil antes desta lei, já que lei nenhuma anterior interferia na autonomia dos entes federados para lhes ditar como padronizar o que fosse.

Está agora mantido nosso entendimento, e não pensamos que este art. 43 possa "congelar" os processos locais de padronização; não é porque as indicações são boas e tecnicamente proveitosas que esta lei suprime a autonomia local em assuntos *absolutamente particulares*, como é o tema da padronização.

O legislador precisaria ter maior noção dos princípios federativos constitucionais para melhor saber como se situar ante questões dessa natureza *intimamente* local, e não imaginar que a lei nacional pode tudo.

E, nesse sentido, os §§1º e 2º são simplesmente patéticos, pois que "autorizam", uma vez mais nesta lei rebarbativa e prolixa ao extremo, o que sempre foi permitido e realizado, e jamais proibido.

Não oferecem dificuldade alguma de compreensão, porém não merecem que se lhes destine tempo de trabalho nem qualquer mínima preocupação. Textos assim fazem o leitor indagar-se para que, com todo efeito, existem as leis...

Art. 44

> Art. 44. Quando houver a possibilidade de compra ou de locação de bens, o estudo técnico preliminar deverá considerar os custos e os benefícios de cada opção, com indicação da alternativa mais vantajosa.

Artigo profundamente embaraçoso, este humílimo escriba não faz a mais remota ideia do que aqui pretendeu estabelecer o legislador. É desalentador ao estudioso, ainda que também humílimo, deparar-se com algo assim.

"Quando houver a possibilidade de compra ou de locação de bens" – que quer dizer a lei? Quando houver? Então, em algum momento ou n'alguma circunstância, estará proibido o poder público de comprar ou de locar bens? Que diabo disso é aquilo?

"O estudo técnico preliminar", prossegue o calamitoso artigo. Que estudo preliminar é esse? Então, a cada compra de bem deve existir um estudo técnico preliminar? Do que, pelas barbas da baleia branca e pelos cornos de Saturno, a lei estaria falando?

Desculpe, leitor, a linguagem francamente debochada. Se, entretanto, se comentar com reverência um texto assim, de modo a fazê-lo parecer normal dentro de uma lei, então o comentarista é que não poderia ser tido a sério. Tentar emprestar à insânia ares de normalidade, eis a maior insânia...

Se os §§2º e 3º do artigo anterior são patéticos, este art. 44 é juridicamente patológico e, em nome da institucionalidade, isso não pode ser mantido quando esta Lei nº 14.133 passar a ser de aplicação obrigatória. Pena de, reitere-se, não se fazer ideia de para que servem as leis.

Art. 45

Subseção II

Das Obras e Serviços de Engenharia

Art. 45. As licitações de obras e serviços de engenharia devem respeitar, especialmente, as normas relativas a:

I – disposição final ambientalmente adequada dos resíduos sólidos gerados pelas obras contratadas;

II – mitigação por condicionantes e compensação ambiental, que serão definidas no procedimento de licenciamento ambiental;

III – utilização de produtos, de equipamentos e de serviços que, comprovadamente, favoreçam a redução do consumo de energia e de recursos naturais;

IV – avaliação de impacto de vizinhança, na forma da legislação urbanística;

V – proteção do patrimônio histórico, cultural, arqueológico e imaterial, inclusive por meio da avaliação do impacto direto ou indireto causado pelas obras contratadas;

VI – acessibilidade para pessoas com deficiência ou com mobilidade reduzida.

Artigo bem intencionado, *moderninho* e *politicamente correto*, está a todos os títulos correto, porém a sua eficácia, numa lei de licitações, deverá beirar o zero.

As regras ambientais, urbanísticas, de proteção ao patrimônio histórico e cultural, e de proteção a pessoas deficientes já estão plasmadas em leis nacionais, estaduais e municipais, e vêm sendo insistentemente cobradas nas obras que possam causar impacto ambiental e fiscalizadas com alguma eficiência – menor que a necessária.

O fato de aqui figurarem essas regras, sumamente resumidas e, ao que parece, *apenas para constar* da Lei de Licitações, não irá absolutamente fazer diferença nenhuma nos projetos, na licitação e na execução dessas obras, porque, se as medidas aqui preconizadas são obrigatórias, são em razão daquelas legislações específicas, e não porque a Lei de Licitações se lembrou de também abordar esse assunto.

O ente licitador exigirá e fará cumprir o que a lei nacional de cada um dos assuntos dos incisos I a VI dele já exigir como requisito para aprovar o projeto e, assim, licitá-lo nessa conformidade. E, além das leis nacionais, ingressarão no ambiente, como mencionado, as leis estaduais que forem aplicáveis sobre os temas e também as leis municipais, caso existentes.

Assim já é e assim seria *com* esta lei, *sem* esta lei ou *apesar* desta Lei de Licitações. O artigo inteiro serve, no máximo, como um lembrete ou como um alerta à autoridade que precisa da obra ou do serviço de engenharia para que não se esqueça de consultar a legislação específica sobre cada um dos temas, porque lhe será cobrada.

Com todo efeito, uma lei apenas informar que a obra precisará respeitar a disposição dos resíduos sólidos é o mesmo que nada dizer, porque, se os parâmetros a observar não estão dados, então a autoridade precisará consultar a fonte de direito que os forneça objetiva e detalhadamente, sem o que este artigo não tem nenhum papel.

Art. 46

Art. 46. Na execução indireta de obras e serviços de engenharia, são admitidos os seguintes regimes:

I – empreitada por preço unitário;

II – empreitada por preço global;

III – empreitada integral;

IV – contratação por tarefa;

V – contratação integrada;

VI – contratação semi-integrada;

VII – fornecimento e prestação de serviço associado.

§1º É vedada a realização de obras e serviços de engenharia sem projeto executivo, ressalvada a hipótese prevista no §3º do art. 18 desta Lei.

§2º A Administração é dispensada da elaboração de projeto básico nos casos de contratação integrada, hipótese em que deverá ser elaborado anteprojeto de acordo com metodologia definida em ato do órgão competente, observados os requisitos estabelecidos no inciso XXIV do art. 6º desta Lei.

§3º Na contratação integrada, após a elaboração do projeto básico pelo contratado, o conjunto de desenhos, especificações, memoriais e cronograma físico-financeiro deverá ser submetido à aprovação da Administração, que avaliará sua adequação em relação aos parâmetros definidos no edital e conformidade com as normas técnicas, vedadas alterações que reduzam a qualidade ou a vida útil do empreendimento e mantida a responsabilidade integral do contratado pelos riscos associados ao projeto básico.

§4º Nos regimes de contratação integrada e semi-integrada, o edital e o contrato, sempre que for o caso, deverão prever as providências necessárias para a efetivação de desapropriação autorizada pelo poder público, bem como:

I – o responsável por cada fase do procedimento expropriatório;

II – a responsabilidade pelo pagamento das indenizações devidas;

III – a estimativa do valor a ser pago a título de indenização pelos bens expropriados, inclusive de custos correlatos;

IV – a distribuição objetiva de riscos entre as partes, incluído o risco pela diferença entre o custo da desapropriação e a estimativa de valor e pelos eventuais danos e prejuízos ocasionados por atraso na disponibilização dos bens expropriados;

V – em nome de quem deverá ser promovido o registro de imissão provisória na posse e o registro de propriedade dos bens a serem desapropriados.

§5º Na contratação semi-integrada, mediante prévia autorização da Administração, o projeto básico poderá ser alterado, desde que demonstrada a superioridade das inovações propostas pelo contratado em termos de redução de custos, de aumento da qualidade, de redução do prazo de execução ou de facilidade de manutenção ou operação, assumindo o contratado a responsabilidade integral pelos riscos associados à alteração do projeto básico.

§6º A execução de cada etapa será obrigatoriamente precedida da conclusão e da aprovação, pela autoridade competente, dos trabalhos relativos às etapas anteriores.

§7º (VETADO).

§8º (VETADO).

§9º Os regimes de execução a que se referem os incisos II, III, IV, V e VI do *caput* deste artigo serão licitados por preço global e adotarão sistemática de medição e pagamento associada à execução de etapas do cronograma físico-financeiro vinculadas ao cumprimento de metas de resultado, vedada a adoção de sistemática de remuneração orientada por preços unitários ou referenciada pela execução de quantidades de itens unitários.

Este longuíssimo e tormentoso artigo inicia, nos incisos I a VII, por indicar os regimes de execução indireta de obras e serviços de engenharia. Execução indireta é aquela contratada pelo poder público, que, de outro modo, poderia e pode realizar as obras diretamente – mas isso não seria assunto para esta lei.

São eles, os da (I) empreitada por preço unitário; (II) empreitada por preço global; (III) empreitada integral; (IV) contratação por tarefa; (V) contratação integrada; (VI) contratação semi-integrada; e (VII) fornecimento e prestação de serviço associado.

Esses regimes estão definidos no art. 6º, o artigo das definições desta lei, incisos XXVIII a XXXI e, na maior parte, o direito não mudou. Dessa forma, não se irá aqui repetir o que a lei já esgotou e que foi comentado anteriormente.

Aqui como na L 8.666, emprestar à tarefa o *status* de um regime de execução é elevar muito o significado daquela palavra. Tarefa é, na lei e na vida, um *servicinho*, como fica claro na sua definição no inciso XXXI do art. 6º: "XXXI – contratação por tarefa: regime de contratação de mão de obra para pequenos trabalhos por preço certo, com ou sem fornecimento de materiais".

Então, alguém contrata uma obra por tarefa? Obra então passou a ser um *servicinho*? Sim, porque serviço de engenharia não é. Esta lei repetiu a péssima classificação da L 8.666 e manteve o rebaixamento da dignidade e da complexidade de uma obra às de uma tarefa.

Quanto ao inciso VII, o inciso XXXIV do art. 6º define o fornecimento de prestação de serviço associado como o regime de contratação em que, além do fornecimento do objeto, o contratado responsabiliza-se por sua operação, manutenção ou ambas, por tempo determinado. Por *objeto*, então, deve-se entender a obra ou não faz sentido o dispositivo. É, portanto, diferente da empreitada integral, na qual não compete ao contratado operar e manter a obra.

O §1º alterou o direito anterior para exigir projeto executivo em toda obra e em todo serviço de engenharia, salvo na exceção que enuncia, hipótese do §3º do art. 18:

> Se demonstrada a inexistência de prejuízo para a aferição dos padrões de desempenho e qualidade almejados, a especificação do objeto poderá ser realizada apenas em termo de referência ou em projeto básico, dispensada a elaboração de projetos.

Endureceu tecnicamente o jogo, pois que agora não mais se admite a obra ou o serviço de engenharia, fora da hipótese acima, sem projeto executivo. De outro modo, para escapar ao projeto executivo, a obra ou o serviço deverá estar plasmado em um estudo preliminar que demonstre a viabilidade de apenas projeto básico ou mesmo um simples termo de referência, sem projeto.

Imagina-se que a administração, há décadas habituada a não necessitar de projeto executivo prévio para as suas obras, passe, por bem ou por mal, a quase "padronizar" os estudos técnicos preliminares ou a ao menos produzi-los em linha, visando com isso contornar a obrigação de produzir projetos executivos.

O preço dos projetos executivos oscila, informa a engenharia, em torno de 6% (seis por cento) do valor estimado da obra, enquanto o projeto básico gira em torno de apenas 2% (dois por cento), sem dizer da sua muito menor complexidade com relação ao executivo e da maior rapidez com que é concluído pelo autor.

O valor da obra, portanto, cresce se for necessário projeto executivo de antemão – o que seria a regra natural num objeto tão técnico e complexo. Porém, a experiência brasileira indica que pode ser suprida essa necessidade com o projeto básico de antemão e o projeto executivo sendo produzido à medida que a obra evolui.

Sim, porque outra coisa não é o projeto executivo senão um projeto básico executado, com a descrição de todos os resultados finais.[5] E não parece fácil concluir que o projeto executivo passou a ser tecnicamente imprescindível apenas com essa nova lei se o básico serve para iniciar uma obra há muitas décadas. Esta Lei nº 14.133 terá acaso mudado a engenharia e as suas necessidades operacionais?

O §2º também repete matéria já anteriormente resolvida na lei. Se a elaboração do projeto é incumbência do contratado na contratação integrada segundo o inciso XXXII do art. 6º, então é óbvio que o ente público é dispensado de fazê-lo. A técnica desta lei é simplesmente desastrosa, dando a impressão de que o legislador não leu o que escreveu.

Quanto ao anteprojeto, idem, porque está ele inteiramente – mais do que parece ser admissível impor aos entes públicos – no inciso XXIV do art. 6º.

O §3º mantém o pouco encomiástico nível do artigo: a administração deve aprovar o projeto básico elaborado pelo

---

[5] Ou, em linguagem shakespeariana, que é o projeto executivo senão o projeto básico executado?

contratado, com todos os seus anexos e os documentos que o integrarem. Não é mais que o óbvio ou, de outro modo, o ente teria de executar um projeto com o qual não concordasse.

O §4º vem também prenhe de obviedades e platitudes que, mesmo que inexistissem, muita falta não fariam, pois que jamais as medidas aí previstas poderiam deixar de ser estabelecidas no edital e no contrato, pena de simplesmente inviável a execução do contrato oriundo da licitação integrada ou semi-integrada, ambas definidas no art. 6º, como já se disse.

Edital e contrato nessas hipóteses precisarão conter as regras mínimas que permitam a desapropriação sempre que esta for imprescindível à execução, e as regras são as seguintes, conforme os incisos:

(i) indicação do responsável por cada fase, não pelo nome da pessoa, mas o posto de trabalho ou a função que ocupe;
(ii) de quem é a responsabilidade pelo pagamento, naturalmente pessoa jurídica;
(iii) estimativa do valor da indenização a ser paga – o que pode sair completamente diferente quando da efetivação da desapropriação e o que costuma originar intermináveis disputas judiciais;
(iv) distribuição de riscos entre as partes, não apenas aqueles indicados neste inciso, mas todos os demais previsíveis;
(v) em nome de quem serão emitidos tanto o registro da imissão provisória na posse quanto o da propriedade final de cada bem desapropriado.

Sem essas providências todas e, possivelmente, outras mais que a prática indicará necessárias, não se imagina como levar a cabo a execução do contrato integrado ou semi-integrado.

Dentro do panorama geral de obviedades que já eram praticadas, mas que ainda não estavam contempladas em lei, segue o §5º informando que o projeto básico, de autoria do contratado, pode ser alterado, desde que vantajoso tecnicamente pela administração, e o aspecto financeiro entra nessa configuração técnica.

Natural, pois que, se o ente, por iniciativa própria ou por indicação do contratado, denota algo que pode ser aperfeiçoado no projeto, então terá todo interesse em autorizar a respectiva modificação – quando não, mesmo, em diretamente *determiná-la*, se a "descoberta" foi sua.

O §6º também parece de conteúdo óbvio; porém, em nosso desorganizadíssimo país, não é demasiado e auxilia na organização e na gestão dos contratos: não se passa a uma etapa da obra ou do serviço sem que a anterior, delimitada no contrato e no plano de trabalho do contratado, esteja concluída e formalmente recebida e aprovada pelo ente contratante.

O direito anterior excluía o contratante dessa obrigação apenas quando executava o contrato com base no projeto básico; agora, ao menos aparentemente, mudou um pouco o panorama.

Vetados os §§7º e 8º, fecha este artigo o §9º, pelo qual os regimes de execução da (*caput*, inc. II) empreitada por preço global; (III) empreitada integral; (IV) contratação por tarefa; (V) contratação integrada; e (VI) contratação semi-integrada serão licitados por preço global e pagos por medição, na proporção realizada do resultado final contratado.

Quanto à empreitada por preço global (inc. II), o dispositivo é acaciano, pois que dificilmente seria paga por preço unitário uma empreitada cujo título é o de preço global...

Quanto aos demais regimes, a ordem está dada. O preço global é, de resto, a regra dos contratos públicos no Brasil, e isso fica aqui evidenciado pois que ao erário interessa primordialmente saber *quanto sairá a brincadeira* que contratou, e não cada unidade, se existir, integrante daquele objeto.

Assim como a regra geral da competição é a do menor preço, a regra geral do regime de pagamento é a do preço global, que se paga proporcionalmente, no tempo, a cada parte corretamente entregue do objeto, formalmente aceita e recebida. O regime do preço unitário constitui a exceção que, conforme seja o objeto, se torna preferível ao do preço global.

Art. 47

Subseção III

Dos Serviços em Geral

Art. 47. As licitações de serviços atenderão aos princípios:

I – da padronização, considerada a compatibilidade de especificações estéticas, técnicas ou de desempenho;

II – do parcelamento, quando for tecnicamente viável e economicamente vantajoso.

§1º Na aplicação do princípio do parcelamento deverão ser considerados:

I – a responsabilidade técnica;

II – o custo para a Administração de vários contratos frente às vantagens da redução de custos, com divisão do objeto em itens;

III – o dever de buscar a ampliação da competição e de evitar a concentração de mercado.

§2º Na licitação de serviços de manutenção e assistência técnica, o edital deverá definir o local de realização dos serviços, admitida a exigência de deslocamento de técnico ao local da repartição ou a exigência de que o contratado tenha unidade de prestação de serviços em distância compatível com as necessidades da Administração.

Este artigo desfila impropriedades técnicas com a mais perfeita desenvoltura. Denomina padronização e parcelamento *princípios*, quando não o são, nunca o foram e, pelo que se imagina, jamais o serão.

É muito simples: todo princípio é de obrigatória observância, e nem a padronização nem o parcelamento são obrigatórios... portanto, *não são princípios*.

Podem ser institutos ou providências úteis, inteligentes e recomendáveis em incontáveis oportunidades, mas *nem por isso se transformam em princípios*. Nem tudo que é aconselhável se torna, *ipso facto*, princípio de direito.

Princípios são supranormas, matrizes ideais das regras concretas, escritas ou consuetudinárias e que, por isso, as sobrepairam soberanamente.

São informativos das normas e a elas superiores em relevância jurídica, institucional e até filosófica.

Não são suscetíveis de invencionices apenas porque o legislador entendeu vistoso assim denominar qualquer procedimento que exista. Um princípio é muito mais que isso e já era tempo de o legislador aprendê-lo.

Então, diferentemente do que pretende o desinformado *caput* com seus dois incisos – e, *aliás, como essa própria lei deixa claro em momentos anteriores* –, no Brasil, absolutamente para o poder público, *não é obrigatório nem parcelar objetos contratuais, nem padronizar produtos ou serviços.*

Se é bom parcelar, se é conveniente padronizar – e, em geral, é –, nem por isso se tornam obrigatórios esses procedimentos, e nem por isso, repita-se, se transformam eles em princípios.

Assim, não tem nenhuma cogência o *caput* com seus incisos I e II, por jurídica e institucional inaplicabilidade do que prescrevem.

E quanto ao §1º, no que não tem de óbvio, as suas sugestões – pois que outra coisa não são – são proveitosas, como bons conselhos ao administrador. Não são mais que isso, se o parágrafo parte de premissa falsa.

O §2º contém também momentos constrangedores. Manda que o edital para serviços de manutenção e assistência técnica indique o local em que os serviços devem ser prestados. Pergunta-se: poderia ser diferente? Poderia o edital silenciar sobre em que lugar os serviços seriam prestados? Alguém no planeta contrata um serviço de assistência sem indicar onde será o trabalho?

E conclui admitindo que o *contratado* – ora, então ele já foi contratado? – tenha unidade de prestação de serviço situada em distância compatível com a necessidade da administração.

Esse último autorizativo vem sendo frequentemente derrubado por decisões judiciais que o consideram abusivo e anti-isonômico, discriminando interessados que se situem longe da sede do contratante, porém com plena condição de atendê-lo a tempo e hora.

O Tribunal de Contas do Estado de São Paulo, sobre a matéria, tem editada sua Súmula nº 16 com a seguinte redação:

"Em procedimento licitatório, é vedada a fixação de distância para usina de asfalto".

Não nos parece, entretanto, desarrazoada a ideia, pois que, se a distância entre o prestador e o local da prestação de serviço é tal que dificulte o cumprimento do contrato quanto à presteza do atendimento, parece natural estabelecer condições como esta a que se refere o parágrafo, no próprio contrato, já anunciadamente no edital.

Imagine-se um contrato de assistência médica ou de assistência técnica de informática no qual o prestador se situe tão longe do contratante que precise sempre demorar mais do que o admissível ou recomendável para prestar o serviço. Quanta inconveniência aí existirá.

Alerta-se apenas para as constantes resistências judiciais à ideia, cuja implementação, portanto, poderá não ser tão simples quanto a lei faz crer. E seja reconhecida, em favor da intenção do legislador, a ingente dificuldade jurídica para bem e equacionar na prática essa questão.

Art. 48

Art. 48. Poderão ser objeto de execução por terceiros as atividades materiais acessórias, instrumentais ou complementares aos assuntos que constituam área de competência legal do órgão ou da entidade, vedado à Administração ou a seus agentes, na contratação do serviço terceirizado:

I – indicar pessoas expressamente nominadas para executar direta ou indiretamente o objeto contratado;

II – fixar salário inferior ao definido em lei ou em ato normativo a ser pago pelo contratado;

III – estabelecer vínculo de subordinação com funcionário de empresa prestadora de serviço terceirizado;

IV – definir forma de pagamento mediante exclusivo reembolso dos salários pagos;

V – demandar a funcionário de empresa prestadora de serviço terceirizado a execução de tarefas fora do escopo do objeto da contratação;

VI – prever em edital exigências que constituam intervenção indevida da Administração na gestão interna do contratado.

Parágrafo único. Durante a vigência do contrato, é vedado ao contratado contratar cônjuge, companheiro ou parente em linha reta, colateral ou por afinidade, até o terceiro grau, de dirigente do órgão ou entidade contratante ou de agente público que desempenhe função na licitação ou atue na fiscalização ou na gestão do contrato, devendo essa proibição constar expressamente do edital de licitação.

Neste artigo se ventila, ainda que de maneira indireta, a velha questão das *funções exclusivas de Estado*; porém, o texto tinteiro é de uma obviedade tal que remete todo o artigo à galeria das platitudes dentro desta lei tão abarrotada delas.

Tudo o que exprime já existia, seja em normas, seja em princípios, seja pela pressão fiscalizatória e pelo controle que os entes com essa função exercem sobre os contratos públicos. Inicia por informar que os serviços exclusivos de Estado não podem ser terceirizados, algo tão novo quanto o Antigo Testamento. E segue o *caput* proibindo coisas como a indicação nominal de pessoas para serem contratadas, ou fixar salários inferiores aos legais, ou estabelecer subordinação entre o ente contratante e empresa contratada, ou exigir do contratado trabalhos estranhos ao objeto dos contratos, ou ainda intervir na gestão interna do contratado. Se este artigo for revogado hoje, o direito seguirá tal qual era.

O parágrafo único remata o acervo de amenidades proibindo que o contratado contrate parente de alguém do ente contratante, algo que o princípio da impessoalidade já vedava e que vem sendo cada vez mais severamente reprimido, a começar pela Súmula Vinculante nº 13, do Supremo Tribunal Federal, contra o nepotismo na administração.

Fica entretanto o alerta, de mérito perfeito.

Art. 49

Art. 49. A Administração poderá, mediante justificativa expressa, contratar mais de uma empresa ou instituição para executar o mesmo serviço, desde que essa contratação não implique perda de economia de escala, quando:

I – o objeto da contratação puder ser executado de forma concorrente e simultânea por mais de um contratado; e

II – a múltipla execução for conveniente para atender à Administração.

Parágrafo único. Na hipótese prevista no *caput* deste artigo, a Administração deverá manter o controle individualizado da execução do objeto contratual relativamente a cada um dos contratados.

Não se compreende se o legislador realmente acredita que inova o direito através de artigos como este 49, que "autoriza" a contratação de mais de uma entidade para executar o mesmo serviço, quando isso for interessante ou conveniente à administração.

O legislador conhecerá o sistema de pedágios nas estradas brasileiras, em que diversas empresas são contratadas, cada qual em um trecho da rodovia, para o *mesmo serviço* de mantê-la em boa condição ao público usuário?

Conhece a contratação de mais de uma empresa para pavimentar estradas, cada qual num trecho? O objeto é o mesmo para todas.

Conhece a hipótese de contratação de mais de uma construtora para executar obras de moradias populares, cada qual delas ficando responsável por determinada quantidade de unidades do mesmo objeto?

Não se compreende uma lei solenemente autorizar o que sempre foi permitido e sempre foi e continua sendo praticado diuturnamente pela administração.

E o parágrafo único tem o mesmo nível de consciência institucional: exige que o ente contratante fiscalize cada qual dos contratados quanto à parte a ele correspondente do objeto total. Alguém imaginaria diferente, como se pudesse algum contrato público – geralmente grande e valioso – ficar sem controle, apenas porque algum dos contratados é controlado?

Art. 50

Art. 50. Nas contratações de serviços com regime de dedicação exclusiva de mão de obra, o contratado deverá apresentar, quando solicitado pela Administração, sob pena de multa, comprovação do cumprimento das obrigações trabalhistas e com o Fundo de Garantia do Tempo de Serviço (FGTS) em relação aos empregados diretamente envolvidos na execução do contrato, em especial quanto ao:

I – registro de ponto;

II – recibo de pagamento de salários, adicionais, horas extras, repouso semanal remunerado e décimo terceiro salário;

III – comprovante de depósito do FGTS;

IV – recibo de concessão e pagamento de férias e do respectivo adicional;

V – recibo de quitação de obrigações trabalhistas e previdenciárias dos empregados dispensados até a data da extinção do contrato;

VI – recibo de pagamento de vale-transporte e vale-alimentação, na forma prevista em norma coletiva.

Agora temos um artigo trabalhista na Lei de Licitações. O juiz trabalhista, ao decidir demandas laborais no seu dia a dia, doravante, pelo visto, não poderá deixar de lado a Lei de Licitações ou, talvez, dê um passo errado... onde nós estamos?

Incluiu-se nesta lei um artigo que transforma o ente contratante em fiscal trabalhista, quando toda essa matéria já vem elencada em legislação própria, laboral e não administrativa como é esta lei, e matéria que já vem orientada há décadas por firme jurisprudência das cortes trabalhistas e ampla doutrina específica.

Prescreve, em rápida pincelada, por que o texto trabalhista não merece maior detença na Lei Nacional de Licitações e Contratos Administrativos, que o contratado, quando requerido pelo ente contratante, deverá apresentar (I) registro de ponto; (II) recibos dos salários pagos; (III) comprovante de depósito do fundo de garantia; (IV) recibos de férias; (V) prova da quitação trabalhista e previdenciária dos dispensados até a extinção do contrato; e (VI) recibos de vale-transporte e vale-alimentação. O edital da licitação deverá disso preveni-lo.

 São exigências formalmente corretas, porém essa matéria ingressou na Lei de Licitações como ingressara Pilatos no Credo.

Art. 51

Subseção IV

Da Locação de Imóveis

Art. 51. Ressalvado o disposto no inciso V do *caput* do art. 74 desta Lei, a locação de imóveis deverá ser precedida de licitação e avaliação prévia do bem, do seu estado de conservação, dos custos de adaptações e do prazo de amortização dos investimentos necessários.

Artigo curto e correto quanto ao fundo, como desejavelmente deveria ser conciso ser um sem-número de artigos desta lei, aqueles dotados de *obesidade legislativa mórbida*.

As locações de imóveis – salvo na exceção indicada – precisam ser licitadas como regra, porque, tratando-se de um objeto comum e correntio, inexiste razão para que não o sejam.

A exceção é a prevista no inciso V do art. 74 – *verbis*, "V – aquisição ou locação de imóvel cujas características de instalações e de localização tornem necessária sua escolha" –, tal qual acontecia, e ainda acontece, no direito da L 8.666. Quando o ente interessado puder demonstrar que apenas este ou aquele imóvel o atende em suas necessidades ou que o atende consideravelmente melhor do que outros existentes, então, mediante essa justificativa, alugá-lo-á sem licitação, diretamente.

Apenas que a redação do artigo se revela um tanto estranha ao fixar que a licitação deverá prever avaliação prévia, estado de conservação, custos de adaptações e prazo de amortização dos investimentos necessários.

Pergunta-se como isso seria possível no edital ou mesmo no processo da licitação se o ente não sabe que imóvel vencerá o certame...

Que o edital estabeleça um valor locatício máximo ou investimentos máximos a serem amortizados no prazo mínimo tal. Tudo isso é plausível, mas não do modo como está escrito, pois que, para aquilo ser implementado, exigiria que o ente soubesse de que imóvel está tratando – e se o soubesse seria caso de contratação direta, e não de licitação.

Assim, traduzindo-se o texto para uma ordem racional de operações, o artigo é correto.

Art. 52

Subseção V

Das Licitações Internacionais

Art. 52. Nas licitações de âmbito internacional, o edital deverá ajustar-se às diretrizes da política monetária e do comércio exterior e atender às exigências dos órgãos competentes.

§1º Quando for permitido ao licitante estrangeiro cotar preço em moeda estrangeira, o licitante brasileiro igualmente poderá fazê-lo.

§2º O pagamento feito ao licitante brasileiro eventualmente contratado em virtude de licitação nas condições de que trata o §1º deste artigo será efetuado em moeda corrente nacional.

§3º As garantias de pagamento ao licitante brasileiro serão equivalentes àquelas oferecidas ao licitante estrangeiro.

§4º Os gravames incidentes sobre os preços constarão do edital e serão definidos a partir de estimativas ou médias dos tributos.

§5º As propostas de todos os licitantes estarão sujeitas às mesmas regras e condições, na forma estabelecida no edital.

§6º Observados os termos desta Lei, o edital não poderá prever condições de habilitação, classificação e julgamento que constituam barreiras de acesso ao licitante estrangeiro, admitida a previsão de margem de preferência para bens produzidos no País e serviços nacionais que atendam às normas técnicas brasileiras, na forma definida no art. 26 desta Lei.

Este é o artigo das licitações internacionais. Baseou-se na maior parte na L 8.666, art. 42, e no que inovou tornou mais leve a abordagem do tema, sendo, entretanto, seu maior mérito expungir o antigo §5º, que era arquipatético e constrangedor de tão ruim.

Licitação internacional outra coisa não é senão uma licitação brasileira de que podem participar licitantes estrangeiros; e atualmente, com a *internet*, nem mais cabe dizer "divulgada ou não no exterior", porque, em nossos dias, os países nem se quiserem esconder ou reservar quaisquer atos oficiais conseguirão: por bem ou por mal, tudo é acessível a todos os cidadãos e, eventualmente, até mesmo os maiores segredos de Estado, como senhas do Pentágono americano ou da NASA.

O artigo, cujo *caput* redacionalmente continua tão bisonho quanto era na L 8.666, preocupa-se fundamentalmente em garantir tratamento igualitário entre nacionais e estrangeiros e, nesse sentido, são os §§1º, 3º e 5º, que respectivamente asseguram a ambos (I) a possibilidade de propor em moeda estrangeira quando o edital admitir essa moeda; (II) que as garantias de pagamento ao brasileiro serão as mesmas oferecidas ao estrangeiro; e (III) que as propostas de todos se sujeitem às mesmas regras e condições.

O §2º, de outro lado, fixa que o pagamento ao contratado nacional será em moeda nacional, o que nada mais é que o procedimento lógico e esperável em um negócio público nacional.

Pelo §4º, os gravames – custos ou onerações tributárias ou administrativas – incidentes sobre os preços constarão do edital, o que é regra indispensável de transparência e de seriedade do certame, e nem se poderia imaginar que pudesse ser diferente.

O §6º fecha o artigo repisando a proteção aos estrangeiros através de proibir que o edital exija habilitações ou contenha regras de classificação e de julgamento que impeçam ou dificultem a participação dos licitantes estrangeiros, com a única exceção da *margem de preferência* aos produtos ou serviços nacionais, sempre dentro do que esta lei, n'outro momento, o art. 26, admite e disciplina.

Em verdade, essa exceção quebra a igualdade, mas é de lembrar que não constitui exigência obrigatória formulável pelo edital, mas apenas facultativa – e é, a nosso ver, injusta, frequentemente antitécnica e nada recomendável. Licitação não é ação social forma de distribuição da riqueza, mas competição para escolha da melhor proposta ao poder público.

Art. 53

CAPÍTULO III
DA DIVULGAÇÃO DO EDITAL DE LICITAÇÃO

Art. 53. Ao final da fase preparatória, o processo licitatório seguirá para o órgão de assessoramento jurídico da Administração, que realizará controle prévio de legalidade mediante análise jurídica da contratação.

§1º Na elaboração do parecer jurídico, o órgão de assessoramento jurídico da Administração deverá:

I – apreciar o processo licitatório conforme critérios objetivos prévios de atribuição de prioridade;

II – redigir sua manifestação em linguagem simples e compreensível e de forma clara e objetiva, com apreciação de todos os elementos indispensáveis à contratação e com exposição dos pressupostos de fato e de direito levados em consideração na análise jurídica;

III – (VETADO).

§2º (VETADO).

§3º Encerrada a instrução do processo sob os aspectos técnico e jurídico, a autoridade determinará a divulgação do edital de licitação conforme disposto no art. 54.

§4º Na forma deste artigo, o órgão de assessoramento jurídico da Administração também realizará controle prévio de legalidade de contratações diretas, acordos, termos de cooperação, convênios, ajustes, adesões a atas de registro de preços, outros instrumentos congêneres e de seus termos aditivos.

§5º É dispensável a análise jurídica nas hipóteses previamente definidas em ato da autoridade jurídica máxima competente, que deverá considerar o baixo valor, a baixa complexidade da contratação, a entrega imediata do bem ou a utilização de minutas de editais e instrumentos de contrato, convênio ou outros ajustes previamente padronizados pelo órgão de assessoramento jurídico.

§6º (VETADO).

Longo artigo que confunde um pouco o direito, alterando o anterior ora para melhor, ora para pior.

O *caput* fixa que o processo da licitação deve seguir para a assessoria jurídica do ente licitador após o edital ter sido concluído e incluído naquele expediente. Ou essa assessoria é própria, ou, se inexistir, contratada, porque essa função não é privativa de Estado, sempre podendo ser terceirizada. Uma coisa é procuradoria, e outra bem diversa é assessoria.

O texto dá a impressão de que a assessoria jurídica deverá aprovar o edital, como era e é na L 8.666, art. 38, parágrafo único; porém, o §1º deste artigo 53 menciona o *parecer*, o que descaracteriza aquilo, já que parecer é apenas uma opinião, um entendimento, que não constitui ato administrativo e não obriga ninguém a nada, nem vincula a vontade da autoridade, *nem libera coisa nenhuma* – apenas opina.

Então, parece que o direito mudou para *desobrigar* a assessoria jurídica de aprovar o que quer que seja neste ponto. Apenas opina, e quem deve controlar a legalidade é a autoridade, que, de resto, jamais esteve obrigada a seguir pareceres. Apenas que, nesta lei, não imagine que a assessoria jurídica aprovou o edital, porque sobre ele apenas opinou.

Quanto aos incisos I e II tentarem ensinar o parecerista a trabalhar, trata-se de uma puerícia detrimentosa ao seu autor e aos pareceristas; entretanto, sendo observada ou não, jamais transforma o parecer em ato administrativo de aprovação, porque nada no texto a isso conduz. O legislador parece *fingir ingenuidade* e deve saber perfeitamente que desonerou a assessoria jurídica de aprovar a minuta do edital, como ainda precisa fazê-lo dentro da L 8.666.

Vetados o inc. III e o §2º inteiro, o §3º manda que, após a fase acima, a autoridade mande divulgar o edital na forma do art. 54, o que significa dar-lhe a necessária publicidade para que produza todos os seus efeitos junto aos interessados, ao público e aos entes de fiscalização. Antes dessa publicidade, o edital é um procedimento apenas interno do ente, ainda inábil para efeitos externos.

Tendo sido vetado o §6º, fecham o artigo os §§4º e 5º.

O §4º, muito corretamente, responsabiliza a assessoria jurídica do ente também pelo "controle prévio de legalidade de contratações diretas, acordos, termos de cooperação, convênios, ajustes, adesões a atas de registro de preços, outros instrumentos congêneres e de seus termos aditivos".

Com efeito, não se concebe que tais instrumentos negociais da administração possam ficar à margem de apreciação jurídica prévia, ainda que, registre-se, *também aqui não se trata de aprovação* – simplesmente porque a lei não determinou que fosse.

Não se iluda a autoridade por imaginar que a sua consultoria jurídica aprova alguma coisa quanto a isso. Essa responsabilidade aprobatória e liberatória continua sendo sua. É diferente na L 8.666 – e tecnicamente a lei correta é esta Lei nº 14.133.

O §5º, também adequadamente, dispensa a apreciação jurídica de pequenos contratos, de exíguo valor e nenhuma complexidade, e admite padronização de minutas assim simples e de "linha de produção". É quase a entronização do princípio da *insignificância* nas contratações públicas, adequada e correta em face da necessidade de se economizarem tempo e trabalho.

Art. 54

Art. 54. A publicidade do edital de licitação será realizada mediante divulgação e manutenção do inteiro teor do ato convocatório e de seus anexos no Portal Nacional de Contratações Públicas (PNCP).

§1º (VETADO).

§2º É facultada a divulgação adicional e a manutenção do inteiro teor do edital e de seus anexos em sítio eletrônico oficial do ente federativo do órgão ou entidade responsável pela licitação ou, no caso de consórcio público, do ente de maior nível entre eles, admitida, ainda, a divulgação direta a interessados devidamente cadastrados para esse fim.

§3º Após a homologação do processo licitatório, serão disponibilizados no Portal Nacional de Contratações Públicas (PNCP) e, se o órgão ou entidade responsável pela licitação entender cabível, também no sítio referido no §2º deste artigo, os documentos elaborados na fase preparatória que porventura não tenham integrado o edital e seus anexos.

Enfim, a forma da publicidade do edital. Dá-se a publicidade do edital pela sua divulgação, completa com anexos, no PNCP – Portal Nacional de Contratações Públicas.

É evidente, porém, que não é nem poderia ser apenas esse o veículo da divulgação oficial, sendo difícil imaginar todos os pequenos municípios e os entes públicos brasileiros de todo porte e nível abarrotando aquele portal com seus editais.

Então, o §2º – uma vez que o §1º foi vetado – admite como alternativa à regra do *caput* a divulgação do edital completo em sítio eletrônico público local e ainda, facultativamente, a divulgação direta a interessados para tanto previamente cadastrados, o que é sempre útil e proveitoso. Nada disto último é obrigatório, mas facultativo, e, repita-se, sempre proveitoso aos entes locais de toda natureza, porte e nível.

O muito estranho §3º informa que, após a homologação do processo licitatório – e este escriba-aprendiz desconhece o que venha a ser isso, conhecendo apenas a homologação do resultado da licitação –, serão disponibilizados no PNCP e no sítio local os documentos que não tenham integrado o edital completo. Ora, pergunta-se: acaso não era obrigatória a divulgação completa do edital, com seus anexos todos? Que sentido tem a divulgação em partes dos documentos que integram o edital?

Se é fato que esta lei *não dá ponto sem nó*, então este §3º é o nó deste ponto. Outra vez o legislador esperdiça excelente oportunidade de não dizer nada.

Art. 55

CAPÍTULO IV
DA APRESENTAÇÃO DE PROPOSTAS E LANCES

Art. 55. Os prazos mínimos para apresentação de propostas e lances, contados a partir da data de divulgação do edital de licitação, são de:

I – para aquisição de bens:

a) 8 (oito) dias úteis, quando adotados os critérios de julgamento de menor preço ou de maior desconto;

b) 15 (quinze) dias úteis, nas hipóteses não abrangidas pela alínea "a" deste inciso;

II – no caso de serviços e obras:

a) 10 (dez) dias úteis, quando adotados os critérios de julgamento de menor preço ou de maior desconto, no caso de serviços comuns e de obras e serviços comuns de engenharia;

b) 25 (vinte e cinco) dias úteis, quando adotados os critérios de julgamento de menor preço ou de maior desconto, no caso de serviços especiais e de obras e serviços especiais de engenharia;

c) 60 (sessenta) dias úteis, quando o regime de execução for de contratação integrada;

d) 35 (trinta e cinco) dias úteis, quando o regime de execução for o de contratação semi-integrada ou nas hipóteses não abrangidas pelas alíneas "a", "b" e "c" deste inciso;

III – para licitação em que se adote o critério de julgamento de maior lance, 15 (quinze) dias úteis;

IV – para licitação em que se adote o critério de julgamento de técnica e preço ou de melhor técnica ou conteúdo artístico, 35 (trinta e cinco) dias úteis.

§1º Eventuais modificações no edital implicarão nova divulgação na mesma forma de sua divulgação inicial, além do cumprimento dos mesmos prazos dos atos e procedimentos originais, exceto quando a alteração não comprometer a formulação das propostas.

§2º Os prazos previstos neste artigo poderão, mediante decisão fundamentada, ser reduzidos até a metade nas licitações realizadas pelo Ministério da Saúde, no âmbito do Sistema Único de Saúde (SUS).

Eis o artigo dos prazos mínimos de publicidade dos instrumentos convocatórios de licitações, todos em dias *úteis* com – infeliz – inspiração na regra do processo civil.

O prazo é de oito dias úteis (inc. I, *a* e *b*) na aquisição de bens por menor preço ou maior desconto e, em qualquer outro critério, é de quinze dias úteis. São prazos *exageradíssimos*, muito piores do que na L 8.666, e devem ter sido escolhidos possivelmente porque não é o parlamentar que aprovou esse texto que irá comprar e pagar os bens. Na sua empresa, o mesmo parlamentar em um dia resolve essa questão com absoluta galhardia.

Se são serviços e obras, serão dez dias úteis por menor preço ou maior desconto para serviços comuns e vinte e cinco dias úteis se forem serviços especiais ou, então, obras ou serviços especiais de engenharia.

Serão sessenta dias úteis quando o objeto for licitado por contratação integrada, seja qual for o objeto. Considerando-se a pandemia de COVID-19 existente quando da edição da lei e, ainda, o amor incondicional do brasileiro por feriados, pontos facultativos e paradas pelo quer que seja, isso representa mais ou menos um semestre. E serão trinta e cinco cias úteis se se tratar de outras hipóteses ou de contração semi-integrada.

Nada disso poderia ser pior. O país *corre* para trás em ritmo acelerado. Quando todos os prazos, para tudo que existe em nossos dias, se reduzem drasticamente por causa da informática, os prazos das licitações crescem à grande. Impossível compreender.

O legislador, que, neste artigo mesmo, quase sepultou de vez os diários e os jornais oficiais numa medida modernizante, por outro lado em momentos assim parece viver no tempo anterior ao do computador. Que empresa competitiva precisa de tantos dias úteis para formular uma proposta, mesmo que envolva estudos e produção de documentos? Repete-se: pior que isso é impossível imaginar.

O §1º repete o direito anterior, mandando republicar e devolver o prazo originário quando se modifica o edital – salvo quando a modificação não implicar na reformulação das propostas. Tal qual na L 8.666, é irrealística essa exceção, porque ninguém publica que a abertura será na sala 2, e não na sala 1 do prédio. Somente se modifica o edital por motivo grave e sério, e não por leviandades ou futilidades.

Fechando o artigo, o §2º abre exceção – apenas para o plano federal – aos prazos, permitindo que, para o Ministério da Saúde, sejam reduzidos pela metade, fundamentadamente. Somente não se compreende por que já não são a metade ou, de preferência, a metade da metade para todos os entes públicos de nossa República.

Art. 56

Art. 56. O modo de disputa poderá ser, isolada ou conjuntamente:

I – aberto, hipótese em que os licitantes apresentarão suas propostas por meio de lances públicos e sucessivos, crescentes ou decrescentes;

II – fechado, hipótese em que as propostas permanecerão em sigilo até a data e hora designadas para sua divulgação.

§1º A utilização isolada do modo de disputa fechado será vedada quando adotados os critérios de julgamento de menor preço ou de maior desconto.

§2º A utilização do modo de disputa aberto será vedada quando adotado o critério de julgamento de técnica e preço.

§3º Serão considerados intermediários os lances:

I – iguais ou inferiores ao maior já ofertado, quando adotado o critério de julgamento de maior lance;

II – iguais ou superiores ao menor já ofertado, quando adotados os demais critérios de julgamento.

§4º Após a definição da melhor proposta, se a diferença em relação à proposta classificada em segundo lugar for de pelo menos 5% (cinco por cento), a Administração poderá admitir o reinício da disputa aberta, nos termos estabelecidos no instrumento convocatório, para a definição das demais colocações.

§5º Nas licitações de obras ou serviços de engenharia, após o julgamento, o licitante vencedor deverá reelaborar e apresentar à Administração, por meio eletrônico, as planilhas com indicação dos quantitativos e dos custos unitários, bem como com detalhamento das Bonificações e Despesas Indiretas (BDI) e dos Encargos Sociais (ES), com os respectivos valores adequados ao valor final da proposta vencedora, admitida a utilização dos preços unitários, no caso de empreitada por preço global, empreitada integral, contratação semi-integrada e contratação integrada, exclusivamente para eventuais adequações indispensáveis no cronograma físico-financeiro e para balizar excepcional aditamento posterior do contrato.

Este artigo não menciona a palavra "envelope", como a L 8.666 faz. É preciso então entender nas entrelinhas que a disputa pelo modo fechado se dá com a utilização de envelopes lacrados, enquanto, no modo aberto, ela se dá por lances públicos. De outro modo, não se imagina como poderia ser fechada a disputa.

Os modos de disputa podem ser ou aberto, por lances públicos sucessivos, ou fechado, por envelopes a serem abertos no momento em que o edital designar. A grande novidade, porém, é que podem ser utilizados *conjuntamente*, na mesma licitação, ambos os modos, e o serão se e como o edital assim determinar.

O §1º proíbe o uso isolado do modo fechado nas licitações de menor preço ou maior desconto, e isso certamente é assim porque o objeto tem clareza e simplicidade suficientes a permitir o simples e aberto jogo de preços, vencendo o menor que todos passam a conhecer assim que é pronunciado no lance.

No entanto, esse §1º *não proíbe o uso conjunto* do modo fechado com o modo aberto no mesmo certame, e essa escolha se regerá pela natureza e complexidade do objeto, que, por vezes, recomenda proposta fechada em envelope, como o edital disciplinará. A praticidade do uso conjunto parece ser nenhuma, não se atinando com o motivo de a lei permitir mais essa complicação, tão necessária quanto uma boa gripe suína.

O §2º proíbe o modo aberto nas licitações de técnica e preço, e ponto final. Seria realmente difícil julgar lances públicos em critério e para objetos tão complexos, daí a restrição.

No caso dos critérios da melhor técnica ou conteúdo artístico (art. 33, inc. III) e do maior retorno econômico (art. 33, inc. VI), *vale tudo*, porque a lei não os previu neste art. 56.

Mas seja reconhecida a dificuldade de se julgarem licitações sob esses critérios por lances orais e públicos, daí, parece, os *envelopes fechados*, por mais desprezo que lhes devote a lei, voltarão à cena. A lei, que tanto fala, deveria ter se lembrado desses critérios, e não silenciado.

O §3º define lances intermediários – como se isso fosse necessário e como se pudessem outra coisa – como aqueles iguais ou inferiores ao maior ofertado nas licitações de maior lance, como o leilão, e iguais ou superiores ao menor ofertado nas licitações pelos outros critérios. Na sequência, a lei menciona os lances intermediários.

Ao menos serve a lei neste ponto para reconhecer a legitimidade de lances iguais a outros, sem os recusar, como alguns *estúpidos* sistemas de informática ocasionalmente faziam até em passado recente.

O ideal seria que se aceitassem até mesmo lances de antemão perdedores, porque pode ocorrer de o seu autor saber – e, se instado a isso, puder demonstrá-lo – que seu concorrente – até o momento em vantagem – vencedor será inabilitado, porque, por exemplo, o foi duas horas atrás em outra licitação com as mesmas exigências – mas não pretendamos tanto desta lei. Apenas por admitir lances iguais já evoluiu neste ponto.

O §4º, inspirado no pregão, fixa que o edital poderá prever que, após a definição da proposta vencedora, se o intervalo de valor entre essa e a segunda colocada for de ao menos 5% – ou seja, podendo ser maior –, o ente reabrirá a disputa aberta para definir as demais colocações.

Trata-se de precaução que deve ter tido em vista a possibilidade de o vencedor não contratar ou contratar, mas não cumprir o contrato. O edital pode silenciar a respeito, e o julgador não reabrir ou, então, desde logo informar que isso não acontecerá. Se, entretanto, os julgadores mantiverem o certame até a definição de todos os classificados – naturalmente se não existirem centenas de participantes... –, a necessidade da reabertura nunca acontecerá. Uma licitação, como uma epidemia, quanto antes acabar melhor será para todos.

Encerrando o artigo, o complicadíssimo §5º manda ao vencedor readequar sua proposta inicial proporcionalmente ao valor a que chegou e que venceu o certame.

Preferimos não descer aos detalhes em que se embrenha este parágrafo – que dá a impressão de estar criando e inovando, sendo que as operações mencionadas já existem desde que o pregão foi implantado no Brasil e já vem sendo continuadamente praticadas na administração de todo nível.

Sim, e manifestar o entendimento de que será a autoridade local quem dirá se a readequação está ou não suficiente, ou o que lhe falta para a regular contratação, bastando ao vencedor conhecer a *regra de três*.

Outra vez, a lei pretende ensinar a Ave-Maria ao senhor vigário.

Art. 57

Art. 57. O edital de licitação poderá estabelecer intervalo mínimo de diferença de valores entre os lances, que incidirá tanto em relação aos lances intermediários quanto em relação à proposta que cobrir a melhor oferta.

Artigo duplamente inteligente: em primeiro, por ser curto e, em segundo, por admitir que o edital fixe intervalos mínimos entre quaisquer lances, pena de desclassificação dos que os inobservarem.

Sempre nos batemos em favor dessa previsão editalícia, com vista a evitar irritantes e economicamente insignificantes lances de, digamos, um centavo menos que o menor apresentado, o que somente serve para tumultuar a competição e estimular condenáveis impulsos homicidas nos participantes sérios – porque intervalos que tais não são sérios.

Apenas se recomenda aos editais não exagerarem fixando intervalos muito elevados, porque isso desfavorece licitantes menos capitalizados e, com isso, prejudica a isonomia entre eles.

Art. 58

Art. 58. Poderá ser exigida, no momento da apresentação da proposta, a comprovação do recolhimento de quantia a título de garantia de proposta, como requisito de pré-habilitação.

§1º A garantia de proposta não poderá ser superior a 1% (um por cento) do valor estimado para a contratação.

§2º A garantia de proposta será devolvida aos licitantes no prazo de 10 (dez) dias úteis, contado da assinatura do contrato ou da data em que for declarada fracassada a licitação.

§3º Implicará execução do valor integral da garantia de proposta a recusa em assinar o contrato ou a não apresentação dos documentos para a contratação.

§4º A garantia de proposta poderá ser prestada nas modalidades de que trata o §1º do art. 96 desta Lei.

Artigo sobre a garantia da proposta (*bid bond*), prescreve que poderá ser exigida a prova do seu recolhimento como requisito habilitatório no momento da apresentação da proposta, pena de inabilitação.

A garantia, pelo §1º, não poderá ultrapassar 1% do valor estimado da contratação, o que não garante absolutamente nada de coisa alguma a não ser que o proponente não é daqueles que – dizia-se no passado, quando se sabia o que é um cheque – não tem dinheiro para cobrir o cheque dado no almoço. Essa sorte de nefasto *picareta* deverá ser repelido com a exigência de qualquer garantia, por menor que seja.

O §2º é o nó deste ponto: a garantia será devolvida em até 10 dias úteis após a assinatura do contrato ou a declaração do fracasso da licitação – ou seja, do seu malogro, quer porque ninguém se classificou, quer porque ninguém se habilitou.

O parágrafo, entretanto, se esquece de que, para um licitante, a licitação pode não ter dado bom resultado não porque fracassou, mas simplesmente porque esse licitante não obteve a primeira classificação. E, nesse caso, não contemplado no parágrafo, esse licitante perde a garantia?

É evidente que não e, no máximo tão logo seja alguém contratado, deve ser devolvida a garantia retida de quem quer que seja – mas a lei não se lembrou disso, tudo dando a impressão de que é a primeira vez em que o legislador trabalhou com matéria relativa à licitação.

Se o vencedor não comparecer para assinar o contrato ou se não apresentar (no prazo assinado) os documentos exigidos para tanto, sua garantia será executada.

A lei poderia ter facilitado a vida da administração, informando que, nessas hipóteses, a garantia será perdida em favor do ente licitador *sic et simpliciter*, sem necessidade de um longo e trabalhoso processo de execução – exatamente como a entrada que o comprador de imóvel dá ao vendedor para assegurar o negócio e como parte de pagamento; desistindo do negócio, o promitente comprador simplesmente perde aquela entrada. Para que serve a garantia, afinal?

Para ser executada, precisará ser previamente lançada na dívida ativa do ente respectivo e executada na forma da Lei de Execuções Fiscais.

Poderá a garantia ser prestada, informa o derradeiro §4º, em qualquer das modalidades previstas no art. 96, quais sejam (I) caução em dinheiro ou títulos da dívida pública; (II) seguro-garantia; ou (III) fiança bancária, sempre à escolha do licitante. Quanto a isso, nada mudou da L. 8666.

Art. 59

CAPÍTULO V
DO JULGAMENTO

Art. 59. Serão desclassificadas as propostas que:

I – contiverem vícios insanáveis;

II – não obedecerem às especificações técnicas pormenorizadas no edital;

III – apresentarem preços inexequíveis ou permanecerem acima do orçamento estimado para a contratação;

IV – não tiverem sua exequibilidade demonstrada, quando exigido pela Administração;

V – apresentarem desconformidade com quaisquer outras exigências do edital, desde que insanável.

§1º A verificação da conformidade das propostas poderá ser feita exclusivamente em relação à proposta mais bem classificada.

§2º A Administração poderá realizar diligências para aferir a exequibilidade das propostas ou exigir dos licitantes que ela seja demonstrada, conforme disposto no inciso IV do *caput* deste artigo.

§3º No caso de obras e serviços de engenharia e arquitetura, para efeito de avaliação da exequibilidade e de sobrepreço, serão considerados o preço global, os quantitativos e os preços unitários tidos como relevantes, observado o critério de aceitabilidade de preços unitário e global a ser fixado no edital, conforme as especificidades do mercado correspondente.

§4º No caso de obras e serviços de engenharia, serão consideradas inexequíveis as propostas cujos valores forem inferiores a 75% (setenta e cinco por cento) do valor orçado pela Administração.

§5º Nas contratações de obras e serviços de engenharia, será exigida garantia adicional do licitante vencedor cuja proposta for inferior a 85% (oitenta e cinco por cento) do valor orçado pela Administração, equivalente à diferença entre este último e o valor da proposta, sem prejuízo das demais garantias exigíveis de acordo com esta Lei.

Este artigo é bem intencionado quando, no *caput* e seus incisos, visa simplificar a desclassificação das propostas, porém – apenas para variar... – não o faz com a técnica desejável.

Os cinco incisos do *caput* poderiam resumir-se a no máximo três deles, com vantagem. Os incisos IV e V, que apenas confundem desnecessariamente, já estão compreendidos nos três primeiros: desclassificam-se propostas (I) com vícios insanáveis segundo o critério dos julgadores; (II) desconformes ao edital; e (III) com preços inexequíveis – também a critério dos julgadores – ou acima do orçamento do ente licitador.

Mas mesmo os incisos I a III contêm subjetividades que podem dar o que falar: vícios existem, que são óbvia e absolutamente insanáveis, como os há discutivelmente insanáveis.

Os preços, por outro lado, podem ser igualmente inexequíveis a toda evidência ou, então, mesmo *ilegais* quando contrariarem mínimos legais, como, por exemplo, o salário mínimo. Sob a L 8.666, é muitíssimo difícil desclassificar preços por inexequíveis, graças à ginástica sobrenatural, artificial e irrealística que aquela lei exige para a demonstração da inexequibilidade, e nunca deu bom resultado prático porém ensejou muitíssimas demandas judiciais. Neste ponto, esta lei aperfeiçoou o direito.

O §1º generalizou a ideia originária do pregão para toda licitação, mandando analisar a conformidade da proposta com o exigido no edital apenas com relação à primeira classificada, o que racionaliza e acelera todo o trabalho licitatório.

O §2º refere-se a diligências, que, aliás, nunca precisaram de autorização para serem realizadas, e apenas repete a L 8.666 quanto a isso, enfatizando que servem para aferir a exequibilidade das propostas ou exigir a demonstração de algo proposto.

Não serve a diligência para completar documentação que já deveria constar da proposta, mas apenas para sanar dúvida dos julgadores. E o ideal é que seja previamente anunciada aos licitantes para que estes, querendo, a acompanhem, tudo no sentido de evitar suspeições.

Pelo §3º, mais uma vez a lei tenta ensinar o que em geral os operadores de licitação sabem, ou seja, como avaliar a exequibilidade das propostas em licitações de obras e de serviços de engenharia e arquitetura, qual seja confrontar o preço global com os preços unitários *relevantes* – segundo a engenharia – que o compõem, observado o critério editalício de aceitabilidade. O preço unitário é a base originária e a referência natural da formação dos preços de qualquer proposta.

É evidente que os preços unitários devem também levar em conta os preços de mercado, que podem ser consultados em revistas e periódicos especializados.

Aqui parece que a lei evitou aquelas tremendas restrições a que o edital fixe preços mínimos, como as há na L 8.666, no que fez muito bem.

E o §4º simplificou também à grande o complicado cálculo de inexequibilidade das propostas de obras e serviços de engenharia, dizendo-os inexequíveis e, *ipso facto*, desclassificáveis se forem inferiores a 75% do orçamento do ente licitador. Excelente simplificação, que mantém a lei no seu papel, e não no de um irritante manual de matemática.

Encerra o artigo o §5º, que manda exigir garantia *adicional*, nos certames para obras e serviços de engenharia, do vencedor cuja proposta for inferior a 85% do valor orçado pelo ente, garantia essa equivalente àquela diferença.

O adjetivo "adicional" já indica que outras garantias devem estar exigidas, como o final do parágrafo adverte. Se acaso – dificilmente – não estiverem, então não será adicional a garantia da diferença, mas única.

Art. 60

Art. 60. Em caso de empate entre duas ou mais propostas, serão utilizados os seguintes critérios de desempate, nesta ordem:

I – disputa final, hipótese em que os licitantes empatados poderão apresentar nova proposta em ato contínuo à classificação;

II – avaliação do desempenho contratual prévio dos licitantes, para a qual deverão preferencialmente ser utilizados registros cadastrais para efeito de atesto de cumprimento de obrigações previstos nesta Lei;

III – desenvolvimento pelo licitante de ações de equidade entre homens e mulheres no ambiente de trabalho, conforme regulamento;

IV – desenvolvimento pelo licitante de programa de integridade, conforme orientações dos órgãos de controle.

§1º Em igualdade de condições, se não houver desempate, será assegurada preferência, sucessivamente, aos bens e serviços produzidos ou prestados por:

I – empresas estabelecidas no território do Estado ou do Distrito Federal do órgão ou entidade da Administração Pública estadual ou distrital licitante ou, no caso de licitação realizada por órgão ou entidade de Município, no território do Estado em que este se localize;

II – empresas brasileiras;

III – empresas que invistam em pesquisa e no desenvolvimento de tecnologia no País;

IV – empresas que comprovem a prática de mitigação, nos termos da Lei nº 12.187, de 29 de dezembro de 2009.

§2º As regras previstas no *caput* deste artigo não prejudicarão a aplicação do disposto no art. 44 da Lei Complementar nº 123, de 14 de dezembro de 2006.

Artigo sobre empate de propostas, prescreve o desempate, pela ordem, pelos critérios da (I) nova disputa final, pela apresentação de nova proposta por cada empatado; (II) avaliação de desempenho contratual prévio, se existir, dos empatados, pelo modo oficial como for possível realizá-lo; (III) desenvolvimento de ações de equidade entre homens e mulheres no ambiente de trabalho; e (IV) desenvolvimento de programa de integridade, conforme orientação de órgãos de controle.

O bom e velho sorteio não consta do desempate. Em vez dele, os incisos III e IV trouxeram modalidades *extremamente ridículas* de desempate, mencionando ações de equidade e programas de integridade, sem que ninguém ou quase ninguém saiba o que são essas invenções do modismo e da *ondinha* do momento. Estapafúrdias invenções, que rebaixam o desempate a um teatrinho demagógico e mambembe.

Confia este humilde escriba em que o primeiro critério, nova proposta dos empatados, vá *sempre* resolver qualquer empate em licitações brasileiras para não ter vez aquela degradação institucional que são os incisos III e IV do *caput* deste artigo.

Mas o teatro não acabou, porque o §1º ainda tem a ousadia de prever regra quando persistir o empate... alguém pode acreditar nisso? Não vislumbramos a menor possibilidade de que tal venha a ocorrer.

Se um dos empatados não quer formular nova proposta, ainda que de um centavo abaixo – porque, nesse momento, isso não é proibido –, e se o outro a fizer, e qualquer licitante mentalmente são no universo o fará sem hesitar, então o problema já estará resolvido.

Impossível imaginar o ente tendo de apelar para o patético e risível §1º – que também não consignou o sorteio – para preferir, pela ordem, (I) empresas locais; (II) empresas brasileiras; (III) empresas que invistam em pesquisa tecnológica no país; ou (IV) empresas que comprovem a prática de *mitigação*. Trata-se do *teatro do absurdo* de Esslin, de Ionesco ou de Beckett. É difícil crer que a lei tenha chegado a tal nível de alienação dentro do mundo negocial.

Fechando o tenebroso artigo, o §2º informa que se aplica à Lei das Micro e Pequenas Empresas o art. 44 da Lei Complementar nº 123, de 14 de dezembro de 2006, sem prejuízo do disposto no artigo.

Isso deverá gerar considerável confusão quando de sua aplicação na prática, eis que a LC nº 123, no art. 44, concede às MPEs o benefício de um empate todo diferenciado, que, na aritmética, não é empate, mas que na lei é.

Que as potestades celestiais não desprotejam as autoridades licitadoras como, de resto, têm protegido nas últimas décadas, apesar dos ocasionais e, vez que outra, sérios atropelos que sofrem.

Art. 61

> Art. 61. Definido o resultado do julgamento, a Administração poderá negociar condições mais vantajosas com o primeiro colocado.
>
> §1º A negociação poderá ser feita com os demais licitantes, segundo a ordem de classificação inicialmente estabelecida, quando o primeiro colocado, mesmo após a negociação, for desclassificado em razão de sua proposta permanecer acima do preço máximo definido pela Administração.
>
> §2º A negociação será conduzida por agente de contratação ou comissão de contratação, na forma de regulamento, e, depois de concluída, terá seu resultado divulgado a todos os licitantes e anexado aos autos do processo licitatório.

Artigo que começa bem e, a seguir, *descamba para a indecência*, como afirmam certos comentaristas do cotidiano.

Após definido e proclamado o vencedor, o ente poderá negociar – leia-se: pedir-lhe desconto – para tentar melhorar ainda mais sua proposta. Natural, e só se negocia com o vencedor.

O §1º desanda, como se disse: se o primeiro, afinal, não for classificado porque sua proposta acabar desclassificada por preço excessivo, então, reza a lei, poderá o ente negociar com o segundo colocado.

Mas a pergunta é: se a proposta vencedora estava acima do máximo, então como pôde ter sido classificada e ainda vencido o certame? Para que serve o preço máximo que a administração estabelece senão para desclassificar imediatamente quem o ultrapassa? Como podem ser classificadas propostas que, de antemão, ultrapassam aquele máximo?

E mais: como se admite a *cara de pau* de licitante que propõe algo sabidamente desclassificado? É o mesmo que num leilão oferecer um lance abaixo do preço mínimo do lote. Isso é sério?

Essa técnica tortuosa, inspirada no *pregão mal interpretado*, é um tormento para quem dispõe de cérebro e o aciona sempre que precisa. Não pode ser mantido algo assim em lei racional.

O §2º diz o óbvio: a negociação será conduzida pelo agente ou a comissão da contratação e, depois, divulgada não apenas aos licitantes, como a todo o público.

Art. 62

CAPÍTULO VI
DA HABILITAÇÃO

Art. 62. A habilitação é a fase da licitação em que se verifica o conjunto de informações e documentos necessários e suficientes para demonstrar a capacidade do licitante de realizar o objeto da licitação, dividindo-se em:

I – jurídica;

II – técnica;

III – fiscal, social e trabalhista;

IV – econômico-financeira.

Este sintético – ao menos isso – artigo informa e ensina o que toda a administração pública brasileira sabe há muitas décadas, ou seja, o que é habilitação.

É a fase do procedimento em que o licitante demonstra sua capacidade formal e técnica para executar o objeto do certame, a qual capacidade se divide em quatro naturezas: jurídica; técnica; fiscal, social e trabalhista; e econômico-financeira.

Dentro do conhecido exagero burocratizante das habilitações, isso era o de esperar na nova lei. Existem muitos certames licitatórios em que resulta muito mais difícil preencher os requisitos habilitatórios do que propor, vencer e executar a proposta do objeto. O país continua prezando mais papéis de formalização do que real capacidade operacional ou de realizar o objeto em causa.

A parte fraca do negócio é, por definição, o contratado, que, na licitação, enfrenta todos os riscos e oferece todas as garantias. Nesse conhecido contexto, feliz é o contratado que consegue simplesmente *receber* pelo realizado, aceito e recebido pelo poder público.

Cada natureza de habilitação está minudenciada à frente na lei.

Art. 63

Art. 63. Na fase de habilitação das licitações serão observadas as seguintes disposições:

I – poderá ser exigida dos licitantes a declaração de que atendem aos requisitos de habilitação, e o declarante responderá pela veracidade das informações prestadas, na forma da lei;

II – será exigida a apresentação dos documentos de habilitação apenas pelo licitante vencedor, exceto quando a fase de habilitação anteceder a de julgamento;

III – serão exigidos os documentos relativos à regularidade fiscal, em qualquer caso, somente em momento posterior ao julgamento das propostas, e apenas do licitante mais bem classificado;

IV – será exigida do licitante declaração de que cumpre as exigências de reserva de cargos para pessoa com deficiência e para reabilitado da Previdência Social, previstas em lei e em outras normas específicas.

§1º Constará do edital de licitação cláusula que exija dos licitantes, sob pena de desclassificação, declaração de que suas propostas econômicas compreendem a integralidade dos custos para atendimento dos direitos trabalhistas assegurados na Constituição Federal, nas leis trabalhistas, nas normas infralegais, nas convenções coletivas de trabalho e nos termos de ajustamento de conduta vigentes na data de entrega das propostas.

§2º Quando a avaliação prévia do local de execução for imprescindível para o conhecimento pleno das condições e peculiaridades do objeto a ser contratado, o edital de licitação poderá prever, sob pena de inabilitação, a necessidade de o licitante atestar que conhece o local e as condições de realização da obra ou serviço, assegurado a ele o direito de realização de vistoria prévia.

§3º Para os fins previstos no §2º deste artigo, o edital de licitação sempre deverá prever a possibilidade de substituição da vistoria por declaração formal assinada pelo responsável técnico do licitante acerca do conhecimento pleno das condições e peculiaridades da contratação.

§4º Para os fins previstos no §2º deste artigo, se os licitantes optarem por realizar vistoria prévia, a Administração deverá disponibilizar data e horário diferentes para os eventuais interessados.

Longo artigo que disciplina a muito desagradável fase habilitação, e o faz bem.

O inciso I do *caput* deixa no facultativo o edital exigir aquela absolutamente estúpida declaração do participante, originária do pregão, de que atende os requisitos habilitatórios.

Estúpida a mais não poder, repete-se, porque o licitante pode no máximo assegurar que, *no seu entender*, atende a habilitação pedida, mas ele não pode decidir pelos julgadores, os quais poderão vir a entender diferente, ou seja, de que não atende.

Ficando a lei na mera faculdade de se exigir essa rematada estupidez, então os editais *jamais devem exigi-la*. Muito menos mau é a lei apenas *permitir* a alguém ser estúpido do que obrigá-lo a isso.

O inciso II confirma a regra atual de que a habilitação será exigida ou examinada apenas do vencedor das propostas, e não de todos, como era no passado – franca perda de tempo, que, além de tudo, ensejava os grandes impasses nas licitações graças aos *picaretas* profissionais criadores de dificuldades para vender facilidades –, salvo quando pelo edital a habilitação anteceder o julgamento das propostas.

Nesse último caso, todos os envelopes de habilitação – se os houver – deverão ser abertos, abrindo-se ensancha para referidos impasses sem conta.

O inciso III fez o direito evoluir à grande. Fixa que "serão exigidos os documentos relativos à regularidade fiscal, em qualquer caso, somente em momento posterior ao julgamento das propostas, e apenas do licitante mais bem classificado", e não a) antes do julgamento das propostas e b) de todos os licitantes.

Tratando-se de documentos vencíveis, em geral, a cada mês, é sempre um tormento mantê-los atualizados, ainda que a) a informática tenha acelerado consideravelmente a duração dos certames e que b) a mesma informática produz todos aqueles documentos com facilidade.

Mesmo assim, essa foi uma grande ideia do legislador, que não fez ouvidos de mercador quanto à invariável lamentação de todos os envolvidos de licitação sobre o burocratismo interminável que essa fase envolvia e que, por seguro, agora envolverá muito menos. Excelente passo da lei.

O inciso IV estabelece que "será exigida do licitante declaração de que cumpre as exigências de reserva de cargos para pessoa com deficiência e para reabilitado da Previdência Social, previstas em lei e em outras normas específicas".

Estranha-se o singular em *pessoa* e em *reabilitado*, que pode dar a impressão de que apenas uma pessoa com deficiência e/ou apenas um reabilitado merece(m) vaga(s), mas uma leitura mais aberta suprirá essa impressão.

Dispositivo de proteção social de pessoas desfavorecidas, é essencialmente meritório, porém desde logo se teme o abuso ou exagero por parte de autores de editais, o que se desaconselha com veemência, sabendo-se que um remédio em exagero também mata.

Pelo correto §1º, o edital deve exigir do licitante declaração de que sua proposta econômica considera e abrange os custos sociais e trabalhistas envolvidos na execução do contrato e, até mesmo, em eventuais compromissos de ajustamentos de conduta se existentes no momento valendo contra licitante(s).

Quanto a esta última exigência, é exagerado o dispositivo, porque esse é um assunto íntimo do proponente, com o qual o ente licitador nunca teve, não tem nem jamais terá absolutamente nada a ver e que jamais interfere com a viabilidade da proposta. E se, acaso interferir, não será o ente público que o irá dizer, porque não sabe nem tem como saber. Começa bem o parágrafo, mas, por esse intervencionismo indevido, conclui mal.

O §2º refere-se à visita – ou visita técnica, como é conhecida – do interessado ao local da execução do objeto, que pode ser exigida como pré-condição de habilitação.

A exigência, então, é a de que o licitante declare conhecer à suficiência o local e, assim, vem à tona o velho problema de as visitas técnicas deverem ser procedidas por representante *qualificado* do interessado em licitar, e não pelo seu mensageiro, entregador de pizza ou agenciador de jogo do bicho, cuja atestação "técnica" vale tanto quanto um palpite sobre futebol. A exigência de *demonstrável qualificação* do visitante, a nosso ver, é plenamente lógica, jurídica e constitucional.

Pelo §3º, a vistoria física pelo interessado não é necessária, mas, sim, sempre, a sua declaração de conhecimento suficiente do local da execução contratual, o que é razoável neste mundo em que ninguém tem tempo para nada como antes e, por vezes, se situa bastante longe da sede da eventual execução – o que naturalmente não é impeditivo de que vença o certame e seja contratado.

Pelo derradeiro §4º, o ente licitador deverá previamente designar data e hora para os interessados realizarem vistoria ou visita e, importante, individualizadamente por interessado que o requeira – tal qual fosse uma particular consulta a especialista por um cliente. Ao interessado que requerer dia e hora para a vistoria, o ente licitador deverá obrigatoriamente designá-los.

Art. 64

Art. 64. Após a entrega dos documentos para habilitação, não será permitida a substituição ou a apresentação de novos documentos, salvo em sede de diligência, para:

I – complementação de informações acerca dos documentos já apresentados pelos licitantes e desde que necessária para apurar fatos existentes à época da abertura do certame;

II – atualização de documentos cuja validade tenha expirado após a data de recebimento das propostas.

§1º Na análise dos documentos de habilitação, a comissão de licitação poderá sanar erros ou falhas que não alterem a substância dos documentos e sua validade jurídica, mediante despacho fundamentado registrado e acessível a todos, atribuindo-lhes eficácia para fins de habilitação e classificação.

§2º Quando a fase de habilitação anteceder a de julgamento e já tiver sido encerrada, não caberá exclusão de licitante por motivo relacionado à habilitação, salvo em razão de fatos supervenientes ou só conhecidos após o julgamento.

Este artigo veicula uma regra tradicional em licitação em nome do princípio da igualdade entre os licitantes, segundo a qual, após a apresentação dos documentos de habilitação, não mais será permitido ao licitante substituir os já apresentados ou apresentar outros que não constavam, a não ser em sede de diligência – sob orientação e a pedido do ente que licita –, para complementação de informações *necessárias à informação dos julgadores* ou para atualizar documentos cuja validade expirou após terem sido entregues.

Natural que documentos apresentados não possam ser substituídos senão por motivo imperioso e a pedido do próprio ente licitador, ou de outro modo toda a rigidez solene e institucional das fases ruiria, e a isonomia restaria abalada.

O §1º foi redigido de modo que pode incitar erro de conduta pelos julgadores ao admitir que "a comissão de licitação poderá sanar erros ou falhas que não alterem a substância dos documentos (...)". Temerária redação!

Entende-se a correta vontade da lei, porém é preciso lembrar que a comissão *não altera coisa nenhuma* do material apresentado pelo licitante, porque isso simplesmente constituirá adulteração do mesmo material.

Os julgadores relevam oficialmente, por exemplo, erros formais irrelevantes – como troca ou inversão de folhas; ou soma parcial errada, mas final correta; ou uma folha de cabeça para baixo –, porém não alteram o que lhes foi entregue, apenas lavrando em ata que estão considerando inexistente ou sanada qualquer falha material, sem encostar seus dedos no material – o que equivaleria a *contaminar prova* em linguagem de processo penal.

A comissão *escreve* o que observou, que então considera válido, mas não altera fisicamente coisa alguma. Observando-se esse cuidado, naturalmente o dispositivo, que não contém novidade material, está correto.

O final §2º reitera, melhorado, o direito da L 8.666, fixando que nenhum licitante habilitado será excluído da licitação por motivo vinculado à habilitação – o que é óbvio ululante –, podendo ser excluído apenas por fatos que *invalidam a sua habilitação*, conhecidos apenas após o encerramento da fase, como, por exemplo, seria no caso de se descobrir documento habilitatório falso.

Nesse caso, a sua habilitação é *anulada*, e ele será excluído do certame, chamando-se a isso de inabilitação *ou não* se o chamando assim – fica a gosto da autoridade. A lei *salta fora* dessa definição.

E, com frequência, casos que tais, além de exigir registro e providências pelo ente licitador e para o futuro com relação àquele licitante, pelo indício (ou pela evidência...) de crime, ensejam denúncias ao Ministério Público, não devendo permanecer apenas na esfera administrativa sob pena, muito possivelmente, de se caracterizar condescendência criminosa.

Art. 65

Art. 65. As condições de habilitação serão definidas no edital.

§1º As empresas criadas no exercício financeiro da licitação deverão atender a todas as exigências da habilitação e ficarão autorizadas a substituir os demonstrativos contábeis pelo balanço de abertura.

§2º A habilitação poderá ser realizada por processo eletrônico de comunicação a distância, nos termos dispostos em regulamento.

Segue a matéria de habilitação. Nota-se aqui a saudável preocupação do legislador para com questões atuais e oportunas, para as quais não se havia voltado no passado – ou, pior, a lei propositadamente, por *lobby* de poderosos e tradicionais grupos econômicos e para tentar excluir as novas empresas de competições a cada novo ano, dispunha diferentemente e jamais mencionava o balanço de abertura.

Sendo as condições de habilitação naturalmente aquelas previstas no edital dentro do elenco máximo da lei (*caput*), o §1º fixa que as empresas constituídas no mesmo exercício financeiro em que se dá a licitação devem apresentar todos os documentos habilitatórios exigidos, podendo de excepcional apenas apresentar o balanço de abertura, considerando-se que ainda não concluíram o balanço do ano em curso. Muito boa evocação em prol da igualdade entre os licitantes.

Encerrando, o §2º autoriza habilitação eletrônica a distância – e não seria diferente neste momento do planeta em que quase tudo se resolve no programa e na tela.

A exigência de regulamento para tanto, consignada ao final do dispositivo, é um tanto exagerada, pois que, se o edital, isoladamente, resolver esse problema, então a questão toda estará *ipso facto* resolvida. Um disciplinamento interno de cada ente, entretanto, é sempre aconselhável, tratando-se de questão tão relevante.

Art. 66

Art. 66. A habilitação jurídica visa a demonstrar a capacidade de o licitante exercer direitos e assumir obrigações, e a documentação a ser apresentada por ele limita-se à comprovação de existência jurídica da pessoa e, quando cabível, de autorização para o exercício da atividade a ser contratada.

Este artigo, como faz a L 8.666, mantém a tradição de denominar habilitação jurídica aquilo que o Código Civil há mais de um século trata como *capacidade jurídica*. É como uma violação de patente ou uma apropriação indébita perpetrada no plano da lei.

Habilitação jurídica é a parte da habilitação em que o licitante simplesmente demonstra ter capacidade jurídica para contratar, ou seja, que é uma *pessoa*, natural (ou física, como a denomina a legislação do imposto de renda) ou jurídica conforme o caso e a exigência do edital, além de estar autorizada para o exercício da atividade nas (raras) hipóteses em que isso pode ser exigido e é exigido.

Nada mais que isso. Capacidade civil é matéria de direito civil, e não administrativo, como as sucessivas leis de licitação parecem querer fazer crer. Quem está habilitado juridicamente em licitação é porque é capaz civilmente, e quem não é não o está.

Art. 67

Art. 67. A documentação relativa à qualificação técnico-profissional e técnico-operacional será restrita a:

I – apresentação de profissional, devidamente registrado no conselho profissional competente, quando for o caso, detentor de atestado de responsabilidade técnica por execução de obra ou serviço de características semelhantes, para fins de contratação;

II – certidões ou atestados, regularmente emitidos pelo conselho profissional competente, quando for o caso, que demonstrem capacidade operacional na execução de serviços similares de complexidade tecnológica e operacional equivalente ou superior, bem como documentos comprobatórios emitidos na forma do §3º do art. 88 desta Lei;

III – indicação do pessoal técnico, das instalações e do aparelhamento adequados e disponíveis para a realização do objeto da licitação, bem como da qualificação de cada membro da equipe técnica que se responsabilizará pelos trabalhos;

IV – prova do atendimento de requisitos previstos em lei especial, quando for o caso;

V – registro ou inscrição na entidade profissional competente, quando for o caso;

VI – declaração de que o licitante tomou conhecimento de todas as informações e das condições locais para o cumprimento das obrigações objeto da licitação.

§1º A exigência de atestados será restrita às parcelas de maior relevância ou valor significativo do objeto da licitação, assim consideradas as que tenham valor individual igual ou superior a 4% (quatro por cento) do valor total estimado da contratação.

§2º Observado o disposto no *caput* e no §1º deste artigo, será admitida a exigência de atestados com quantidades mínimas de até 50% (cinquenta por cento) das parcelas de que trata o referido parágrafo, vedadas limitações de tempo e de locais específicos relativas aos atestados.

§3º Salvo na contratação de obras e serviços de engenharia, as exigências a que se referem os incisos I e II do *caput* deste artigo, a critério da Administração, poderão ser substituídas por outra prova de que o profissional ou a empresa possui conhecimento técnico e experiência prática na execução de serviço de características semelhantes, hipótese em que as provas alternativas aceitáveis deverão ser previstas em regulamento.

§4º Serão aceitos atestados ou outros documentos hábeis emitidos por entidades estrangeiras quando acompanhados de tradução para o português, salvo se comprovada a inidoneidade da entidade emissora.

§5º Em se tratando de serviços contínuos, o edital poderá exigir certidão ou atestado que demonstre que o licitante tenha executado serviços similares ao objeto da licitação, em períodos sucessivos ou não, por um prazo mínimo, que não poderá ser superior a 3 (três) anos.

§6º Os profissionais indicados pelo licitante na forma dos incisos I e III do *caput* deste artigo deverão participar da obra ou serviço objeto da licitação, e será admitida a sua substituição por profissionais de experiência equivalente ou superior, desde que aprovada pela Administração.

§7º Sociedades empresárias estrangeiras atenderão à exigência prevista no inciso V do *caput* deste artigo por meio da apresentação, no momento da assinatura do contrato, da solicitação de registro perante a entidade profissional competente no Brasil.

§8º Será admitida a exigência da relação dos compromissos assumidos pelo licitante que importem em diminuição da disponibilidade do pessoal técnico referido nos incisos I e III do *caput* deste artigo.

§9º O edital poderá prever, para aspectos técnicos específicos, que a qualificação técnica seja demonstrada por meio de atestados relativos a potencial subcontratado, limitado a 25% (vinte e cinco por cento) do objeto a ser licitado, hipótese em que mais de um licitante poderá apresentar atestado relativo ao mesmo potencial subcontratado.

§10. Em caso de apresentação por licitante de atestado de desempenho anterior emitido em favor de consórcio do qual tenha feito parte, se o atestado ou o contrato de constituição do consórcio não identificar a atividade desempenhada por cada consorciado individualmente, serão adotados os seguintes critérios na avaliação de sua qualificação técnica:

I – caso o atestado tenha sido emitido em favor de consórcio homogêneo, as experiências atestadas deverão ser reconhecidas para cada empresa consorciada na proporção quantitativa de sua participação no consórcio, salvo nas licitações para contratação de serviços técnicos especializados de natureza predominantemente intelectual, em que todas as experiências atestadas deverão ser reconhecidas para cada uma das empresas consorciadas;

II – caso o atestado tenha sido emitido em favor de consórcio heterogêneo, as experiências atestadas deverão ser reconhecidas para cada consorciado de acordo com os respectivos campos de atuação, inclusive nas licitações para contratação de serviços técnicos especializados de natureza predominantemente intelectual.

§11. Na hipótese do §10 deste artigo, para fins de comprovação do percentual de participação do consorciado, caso este não conste expressamente do atestado ou da certidão, deverá ser juntada ao atestado ou à certidão cópia do instrumento de constituição do consórcio.

§12. Na documentação de que trata o inciso I do caput deste artigo, não serão admitidos atestados de responsabilidade técnica de profissionais que, na forma de regulamento, tenham dado causa à aplicação das sanções previstas nos incisos III e IV do *caput* do art. 156 desta Lei em decorrência de orientação proposta, de prescrição técnica ou de qualquer ato profissional de sua responsabilidade.

Artigo tormentosamente longo dentro da sua matéria antipaticíssima de habilitação, que constitui de longe o passo mais desagradável, arrastado, capcioso e burocrático de qualquer certame. E positivamente, a melhor e mais cuidadosa habilitação garante tanto a administração quanto a palavra de um meliante: bastante próximo a zero, em qualquer assunto.

Sem questionar a boa-fé de ninguém e, muito menos, sem pretender acobertar licitantes que deveriam estar trancafiados, a habilitação em verdade tem sido um bem montado *teatrinho* em que as autoridades públicas, exigidas pela lei, compulsam uma longa série de documentos apresentados pelo licitante, por vezes de dificílima obtenção, simplesmente porque a lei assim manda fazer.

Que tudo aquilo vá servir para alguma coisa é outra questão, porque papel não protege a sociedade de muitos bandidos que com frequência de vestem de licitantes, enquanto se sabe que a mesma papelada afasta e repele excelentes fornecedores e prestadores de serviço, mais preocupados em dar bom atendimento que em juntar – ou fabricar – papéis. Mas não se enxerga solução à vista para a encenação burlesca: ou o licitador a encena, ou é apenado.

Quem gosta de habilitação, por razões como tais, deve detestar licitação, que é competição de propostas, e não de documentos formais. Os burocratas empedernidos que atrasam o ritmo da administração em nome de formalismos, quase sempre completamente inúteis como se iterou, por seguro devem dar-se bem na fase de habilitação.

A habilitação técnica é inquestionavelmente a mais importante das quatro habilitações que a lei contempla; o que não se suporta é a extensão da matéria e das regras, a cada nova lei mais volumosas e restritivas – como se licitação fosse exame de documentos.

O *caput*, diferentemente da L 8.666, informa que a documentação de habilitação técnica *será restrita* ao que segue no artigo, o que dá a impressão de que precisa ser exigida, apenas não podendo ultrapassar o elenco. Essa deve ser a leitura que ao longo dos anos prevalecerá. Na L 8.666, o art. 30 informa que a documentação *limitar-se-á a*, o que é virtualmente diferente.

Acontece, entretanto, que, dos 5 (cinco) incisos importantes que seguem – pois que o inciso VI é uma futilidade que de nada serve e que não deveria existir – 4 (quatro) deles mencionam "conforme o caso".

Ora, se a exigência é sempre *conforme o caso*, então sempre pode ser *nunca*! Onde, então, a obrigatoriedade das exigências? O autor do edital, então, pode sempre, autorizado expressamente na lei, dispensar essa ou aquela exigência, dentro daquelas dos incisos I, II, IV e V.

Ou seja: ainda que haja mudado a redação do *caput*, a *facultatividade* de se incluírem as exigências ou de não as incluírem é absoluta. Apenas o inciso III precisa ser cumprido sempre, relativamente ao pessoal técnico e ao equipamento a ser utilizado.

Onde quase tudo se exige *conforme o caso*, então quase nada é obrigatório exigir, dependendo sempre de o autor do edital ter justificativa para não exigir – não precisando escrevê-la antecipadamente, mas tê-la consigo para, se for preciso, informar.

Visto isso, o inciso I menciona profissional registrado no respectivo conselho e detentor de atestado de responsabilidade técnica por obra ou serviço semelhante – tudo isso conforme o caso... –, sendo essa semelhança restrita às parcelas de valor igual ou superior a 4% do valor total estimado para o contrato em licitação (conforme §1º). Essa é a capacidade profissional, ou seja, do profissional, pessoa natural.

O inciso II diz respeito a certidões e atestados emitidos pelo conselho respectivo, que demonstrem capacidade operacional do licitante – pessoa jurídica – para obras ou serviços similares. E, nesse ponto, entram os §§2º e 3º.

O §2º limita o teor dos atestados exigíveis a 50% das quantidades referidas no §1º – como a afirmar que quem executa metade executa a integralidade e, também, que exigir mais que metade seria discriminatório –, e o §3º admite outras provas de capacidade técnica e operacional além das previstas no §1º, a não ser em obras ou em serviços de engenharia, que não admitem provas alternativas.

Voltando aos incisos do *caput*, o inciso III manda que o edital exija a relação do pessoal técnico, das instalações do licitante e dos equipamentos que irá utilizar caso seja contratado, além da qualificação de cada membro da equipe técnica responsável pelo trabalho, na forma do que exigir a respeito o edital.

É um *tremendo exagero* de exigências, que, na prática, muito pouco ou nada servem quando se precisa responsabilizar o contratado por má execução ou desastres havidos. Já era hora de a lei simplificar essa terrível, estéril e rebarbativa burocracia.

O inciso IV autoriza o edital a exigir prova de atendimento à legislação específica aplicável ao contrato pretendido quando for o caso, e essa legislação deve ser expressamente indicada sempre que exigida.

O inciso V, que historicamente ensejou grandes confusões, permite ao edital exigir registro na entidade profissional competente.

Se o edital não indicar, a cada caso, que entidade(s) é(são) essa(s), então se esperem os registros mais estapafúrdios, em entidades que jamais alguém supôs que pudessem existir.

O inciso VI, obra de caçador de mosca, manda que edital exija declaração de que o licitante leu o edital. Ao menos serve essa exigência para demonstrar que o licitante é alfabetizado.

Já vistos os §§1º a 3º, o §4º manda aceitarem-se atestados estrangeiros traduzidos para o português – sem a lei exigir que seja tradução juramentada –, "salvo se comprovada a inidoneidade da entidade emissora", o que poderá se dar por qualquer meio admitido em direito, e o que é naturalmente sujeito a contestações e a contraprovas.

Prossegue o penosíssimo artigo no §5º, de muito duvidosa ou nenhuma constitucionalidade e que deve ter sido fruto de *lobbies* variados, que admite que o edital exija, nos serviços contínuos, que o licitante apresente certidão de que executou serviços similares por "prazo mínimo, não superior a três anos" – e até na redação é péssimo este parágrafo.

É como dizer: quem ainda não executou este contrato não pode executar. *Merece revogação imediata ou ação direta de declaração de inconstitucionalidade* por escancaradamente discriminatório e anti-isonômico em desfavor de quem, por mais capacitado, por acaso ainda não prestou esse serviço ao ente público ou ao poder público. Dispositivo juridicamente vergonhoso.

O §6º manda que os profissionais indicados pelo licitante participem efetivamente dos trabalhos, o que é absolutamente correto e necessário para que a exigência faça sentido, e, em caso de necessidade, poderão ser substituídos por profissionais aprovados pelo ente contratante.

O §7º, casuísmo dos casuísmos, mal ideado e que contraria todo o propósito da exigência feita a empresas nacionais, fixa que sociedades empresárias estrangeiras atendam a exigência de registro na entidade profissional competente pela apresentação, na assinatura do contrato, de protocolo de registro na entidade profissional brasileira.

Pergunta-se: e se o registro pedido for, afinal, negado? O então contratado estrangeiro escapou de uma exigência que o empresário nacional precisou atender sob pena de ser inabilitado? Então a lei brasileira protege o estrangeiro mais do que o nacional? Essa é mais uma razão para *jamais se exigir* aquele registro citado no inciso V do *caput*, o que é possível diante do "quando for o caso" que ali consta.

O §8º é outra – e isso já está ficando monótono – rematada *estupidez* trazida da L 8.666. Essa bobagem de amadores permite ao edital exigir a relação dos compromissos assumidos pelo proponente, imaginando que, com ela, o ente licitador poderá avaliar a redução da capacidade operacional daquele. Poderá mesmo? Como? Realizou estudo prévio por empresa de auditoria ou consultoria especializada? Conhece a fundo a capacidade operacional de cada licitante brasileiro?

O edital permite exigir isso, porém nos recusamos a sugerir que utilização deve ser dada ao documento que então vier.

O §9º deste interminável amontoado de inutilidades permite algo que, em sã consciência e em se tratando de servidores que tenham mais o que fazer, também jamais deve ser exigido pelo edital, ou seja, atestados relativos a pessoal subcontratado. A tortuosidade do pensamento do legislador é algo indecifrável. Pelo menos o dispositivo ficou no facultativo: o edital *poderá prever*, e não precisará fazê-lo.

O §10 é outra tortura medieval. O ente licitador administraria muito melhor as situações em que a hipótese relatada acontecesse se não existisse este parágrafo, que não existe na L 8.666.

Atestado de desempenho anterior emitido em favor de consórcio do qual o atual licitante participou, ou indica a atividade desempenhada por esse licitante, ou entra o critério dos incisos I e II, qual seja, se o consórcio foi homogêneo (todos os consorciados desempenhando a mesma função), vale o quantitativo prestado por cada empresa, salvo em trabalho intelectual no qual todas são iguais para esse efeito (inc. I).

Se, por outro lado, o consórcio foi heterogêneo, então vale o campo de atuação de cada consorciado, inclusive para serviços intelectuais (inc. II).

O *horroroso* parágrafo não indica com objetividade como cada um desses fatores será avaliado, e o parágrafo inteiro é uma catástrofe jurídica, a merecer raspagem com estilete da lei – a qual, de resto e só em si, já não constitui nenhum primor.

O tormento prossegue no §11, que indica que uma cópia do ato de constituição do consórcio, em caso de necessidade, indicará a participação percentual de cada consorciado. Dificilmente seria diferente.

E finaliza o péssimo artigo o §12, informando que serão recusados atestados em nome de profissionais que tenham sido apenados ou tenham dado causa à apenação com as penas do art. 156. Correto, porém é preciso que o ente tenha esses dados consigo ou, de outro modo, será como tentar divisar uma agulha em um palheiro.

E, uma vez contratado o objeto com empresa que tenha incidido nessa falha, a ulterior descoberta desse fato não constituirá uma causa legítima para a anulação do contrato, entendemos com absoluta convicção. O dever de fiscalizar a ficha de cada profissional apresentado não é de ninguém senão do ente licitador.

O artigo é um tormento operacional inenarrável em si, porém, na prática, parece que poucas vezes precisará ser exercitado no seu inteiro rigor.

Art. 68

Art. 68. As habilitações fiscal, social e trabalhista serão aferidas mediante a verificação dos seguintes requisitos:

I – a inscrição no Cadastro de Pessoas Físicas (CPF) ou no Cadastro Nacional da Pessoa Jurídica (CNPJ);

II – a inscrição no cadastro de contribuintes estadual e/ou municipal, se houver, relativo ao domicílio ou sede do licitante, pertinente ao seu ramo de atividade e compatível com o objeto contratual;

III – a regularidade perante a Fazenda federal, estadual e/ou municipal do domicílio ou sede do licitante, ou outra equivalente, na forma da lei;

IV – a regularidade relativa à Seguridade Social e ao FGTS, que demonstre cumprimento dos encargos sociais instituídos por lei;

V – a regularidade perante a Justiça do Trabalho;

VI – o cumprimento do disposto no inciso XXXIII do art. 7º da Constituição Federal.

§1º Os documentos referidos nos incisos do *caput* deste artigo poderão ser substituídos ou supridos, no todo ou em parte, por outros meios hábeis a comprovar a regularidade do licitante, inclusive por meio eletrônico.

§2º A comprovação de atendimento do disposto nos incisos III, IV e V do *caput* deste artigo deverá ser feita na forma da legislação específica.

Artigo em nada tenebroso como o anterior, nos incisos apenas repete, simplificando-a e a atualizando, a L 8.666 e, nos parágrafos, que inexistiam naquela, em nada compromete a simplicidade do texto – até porque não dizem absolutamente nada, funcionando como água benta, que, se não ajudar, ao menos não atrapalha.

Juntaram-se as habilitações fiscal, social e trabalhista em um único bloco, o que é bom por unificar de algum modo as espécies. E, pela redação do *caput*, parece ser obrigatório exigir os itens constantes dos incisos.

O inciso I repete a incongruência da L 8.666, pois que, não se compreende como CPF ou CNPJ, pode atestar habilitação social, fiscal ou trabalhista. É matéria para o artigo da capacidade jurídica, e não para este.

O inciso II manda exigir prova de inscrição tributária local, estadual ou municipal da sede ou do domicílio do licitante – e o que segue nunca deu certo no país: "Pertinente ao seu ramo de atividade e compatível com o objeto contratual". Essa pertinência ou essa compatibilidade é discutibilíssima e, na prática, pouco tem sido exigida com rigor – o que é excelente, já que os licitadores têm problemas reais na vida com que se preocupar.

O inciso III manda exigir "prova de regularidade perante a Fazenda federal, estadual e/ou municipal do domicílio ou sede do licitante, ou outra equivalente, na forma da lei". Repetido o direito anterior, repetimos o comentário: que raio seria alguma coisa equivalente à Fazenda estadual ou municipal?

Essa prova se dá por certidão negativa de débito ou por certidão positiva com efeito de negativa (por acordo celebrado e em curso de execução), ou, ainda, por outras eventuais demonstrações, cada vez felizmente menos necessárias ou cogitáveis, como guias recolhidas e a memória do devido, em caso de pane nos, ou greve que atinja os, sistemas informáticos.

Pelo inciso IV, exige-se "regularidade relativa à Seguridade Social e ao FGTS, que demonstre cumprimento dos encargos sociais instituídos por lei", o que se dá também por certidões oficiais obtidas virtualmente – nem sempre no prazo de se esperar.

O inciso V exige prova de regularidade perante a Justiça do Trabalho, obtenível por certidões trabalhistas de inexistirem débitos não cumpridos por condenações trabalhistas (negativas).

E o juridicamente ridículo, casuístico e demagógico inciso VI exige prova do cumprimento do inciso XXXIII do art. 7º da Constituição, relativo à proteção ao trabalho do menor, o que seria meritório não fora o fato de que a prova, neste caso, precisa ser *negativa*, ou seja, a de que o licitante não descumpre aquelas regras constitucionais. Só num país de terceiro mundo, que julga as coisas pelas suas sombras, isso pode acontecer.

E os patéticos parágrafos que encerram o artigo são a pedra na sopa local: §1º – os documentos do artigo podem ser substituídos por outros oficiais com a mesma eficácia, e §2º – a comprovação do atendimento de alguns incisos se dará na forma da lei. Pergunta-se: poderia ser contra a lei? Alguma coisa pode acontecer na administração senão na forma da lei?

Art. 69

Art. 69. A habilitação econômico-financeira visa a demonstrar a aptidão econômica do licitante para cumprir as obrigações decorrentes do futuro contrato, devendo ser comprovada de forma objetiva, por coeficientes e índices econômicos previstos no edital, devidamente justificados no processo licitatório, e será restrita à apresentação da seguinte documentação:

I – balanço patrimonial, demonstração de resultado de exercício e demais demonstrações contábeis dos 2 (dois) últimos exercícios sociais;

II – certidão negativa de feitos sobre falência expedida pelo distribuidor da sede do licitante.

§1º A critério da Administração, poderá ser exigida declaração, assinada por profissional habilitado da área contábil, que ateste o atendimento pelo licitante dos índices econômicos previstos no edital.

§2º Para o atendimento do disposto no *caput* deste artigo, é vedada a exigência de valores mínimos de faturamento anterior e de índices de rentabilidade ou lucratividade.

§3º É admitida a exigência da relação dos compromissos assumidos pelo licitante que importem em diminuição de sua capacidade econômico-financeira, excluídas parcelas já executadas de contratos firmados.

§4º A Administração, nas compras para entrega futura e na execução de obras e serviços, poderá estabelecer no edital a exigência de capital mínimo ou de patrimônio líquido mínimo equivalente a até 10% (dez por cento) do valor estimado da contratação.

§5º É vedada a exigência de índices e valores não usualmente adotados para a avaliação de situação econômico-financeira suficiente para o cumprimento das obrigações decorrentes da licitação.

§6º Os documentos referidos no inciso I do *caput* deste artigo limitar-se-ão ao último exercício no caso de a pessoa jurídica ter sido constituída há menos de 2 (dois) anos.

Baseado fundamentalmente na L 8.666, este é o artigo que discrimina os meios de prova da habilitação econômico-financeira do licitante. Simplificou consideravelmente o direito anterior, mas também contém previsões vez que outra inexequíveis.

Quando o *caput* manda que o edital justifique os índices econômicos utilizados, constitui poesia pura, pois que os índices existem para medir realidades que ensejaram sério e concentrado estudo, e ninguém precisa justificar por que escolheu este ou aquele índice econômico se apenas for pertinente ao assunto e se, para isso, exatamente foi criado.

E o inciso I, muito mais simples que o equivalente anterior da L 8.666, entretanto, cria problemas novos.

Parece exigir balanço *sempre*, mesmo que o licitante seja empresa que, pela sua lei própria, está dispensada de elaborar balanço. Assim, se quiser participar de licitação essa empresa, então que elabore um balanço até o momento do certame... é o que parece ser da lei. *Tomara que esta leitura – absolutamente literal – seja derrubada na justiça e que empresas desobrigadas de balanço continuem desobrigadas em licitações.*

O balanço, segue o dispositivo, deve estar acompanhado de demonstração do resultado do exercício – e se for negativo esse resultado, que com isso fará o ente licitador? Inabilitará? De mais a mais, o balanço isoladamente já não demonstra o resultado do exercício? Se não, para que serve juridicamente?

E quando o inciso menciona "demais demonstrações contábeis" dos dois últimos exercícios – reduzidos a somente um para empresas constituídas há menos de dois anos por força do §6º –, a que exatamente se refere? O licitante apresenta as demonstrações que quiser e que inventar? Isso não tem a mínima racionalidade, e se recomenda aos editais não exigirem o que seus autores não conseguem entender o que seja.

O inciso II parece ainda pior ao permitir exigir "certidão negativa de feitos sobre falência expedida pelo distribuidor da sede do licitante".

Sim, porque a) se não for empresa comercial, como uma fundação não é, ou uma sociedade civil também não é, não fale. Então, como exigir certidão de que não ocorre uma coisa que não pode ocorrer? b) Certidão negativa sobre feitos – mas, se for um pedido de falência ainda não decidido, já é um feito, porém não existe falência nenhuma. Como, então, pressupor que o comerciante terá sua falência decretada? c) Se na sede do licitante não existir distribuidor, como atender a lei?

O dispositivo, na medida em que não se socorre do célebre "quando for o caso" – que aqui *calharia à fiveleta* –, é jurídica e tecnicamente péssimo.

Seguem seis parágrafos – porque, como se sabe, desgraça pouca é bobagem.

O §1º permite exigir declaração por profissional contábil de que o licitante atende os índices econômicos exigidos no edital; faz sentido, sempre que essa informação já não conste de outros documentos já exigidos, mas não é obrigatória essa exigência.

O correto §2º proíbe exigir "valores mínimos de faturamento anterior e de índices de rentabilidade ou lucratividade", medida que assegura igualdade de tratamento a licitantes extraordinariamente lucrativos e a outros menos lucrativos, mas igualmente aptos a contratar e bem executar o contrato com a administração.

O §3º repete a rematada estupidez de permitir exigir relação de compromissos assumidos pelo proponente, uma asnice própria de realmente quem nada mais tem a fazer, que de nada serve e que, aqui outra vez, esperdiçou uma excelente oportunidade de desaparecer de vez de nosso direito. *Jamais deve ser exigida*, em nome da racionalidade do procedimento licitatório.

O §4º é outra irracionalidade trazida da L 8.666, que deve ter sido maldosamente obtida por *lobby* de grupos econômicos para desfavorecer empresas menores, que permite – *sem obrigar* – exigir até 10% do valor estimado para o contrato como capital mínimo ou como patrimônio líquido mínimo dos licitantes.

Francamente *elitista* e discriminatório – mas que não assegura coisa nenhuma em segurança para o ente contratante, pois que maus profissionais podem deter todo o patrimônio do mundo e continuarem a ser maus profissionais –, deve ser evitado com ênfase nos editais.

Por outro lado, muitas empresas de excelente qualidade, como um dia ficará demonstrado, podem não ter como atender esse requisito sem, com isso, perderem a excelência.

Desde quando, pergunta-se, um capital elevado do vendedor assegura que compras para entrega futura serão por ele honradas?

Sim, porque a) a ocasião faz o ladrão; b) tudo acontece pela primeira vez; e c) sempre é hora para um novo sem-vergonha exibir sua fauce.

O correto §5º proíbe que o edital utilize índices ou fatores raros ou especiosos para avaliar a situação econômico-financeira do proponente. Perfeito, quando se sabe que essa sua situação é, na imensa maioria das vezes, *absolutamente insignificante* para assegurar a perfeita execução do contrato.

Mais uma vez, quem tem *vergonha na cara* cumpre o contrato ou assume as consequências conscientemente da sua inadimplência e, se não a tem, então não será sua boa situação financeira que o compelirá a bem se haver na execução. E nem se alegue que alguém em boa situação terá como ser eficazmente executado, porque, em absoluto, esse não é o propósito do ente contratante, além de que a execução judicial é sempre complicadíssima.

Fecha o artigo o §6º, de absoluta obviedade e já referido no comentário ao inciso I.

Art. 70

Art. 70. A documentação referida neste Capítulo poderá ser:

I – apresentada em original, por cópia ou por qualquer outro meio expressamente admitido pela Administração;

II – substituída por registro cadastral emitido por órgão ou entidade pública, desde que previsto no edital e que o registro tenha sido feito em obediência ao disposto nesta Lei;

III – dispensada, total ou parcialmente, nas contratações para entrega imediata, nas contratações em valores inferiores a 1/4 (um quarto) do limite para dispensa de licitação para compras em geral e nas contratações de produto para pesquisa e desenvolvimento até o valor de R$ 300.000,00 (trezentos mil reais).

Parágrafo único. As empresas estrangeiras que não funcionem no País deverão apresentar documentos equivalentes, na forma de regulamento emitido pelo Poder Executivo federal.

Artigo que atualiza e abrevia o direito anterior, informa no inciso I que os documentos habilitatórios podem ser oferecidos no original, por cópia ou por qualquer outro meio admitido pelo ente licitador. Neste mundo informático, em que não mais se sabe o que é ou o que não é original, é natural que assim seja, e o edital em boa técnica abrirá desde logo todas essas possibilidades.

O inc. II admite a substituição dos documentos por registro cadastral público expedido na forma desta lei (ou da L 8.666), desde que o edital o consigne, o que também é útil por simplificar a vida dos licitantes e dos julgadores. Quanto menos tempo for *jogado fora* com a habilitação, tanto melhor será para todos os envolvidos.

E o bem-vindo inciso III dispensa habilitação, total ou parcialmente, nas contratações de até um quarto do valor da dispensa em caso de compras, e até R$300.000,00 nas contratações de "produto para pesquisa e desenvolvimento".

Esse "produto" dá ideia de ser bem material, e não serviço, e sendo assim é preciso que o ente comprador possa demonstrar que foi alocado à pesquisa ou ao desenvolvimento – e quanta vagueza contém esse termo... –, pena de poder ser rejeitada a respectiva conta nas fiscalizações que advirão.

O parágrafo único tenta ajudar, informando que as empresas estrangeiras que não funcionem no país devem apresentar "documentos equivalentes", na forma de regulamento federal. Este pálido escriba não gostaria de ser designado para escrever tal regulamento...

Art. 71

CAPÍTULO VII
DO ENCERRAMENTO DA LICITAÇÃO

Art. 71. Encerradas as fases de julgamento e habilitação, e exauridos os recursos administrativos, o processo licitatório será encaminhado à autoridade superior, que poderá:

I – determinar o retorno dos autos para saneamento de irregularidades;

II – revogar a licitação por motivo de conveniência e oportunidade;

III – proceder à anulação da licitação, de ofício ou mediante provocação de terceiros, sempre que presente ilegalidade insanável;

IV – adjudicar o objeto e homologar a licitação.

§1º Ao pronunciar a nulidade, a autoridade indicará expressamente os atos com vícios insanáveis, tornando sem efeito todos os subsequentes que deles dependam, e dará ensejo à apuração de responsabilidade de quem lhes tenha dado causa.

§2º O motivo determinante para a revogação do processo licitatório deverá ser resultante de fato superveniente devidamente comprovado.

§3º Nos casos de anulação e revogação, deverá ser assegurada a prévia manifestação dos interessados.

§4º O disposto neste artigo será aplicado, no que couber, à contratação direta e aos procedimentos auxiliares da licitação.

Artigo de boa qualidade pela simplicidade e pela objetividade, determina a remessa do procedimento, após encerrados a habilitação e o julgamento – com seus recursos – à autoridade superior, que então poderá adotar alguma das quatro atitudes elencadas nos incisos I a IV, quais sejam:

I – sanar irregularidades observadas (e não determinar o retorno de um expediente que já está com ela); ou

II – revogar o certame por motivo superveniente à sua abertura, e isso poderá ser o simples desconhecimento, quando da abertura, de um fato importante e impeditivo da continuação; ou

III – anular o certame por ilegalidade insanável – e as ilegalidades em geral são insanáveis; ou, por fim, como todos esperam,

IV – homologar o certame e adjudicar o objeto ao vencedor – nessa ordem e não naquela escrita no inciso, porque somente se adjudica o objeto se o resultado do certame já foi homologado e, portanto, é oficial e final. Se se adjudica o objeto antes de se homologar o certame, então para que homologá-lo se tudo já se resolveu com a adjudicação?

Os parágrafos dizem o óbvio em direito:

§1º – a anulação deve ser fundamentada e circunstanciada, e atinge tudo o que se lhe seguiu, e a fundamentação indispensável não suprime o direito a recursos pelos interessados;

§2º – a revogação, também necessariamente fundamentada, se dá por fato superveniente ao início do certame, como já se disse;

§3º – tanto revogação quanto anulação exigem prévia oportunidade de manifestação – defensiva ou apenas informativa – dos interessados, pena de nulas; e

§4º – aplica-se este artigo no que couber aos casos de compra direta por dispensa ou inexigibilidade, assim como aos procedimentos auxiliares à licitação, todos indicados nesta lei. Ingressa-se no terreno da quase absoluta subjetividade, e o que cabe para uma autoridade descabe para outra com fundamento por vezes idêntico...

O artigo constitui um bom roteiro procedimental; porém, nas contratações diretas, não existe a menor vinculação obrigatória das suas disposições com os contratos diretos. O bom senso da autoridade a orientará nesse terreno esquivo, é o máximo que se espera.

Art. 72

CAPÍTULO VIII
DA CONTRATAÇÃO DIRETA
Seção I
Do Processo de Contratação Direta

Art. 72. O processo de contratação direta, que compreende os casos de inexigibilidade e de dispensa de licitação, deverá ser instruído com os seguintes documentos:

I – documento de formalização de demanda e, se for o caso, estudo técnico preliminar, análise de riscos, termo de referência, projeto básico ou projeto executivo;

II – estimativa de despesa, que deverá ser calculada na forma estabelecida no art. 23 desta Lei;

III – parecer jurídico e pareceres técnicos, se for o caso, que demonstrem o atendimento dos requisitos exigidos;

IV– demonstração da compatibilidade da previsão de recursos orçamentários com o compromisso a ser assumido;

V – comprovação de que o contratado preenche os requisitos de habilitação e qualificação mínima necessária;

VI – razão da escolha do contratado;

VII – justificativa de preço;

VIII – autorização da autoridade competente.

Parágrafo único. O ato que autoriza a contratação direta ou o extrato decorrente do contrato deverá ser divulgado e mantido à disposição do público em sítio eletrônico oficial.

Artigo maior do que o necessário, como sói acontecer nesta lei morbidamente obesa. Falando com mais concisão, os sete incisos se resumiriam a quatro ou cinco, mas vejamos.

Contratação direta é a que se dá por dispensa ou por inexigibilidade de licitação. As licitações são *dispensáveis*, ou seja, dispensadas a cargo da autoridade, e não dispensadas *já diretamente pela lei*, como no art. 76.
Manda o artigo que os contratos diretos, quer por dispensa, quer por inexigibilidade, sejam instruídos com:

I – "documento de formalização de demanda e, se for o caso, estudo técnico preliminar, análise de riscos, termo de referência, projeto básico ou projeto executivo", e de tudo isso o único obrigatório é o documento de formalização da demanda, ou seja, o pedido, a requisição ou a ordem de que se contrate o objeto, dependendo de quem se origine. Todo o mais é "conforme o caso", o que pode ser *nunca*. A autoridade decidirá a cada caso se precisa dos outros documentos e, então, os providenciará;

II – estimativa da despesa, que será realizada com os elementos que a autoridade tiver e quiser utilizar, e não conforme o art. 23, porque não é lei nenhuma que ensinará a autoridade a estimar uma despesa de que necessite. Serve o art. 23 como útil roteiro, mas absolutamente não como imprescindível;

III – parecer jurídico – e outros pareceres, se for o caso –, que ateste o atendimento desses requisitos do artigo. O parecer opina, não demonstra *juris et de jure* coisa nenhuma, nunca. Nem propriamente atesta nada. Quem acata o parecer é a autoridade, e quem se responsabiliza por dar sequência à contratação é a mesma autoridade, a qual não deve se iludir por imaginar que o parecerista assume a responsabilidade pelo que seguirá;

IV – prova de que existem recursos orçamentários – mas principalmente financeiros, que são outra coisa absolutamente diferente e o que a lei parece ignorar – para pagar o contrato. A contabilidade do ente informará;

V – comprovação de que o contratado preenche os requisitos de habilitação e qualificação mínima necessária. *Este inciso é uma armadilha*, porque a única habilitação necessária nas contrações diretas é a regularidade com a seguridade social, por força do art. 195, §3º, da Constituição.

Todo o mais pode ser dispensado, como essa própria lei admite ao mandar aplicar "no que couber" o art. 71, que cuida do encerramento das fases de habilitação e de julgamento das licitações, aos casos de contratação direta e como se conclui pelo *caput* do art. 62, que manda proceder habilitação *nas licitações*, não nas contratações diretas.

Quem pretender aplicar amplas exigências documentais nas contratações diretas fá-lo porque quer, e não porque a lei mande;

VI – razão da escolha do contratado. Tudo o que à autoridade interessar fazer saber sobre o contratando que já não conste de dados encartados no processo, pareceres ou estudos prévios deve ser declinado no mesmo processo, a iniciar pelo que dispõe o inciso VII, a justificativa do preço; e

VIII – autorização da autoridade competente para a contratação. A autoridade que pessoalmente iniciou ou autorizou o início do procedimento preparatório à contratação direta, agora, concluída aquela informação, autoriza a contratação.

O parágrafo único fixa que o ato autorizativo da contratação direta ou, então, o extrato desse contrato deve ser divulgado em sítio eletrônico do ente contratante, mas não informa por quanto tempo. Decidirá a autoridade sobre isso, e o ideal seria disciplinar em regulamento a questão para se evitarem procedimentos díspares ou arbitrários.

Art. 73

Art. 73. Na hipótese de contratação direta indevida ocorrida com dolo, fraude ou erro grosseiro, o contratado e o agente público responsável responderão solidariamente pelo dano causado ao erário, sem prejuízo de outras sanções legais cabíveis.

Artigo quixotesco, deve imaginar que a autoridade contratante e o contratado irão, voluntária e talvez prazerosamente, dispor-se a confessar dolo, a fraude ou o erro grosseiro havido na contratação, e a devolver, corrigido e com compungido pedido de desculpas, o valor pago por um e recebido por outro.

Responderão por aquilo *se a tanto forem condenados na via judicial* em ação de ressarcimento que pode ter vários autores e várias naturezas processuais, mas jamais sem isso.

Nem sequer um processo administrativo, ao fim e ao cabo, terá condão de responsabilizar oficial e definitivamente a ninguém e, se for intentado, será objeto, com absoluta segurança, de resistência em juízo.

Este artigo serve no máximo como orientação ao Judiciário, porém, mesmo assim, não é de todo confiável, porque não se imagina como compelir legitimamente o contratado que o foi com erro grosseiro *não dele, mas de quem o contratou*, e que o contratado não induziu com falsidades ou fraudes. A responsabilidade solidária do contratado, que recebeu porque entregou corretamente o objeto, não faz sentido em direito e não deve prevalecer na Justiça, como se augura.

Responde o contratado por dolo ou que tenha induzido, mas não por erro alheio.

Art. 74

Seção II
Da Inexigibilidade de Licitação

Art. 74. É inexigível a licitação quando inviável a competição, em especial nos casos de:

I – aquisição de materiais, de equipamentos ou de gêneros ou contratação de serviços que só possam ser fornecidos por produtor, empresa ou representante comercial exclusivos;

II – contratação de profissional do setor artístico, diretamente ou por meio de empresário exclusivo, desde que consagrado pela crítica especializada ou pela opinião pública;

III – contratação dos seguintes serviços técnicos especializados de natureza predominantemente intelectual com profissionais ou empresas de notória especialização, vedada a inexigibilidade para serviços de publicidade e divulgação:

a) estudos técnicos, planejamentos, projetos básicos ou projetos executivos;

b) pareceres, perícias e avaliações em geral;

c) assessorias ou consultorias técnicas e auditorias financeiras ou tributárias;

d) fiscalização, supervisão ou gerenciamento de obras ou serviços;

e) patrocínio ou defesa de causas judiciais ou administrativas;

f) treinamento e aperfeiçoamento de pessoal;

g) restauração de obras de arte e de bens de valor histórico;

h) controles de qualidade e tecnológico, análises, testes e ensaios de campo e laboratoriais, instrumentação e monitoramento de parâmetros específicos de obras e do meio ambiente e demais serviços de engenharia que se enquadrem no disposto neste inciso;

IV – objetos que devam ou possam ser contratados por meio de credenciamento;

V – aquisição ou locação de imóvel cujas características de instalações e de localização tornem necessária sua escolha.

§1º Para fins do disposto no inciso I do *caput* deste artigo, a Administração deverá demonstrar a inviabilidade de competição mediante atestado de exclusividade, contrato de exclusividade, declaração do fabricante ou outro documento idôneo capaz de comprovar que o objeto é fornecido ou prestado por produtor, empresa ou representante comercial exclusivos, vedada a preferência por marca específica.

§2º Para fins do disposto no inciso II do *caput* deste artigo, considera-se empresário exclusivo a pessoa física ou jurídica que possua contrato, declaração, carta ou outro documento que ateste a exclusividade permanente e contínua de representação, no País ou em Estado específico, do profissional do setor artístico, afastada a possibilidade de contratação direta por inexigibilidade por meio de empresário com representação restrita a evento ou local específico.

§3º Para fins do disposto no inciso III do *caput* deste artigo, considera-se de notória especialização o profissional ou a empresa cujo conceito no campo de sua especialidade, decorrente de desempenho anterior, estudos, experiência, publicações, organização, aparelhamento, equipe técnica ou outros requisitos relacionados com suas atividades, permita inferir que o seu trabalho é essencial e reconhecidamente adequado à plena satisfação do objeto do contrato.

§4º Nas contratações com fundamento no inciso III do *caput* deste artigo, é vedada a subcontratação de empresas ou a atuação de profissionais distintos daqueles que tenham justificado a inexigibilidade.

§5º Nas contratações com fundamento no inciso V do *caput* deste artigo, devem ser observados os seguintes requisitos:

I – avaliação prévia do bem, do seu estado de conservação, dos custos de adaptações, quando imprescindíveis às necessidades de utilização, e do prazo de amortização dos investimentos;

II – certificação da inexistência de imóveis públicos vagos e disponíveis que atendam ao objeto;

III – justificativas que demonstrem a singularidade do imóvel a ser comprado ou locado pela Administração e que evidenciem vantagem para ela.

Artigo inteiramente calcado no direito anterior, que apenas rearranjou e ligeiramente ampliou e, n'alguns momentos, simplificou adequadamente, disciplina as contratações diretas por inexigibilidade de licitação, descrevendo as hipóteses em que se a admite.

Nas leis anteriores e também nesta lei, não deixa de ser curioso que uma regra tão óbvia quanto a do *caput* demande tanta explicação... a ensinar aos aplicadores quando a competição é inviável!

Será que, de fato, os aplicadores da lei já não sabem e, de longa data, quando é possível e lógico colocar algum objeto em disputa e quando isso, pela mesma lógica, é impossível? Ou será que o mundo jurídico é tão divorciado da vida real que se faz preciso a lei ensinar o que na vida real todos sabem?

E mais: a lista de hipóteses de licitação inexigível é *exemplificativa e aberta*, e não taxativa, fechada, exaustiva ou exauriente de outras hipóteses – como é a lista das licitações *dispensáveis* que vem no art. 75.

Apelando ao bom e velho latim, a lista deste art. 74 é um *numerus apertus*, um número aberto, que admite novas hipóteses, enquanto a lista do art. 75 é um *numerus clausus*, um número fechado, que não as admite e encerra o assunto.

Ora, se este art. 74 é aberto a novas hipóteses de licitação dispensável que não figuram da lista, então se pergunta: será preciso dar *tantos exemplos* de hipóteses para as quais não se pode exigir licitação – quando todas as pessoas, de um modo ou de outro, já o sabem por *instinto* ou por mero bom senso? Será mesmo preciso a lei *falar tanto* para explicar o que todos já sabem de sobejo desde que o mundo é mundo?

Não se licita médico nem dentista de família, nem se licita namorado ou noiva, nem empregada doméstica, nem amigos, nem animal de estimação, nem roupa, nem uma infinidade de outros objetos simplesmente porque isso não faz sentido, não tem propósito, aberra a lógica, ignora os mais básicos valores da espécie humana e se revela mesmo, na maior parte das vezes, pândego. Essa virtualidade legal, de ensinar precativamente o que já se sabe e se pratica a cada dia, é francamente detrimentosa ao ser humano...

Sempre que houver inviabilidade de licitação, esta será inexigível e, nestas seguintes hipóteses, é inexigível, quase exatamente como no direito anterior:

I) compra de materiais *e de serviços* que só possam ser fornecidos por vendedor exclusivo, este sob a forma jurídica que for. Os serviços não constavam do direito anterior, e foi um grande passo desta lei incluí-los.

Na forma do §1º, a inviabilidade de competição deve ser demonstrada por atestado ou contrato de exclusividade ou qualquer outro documento considerado idôneo pelo ente. O defeito deste dispositivo é ter mantido a absoluta impropriedade de tentar proibir preferência por marca específica, ideia inimaginável quando se sabe que *obter esta ou aquela marca é o principal objetivo do ente que se vale deste dispositivo* para contratar o objeto... não faz nenhum sentido a restrição, como não faz na L 8.666;

II) contratação de profissional do setor artístico – não apenas o artista, mas também alguém simplesmente pertencente ao setor artístico – desde que consagrado, e essa *ridícula* previsão de consagração deve ser reduzida ao alcance mínimo possível, porque não existe forma minimamente objetiva de se avaliar a consagração de algum artista.[6]

Na forma do §2º, empresário exclusivo é a "pessoa física ou jurídica que possua contrato, declaração, carta ou outro documento que ateste a exclusividade permanente e contínua de representação, no País ou em Estado específico, do profissional do setor artístico, afastada a possibilidade de contratação direta por inexigibilidade por meio de empresário com representação restrita a evento ou local específico".

Dispositivo *absolutamente irrealístico*, nunca deu certo e jamais dará, por mais que, nos últimos anos, as fiscalizações tentem fazê-lo prevalecer. Que artista tem empresário exclusivo? Que empresário é exclusivo de algum artista? Houve-se muito mal o legislador ao continuar fechando seus olhos à essencial *mentira* que este dispositivo significa, e fará muito mal a fiscalização que tentar aplicá-lo no seu literal e quixotesco vigor;

---

[6] Temos para nós que, se o artista for conhecido pela vizinhança por cantar rumbas no chuveiro, serve.

III) contratação dos seguintes serviços, com profissionais ou empresas de notória especialização: "a) estudos técnicos, planejamentos, projetos básicos ou projetos executivos; b) pareceres, perícias e avaliações em geral; c) assessorias ou consultorias técnicas e auditorias financeiras ou tributárias; d) fiscalização, supervisão ou gerenciamento de obras ou serviços; e) patrocínio ou defesa de causas judiciais ou administrativas; f) treinamento e aperfeiçoamento de pessoal; g) restauração de obras de arte e de bens de valor histórico; h) controles de qualidade e tecnológico, análises, testes e ensaios de campo e laboratoriais, instrumentação e monitoramento de parâmetros específicos de obras e do meio ambiente e demais serviços de engenharia que se enquadrem no disposto neste inciso".

Este inciso deve ser aplicado na forma dos §§3º e 4º, sendo que o primeiro deles repete a definição de notória especialização constante da L 8.666, que reúne alguns dos fatores – não todos! – a serem considerados, relativamente à pessoa do contratando, aptos a demonstrar a sua especialização. Um pouco de cada um, ou muito de um só ou de poucos deles, tudo se presta àquela demonstração.

Mas esse nunca foi o impasse na caracterização da inelegibilidade, porém a desgraça existencial da – felizmente extinta e sepultada nesta lei – natureza singular do objeto, algo tão subjetivo quanto selecionar as candidatas a atrizes da novela que forem *suficientemente bonitas*. É pedir para não dar certo...

E o §4º proíbe, com absoluta propriedade, a subcontratação da execução por quem tenha se valido da sua especialização para ser contratado sem licitação. Não faz sentido algum, pessoa física ou jurídica, valer-se do seu bom nome para ser contratado, e não executar o mesmo contrato pessoalmente (o que nem sempre quer dizer *personalissimamente*).

Toda essa matéria do inciso III do *caput* foi copiada da L 8.666 e já é velha conhecida no país, à exceção da alínea *h*, que introduziu aqueles controles, aquelas análises e os demais serviços que enumera, inclusive com uma generosa abertura ao final sobre serviços de engenharia. Em boa hora, veio a novidade, pois que esses trabalhos todos são, de fato, de execução muito pessoal pelo prestador, em princípio merecendo contratação direta e não licitada.

O extraordinário mérito deste artigo, entretanto, foi o de suprimir e abolir a verdadeira desgraça institucional que era a previsão de *natureza singular* para os objetos, o que, na prática, jamais ninguém soube o que objetivamente significava e que tanto ódio e ranger de dentes ensejou nas vítimas e nos aplicadores – autoridades contratantes e contratados.

Aquela maldição jurídica finalmente foi extirpada do texto legal, e o direito melhorou imensamente apenas com isso. Incontáveis discursos hipócritas, farisaicos e absolutamente desinformados – quando não desabridamente maldosos e desonestos de propósito – perderam seu principal mote. De parabéns, por isso, o legislador;

IV – "objetos que devam ou possam ser contratados por meio de credenciamento". O credenciamento é um procedimento auxiliar à licitação – em verdade *à contratação*, porque afasta a licitação – e vem disciplinado adiante na lei, mas desde logo exclui o certame licitatório para a contratação dos respetivos objetos; e

V – "aquisição ou locação de imóvel cujas características de instalações e de localização tornem necessária sua escolha". Matéria conhecida na L 8.666, deve ser aplicada na forma do §5º, observando-se:

a) avaliação prévia do bem, própria do ente ou contratada, com indicação de seu estado, dos eventuais custos de adaptação e do prazo de amortização dos investimentos, tudo naturalmente se for o caso;

b) certificação de inexistência de imóveis públicos vagos e disponíveis, e servíveis. Um tanto problemática, porque não indica o âmbito territorial dos imóveis nem a sua titularidade; imagina-se que, na prática, acabará sendo mera formalidade documental; e

c) justificativas ou explanação da singularidade do imóvel e da vantagem que o negócio implica. Variará de *a* a z o conteúdo desse documento, admitindo-se toda argumentação admitida pelo direito e pela prática.

Art. 75

Seção III
Da Dispensa de Licitação

Art. 75. É dispensável a licitação:

I – para contratação que envolva valores inferiores a R$ 100.000,00 (cem mil reais), no caso de obras e serviços de engenharia ou de serviços de manutenção de veículos automotores;

II – para contratação que envolva valores inferiores a R$ 50.000,00 (cinquenta mil reais), no caso de outros serviços e compras;

III – para contratação que mantenha todas as condições definidas em edital de licitação realizada há menos de 1 (um) ano, quando se verificar que naquela licitação:

a) não surgiram licitantes interessados ou não foram apresentadas propostas válidas;

b) as propostas apresentadas consignaram preços manifestamente superiores aos praticados no mercado ou incompatíveis com os fixados pelos órgãos oficiais competentes;

IV – para contratação que tenha por objeto:

a) bens, componentes ou peças de origem nacional ou estrangeira necessários à manutenção de equipamentos, a serem adquiridos do fornecedor original desses equipamentos durante o período de garantia técnica, quando essa condição de exclusividade for indispensável para a vigência da garantia;

b) bens, serviços, alienações ou obras, nos termos de acordo internacional específico aprovado pelo Congresso Nacional, quando as condições ofertadas forem manifestamente vantajosas para a Administração;

c) produtos para pesquisa e desenvolvimento, limitada a contratação, no caso de obras e serviços de engenharia, ao valor de R$ 300.000,00 (trezentos mil reais);

d) transferência de tecnologia ou licenciamento de direito de uso ou de exploração de criação protegida, nas contratações realizadas por instituição científica, tecnológica e de inovação (ICT) pública ou por agência de fomento, desde que demonstrada vantagem para a Administração;

e) hortifrutigranjeiros, pães e outros gêneros perecíveis, no período necessário para a realização dos processos licitatórios correspondentes, hipótese em que a contratação será realizada diretamente com base no preço do dia;

f) bens ou serviços produzidos ou prestados no País que envolvam, cumulativamente, alta complexidade tecnológica e defesa nacional;

g) materiais de uso das Forças Armadas, com exceção de materiais de uso pessoal e administrativo, quando houver necessidade de manter a padronização requerida pela estrutura de apoio logístico dos meios navais, aéreos e terrestres, mediante autorização por ato do comandante da força militar;

h) bens e serviços para atendimento dos contingentes militares das forças singulares brasileiras empregadas em operações de paz no exterior, hipótese em que a contratação deverá ser justificada quanto ao preço e à escolha do fornecedor ou executante e ratificada pelo comandante da força militar;

i) abastecimento ou suprimento de efetivos militares em estada eventual de curta duração em portos, aeroportos ou localidades diferentes de suas sedes, por motivo de movimentação operacional ou de adestramento;

j) coleta, processamento e comercialização de resíduos sólidos urbanos recicláveis ou reutilizáveis, em áreas com sistema de coleta seletiva de lixo, realizados por associações ou cooperativas formadas exclusivamente de pessoas físicas de baixa renda reconhecidas pelo poder público como catadores de materiais recicláveis, com o uso de equipamentos compatíveis com as normas técnicas, ambientais e de saúde pública;

k) aquisição ou restauração de obras de arte e objetos históricos, de autenticidade certificada, desde que inerente às finalidades do órgão ou com elas compatível;

l) serviços especializados ou aquisição ou locação de equipamentos destinados ao rastreamento e à obtenção de provas previstas nos incisos II e V do *caput* do art. 3º da Lei nº 12.850, de 2 de agosto de 2013, quando houver necessidade justificada de manutenção de sigilo sobre a investigação;

m) aquisição de medicamentos destinados exclusivamente ao tratamento de doenças raras definidas pelo Ministério da Saúde;

V – para contratação com vistas ao cumprimento do disposto nos arts. 3º, 3º-A, 4º, 5º e 20 da Lei nº 10.973, de 2 de dezembro de 2004, observados os princípios gerais de contratação constantes da referida Lei;

VI – para contratação que possa acarretar comprometimento da segurança nacional, nos casos estabelecidos pelo Ministro de Estado da Defesa, mediante demanda dos comandos das Forças Armadas ou dos demais ministérios;

VII – nos casos de guerra, estado de defesa, estado de sítio, intervenção federal ou de grave perturbação da ordem;

VIII – nos casos de emergência ou de calamidade pública, quando caracterizada urgência de atendimento de situação que possa ocasionar prejuízo ou comprometer a continuidade dos serviços públicos ou a segurança de pessoas, obras, serviços, equipamentos e outros bens, públicos ou particulares, e somente para aquisição dos bens necessários ao atendimento da situação emergencial ou calamitosa e para as parcelas de obras e serviços que possam ser concluídas no prazo máximo de 1 (um) ano, contado da data de ocorrência da emergência ou da calamidade, vedadas a prorrogação dos respectivos contratos e a recontratação de empresa já contratada com base no disposto neste inciso;

IX – para a aquisição, por pessoa jurídica de direito público interno, de bens produzidos ou serviços prestados por órgão ou entidade que integrem a Administração Pública e que tenham sido criados para esse fim específico, desde que o preço contratado seja compatível com o praticado no mercado;

X – quando a União tiver que intervir no domínio econômico para regular preços ou normalizar o abastecimento;

XI – para celebração de contrato de programa com ente federativo ou com entidade de sua Administração Pública indireta que envolva prestação de serviços públicos de forma associada nos termos autorizados em contrato de consórcio público ou em convênio de cooperação;

XII – para contratação em que houver transferência de tecnologia de produtos estratégicos para o Sistema Único de Saúde (SUS), conforme elencados em ato da direção nacional do SUS, inclusive por ocasião da aquisição desses produtos durante as etapas de absorção tecnológica, e em valores compatíveis com aqueles definidos no instrumento firmado para a transferência de tecnologia;

XIII – para contratação de profissionais para compor a comissão de avaliação de critérios de técnica, quando se tratar de profissional técnico de notória especialização;

XIV – para contratação de associação de pessoas com deficiência, sem fins lucrativos e de comprovada idoneidade, por órgão ou entidade da Administração Pública, para a prestação de serviços, desde que o preço contratado seja compatível com o praticado no mercado e os serviços contratados sejam prestados exclusivamente por pessoas com deficiência;

XV – para contratação de instituição brasileira que tenha por finalidade estatutária apoiar, captar e executar atividades de ensino, pesquisa, extensão, desenvolvimento institucional, científico e tecnológico e estímulo à inovação, inclusive para gerir administrativa e financeiramente essas atividades, ou para contratação de instituição dedicada à recuperação social da pessoa presa, desde que o contratado tenha inquestionável reputação ética e profissional e não tenha fins lucrativos;

XVI – para aquisição, por pessoa jurídica de direito público interno, de insumos estratégicos para a saúde produzidos por fundação que, regimental ou estatutariamente, tenha por finalidade apoiar órgão da Administração Pública direta, sua autarquia ou fundação em projetos de ensino, pesquisa, extensão, desenvolvimento institucional, científico e tecnológico e de estímulo à inovação, inclusive na gestão administrativa e financeira necessária à execução desses projetos, ou em parcerias que envolvam transferência de tecnologia de produtos estratégicos para o SUS, nos termos do inciso XII do *caput* deste artigo, e que tenha sido criada para esse fim específico em data anterior à entrada em vigor desta Lei, desde que o preço contratado seja compatível com o praticado no mercado.

§1º Para fins de aferição dos valores que atendam aos limites referidos nos incisos I e II do *caput* deste artigo, deverão ser observados:

I – o somatório do que for despendido no exercício financeiro pela respectiva unidade gestora;

II – o somatório da despesa realizada com objetos de mesma natureza, entendidos como tais aqueles relativos a contratações no mesmo ramo de atividade.

§2º Os valores referidos nos incisos I e II do *caput* deste artigo serão duplicados para compras, obras e serviços contratados por consórcio público ou por autarquia ou fundação qualificadas como agências executivas na forma da lei.

§3º As contratações de que tratam os incisos I e II do *caput* deste artigo serão preferencialmente precedidas de divulgação de aviso em sítio eletrônico oficial, pelo prazo mínimo de 3 (três) dias úteis, com a especificação do objeto pretendido e com a manifestação de interesse da Administração em obter propostas adicionais de eventuais interessados, devendo ser selecionada a proposta mais vantajosa.

§4º As contratações de que tratam os incisos I e II do *caput* deste artigo serão preferencialmente pagas por meio de cartão de pagamento, cujo extrato deverá ser divulgado e mantido à disposição do público no Portal Nacional de Contratações Públicas (PNCP).

§5º A dispensa prevista na alínea "c" do inciso IV do *caput* deste artigo, quando aplicada a obras e serviços de engenharia, seguirá procedimentos especiais instituídos em regulamentação específica.

§6º Para os fins do inciso VIII do *caput* deste artigo, considera-se emergencial a contratação por dispensa com objetivo de manter a continuidade do serviço público, e deverão ser observados os valores praticados pelo mercado na forma do art. 23 desta Lei e adotadas as providências necessárias para a conclusão do processo licitatório, sem prejuízo de apuração de responsabilidade dos agentes públicos que deram causa à situação emergencial.

§7º Não se aplica o disposto no §1º deste artigo às contratações de até R$ 8.000,00 (oito mil reais) de serviços de manutenção de veículos automotores de propriedade do órgão ou entidade contratante, incluído o fornecimento de peças.

Artigo *desesperadoramente longo* sobre as hipóteses, admitidas na lei, das licitações dispensáveis, lastreia-se principalmente no (também exageradíssimo) art. 24 da L 8.666, que lhe dá o fundamento e o precedente da monumental extensão;[7] porém, toda a matéria foi consideravelmente revolvida e, por vezes, inovada.

Em primeiro, é preciso recordar que estas são licitações dispensáveis *pela autoridade*, e não dispensadas diretamente pela lei, como no art. 76, das alienações. Quem assume a responsabilidade de ter enquadrado a sua desejada contratação n'alguma das hipóteses de dispensabilidade *é a autoridade*, assessorada como for, e disso não se poderá esquivar.

O assessoramento jurídico e técnico exercido não transfere aquela responsabilidade para o assessor, que, com sua manifestação opinativa, por mais técnica e ilustre que tenha sido, não obriga ninguém a nada, não libera coisa nenhuma nem vincula a vontade do superior.

Trata-se, como já se iterou, de um elenco *taxativo*, fechado, exauriente, fora do qual não existem outras hipóteses de licitação dispensável. Qualquer contratação neste caso deve ser fundamentada no art. 75, inc. *x*, *y* ou *z*. Sem a indicação do inciso, irregular estará a fundamentação.

Visto isso, os incisos I e II não ensejam dificuldade de aplicação: são dispensáveis as licitações para aquisição de obra ou serviço de engenharia, ou de manutenção de veículos, de até R$100.000,00 (inc. I), como é dispensável nos contratos de outros serviços e de compras, seja do que for, de até R$50.000,00 (inc. II). Consultem-se as definições do art. 6º.

---

[7] O art. 24 da L 8.666 tinha 13 (treze) incisos em 1993 e, hoje, tem 33 (trinta e três). Não existe assunto que o governo mais mortalmente odeie que a licitação.

A única recomendação à autoridade é a de, na persistente dúvida sobre se o serviço é ou não de engenharia, considerá-lo como *não sendo*, porque, ao entendimento administrativo de que *é*, poderá depois contrapor-se o entendimento da fiscalização de que *não é*, com as consequências de esperar.

Sobre isso, já escrevêramos que:

> Obras são quase todas de engenharia, mas serviços de engenharia são apenas aqueles que exigem assinatura de um engenheiro ou de um arquiteto, e estes serviços estão elencados, muito mal, de maneira muito assistemática e muito difícil de objetivar na sua totalidade, na legislação própria dos engenheiros e dos arquitetos, disciplinadora daquelas profissões e dos seus Conselhos federal e estaduais.
>
> Sim, porque parece que a cada dia aumenta o número de serviços ditos de engenharia. Cortar grama, praticar jardinagem, coisa como tais os profissionais da engenharia vêm crescentemente pretendendo que passou a serem serviços de engenharia, porque exigidores de tratamentos específicos da engenharia que também se requinta a cada dia.
>
> Assim, produtos agrícolas, defensivos potencialmente perigosos à saúde, métodos e sistemas de aplicação e de proteção, e assim inúmeros outros serviços, que antes nem cogitavam a participação da engenharia especializada, atualmente são progressivamente vistos como de engenharia.
>
> Obra, quase todas são de engenharia. Podem existir obras que não de engenharia? Sim. Caiu um muro, ruiu um pedaço da parede do edifício. Vai-se precisar do engenheiro para projetar a recolocação os tijolos no lugar? Não. Um pedreiro, em um dia de serviço, faz aquilo, com só reconstruir o muro do modo como estava, ou da parede, valendo-se do projeto original – se necessário. Mas mesmo a reconstrução do muro ou da parede, ainda que entregue à despretensiosa habilidade do singular pedreiro, constitui inquestionavelmente uma obra.
>
> Mesmo que a obra originária tenha sido de engenharia no projeto original, neste momento, para efeito jurídico, dispensando projeto deixa de ser de engenharia. Pode resultar engraçado, na prática. Construir uma casinha de bonecas é uma obra – não deixa de ser –, mas será preciso um engenheiro, ou um projeto de engenharia para tanto? De mesmo modo, edificar uma guarita de guarda, obra de um metro quadrado, precisará de engenheiro?
>
> Talvez, mas se alguém a construir sem projeto de engenharia não deverá despertar a fúria dos profissionais da engenharia... Existem, portanto, obras que, inquestionavelmente, e juridicamente, *não são de engenharia.*[8]

---

[8] Artigo *Contratações diretas. Dispensa e inexigibilidade de licitação*. Publicado em: *Fórum de Contratação e Gestão Pública*, out. 2004, p. 4.433; *Boletim de Administração Pública Municipal*, Fiorilli, dez. 2004, p. 228; *IOB-DCAP*, dez. 2004, p. 3.

O inciso III prescreve como dispensável a licitação na contratação de objeto que se tentou licitar há menos de um ano, em licitação fracassada por *deserta* (sem participantes) ou com todas as propostas inválidas por qualquer motivo (alínea *a*), ou com todas as propostas desclassificadas por preço excessivo (alínea *b*).

Mal formulada é essa alínea *b*, uma vez que a hipótese já está englobada na alínea *a*. E permite supor que todas as propostas foram desclassificadas pela segunda vez no certame, pois que, pela L 8.666, quando todas as propostas são desclassificadas por preço excessivo, o ente pode admitir a apresentação de segundas propostas, supostamente com o preço aceitável.

O inciso IV reproduz diversos dispositivos da L 8.666, reorganizando-os de modo diferente. É dispensável a licitação para a contratação de:

a) "bens, componentes ou peças de origem nacional ou estrangeira necessários à manutenção de equipamentos, a serem adquiridos do fornecedor original desses equipamentos durante o período de garantia técnica, quando essa condição de exclusividade for indispensável para a vigência da garantia". Significa que somente estarão garantidos os bens adquiridos quando numa eventual reposição de peças elas forem adquiridas do vendedor do principal, pena de, em não o sendo, a garantia ser negada pelo fabricante. Sendo assim, não cabe licitação;

b) "bens, serviços, alienações ou obras, nos termos de acordo internacional específico aprovado pelo Congresso Nacional, quando as condições ofertadas forem manifestamente vantajosas para a Administração". Se o ente quer adquirir obras, bens ou serviços, ou ainda se quer alienar bens, e se houver acordo internacional específico para tanto, aprovado pelo Congresso, então esses objetos de compra ou de alienação podem ser negociados diretamente, dispensável a licitação. Supõe-se nesse caso que a compra ou a alienação será para entidade estrangeira, e não nacional;

c) "produtos para pesquisa e desenvolvimento, limitada a contratação, no caso de obras e serviços de engenharia, ao valor de R$ 300.000,00 (trezentos mil reais)". Discutibilíssima redação, em tese permite que uma folha de papel sulfite que anunciadamente será destinada a anotar uma pesquisa possa por esta alínea ser adquirida. O ente precisará demonstrar que a destinação do bem em aquisição será pesquisa e desenvolvimento, do modo como possa e como usualmente seja aceito, e nessa hipótese se afasta a licitabilidade;

d) "transferência de tecnologia ou licenciamento de direito de uso ou e exploração de criação protegida, nas contratações realizadas por instituição científica, tecnológica e de inovação (ICT) pública ou por agência de fomento, desde que demonstrada vantagem para a Administração". Os contratos de transferência de tecnologia, tão relevantes no campo da informática, da estratégia e do equipamento militar por exemplo, podem ser contratados sem licitação por ICTs, como são definidas na legislação própria (Lei nº 10.973, de 2 de dezembro de 2004), ou então por agências de fomento, igualmente escritas na lei específica;

e) "hortifrutigranjeiros, pães e outros gêneros perecíveis, no período necessário para a realização dos processos licitatórios correspondentes, hipótese em que a contratação será realizada diretamente com base no preço do dia". Este autor, diabético, não se conforma com a discriminação contra sua pessoa procedida por esta alínea, que não incluiu goiabada *diet* ou insumos dietéticos no rol dos alimentos adquiríveis diretamente.

O farináceo teor da alusão aos pãezinhos, herdado da L 8.666, é tão ridículo que assusta. Por que motivo não se mencionam tão somente *gêneros perecíveis*, sem se descer a patéticas discriminações de alimentos assaz calóricos, é a dúvida. Compete oportunamente recordar que nem só de pão vive o homem e, mesmo os que vivem, muita vez consomem o pão que o diabo amassou.

Seja como for o cardápio legislativo, enquanto *demonstradamente* se licitam contratos de fornecimento ou de compras fechadas de gêneros perecíveis e em se sabendo que a fome dos alimentandos não perdoa inações, podem os entes públicos adquirir alimentos com base no preço do dia dos entrepostos oficiais, dispensável a licitação;

f) "bens ou serviços produzidos ou prestados no País que envolvam, cumulativamente, alta complexidade tecnológica e defesa nacional". Mais simples que o direito anterior, agora basta ao ente demonstrar, pelos meios que tenha, que o bem ou o serviço pretendido são a um só tempo de alta tecnologia e que envolvam a segurança nacional e, então, poderá adquiri-los diretamente do fornecedor, sem licitação. Evidentemente se existir meio de juntar alguma pesquisa de preço será ela bastante providencial para efeito de fiscalização;

g) "materiais de uso das Forças Armadas, com exceção de materiais de uso pessoal e administrativo, quando houver necessidade de manter a padronização requerida pela estrutura de apoio logístico dos meios navais, aéreos e terrestres, mediante autorização por ato do comandante da força militar". Trazido da L 8.666, refere-se a bens (não a serviços nem a obras) de uso militar – e não podem ser uniformes, materiais de escritório ou burocrático, nem de limpeza, nem de quaisquer outros usos não estritamente militares, privativos das Forças Armadas e que os entes civis não têm. Reduz-se bastante, com essa restrição, o universo desses bens, que podem ser adquiridos diretamente;

h) "abastecimento ou suprimento de efetivos militares em estada eventual de curta duração em portos, aeroportos ou localidades diferentes de suas sedes, por motivo de movimentação operacional ou de adestramento". Também haurido do direito anterior, todo abastecimento militar durante estada não rotineira em bases ou locais diversos da origem ou da sede, por qualquer motivo operacional, e não apenas pelos indicados na alínea, pode ser procedido sem licitação – já que não teria a menor lógica a ideia de licitar, com toda a burocracia e a delonga envolvidas, um abastecimento para uma estada que pode durar dois dias;

i) "coleta, processamento e comercialização de resíduos sólidos urbanos recicláveis ou reutilizáveis, em áreas com sistema de coleta seletiva de lixo, realizados por associações ou cooperativas formadas exclusivamente de pessoas físicas de baixa renda reconhecidas pelo poder público como catadores de materiais recicláveis, com o uso de equipamentos compatíveis com as normas técnicas, ambientais e de saúde pública". O ente público pode contratar sem licitação coleta e comercialização de resíduos sólidos realizadas por associação de catadores de material reciclável que atue dentro de normas técnicas adequadas. Recomenda-se observar todos os requisitos desta alínea, ou imperfeição formal poderá ensejar a rejeição da conta, por mais meritória que tenha sido a escolha da associação;

j) "aquisição ou restauração de obras de arte e objetos históricos, de autenticidade certificada, desde que inerente às finalidades do órgão ou com elas compatível". Uma coisa é obra de arte, e outra é objeto histórico, sendo certo que certos objetos preenchem os dois requisitos. E uma coisa é aquisição, e outra é restauração.

Sendo autênticos os objetos conforme atestado pela perícia, então todos esses contratos podem ser diretamente celebrados, sem licitação, *desde que a finalidade do ente contratante se relacione com o objeto* – e este é o ponto vulnerável deste dispositivo, que impede que o Banco do Brasil restaure uma estátua de um milhão de dólares do seu acervo de bens recebidos em pagamento sem licitação.

Correta e meritória a alínea até este ponto ao final, verdadeiramente lamentável e próprio de terceiro mundo. Os entes mais providos de recursos têm de licitar, e apenas os órgãos culturais e/ou históricos contratam diretamente a restauração ou a aquisição;

k) "serviços especializados ou aquisição ou locação de equipamentos destinados ao rastreamento e à obtenção de provas previstas nos incisos II e V do *caput* do art. 3º da Lei nº 12.850, de 2 de agosto de 2013, quando houver necessidade justificada de manutenção de sigilo sobre a investigação". Casuísmo do casuísmo, foi lembrado pela lei, enquanto existem outros milhares de casuísmos tão meritórios quanto este, que não o foram. São serviços voltados a investigações criminais e a organizações criminosas, e no mais o sigilo que os envolve justifica a exclusão de licitação;

l) "aquisição de medicamentos destinados exclusivamente ao tratamento de doenças raras definidas pelo Ministério da Saúde". É uma nova moda: doenças raras. O Ministério da Saúde tem de definir de antemão quais são ou, de outro modo, quando surja alguma doença que se considere rara e, nesses casos, poderá comprar medicamentos para o seu combate, sem licitação. A raridade patológica afasta a licitação.

O inciso V admite a dispensa de licitação para contratações destinadas a incrementar as políticas de aliança com as ICTs, as Instituições Científicas e Tecnológicas, contempladas na – atualmente tornada *asquerosa, pegajosa, ultrajante colcha de retalhos que mal se consegue ler* – Lei nº 10.973, de 2004.

A Lei nº 14.133 precisou contemplar este inciso, cuja matéria, de certo modo, já consta daquela lei das ICTs, porque, naquela lei, um emaranhado de ninho de ratos, é virtualmente impossível encontrar qualquer coisa.

O inciso VI dispensa licitação para qualquer contratação suscetível de comprometer ou ameaçar a segurança nacional segundo regulamento do Ministério da Defesa e por demanda de qualquer ministério, que naturalmente deverá instruir sua requisição com a demonstração da conformidade do que pede com as regras da segurança nacional. Esta é matéria exclusivamente federal, portanto.

O inciso VII dispensa licitação em casos de guerra declarada por decreto federal de beligerância; estado de defesa ou estado de sítio, ambos decretados pelo Executivo federal; ou grave perturbação da ordem, assunto esse último de abrangência regional ou local. A grave perturbação, que pode ser de qualquer natureza, há de estar cabalmente demonstrada na contratação.

O inciso VIII trouxe para esta lei a regra da emergência ou a da calamidade pública que caracterize urgência de atendimento em prol de pessoas, bens ou equipamentos públicos ou particulares, valendo apenas para as aquisições supostamente suficientes a debelar o estado emergencial, tudo a ocorrer dentro de até um ano da ocorrência – *e não da contratação*, atente-se.

Emergência é uma situação que assim pode oficialmente ser declarada ou não, enquanto calamidade só existe por decretação oficial.

O prazo máximo foi duplicado com relação ao da L 8.666 e, agora, o texto proíbe, além de prorrogação do contrato para além do ano, a recontratação da mesma empresa em caso de ser necessário mais tempo de execução.

O texto não explicita, mas parece claro que a recontratação proibida é aquela *para além de um ano*, podendo ser recontratada, dentro de um ano da ocorrência, a mesma empresa, cujo contrato originário, menor que um ano, revelou-se insuficiente. Não interessa tanto a identidade da empresa contratada quanto a limitação do prazo, isto, sim, relevante.

Toda atenção deve ser emprestada a essas contratações emergenciais, eis que este inciso se revelou ao longo das décadas o mais temerário de todos, com frequentíssimas rejeições das contas respectivas em face de variados defeitos, sobretudo a da emergência fictícia, forjada, ou das recontratações em *linha de produção*, como regra, e não como exceção.

E não custa lembrar que o descaso, a falta de planejamento e a incúria interna do ente ensejam emergências, sim, mas devem ensejar também responsabilização da autoridade.

O inciso IX dispensa o certame "para a aquisição, por pessoa jurídica de direito público interno, de bens produzidos ou serviços prestados por órgão ou entidade que integrem a Administração Pública e que tenham sido criados para esse fim específico, desde que o preço contratado seja compatível com o praticado no mercado".

Assim, a União, os estados, o Distrito Federal e os municípios, além das autarquias e das fundações públicas, podem diretamente adquirir bens ou serviços de outros entes públicos ou paraestatais cujo objeto seja prestá-los ou vendê-los, desde que os preços sejam de marcado, e não excessivos, segundo levantamento ou pesquisa que se efetue.

Não teria sentido uma entidade ser criada pelo Estado para prestar serviços e ter de se submeter à licitação para prestá-los ao mesmo poder público que a criou.

O inciso X dispensa licitação quando a União precisar intervir no mundo empresarial para regular preços – tabelando-os ou limitando-os –, com isso possibilitando aos entes públicos comprar a preços tabelados pelo governo. Esse assunto de tabelamento está *fora de moda*, mas pode voltar esporadicamente à tona, e a regra está dada.

Pelo inc. XI, é dispensável a licitação "para celebração de contrato de programa com ente federativo ou com entidade de sua Administração Pública indireta que envolva prestação de serviços públicos de forma associada nos termos autorizados em contrato de consórcio público ou em convênio de cooperação".

Matéria da Lei nº 11.107, de 6 de abril de 2005, os consórcios públicos, ali deve ser buscada a informação necessária a essas contratações. Quanto aos convênios de cooperação público-particular, as regras de constituição e funcionamento são mais flexíveis e abundantissimamente exercitadas por todos os entes públicos há muitas décadas para os mais variados objetos.[9]

O inciso XII dispensa a licitação "para contratação em que houver transferência de tecnologia de produtos estratégicos para o Sistema Único de Saúde (SUS), conforme elencados em ato da direção nacional do SUS, inclusive por ocasião da aquisição desses produtos durante as etapas de absorção tecnológica, e em valores compatíveis com aqueles definidos no instrumento firmado para a transferência de tecnologia".

---

[9] Sobre a matéria, v. nosso artigo *Desmitificando os convênios*, publicado em *Fórum de Contratação e Gestão Púbica*, jul. 2006, p. 7.427.

Matéria de transferência de tecnologia dependente de instruções nacionais do SUS, essa contratação de bens e de serviços deve ter o preço compatível com aqueles constantes do instrumento daquela transferência, ou seja, pode o ente público adquirir bens ou serviços que incluam transferência de tecnologia se o preço não destoar daqueles originários, o que há de restar demonstrado no expediente da contratação.

O casuístico e desnecessário – porque sua matéria já se inclui entre as licitações inexigíveis – inciso XIII dispensa a licitação "para contratação de profissionais para compor a comissão de avaliação de critérios de técnica, quando se tratar de profissional técnico de notória especialização".

Desnecessária abundância da lei, mal redigido por referir *profissionais* no plural e, a seguir, *profissional* no singular, seja como for constitui mais um instrumento para a contratação direta daqueles profissionais. Outra *pedra na sopa* desta lei.

Pelo inciso XIV, é dispensável a licitação "para contratação de associação de pessoas com deficiência, sem fins lucrativos e de comprovada idoneidade, por órgão ou entidade da Administração Pública, para a prestação de serviços, desde que o preço contratado seja compatível com o praticado no mercado e os serviços contratados sejam prestados exclusivamente por pessoas com deficiência".

Trazida a matéria da L. 8.666, de novidade contém apenas a parte final, a exigir que o serviço seja prestado exclusivamente por pessoas com deficiência, o que foi correto e oportuno, pois que não se admite associação de deficientes *de fachada*, em que aquelas pessoas apenas sirvam como porta de entrada para o contrato que outros executem.

No mais, são amplamente conhecidas as regras *cumulativas*: associação de pessoas com deficiência; natureza jurídica sem fins lucrativos; idoneidade comprovada; preços de mercado. Inexistente qualquer uma dessas, impedida estará a contratação.

O inciso XV admite a contratação direta "de instituição brasileira que tenha por finalidade estatutária apoiar, captar e executar atividades de ensino, pesquisa, extensão, desenvolvimento institucional, científico e tecnológico e estímulo à inovação, inclusive para gerir administrativa e financeiramente essas atividades, ou para contratação de instituição dedicada à recuperação social da pessoa presa, desde que o contratado tenha inquestionável reputação ética e profissional e não tenha fins lucrativos".

Um pouco diverso daquele do direito anterior, este dispositivo cuida de entidade brasileira, e não estrangeira; deve prestar alguma das inúmeras atividades elencadas no texto, cada uma das quais, para ser utilizada, precisará constar do objeto social da contratada nos seus atos constitutivos; inquestionável reputação profissional, o que se prova com relativa facilidade, e sem fim lucrativo, bastando que não seja entidade comercial.

O inciso XVI declara dispensável a licitação "para aquisição, por pessoa jurídica de direito público interno, de insumos estratégicos para a saúde produzidos por fundação que, regimental ou estatutariamente, tenha por finalidade apoiar órgão da Administração Pública direta, sua autarquia ou fundação em projetos de ensino, pesquisa, extensão, desenvolvimento institucional, científico e tecnológico e de estímulo à inovação, inclusive na gestão administrativa e financeira necessária à execução desses projetos, ou em parcerias que envolvam transferência de tecnologia de produtos estratégicos para o SUS, nos termos do inciso XII do *caput* deste artigo, e que tenha sido criada para esse fim específico em data anterior à entrada em vigor desta Lei, desde que o preço contratado seja compatível com o praticado no mercado".

É impressionantíssimo o tamanho do inciso, verdadeira tortura jurídica absolutamente contraproducente e de técnica evitável a todos os títulos. Fornece uma preciosa aula de *como não se escrever um texto legal* e, desde logo, desanima quem imagine utilizá-lo. Se essa for a receita para dispensar – um remédio pior que a doença –, então muito preferível será licitar.

Além de, em parte, repetir o inciso XII e, em parte, repetir também o inciso IX, refere-se à aquisição de *insumos estratégicos*, dando ideia de que o autor saiba o que isso significa.

Recusamo-nos, sem o menor respeito pelo dispositivo e por seu autor, a palmilhar a sua senda tenebrosa, que lembra alguém perdido a andar em círculos.

Recomenda-se *jamais utilizá-lo* e, em seu lugar, valer-se o interessado dos incisos declinados neste comentário e de outros ainda nesta selva interminável de hipóteses dispensativas de licitação – e seu problema estará com absoluta certeza resolvido.

Terminando assim tragicamente o rol dos incisos e, como já não foram bastante, seguem sete parágrafos. O legislador brasileiro adquiriu o *péssimo hábito* de elaborar uma vasta lista de incisos e, depois, de parágrafos, como se não tivesse podido resolver todas as questões nos incisos. É tormento que se soma a tormento ao aplicador e ao cidadão, nesta tremendamente ruim técnica legislativa.

O §1º informa – de modo rigorosamente bisonho, sem nenhuma serventia e que não merece atenção – como se calculam os valores dos incisos I e II, como se existisse algum meio de aferição de preços fora do mercado. De que adianta utilizar mil técnicas de avaliação se depois, na licitação ou na compra direta, o ente não consegue aqueles preços no mercado? É um dispositivo indescritivelmente alienado da realidade.

O §2º, diferentemente da estultice anterior, é importante, pois que dobra o valor dos incisos I e II em caso de contratações por consórcio público, por autarquia ou por agência executiva, esta conforme definida na legislação pertinente.

O §3º é o mesmo que *nada* em direito, uma vez que expressa apenas uma preferência do legislador – e provavelmente apenas dele, sem eco em autoridade nenhuma da República, que tem mais o que fazer. Não merece sequer ser lido até o fim, como qualquer dispositivo de lei que indique "preferencialmente" ou "recomendavelmente", porque lei apenas serve para alterar o direito, e não para aconselhar ou para recomendar.

Diga-se o mesmo do §4º, neste autêntico catecismo de boas maneiras em que se converteu esta lei. Não vale a tinta gasta.

O §5º não é conselho, mas é absolutamente patético, pois que manda que determinada dispensa siga a legislação específica. Poderia ser diferente? Alguma operação ou algum procedimento público porventura pode deixar de seguir a legislação específica que acaso exista? Não há comentário possível.

O §6º, que poderia estar incluído desde logo no inciso VIII, mas que é uma boa novidade, é correto ao mandar responsabilizar a autoridade que permitiu periclitar um serviço público por inação ou negligência e, no mais, chove sobre o molhado e inventa a roda ao mandar seguir os preços do mercado.

Talvez surta bom efeito ao intimidar os péssimos administradores que descuidam do interesse público que gerenciam como jamais descuidariam dos da sua empresa ou da sua casa.

Fechando o rol dos parágrafos e este artigo, o §7º, que poderia estar incluído no §1º, determina que não se aplica o *péssimo* §1º a "serviços de manutenção de veículos automotores de propriedade do órgão ou entidade contratante, incluído o fornecimento de peças" em valor de até R$8.000,00. Boa medida, sendo que não deveria sequer existir aquele §1º.

Afora pelo §2º, não se pode atinar com o motivo de existirem esses parágrafos.

Art. 76

CAPÍTULO IX
DAS ALIENAÇÕES

Art. 76. A alienação de bens da Administração Pública, subordinada à existência de interesse público devidamente justificado, será precedida de avaliação e obedecerá às seguintes normas:

I – tratando-se de bens imóveis, inclusive os pertencentes às autarquias e às fundações, exigirá autorização legislativa e dependerá de licitação na modalidade leilão, dispensada a realização de licitação nos casos de:

a) dação em pagamento;

b) doação, permitida exclusivamente para outro órgão ou entidade da Administração Pública, de qualquer esfera de governo, ressalvado o disposto nas alíneas "f", "g" e "h" deste inciso;

c) permuta por outros imóveis que atendam aos requisitos relacionados às finalidades precípuas da Administração, desde que a diferença apurada não ultrapasse a metade do valor do imóvel que será ofertado pela União, segundo avaliação prévia, e ocorra a torna de valores, sempre que for o caso;

d) investidura;

e) venda a outro órgão ou entidade da Administração Pública de qualquer esfera de governo;

f) alienação gratuita ou onerosa, aforamento, concessão de direito real de uso, locação e permissão de uso de bens imóveis residenciais construídos, destinados ou efetivamente usados em programas de habitação ou de regularização fundiária de interesse social desenvolvidos por órgão ou entidade da Administração Pública;

g) alienação gratuita ou onerosa, aforamento, concessão de direito real de uso, locação e permissão de uso de bens imóveis comerciais de âmbito local, com área de até 250 m² (duzentos e cinquenta metros quadrados) e destinados a programas de regularização fundiária de interesse social desenvolvidos por órgão ou entidade da Administração Pública;

h) alienação e concessão de direito real de uso, gratuita ou onerosa, de terras públicas rurais da União e do Instituto Nacional de Colonização e Reforma Agrária (Incra) onde incidam ocupações até o limite de que trata o §1º do art. 6º da Lei nº 11.952, de 25 de junho de 2009, para fins de regularização fundiária, atendidos os requisitos legais;

i) legitimação de posse de que trata o art. 29 da Lei nº 6.383, de 7 de dezembro de 1976, mediante iniciativa e deliberação dos órgãos da Administração Pública competentes;

j) legitimação fundiária e legitimação de posse de que trata a Lei nº 13.465, de 11 de julho de 2017;

II – tratando-se de bens móveis, dependerá de licitação na modalidade leilão, dispensada a realização de licitação nos casos de:

a) doação, permitida exclusivamente para fins e uso de interesse social, após avaliação de oportunidade e conveniência socioeconômica em relação à escolha de outra forma de alienação;

b) permuta, permitida exclusivamente entre órgãos ou entidades da Administração Pública;

c) venda de ações, que poderão ser negociadas em bolsa, observada a legislação específica;

d) venda de títulos, observada a legislação pertinente;

e) venda de bens produzidos ou comercializados por entidades da Administração Pública, em virtude de suas finalidades;

f) venda de materiais e equipamentos sem utilização previsível por quem deles dispõe para outros órgãos ou entidades da Administração Pública.

§1º A alienação de bens imóveis da Administração Pública cuja aquisição tenha sido derivada de procedimentos judiciais ou de dação em pagamento dispensará autorização legislativa e exigirá apenas avaliação prévia e licitação na modalidade leilão.

§2º Os imóveis doados com base na alínea "b" do inciso I do *caput* deste artigo, cessadas as razões que justificaram sua doação, serão revertidos ao patrimônio da pessoa jurídica doadora, vedada sua alienação pelo beneficiário.

§3º A Administração poderá conceder título de propriedade ou de direito real de uso de imóvel, admitida a dispensa de licitação, quando o uso destinar-se a:

I – outro órgão ou entidade da Administração Pública, qualquer que seja a localização do imóvel;

II – pessoa natural que, nos termos de lei, regulamento ou ato normativo do órgão competente, haja implementado os requisitos mínimos de cultura, de ocupação mansa e pacífica e de exploração direta sobre área rural, observado o limite de que trata o §1º do art. 6º da Lei nº 11.952, de 25 de junho de 2009.

§4º A aplicação do disposto no inciso II do §3º deste artigo será dispensada de autorização legislativa e submeter-se-á aos seguintes condicionamentos:

I – aplicação exclusiva às áreas em que a detenção por particular seja comprovadamente anterior a 1º de dezembro de 2004;

II – submissão aos demais requisitos e impedimentos do regime legal e administrativo de destinação e de regularização fundiária de terras públicas;

III – vedação de concessão para exploração não contemplada na lei agrária, nas leis de destinação de terras públicas ou nas normas legais ou administrativas de zoneamento ecológico-econômico;

IV – previsão de extinção automática da concessão, dispensada notificação, em caso de declaração de utilidade pública, de necessidade pública ou de interesse social;

V – aplicação exclusiva a imóvel situado em zona rural e não sujeito a vedação, impedimento ou inconveniente à exploração mediante atividade agropecuária;

VI – limitação a áreas de que trata o de 25 de junho de 2009, §1º do art. 6º da Lei nº 11.952, vedada a dispensa de licitação para áreas superiores;

VII – acúmulo com o quantitativo de área decorrente do caso previsto na alínea "i" do inciso I do *caput* deste artigo até o limite previsto no inciso VI deste parágrafo.

§5º Entende-se por investidura, para os fins desta Lei, a:

I – alienação, ao proprietário de imóvel lindeiro, de área remanescente ou resultante de obra pública que se tornar inaproveitável isoladamente, por preço que não seja inferior ao da avaliação nem superior a 50% (cinquenta por cento) do valor máximo permitido para dispensa de licitação de bens e serviços previsto nesta Lei;

II – alienação, ao legítimo possuidor direto ou, na falta dele, ao poder público, de imóvel para fins residenciais construído em núcleo urbano anexo a usina hidrelétrica, desde que considerado dispensável na fase de operação da usina e que não integre a categoria de bens reversíveis ao final da concessão.

§6º A doação com encargo será licitada e de seu instrumento constarão, obrigatoriamente, os encargos, o prazo de seu cumprimento e a cláusula de reversão, sob pena de nulidade do ato, dispensada a licitação em caso de interesse público devidamente justificado.

§7º Na hipótese do §6º deste artigo, caso o donatário necessite oferecer o imóvel em garantia de financiamento, a cláusula de reversão e as demais obrigações serão garantidas por hipoteca em segundo grau em favor do doador.

Outro artigo espantosamente longo, cuida das alienações de bens públicos.

Apenas se pode tentar entrever a sua constitucionalidade se se enfocarem as alienações como contratos, pois que de fato o são; desse modo, poderia a União ditar normas gerais sobre contratos de alienação de bens públicos – mas o raciocínio é tortuoso.

A lei, nesse caso, interfere diretamente com as leis orgânicas dos municípios e eventualmente com as constituições estaduais, que podem dispor diversamente – tudo dentro daquela matriz concebida por Hely Lopes Meirelles, em 1969, para a Lei Complementar Estadual Paulista nº 9, de 1969, a qual matriz foi multiplicada, ampliada e atualizada por milhares de vezes nas legislações locais até esta Lei nº 14.133, que a encampou outra vez.

A L 8.666 tentou algo parecido, mas teve suspensos pelo Supremo Tribunal Federal, por medida liminar concedida em 3 de novembro de 1993 *e que vigora até o dia de hoje,* por inconstitucionalidade no tocante a estados e a municípios e por lhes violar autonomia administrativa de decidir nestes temas: 1) a alínea *b* do inciso I; 2) a alínea *e* do mesmo inciso; 3) a alínea *a* do inciso II; e 4) a alínea *b* do mesmo inciso, todos esses dispositivos do art. 17 da L 8.666.

Imagina-se que estados e municípios se insurjam semelhantemente contra este art. 76 da Lei nº 14.133 quanto às mesmas questões, *e assim se espera que façam, e assim se espera que sejam bem-sucedidos.*

Alienação de bens públicos estaduais e municipais não é tema para leis federais, às quais falta a respectiva competência disciplinatória, mas apenas para leis e regras locais, tudo por força da Constituição, art. 25 para os estados, e art. 30, inc. I, para os municípios.

O só fato de que alienações se dão por contratos não parece suficiente para suprimir a autonomia administrativa constitucional deferida a estados, Distrito Federal e municípios, segundo a qual são esses entes que legislam e resolvem sobre alienação de seus bens.

É muito mais relevante a autonomia administrativa das pessoas de direito público interno que a capacidade da União para ditar normas gerais de contratos.

A autonomia administrativa local é um dos pilares do Estado Democrático de Direito e um dos fundamentos da República, enquanto a competência da União para legislar sobre normas gerais de contratos é pouco mais que um *acidente* da Constituição de 1988.

Assim se espera que suceda – inconstitucionalidade de várias partes deste art. 76 com relação a estados, Distrito Federal e municípios –, porém, sempre considerado esse pressuposto, passa-se a comentar este art. 76.

Reza o *caput* que a alienação de bens públicos deverá (I) ter justificado o interesse público envolvido; (II) conter a avaliação dos bens, que pode ser procedida pelo próprio ente ou contratada; e (III) obedecer as normas que seguem nos incisos e em suas alíneas.

Sendo bens *imóveis* (inc. I), incluídos os autárquicos e os fundacionais, exigem-se (a) lei autorizativa específica e (b) licitação através de leilão, salvo nas inúmeras exceções constantes das alíneas.

Até este ponto, verifica-se nítida evolução sobre a exigência de concorrência que ainda existe na L 8.666 e que é absolutamente inadequada para venda de bens; muito mais correto é o leilão.

As exceções à licitabilidade do bem imóvel em alienação são:

a) *dação em pagamento*, negócio em que o ente dá o bem em vez de dinheiro para satisfazer um débito;
b) *doação*, que é cessão voluntária e gratuita, a outro ente público de qualquer esfera ou, também, dentro das hipóteses – se alguém conseguir entender o restante da alínea que em parte copiou a absoluta e incompreensível *estupidez* da L 8.666 – previstas nas alíneas *f*, *g* e *h* deste inciso. Não se comentarão as três hipóteses porque lhes falta qualquer mínima lógica;
c) *permuta*, que, por definição, é troca pura e simples, mas que, nesta lei, é *troca com troco* de até metade do valor do bem. Neste momento, a lei se refere ao bem "que será oferecido pela União", fazendo crer, sem nenhuma outra explicação, que esta regra vale apenas para a União. A atecnia da lei beira o inacreditável, mas a permuta, preferencialmente sem troco ou torna, pode sempre ser utilizada pelos entes federados;
d) *investidura*, que é definida no §5º;
e) *venda* simples a qualquer outro ente público. Excelente que a lei se haja lembrado da venda, que é sempre o primeiro instituto que passa pela cabeça de qualquer pessoa que queira alienar qualquer coisa sua;
f) pulando-se as incompreensíveis alíneas *f* até *h*, pela alínea *i* tem-se a *legitimação de posse*, assunto a ser resolvido pelas partes envolvidas na forma da Lei nº 6.383, de 7 de dezembro de 1976, que dispõe sobre o processo discriminatório de terras devolutas da União; e
g) *legitimação fundiária e legitimação de posse* na forma da Lei nº 13.465, de 11 de julho de 2017, que são institutos diversos do anterior de legitimação de posse.

Quanto aos dois últimos casos acima, não haveria como licitar alienação de bens públicos transmissíveis por legitimação de posse ou fundiária, pois que o legitimado passou por árduo e demorado processo de habilitação para aquilo, e somente ele adquire legitimidade para receber os bens. Os incisos são, portanto, desnecessários por óbvios, e porque o direito não pode ser outro.

O inciso II do *caput* disciplina a alienação de bens *móveis*, para tanto exigindo leilão, inexigível este nas seguintes hipóteses:

a) *doação* para fins de interesse social;
b) *permuta* com outro ente público e, recomenda-se, sem torna, porque permuta com torna não é permuta, mas compra com pagamento parcial em bem;
c) *venda de ações* em bolsa;
d) *venda de títulos* na forma da legislação pertinente;
e) venda de *bens produzidos pelo ente público* que tenha esse objeto;
f) venda de *materiais inservíveis ou sem destinação conhecida* pelo ente detentor para outro ente público.

O §1º dispensa lei autorizativa de venda de bens imóveis havidos por procedimentos judiciais (desapropriação judicial, dação em pagamento ajuizada, execução, por exemplo), exigindo avaliação e leilão.

O §2º é uma insânia de morder a nuca. Institui a doação condicionada, sujeita à revogação pelo desaparecimento dos motivos da doação, o que não existe no direito brasileiro. Precisa ser revogado ou declarada a sua inconstitucionalidade. Além disso, não se imagina como podem cessar os motivos de uma doação. Se a alienação é condicionada, então não é doação. O dispositivo é juridicamente absurdo.

Observe-se bem: uma coisa é *doação com encargo*, o qual, se um dia for descumprido, pelo que deve constar do próprio contrato ou da escritura de doação, fará reverter o bem doado ao doador. Outra coisa é essa dita "cessação dos motivos da doação" (?), algo sem sentido jurídico. O exame dos motivos da doação cessa quando a doação é ultimada, a partir de quando *não se fala mais do assunto*.

Se o legislador pretendeu se referir a descumprimento de encargo, então que o dissesse com todas as letras, porque, se quis fazer uma coisa e fez outra, vale o que está feito, e não o que era querido, sabendo-se que, também, mesmo o inferno legislativo está repleto de boas intenções.

O §3º autoriza (inciso I) a outorga de título de propriedade ou, então, de direito real de uso, sem licitação, de um para outro ente público, o que parece incomum, mas não é, quando se sabe que alguns estados, já de longa data, têm terrenos em outros estados. O direito real de uso segue o art. 7º do Decreto-Lei nº 271, de 28 de fevereiro de 1967.

Quanto à autorização constante do inciso II deste §3º, é despicienda, pois que, se a pessoa natural cumpriu os requisitos para merecer o título da propriedade rural que ocupa – nos termos do art. 6º da Lei nº 11.952, de 25 de junho de 2009 –, então não será a Lei de Licitações que interferirá nesse plexo de direitos, restando absolutamente inútil este inciso II.

Nesse exato sentido, todo o extenso e rebuscado §4º é igual e absolutamente inútil para o direito brasileiro, mesmo que o legislador tenha tentado transformar a Lei Nacional de Licitações em estatuto agrário. Os títulos de propriedade rural são concedidos com base na competente legislação agrária, e não na Lei Nacional de Licitação e Contrato Administrativo. Foram papel, tinta e tempo gastos inutilmente.

O §5º define *investidura* para os fins desta lei como:

a) a alienação ao proprietário de terreno lindeiro em referência ou, então, ao proprietário de área remanescente de anterior desapropriação, que inutilizou o imóvel desapropriado para os fins originais, por valor não inferior ao da avaliação nem superior à metade do valor-limite para dispensa de licitação de bens e serviços; ou então

b) a "alienação, ao legítimo possuidor direto ou, na falta dele, ao poder público, de imóvel para fins residenciais construído em núcleo urbano anexo a usina hidrelétrica, desde que considerado dispensável na fase de operação da usina e que não integre a categoria de bens reversíveis ao final da concessão".

Trata-se (alínea *b*) de casuísmo sobre casuísmo, como se observa. Bastaria à farta a alínea anterior, como ocorre na L 8.666. O legislador se esmera em supor situações muito particulares, amiúde de pouquíssima utilização prática, e esta é uma delas.

E também mistura definição jurídica (na alínea *a*) com fixação de regras e de limites de valor, o que é de técnica absolutamente dispersiva e que desconcentra o foco do aplicador.

O §6º, na técnica esdrúxula desta lei, agora fala em doação com encargo, sem jamais a ter mencionado antes, tendo rezado apenas sobre cessão dos motivos de uma doação, o que, como se viu, é algo muito diferente. Agora *parece mandar licitar* toda doação com encargo, sendo que uma regra clássica do direito público é a de que não pode existir doação pública de imóvel sem o estabelecimento de encargo ao donatário.

Parece haver *colisão de institutos*, um a dispensar por inúmeras formas a licitação nas doações (art. 76, incs. I e II) e outra a exigir licitação sempre (este §6º). O aplicador que tenha cuidado verifique exatamente em que situação está ou vai estar para poder então, bem e adequadamente, definir o regime jurídico do negócio ou do procedimento que pretende realizar.

Mas aquilo apenas parece, porque, na sequência, o §6º, que manda fixar o encargo, o prazo de seu cumprimento e a cláusula de reversão por descumprimento, *também dispensa licitação, que, ao início, parecia obrigatória sempre*, quando simplesmente houver "interesse público devidamente justificado".

É mais simples e menos rigoroso do que se imaginava, portanto, o dispositivo – que não é desarrazoado em absoluto quanto a isso – e, com isso, o *interesse público devidamente justificado* se torna mais um dos motivos de dispensa de licitação na alienação de bens públicos, a se somar aos inúmeros outros constantes deste artigo.

A lei, mais ainda do que a L 8.666, precisa ser contemplada de helicóptero, a muitos metros de altura, para que se enxerguem a sua inteireza e a sua complementaridade interna.

Fechando o artigo, a lei apresenta mais um absoluto casuísmo, o de que, "na hipótese do §6º deste artigo, caso o donatário necessite oferecer o imóvel em garantia de financiamento, a cláusula de reversão e as demais obrigações serão garantidas por hipoteca em segundo grau em favor do doador".

Pergunta este atônito escriba: era mesmo preciso a esta lei descer a um detalhe tão microscópico quanto este, que, além de tudo, se revela arbitrário e acidentário, pois que, assim como a hipótese pode ocorrer, milhares de outras hipóteses tão (ir)relevantes também o podem? O legislador quis exibir sua criatividade ou sua originalidade? Escolheu um péssimo momento.

Art. 77

Art. 77. Para a venda de bens imóveis, será concedido direito de preferência ao licitante que, submetendo-se a todas as regras do edital, comprove a ocupação do imóvel objeto da licitação.

Vetusta regra de direito civil imobiliário passada para a Lei de Licitações, assegura a preferência de opção de compra ao ocupante do imóvel à venda, o qual atenda todas as condições pertinentes e aplicáveis do edital.

Muito correta e justa a atenção do legislador neste passo, deve ser uma regra anunciada claramente no edital, de molde a prevenir resistências ou inconformismos variados pelos criadores de caso profissionais.

Art. 78

CAPÍTULO X
DOS INSTRUMENTOS AUXILIARES
Seção I
Dos Procedimentos Auxiliares

Art. 78. São procedimentos auxiliares das licitações e das contratações regidas por esta Lei:

I – credenciamento;

II – pré-qualificação;

III – procedimento de manifestação de interesse;

IV – sistema de registro de preços;

V – registro cadastral.

§1º Os procedimentos auxiliares de que trata o caput deste artigo obedecerão a critérios claros e objetivos definidos em regulamento.

§2º O julgamento que decorrer dos procedimentos auxiliares das licitações previstos nos incisos II e III do *caput* deste artigo seguirá o mesmo procedimento das licitações.

Artigo que inova quanto à estrutura da L 8.666, organiza a relação dos cinco procedimentos auxiliares à licitação, sejam *credenciamento, pré-qualificação, manifestação de interesse, registro de preços e registro cadastral.*

Nenhum deles é obrigatório a ente nenhum, porém são bastante úteis e recomendáveis para incontáveis espécies de objetos.

Foi louvável a ideia de classificar e sistematizar esses procedimentos, jogados sem critério como estão na L 8.666. Cada qual deles vem a seguir disciplinado na lei. O que faltou, entretanto, à lei é informar com absoluta primazia que o credenciamento é um *procedimento auxiliar da contratação direta,* não exatamente auxiliar de licitação, mas substituto dela; o credenciado será contratado sem licitação e apenas para isso é que existe esse procedimento seletivo de *contratáveis.*

Seguem os dois parágrafos, sendo que o §1º remete o credenciamento a regulamentos locais, com critérios claros e objetivos. Lendo-se o art. 79, que pouco diz sobre o mecanismo do credenciamento, denota-se de fato a necessidade de normas operacionais para o procedimento. Ao menos um conjunto singelo e ligeiro de normas para o ente proceder ao credenciamento de interessados é necessário.

Fecha o artigo o §2º, a ditar que "o julgamento que decorrer dos procedimentos auxiliares das licitações previstos nos incisos II e III do *caput* deste artigo seguirá o mesmo procedimento das licitações".

Parece óbvio, porque, em princípio, ninguém imagina que o julgamento de licitações envolvendo licitantes cadastrados ou que previamente manifestaram interesse em serem contratados possa ser diferente dos julgamentos usuais desta lei e que não contaram com procedimentos auxiliares, porque inexiste qualquer razão para que não o sejam.

Não é a origem do licitante por um procedimento auxiliar que o diferencia ou o privilegia perante uma licitação de que participe.

Art. 79

Seção II
Do Credenciamento

Art. 79. O credenciamento poderá ser usado nas seguintes hipóteses de contratação:

I – paralela e não excludente: caso em que é viável e vantajosa para a Administração a realização de contratações simultâneas em condições padronizadas;

II – com seleção a critério de terceiros: caso em que a seleção do contratado está a cargo do beneficiário direto da prestação;

III – em mercados fluidos: caso em que a flutuação constante do valor da prestação e das condições de contratação inviabiliza a seleção de agente por meio de processo de licitação.

Parágrafo único. Os procedimentos de credenciamento serão definidos em regulamento, observadas as seguintes regras:

I – a Administração deverá divulgar e manter à disposição do público, em sítio eletrônico oficial, edital de chamamento de interessados, de modo a permitir o cadastramento permanente de novos interessados;

II – na hipótese do inciso I do *caput* deste artigo, quando o objeto não permitir a contratação imediata e simultânea de todos os credenciados, deverão ser adotados critérios objetivos de distribuição da demanda;

III – o edital de chamamento de interessados deverá prever as condições padronizadas de contratação e, nas hipóteses dos incisos I e II do *caput* deste artigo, deverá definir o valor da contratação;

IV – na hipótese do inciso III do *caput* deste artigo, a Administração deverá registrar as cotações de mercado vigentes no momento da contratação;

V – não será permitido o cometimento a terceiros do objeto contratado sem autorização expressa da Administração;

VI – será admitida a denúncia por qualquer das partes nos prazos fixados no edital.

Eis o disciplinamento legal do credenciamento, algo que faltava na L 8.666 e que precisa ser complementado pelo regulamento local a que se refere o art. 78.

Pode ser empregado exclusivamente:

I) em contratações paralelas, que são várias contratações do mesmo objeto a vários contratados, por motivos de conveniência local, algo muito comum em pequenos municípios com profissionais da saúde, por exemplo;

II) com seleção do credenciado pelo próprio interessado em ter a prestação do serviço, a seu exclusivo talante, dentre os constantes da relação oficial de credenciados do ente público local; e

III) quando o mercado do objeto é excessivamente fluido e instável, a tal ponto de impedir a segurança que uma licitação se presta a assegurar. Compra ou venda de ações em bolsa enquadra-se nesta hipótese.

Pelo parágrafo único, os regulamentos de credenciamento deverão observar estas regras mínimas – sem prejuízo das demais, locais e a gosto do ente respectivo:

inc. I – *divulgação e disponibilização* em *site* eletrônico oficial de edital de chamamento de interessados, apto a permitir o cadastramento permanente de interessados. Medida elogiável porque não excepcionaliza o credenciamento, mas reconhece a sua necessidade e a sua conveniência permanente para o serviço público.

Pelo inciso III, o edital deverá *padronizar* contratações na medida do tecnicamente viável e, dentre os padrões, fixar o valor de cada contrato – o que demandará atualizações periódicas. E deverá também, por ordem do inciso IV, *registrar as cotações* quando das contratações.

São ambas inteligentes e organizativas medidas, que merecem elogio;

inc. II – distribuição equitativa da demanda entre credenciados quando não forem viáveis contratações paralelas e simultâneas;

inc. V – *proibição de subcontratação* sem autorização do ente. A lei, neste caso, fala em "cometimento a terceiros do objeto da contratação", o que vem ser o clássico instituto da subcontratação. Realmente não faz sentido subcontratar o serviço de quem conseguiu se credenciar por seus méritos pessoais, e nem sequer deveria ser autorizável essa hipótese;

inc. VI – "será admitida a *denúncia* por qualquer das partes nos prazos fixados no edital". Trata-se da *renúncia*, se pelo interessado, e do *cancelamento do credenciamento*, se pelo ente público.

O credenciamento não pode ser uma imposição a ninguém, mas um procedimento de voluntária adesão pelo interessado. De outro lado, esse procedimento em dado momento pode passar a ser inconveniente ao ente público, o qual então não precisa mantê-lo – observando, evidentemente, eventuais atos jurídicos perfeitos e direitos adquiridos.

Art. 80

Seção III

Da Pré-Qualificação

Art. 80. A pré-qualificação é o procedimento técnico-administrativo para selecionar previamente:

I – licitantes que reúnam condições de habilitação para participar de futura licitação ou de licitação vinculada a programas de obras ou de serviços objetivamente definidos;

II – bens que atendam às exigências técnicas ou de qualidade estabelecidas pela Administração.

§1º Na pré-qualificação observar-se-á o seguinte:

I – quando aberta a licitantes, poderão ser dispensados os documentos que já constarem do registro cadastral;

II – quando aberta a bens, poderá ser exigida a comprovação de qualidade.

§2º O procedimento de pré-qualificação ficará permanentemente aberto para a inscrição de interessados.

§3º Quanto ao procedimento de pré-qualificação, constarão do edital:

I – as informações mínimas necessárias para definição do objeto;

II – a modalidade, a forma da futura licitação e os critérios de julgamento.

§4º A apresentação de documentos far-se-á perante órgão ou comissão indicada pela Administração, que deverá examiná-los no prazo máximo de 10 (dez) dias úteis e determinar correção ou reapresentação de documentos, quando for o caso, com vistas à ampliação da competição.

§5º Os bens e os serviços pré-qualificados deverão integrar o catálogo de bens e serviços da Administração.

§6º A pré-qualificação poderá ser realizada em grupos ou segmentos, segundo as especialidades dos fornecedores.

§7º A pré-qualificação poderá ser parcial ou total, com alguns ou todos os requisitos técnicos ou de habilitação necessários à contratação, assegurada, em qualquer hipótese, a igualdade de condições entre os concorrentes.

§8º Quanto ao prazo, a pré-qualificação terá validade:

I – de 1 (um) ano, no máximo, e poderá ser atualizada a qualquer tempo;

II – não superior ao prazo de validade dos documentos apresentados pelos interessados.

§9º Os licitantes e os bens pré-qualificados serão obrigatoriamente divulgados e mantidos à disposição do público.

§10. A licitação que se seguir ao procedimento da pré-qualificação poderá ser restrita a licitantes ou bens pré-qualificados.

Disciplinamento legal da pré-qualificação, que falta à L 8.666, este art. 80 estabelece no *caput* que se destina a selecionar previamente (I) licitantes sabidamente habilitados para licitações futuras e de parâmetros conhecidos e (II) bens que atendam exigências técnicas e padrões de qualidade também previamente anunciados pelo ente interessado.

Pelo §1º, a pré-qualificação – que ficará permanentemente aberta aos interessados, tal qual o credenciamento (cf. §2º) – observará estas regras: (I) dispensam-se documentos já constantes de registros cadastrais de licitantes, e (II) os bens pré-qualificados deverão demonstrar a sua qualidade, que atenda exigências, padrões e especificações do ente respectivo.

O edital de pré-qualificação conterá (§3º, I) informações mínimas de definição do objeto pretendido e (II) indicação da modalidade, com seu formato e com o critério de julgamento.

Pelo §4º, a apresentação de documentos, tanto de licitantes quanto de bens, far-se-á perante órgão ou comissão indicada no edital, e esse órgão, em até dez dias úteis, os aprovará ou lhes determinará correção em caso de insuficiência ou desconformidade, ou então determinará sua reapresentação se entender necessária ou conveniente com vista à ampliação da competição.

O interessado, nesse último caso, serve portanto de *cobaia* do ente pré-qualificador, dando-lhe ideias sem que para isso tivesse sido instruído, quando apenas queria pré-qualificar-se.

Rezam em conjunto os §§5º e 6º que os bens e os serviços pré-qualificados integrarão um cadastro do ente respectivo – o que significa ingerência da lei em assunto que é apenas local e que a pré-qualificação poderá ser realizada em grupos ou segmentos especializados. Observa-se que começa a faltar assunto ao legislador.

O §7º confirma a falta de temas ao informar que a pré-qualificação poderá ser parcial ou total, ou seja, com indicação de apenas alguns itens a serem pré-qualificados para determinado objeto, ou com a indicação de todos os itens relativos àquele mesmo objeto. Fá-lo como se alguém não soubesse disso e como se existissem regras quanto a isso.

O §8º fixa em um ano a validade máxima do atestado de pré-qualificação que – a lei não diz, mas resta claro – o ente precisará fornecer ao licitante ou ao apresentador do bem qualificado, ou então não superior à validade dos documentos apresentados para o procedimento.

Podem-se combinar esses critérios, o ente obtendo a revalidação daqueles documentos de modo a poder completar um ano a atestação de pré-qualificação, o que resulta mais inteligente que adotar um critério excludente do outro.

Reza o §9º, em boa providência, que "os licitantes e os bens pré-qualificados serão obrigatoriamente divulgados e mantidos à disposição do público". Quanto à divulgação de ambos e à manutenção à disposição pública dos bens, perfeito; mas, quanto a manter um licitante à disposição do público, seria curial consultá-lo sobre isso...

Pelo final §10, "a licitação que se seguir ao procedimento da pré-qualificação poderá ser restrita a licitantes ou bens pré-qualificados". Isso evidencia que a licitação pode também *não ficar restrita aos pré-qualificados*, quase fazendo indagar para que então foi realizada.

Em verdade, a pré-qualificação é apenas a habilitação prévia de alguém ou de algum bem para uma licitação, mas que pode servir e serve não apenas para essa licitação subsequente como para diversas outras de objeto semelhante.

Como a habilitação é o tormento miserável da vida do licitante, da comissão, da autoridade superior e da fiscalização, então quanto antes for resolvida e acabar, tanto mais cedo despontará o sorriso dos envolvidos.

Art. 81

Seção IV
Do Procedimento de Manifestação de Interesse

Art. 81. A Administração poderá solicitar à iniciativa privada, mediante procedimento aberto de manifestação de interesse a ser iniciado com a publicação de edital de chamamento público, a propositura e a realização de estudos, investigações, levantamentos e projetos de soluções inovadoras que contribuam com questões de relevância pública, na forma de regulamento.

§1º Os estudos, as investigações, os levantamentos e os projetos vinculados à contratação e de utilidade para a licitação, realizados pela Administração ou com a sua autorização, estarão à disposição dos interessados, e o vencedor da licitação deverá ressarcir os dispêndios correspondentes, conforme especificado no edital.

§2º A realização, pela iniciativa privada, de estudos, investigações, levantamentos e projetos em decorrência do procedimento de manifestação de interesse previsto no *caput* deste artigo:

I – não atribuirá ao realizador direito de preferência no processo licitatório;

II – não obrigará o poder público a realizar licitação;

III – não implicará, por si só, direito a ressarcimento de valores envolvidos em sua elaboração;

IV – será remunerada somente pelo vencedor da licitação, vedada, em qualquer hipótese, a cobrança de valores do poder público.

§3º Para aceitação dos produtos e serviços de que trata o *caput* deste artigo, a Administração deverá elaborar parecer fundamentado com a demonstração de que o produto ou serviço entregue é adequado e suficiente à compreensão do objeto, de que as premissas adotadas são compatíveis com as reais necessidades do órgão e de que a metodologia proposta é a que propicia maior economia e vantagem entre as demais possíveis.

§4º O procedimento previsto no *caput* deste artigo poderá ser restrito a startups, assim considerados os microempreendedores individuais, as microempresas e as empresas de pequeno porte, de natureza emergente e com grande potencial, que se dediquem à pesquisa, ao desenvolvimento e à implementação de novos produtos ou serviços baseados em soluções tecnológicas inovadoras que possam causar alto impacto, exigida, na seleção definitiva da inovação, validação prévia fundamentada em métricas objetivas, de modo a demonstrar o atendimento das necessidades da Administração.

Este artigo, à primeira mirada, parece tão sedutor à iniciativa privada quanto um convite para uma guerra, uma greve de fome ou uma jornada de penitências no deserto. O tempo dirá a verdade, mas essa é a impressão inicial.

O ente público poderá editar regulamento para disciplinar a convocação de *manifestações de interesse* pela iniciativa privada em apresentar "estudos, investigações, levantamentos e projetos de soluções inovadoras que contribuam com questões de relevância pública" para, se aprovados pelo ente público, serem objetos de futuras licitações.

São, portanto, obras e serviços de potencial interesse público, e a remuneração do autor será procedida exclusivamente pelo futuro vencedor da licitação que e se houver, devendo constar esse encargo do contrato.

Aquele vencedor poderá ser o próprio autor do projeto – e não será de estranhar que vença, uma vez que conhece o projeto mais que ninguém –, porém, como licitante, não terá privilégios nem vantagens na licitação apenas por ser o autor do projeto.

Qualquer dispêndio público com essa iniciativa, se existir, deve ser ressarcido pelo vencedor, contratado. Vale dizer: o ente público ou ganha, ou ganha. Não terá despesa nenhuma e, se a tiver, ela será ressarcida pelo contratado.

O que não se entrevê é muita vantagem para o particular autor do projeto, salvo nas raras hipóteses em que tente veicular algum projeto em que acredite e no qual vislumbre possibilidade de lucro, como fica claro pelo §2º, que a) não dá vantagem ao autor; b) não obriga o ente a licitar projeto nenhum; c) não assegura ressarcimento nenhum ao mesmo autor; e d) se houver remuneração ao autor, será paga pelo contratado, se evidentemente não for o próprio autor. É o que reza o §2º com seus incisos.

A manifestação de interesse será veiculada por edital de chamamento de interessados, na forma regulamentar.

O ente público, pelo §3º, somente aceitará projetos recomendados por parecer técnico circunstanciado que indique, também, a vantagem econômica envolvida. Não é que o parecer libere o andamento do processo – porque, se é apenas parecer, não libera nada nunca –, mas a lei faz o prosseguimento depender de um parecer favorável, que a autoridade livremente acate.

O §4º é a *asnice* do artigo, que pretende autorizar o que sempre foi permitido, fazendo-o com requintes de detalhamento que, em seu conjunto, são tão importantes quanto nada. Não merece sequer, e francamente, ser lido até o fim.

Art. 82

Seção V
Do Sistema de Registro de Preços

Art. 82. O edital de licitação para registro de preços observará as regras gerais desta Lei e deverá dispor sobre:

I – as especificidades da licitação e de seu objeto, inclusive a quantidade máxima de cada item que poderá ser adquirida;

II – a quantidade mínima a ser cotada de unidades de bens ou, no caso de serviços, de unidades de medida;

III – a possibilidade de prever preços diferentes:

a) quando o objeto for realizado ou entregue em locais diferentes;

b) em razão da forma e do local de acondicionamento;

c) quando admitida cotação variável em razão do tamanho do lote;

d) por outros motivos justificados no processo;

IV – a possibilidade de o licitante oferecer ou não proposta em quantitativo inferior ao máximo previsto no edital, obrigando-se nos limites dela;

V – o critério de julgamento da licitação, que será o de menor preço ou o de maior desconto sobre tabela de preços praticada no mercado;

VI – as condições para alteração de preços registrados;

VII – o registro de mais de um fornecedor ou prestador de serviço, desde que aceitem cotar o objeto em preço igual ao do licitante vencedor, assegurada a preferência de contratação de acordo com a ordem de classificação;

VIII – a vedação à participação do órgão ou entidade em mais de uma ata de registro de preços com o mesmo objeto no prazo de validade daquela de que já tiver participado, salvo na ocorrência de ata que tenha registrado quantitativo inferior ao máximo previsto no edital;

IX – as hipóteses de cancelamento da ata de registro de preços e suas consequências.

§1º O critério de julgamento de menor preço por grupo de itens somente poderá ser adotado quando for demonstrada a inviabilidade de se promover a adjudicação por item e for evidenciada a sua vantagem técnica e econômica, e o critério de aceitabilidade de preços unitários máximos deverá ser indicado no edital.

§2º Na hipótese de que trata o §1º deste artigo, observados os parâmetros estabelecidos nos §§1º, 2º e 3º do art. 23 desta Lei, a contratação posterior de item específico constante de grupo de itens exigirá prévia pesquisa de mercado e demonstração de sua vantagem para o órgão ou entidade.

§3º É permitido registro de preços com indicação limitada a unidades de contratação, sem indicação do total a ser adquirido, apenas nas seguintes situações:

I – quando for a primeira licitação para o objeto e o órgão ou entidade não tiver registro de demandas anteriores;

II – no caso de alimento perecível;

III – no caso em que o serviço estiver integrado ao fornecimento de bens.

§4º Nas situações referidas no §3º deste artigo, é obrigatória a indicação do valor máximo da despesa e é vedada a participação de outro órgão ou entidade na ata.

§5º O sistema de registro de preços poderá ser usado para a contratação de bens e serviços, inclusive de obras e serviços de engenharia, observadas as seguintes condições:

I – realização prévia de ampla pesquisa de mercado;

II – seleção de acordo com os procedimentos previstos em regulamento;

III – desenvolvimento obrigatório de rotina de controle;

IV – atualização periódica dos preços registrados;

V – definição do período de validade do registro de preços;

VI – inclusão, em ata de registro de preços, do licitante que aceitar cotar os bens ou serviços em preços iguais aos do licitante vencedor na sequência de classificação da licitação e inclusão do licitante que mantiver sua proposta original.

§6º O sistema de registro de preços poderá, na forma de regulamento, ser utilizado nas hipóteses de inexigibilidade e de dispensa de licitação para a aquisição de bens ou para a contratação de serviços por mais de um órgão ou entidade.

Este é o longo artigo sobre o *registro de preços*, velho conhecido da administração que nesta lei é classificado como procedimento auxiliar à licitação. Quase toda a sua matéria é reprodução evoluída da tradicional disciplina do RP.

Quando esta lei for a única a reger as licitações, e não mais também (alternativamente) a L 8.666, então os atos infralegais sobre a matéria, como o Decreto Federal nº 7.892, de 23 de janeiro de 2013, terão de se adaptar a esta nova lei e nela se enquadrar.

O edital de licitação para o RP precisará conter:

I – "as especificidades da licitação e de seu objeto, inclusive a quantidade máxima de cada item que poderá ser adquirida"; II – "a quantidade mínima a ser cotada de unidades de bens ou, no caso de serviços, de unidades de medida".

Até este ponto, seja observado que a quantidade *máxima* de unidades de cada item, que o ente licitador poderá requisitar ao vencedor da licitação, precisará sempre existir prevista no edital ou, de outro modo, aquele detentor da ata não saberá se tem capacidade para atender a requisição.

Quanto à quantidade mínima de bens a serem cotados ou, então, de serviços por unidades de medida, é discutível a sua conveniência no edital, pois que o licitante deveria estar preocupado com saber o máximo que pode fornecer, não o mínimo. Esta previsão é obscura e induz a confusões;

III – "a possibilidade de prever preços diferentes: a) quando o objeto for realizado ou entregue em locais diferentes; b) em razão da forma e do local de acondicionamento; c) quando admitida cotação variável em razão do tamanho do lote; d) por outros motivos justificados no processo". O que se extrai desse monte de palavras é que *qualquer motivo razoável* justifica que o edital admita cotação de preços diferentes para o mesmo item pelo mesmo licitante, bastando que aquele motivo esteja minimamente justificado no processo da licitação – e não no edital, que não é foro de justificativas a coisa alguma;

IV – "a possibilidade de o licitante oferecer ou não proposta em quantitativo inferior ao máximo previsto no edital, obrigando-se nos limites dela". Nem todo licitante que queira registrar preços tem condição de fornecer a quantidade máxima que o ente se dispõe a pedir de cada item; sabendo-o, o ente pode admitir cotação de menores quantidades a cada item, de molde a propiciar efetiva competitividade no certame entre fornecedores maiores e menores. Cada quantidade mínima precisará estar expressa no edital, em números absolutos ou em percentual do máximo;

V – "o critério de julgamento da licitação, que será o de menor preço ou o de maior desconto sobre tabela de preços praticada no mercado". A lei já *matou* a questão: ou é o de menor preço, ou o de maior desconto sobre um preço de referência dado pelo edital – o que significa trocar seis por meia dúzia. Apenas esse do menor preço pode ser o critério, pelo que se observa, para o RP;

VI – "as condições para alteração de preços registrados". O que quis racionalmente dizer a lei é *reajuste*, que é a alteração periódica por um índice pré-estabelecido, e não revisão ou repactuação, que é imprevisível, irregrável e não pode ter outro parâmetro senão a variação aleatória e insuportável de preços no mercado, e a qual, por essas razões, não se prevê nos editais.

O reajuste pode e deve ser previsto através do índice que o edital estabeleça dentre os correntios do mercado que sejam apropriados para isso;

VII – "o registro de mais de um fornecedor ou prestador de serviço, desde que aceitem cotar o objeto em preço igual ao do licitante vencedor, assegurada a preferência de contratação de acordo com a ordem de classificação". Observada a ordem de classificação dos "registrados", é de bom alvitre esta medida, pela qual o ente registra mais de um fornecedor de cada item cotado, porém sempre ao preço do vencedor. Em caso de algum impedimento de o vencedor fornecer, então entra o segundo da lista ao preço do primeiro, e assim sucessivamente até o último registrado;

VIII – "a vedação à participação do órgão ou entidade em mais de uma ata de registro de preços com o mesmo objeto no prazo de validade daquela de que já tiver participado, salvo na ocorrência de ata que tenha registrado quantitativo inferior ao máximo previsto no edital". Este artigo inteiro não explica este inciso, mas se deve referir a que um ente público pode participar de mais de uma ata de RP e, se isso é verdade – repita-se: o artigo jamais toca no assunto –, o mesmo ente não pode estar em duas atas simultâneas referentes ao mesmo objeto. Aconselha-se o tarô ou a astrologia como métodos auxiliares de interpretação deste dispositivo;

IX – "as hipóteses de cancelamento da ata de registro de preços e suas consequências". As formas administrativas – e não judiciais – clássicas de cancelamento do ato administrativo são a *revogação*, por justificada conveniência e oportunidade do ente, e a *anulação*, por ilegalidade praticada que contamine o procedimento.

Essas possibilidades, mais conhecidas do que era o níquel de tostão, estão há mais de um século descritas na legislação civil e administrativa, de modo que não se atinam com a razão desta renovada previsão.

Seguem os parágrafos, eis que todas as pessoas têm *karma* a resgatar e, nisso, a lei ajuda.

Pelo §1º, o julgamento de menor preço por grupo de itens só poderá ser adotado quando inviável a adjudicação por item – e isso pode acontecer, como em caso de duas peças que podem ser adquiridas uma por vez, mas uma das quais seja sempre dependente da outra.

Quanto a que o critério de aceitabilidade dos preços unitários deva ser previsto no edital, é boa medida se sem as restrições que existem na L 8.666 e dentro do universo conhecido por cada ente quanto aos bens que utiliza. E os fatores de aceitabilidade variarão de *a* a *z*, como é de esperar, sabida a diversidade infinita de objetos licitáveis.

O §2º exige pesquisa de preço prévia à aquisição posterior de item do grupo, com demonstração da vantagem dessa operação. O *modus faciendi* também variará também amplamente neste caso.

O §3º admite RP com "indicação limitada a unidades de contratação, sem indicação do total a ser adquirido", em três casos: I – se for a primeira licitação do ente para aquele objeto; II – se for alimento perecível; e III – se o serviço estiver integrado ao fornecimento de bens. Nessas hipóteses, o licitante poderá *entrar de gaiato* no certame se não souber quanto terá eventualmente de fornecer e, portanto, se não souber se pode fazê-lo.

Dispositivo temerário, por isso é conveniente que seja utilizado *cum grano salis*, que é extrema parcimônia e real necessidade.

Pelo §4º, na hipótese de utilização do §3º, será preciso que o edital ou processo mesmo indiquem a despesa máxima autorizada e realizável, sendo no mais proibida a participação de outro ente na ata – hipótese essa última que só em si já é e sempre foi de péssima inspiração.

O desinformado §5º, juridicamente vergonhoso, informa que pode ser utilizado o RP para obras e serviços de engenharia. Como é possível tamanha alienação do legislador? Registrar obras para adquiri-las quando for necessário? Será que o legislador sabe do que está falando? É incomentável o dispositivo.

Preferimos considerar inexistente este §5º em prol da sanidade de todo este trabalho de comentário. Quem realizar RP para obras ou, pior, quem se candidatar nessa licitação não deve ter salvação à vista.

O §6º informa que o RP pode ser utilizado nas hipóteses de inexigibilidade ou de dispensa. Pouco existe de mais bisonho, porque como pode admitir que algum ente público se disponha a realizar o trabalhoso e demorado RP para licitar o que não precisa ser licitado?

Esta disposição se situa na faixa subterrânea da lei, de incomentável qualidade, ao menos ostentando a virtude de ser a última deste artigo.

Art. 83

Art. 83. A existência de preços registrados implicará compromisso de fornecimento nas condições estabelecidas, mas não obrigará a Administração a contratar, facultada a realização de licitação específica para a aquisição pretendida, desde que devidamente motivada.

Artigo resumido ao *caput*, não diz mais que o óbvio, porém ao menos não resvala na insanidade de dispositivos anteriores.

O fato de existirem preços registrados por RP não obriga o ente a contratar, e o mesmo ente, diz a lei, pode até mesmo licitar de novo o que já licitou e registrou. O que decerto o legislador não percebe é que com medidas como esta reduz o RP a uma absoluta insignificância, ao admitir licitar o que a licitação por RP já consagrou.

O só fato de ser curto não exime este artigo de ser degradante à dignidade do ente público, do licitante e da própria Administração.

Art. 84

Art. 84. O prazo de vigência da ata de registro de preços será de 1 (um) ano e poderá ser prorrogado, por igual período, desde que comprovado o preço vantajoso.

Parágrafo único. O contrato decorrente da ata de registro de preços terá sua vigência estabelecida em conformidade com as disposições nela contidas.

Artigo simplesmente excelente. Permite a prorrogação das atas de registro de preço por mais um ano além do ano originário. Já deveria ser esse o direito há ao menos umas três décadas. O utilíssimo registro de preços, que tanto trabalho exige para ser finalizado, deveria poder durar até mais que esses dois anos, mas esta já é uma grande conquista da Administração, dada pela lei. Imagina-se que as atas prorrogadas girarão em torno de 100% de todas que existirem.

E finaliza o artigo o parágrafo único, que não fica atrás em oportunidade: a validade do contrato extraído de RP terá aquela que o sistema estabelecer – e, acrescentamos, dentro das regras de duração que esta lei consigna adiante.

Já é assim pelo decreto nacional do RP, mas é bastante técnico e proveitoso que a lei desde já consagre esta regra para de vez afastar o mal-entendido de que o contrato oriundo do RP tenha duração limitada à validade da ata, o que jamais foi verdade, mas ainda assombrava alguns espíritos renascentistas que operavam o sistema.

Artigos como este, em conjunto com outros curtíssimos, quase permitem concluir que, nesta Lei nº 14.133, a qualidade dos artigos é inversamente proporcional à sua extensão...

Art. 85

> Art. 85. A Administração poderá contratar a execução de obras e serviços de engenharia pelo sistema de registro de preços, desde que atendidos os seguintes requisitos:
>
> I – existência de projeto padronizado, sem complexidade técnica e operacional;
>
> II – necessidade permanente ou frequente de obra ou serviço a ser contratado.

Outro artigo curto e preciso, apesar da gratuidade absoluta do inciso II.

A ideia de se utilizar o RP para obras e serviços de engenharia à primeira vista parece ser *de arrepiar*, porém o dispositivo esclarece que apenas poderá isso ser empreendido no caso de existirem *projetos* (de obras e de serviços de engenharia) *padronizados*, o que altera fundamentalmente o enfoque.

Com efeito, se o maior número possível de variáveis do objeto – para não se dizer *todas elas* – já está resolvido pelo projeto padronizado, então parece claro que a única questão a decidir na licitação será o preço, o que quer dizer o menor preço.

Mas o inciso I vai além e – com pouca objetividade – informa que os projetos padronizados deverão ser de pouca complexidade técnica e operacional, o que resulta perigoso tentar equacionar exatamente em questão de engenharia, que é a arte da objetividade absoluta.

Construir um hospital, uma penitenciária ou um conjunto de mil unidades residenciais pode ser complexo para uma pequena construtora, mas ser também um serviço de criança para quem construiu Itaipu.

Reconhecendo-se a dificuldade imanente a este trabalho, apela-se com isso a um senso médio de razoabilidade e de quantificação aos autores de editais e, também, à fiscalização nesse terreno esquivo.

O inciso II é absolutamente primário e não tem papel nenhum na lei. Se projetos padronizados podem ser licitados por RP, então basta saber isso, e pouco importa se serão dois ou duzentos e trinta os licitados por ano: se um só já viabiliza o uso do RP, então, sejam quantos forem, a licitação por RP estará igualmente viabilizada.

Art. 86

Art. 86. O órgão ou entidade gerenciadora deverá, na fase preparatória do processo licitatório, para fins de registro de preços, realizar procedimento público de intenção de registro de preços para, nos termos de regulamento, possibilitar, pelo prazo mínimo de 8 (oito) dias úteis, a participação de outros órgãos ou entidades na respectiva ata e determinar a estimativa total de quantidades da contratação.

§1º O procedimento previsto no *caput* deste artigo será dispensável quando o órgão ou entidade gerenciadora for o único contratante.

§2º Se não participarem do procedimento previsto no *caput* deste artigo, os órgãos e entidades poderão aderir à ata de registro de preços na condição de não participantes, observados os seguintes requisitos:

I – apresentação de justificativa da vantagem da adesão, inclusive em situações de provável desabastecimento ou descontinuidade de serviço público;

II – demonstração de que os valores registrados estão compatíveis com os valores praticados pelo mercado na forma do art. 23 desta Lei;

III – prévias consulta e aceitação do órgão ou entidade gerenciadora e do fornecedor.

§3º A faculdade conferida pelo §2º deste artigo estará limitada a órgãos e entidades da Administração Pública federal, estadual, distrital e municipal que, na condição de não participantes, desejarem aderir à ata de registro de preços de órgão ou entidade gerenciadora federal, estadual ou distrital.

§4º As aquisições ou as contratações adicionais a que se refere o §2º deste artigo não poderão exceder, por órgão ou entidade, a 50% (cinquenta por cento) dos quantitativos dos itens do instrumento convocatório registrados na ata de registro de preços para o órgão gerenciador e para os órgãos participantes.

§5º O quantitativo decorrente das adesões à ata de registro de preços a que se refere o §2º deste artigo não poderá exceder, na totalidade, ao dobro do quantitativo de cada item registrado na ata de registro de preços para o órgão gerenciador e órgãos participantes, independentemente do número de órgãos não participantes que aderirem.

§6º A adesão à ata de registro de preços de órgão ou entidade gerenciadora do Poder Executivo federal por órgãos e entidades da Administração Pública estadual, distrital e municipal poderá ser exigida para fins de transferências voluntárias, não ficando sujeita ao limite de que trata o §5º deste artigo se destinada à execução descentralizada de programa ou projeto federal e comprovada a compatibilidade dos preços registrados com os valores praticados no mercado na forma do art. 23 desta Lei.

§7º Para aquisição emergencial de medicamentos e material de consumo médico-hospitalar por órgãos e entidades da Administração Pública federal, estadual, distrital e municipal, a adesão à ata de registro de preços gerenciada pelo Ministério da Saúde não estará sujeita ao limite de que trata o §5º deste artigo.

§8º Será vedada aos órgãos e entidades da Administração Pública federal a adesão à ata de registro de preços gerenciada por órgão ou entidade estadual, distrital ou municipal.

A filosófica conclusão de que nesta lei artigo longo é artigo ruim e artigo curto é artigo bom, até este ponto da lei, parece ter sido acertada.

Este artigo 85, lamentável a todos os títulos, consigna o velho e odioso *carona*, inventado por decreto de um presidente da República nos seus últimos dias de mandato para auxiliar aquisições entre os órgãos federais, cada um registrando preços para proveito de todos.

Não tem fundamento em artigo nenhum da Lei de Licitações, constituindo-se em invencionice de agentes preguiçosos para outros mais preguiçosos, porque, se o RP já abrevia imensamente as aquisições públicas, o carona no RP praticamente *exclui* a licitação no país.

Com efeito, se algum ente público aderir a outras atas, alheias, e se souber pesquisar, então nunca mais deverá precisar licitar coisa nenhuma, porque possivelmente todo e qualquer objeto existente à venda no mercado deve estar registrado em algum órgão público. É só encontrar o ente que o registrou e ali *esbaldar-se*.

O carona exclui a licitação no Brasil portanto, como desejam os preguiçosos dentre os mais preguiçosos nacionais.

Não foi sem razão que os tribunais de contas, quase à unanimidade, rejeitaram e apostrofaram o carona, não raro rejeitando compras públicas que o utilizaram.

É todo ruim o artigo, e não será comentado porque não o aceitamos dentro do direito, augurando seja revogado ou declarado inconstitucional por potencialmente excluir a licitação no país, violando o disposto na Constituição Federal, art. 37, inciso XX, que obriga a licitação salvo nas exceções da lei. O carona, como se sabe, simplesmente *exclui a licitação*.

Não o comentamos porque não se pode, com honestidade de propósito, dar a receita de ilegalidades e de antijuridicidades nem ensinar como praticar inconstitucionalidades, ilegalidades e antijuridicidades.

O carona é uma *excrescência jurídica* em má hora inventada e que merece, como se afirmou, ser em definitivo excluída do direito brasileiro.

Fica-se no mais a imaginar, por exemplo, qual seria a racionalidade de um pequeno município incrustado na selva amazônica adotar uma ata de registro de preços de uma estatal do Sul do país, que jamais soubera que existe ou o que faz... qual a confiabilidade de tal operação? O detentor da ata porventura forneceria? A que preço, em que condição e com qual comprometimento?

Multiplique-se esse cerebrino exemplo por um milhão, e restará a dúvida: poderia isso algum dia ser tido a sério?

Recomenda-se aos órgãos públicos jamais *adotarem o excrescente instituto do carona*, nem como aderentes, nem permitindo adesão por quem quer que seja.

Se o RP é uma excelente invenção, o seu subproduto carona – em verdade, um autêntico dejeto – é a nota triste do instituto, o fruto podre de uma bela árvore, o qual, nessa condição, merece tão só o mais rápido fim que se lhe possa dar, a iniciar pelo desuso e pela obsolescência.

Art. 87

Seção VI

Do Registro Cadastral

Art. 87. Para os fins desta Lei, os órgãos e entidades da Administração Pública deverão utilizar o sistema de registro cadastral unificado disponível no Portal Nacional de Contratações Públicas (PNCP), para efeito de cadastro unificado de licitantes, na forma disposta em regulamento.

§1º O sistema de registro cadastral unificado será público e deverá ser amplamente divulgado e estar permanentemente aberto aos interessados, e será obrigatória a realização de chamamento público pela internet, no mínimo anualmente, para atualização dos registros existentes e para ingresso de novos interessados.

§2º É proibida a exigência, pelo órgão ou entidade licitante, de registro cadastral complementar para acesso a edital e anexos.

§3º A Administração poderá realizar licitação restrita a fornecedores cadastrados, atendidos os critérios, as condições e os limites estabelecidos em regulamento, bem como a ampla publicidade dos procedimentos para o cadastramento.

§4º Na hipótese a que se refere o §3º deste artigo, será admitido fornecedor que realize seu cadastro dentro do prazo previsto no edital para apresentação de propostas.

O tema agora é o registro cadastral ou o cadastro e fornecedores, como era designado no passado. O *nomen* cadastro de fornecedores é muito mais significativo que o de registro cadastral, herdado da L 8.666 e que só em si nada diz, mas que induz à confusão com registro de preços.

O *caput* somente não é pior porque condiciona a sua imposição à existência de um regulamento, o qual, portanto, se não existir, tornará o *caput* inaplicável – como os agentes sérios e as pessoas honestas de propósito esperam. Se a lei espera que o regulamento seja nacional, será no máximo federal, porque a União não organiza os serviços internos de ente federado nenhum.

A lei, de outro lado, parece ignorar por completo a *autonomia administrativa* dos entes federados e não saber que estados, Distrito Federal e municípios são autônomos no disciplinar seus assuntos internos, como esse de ter ou não ter registros cadastrais, e, em os tendo, de os disciplinar como bem desejem e não os centralizando obrigatoriamente na União, como se a União pudesse tudo. E como se pudesse existir um cadastro nacional de fornecedores que sirva para São Paulo e para Borá indistintamente. Essa ideia é patética e absolutamente ridícula.

E, antes mesmo disso, é como se a União tivesse condição de manter atualizados e operacionais os registros cadastrais de até 5.500 municípios, 26 estados e do Distrito Federal – a mesma União que mal para em pé sobre suas próprias pernas... é muito irrealismo, muita insciência e muito quixotismo juntos!

Desse modo, partimos do pressuposto de que os parágrafos que seguem se dirigem à União, posto que, para os demais entes federados, não obrigam coisa nenhuma, ao menos antes que esta lei revogue a Constituição Federal.

O §1º obriga que o sistema de registro cadastral seja público e acessível, e plenamente acessível a interessados, o que, dentro do essencial absurdo da ideia, é bom e correto. Exige-se um chamamento público pela internet ao menos uma vez ao ano para atualização e para acréscimo de novos integrantes.

O §2º proíbe exigência de registro cadastral complementar – o que não se faz a mais remota ideia do que possa vir a ser.

O §3º, nesta lei que aboliu a tomada de preços – que era a única razão de existir do cadastro de fornecedores –, admite que a licitação seja fechada aos cadastrados em cada ente licitador, o que "restaura" a boa e velha TP.

E, nessa hipótese, pelo §4º, o cadastramento poderá ser realizado pelo interessado mesmo que *em cima da hora*, sem restrições – até porque não se as admitiriam num dispositivo permissivo como este.

Nihil novi sub soli, nada de novo sob o sol, reza a sabedoria antiga. O legislador mexe e remexe na lei para afinal dizer exatamente o que a antiga lei dizia – e, neste caso, ainda diz –, a confirmar o adágio, desta vez francês, de que *plus ça change, plus c'est la même chose*...

Art. 88

Art. 88. Ao requerer, a qualquer tempo, inscrição no cadastro ou a sua atualização, o interessado fornecerá os elementos necessários exigidos para habilitação previstos nesta Lei.

§1º O inscrito, considerada sua área de atuação, será classificado por categorias, subdivididas em grupos, segundo a qualificação técnica e econômico-financeira avaliada, de acordo com regras objetivas divulgadas em sítio eletrônico oficial.

§2º Ao inscrito será fornecido certificado, renovável sempre que atualizar o registro.

§3º A atuação do contratado no cumprimento de obrigações assumidas será avaliada pelo contratante, que emitirá documento comprobatório da avaliação realizada, com menção ao seu desempenho na execução contratual, baseado em indicadores objetivamente definidos e aferidos, e a eventuais penalidades aplicadas, o que constará do registro cadastral em que a inscrição for realizada.

§4º A anotação do cumprimento de obrigações pelo contratado, de que trata o §3º deste artigo, será condicionada à implantação e à regulamentação do cadastro de atesto de cumprimento de obrigações, apto à realização do registro de forma objetiva, em atendimento aos princípios da impessoalidade, da igualdade, da isonomia, da publicidade e da transparência, de modo a possibilitar a implementação de medidas de incentivo aos licitantes que possuírem ótimo desempenho anotado em seu registro cadastral.

§5º A qualquer tempo poderá ser alterado, suspenso ou cancelado o registro de inscrito que deixar de satisfazer exigências determinadas por esta Lei ou por regulamento.

§6º O interessado que requerer o cadastro na forma do *caput* deste artigo poderá participar de processo licitatório até a decisão da Administração, e a celebração do contrato ficará condicionada à emissão do certificado referido no §2º deste artigo.

Artigo resultante da fusão dos arts. 35 a 37 da L 8.666 e ainda ampliado por esta lei, no que inovou e complicou desnecessariamente a operação de cadastramento.

O único propósito de algum fornecedor querer se cadastrar é o de eventualmente poder participar de licitações fechadas aos cadastrados, porque a tomada de preços, que já era fechada aos cadastrados, não mais existe nesta lei. Com a exclusão da TP, o registro cadastral perdeu quase toda a sua atratividade, porque o poder público pode *nunca* fechar licitação nenhuma apenas aos cadastrados.

Fosse este humílimo escriba dirigente público, *jamais determinaria o fechamento*, que não parece ajudar em absolutamente nada ao reduzir o universo dos potenciais licitantes. O registro cadastral restou como uma sobra do passado, desprovida de praticamente toda a sua relevância – que já era discutível. Nunca foi tão pouco importante algum fornecedor ser cadastrado.

Seja como for, cadastramento é uma habilitação prévia, como o *caput* evidencia. Os documentos exigidos para o cadastramento são os mesmos da habilitação, na forma do que o edital respectivo enumerar.

O cadastrado (§1º) será inscrito em alguma das categorias do cadastro segundo sua área de atuação – o que sempre foi uma falácia até o dia de hoje, em que essa divisão por categorias constituiu um capítulo de *Alice no país das maravilhas*, pura ficção. A ver como será doravante em cada ente público que se der esse inútil trabalho de criar e manter o cadastro.

Pelo §2º, a prova do cadastramento é o certificado de registro cadastral que o ente fornece ao cadastrado. Dificilmente seria outra.

Pelo §3º, a avaliação do desempenho do cadastrado que fora contratado será atestada por documento específico, que aquele deverá exigir – naturalmente se houver sido bom o seu desempenho. Augura-se seja observado este dispositivo, bastante útil para o bom cadastrado.

O §4º é recomendável que não seja sequer lido até o fim. Trata-se de um amontoado de superficialidades pouco exequíveis e somente imagináveis por quem tenha pouquíssimo ou nada para fazer.

É um forte desestímulo à implantação de cadastro de fornecedores e um fortíssimo argumento ao fornecedor para não se cadastrar. O ente público anota o desempenho de seu cadastrado contratado como bem entender, porque essa matéria é local, e jamais nacional.

O §5º, copiando a L 8.666, fixa que a qualquer tempo pode ser suspenso, alterado ou cancelado o registro cadastral de quem perca as condições que demonstrou ao cadastrar-se e, dessa operação, cabe recurso, como a lei adiante estabelece.

O derradeiro §6º permite o óbvio ululante, sem dizer o principal. Permite a participação de quem se inscreveu no cadastro e ainda não obteve o cadastramento, como se isso lhe fosse proibido.

Esqueceu-se de dizer o dispositivo que se aplica apenas à hipótese – bisonha, sem sentido – de licitação fechada aos cadastrados. Porque, se não o for qualquer licitante, mesmo os que jamais pensaram em cadastrar-se porque decerto têm mais o que fazer sempre podem participar.

Se o cadastro de fornecedores já era na L 8.666 difícil de explicar por que existe, nesta lei tornou-se praticamente impossível com a extinção da tomada de preços.

Art. 89

TÍTULO III
DOS CONTRATOS ADMINISTRATIVOS
CAPÍTULO I
DA FORMALIZAÇÃO DOS CONTRATOS

Art. 89. Os contratos de que trata esta Lei regular-se-ão pelas suas cláusulas e pelos preceitos de direito público, e a eles serão aplicados, supletivamente, os princípios da teoria geral dos contratos e as disposições de direito privado.

§1º Todo contrato deverá mencionar os nomes das partes e os de seus representantes, a finalidade, o ato que autorizou sua lavratura, o número do processo da licitação ou da contratação direta e a sujeição dos contratantes às normas desta Lei e às cláusulas contratuais.

§2º Os contratos deverão estabelecer com clareza e precisão as condições para sua execução, expressas em cláusulas que definam os direitos, as obrigações e as responsabilidades das partes, em conformidade com os termos do edital de licitação e os da proposta vencedora ou com os termos do ato que autorizou a contratação direta e os da respectiva proposta.

Artigo quase copiado do art. 54 da L 8.666, tal qual ali fala mais do que devia, considerando-se que existe o art. 92, que detalha as cláusulas necessárias do contrato.

Serve o *caput*, mas os dois parágrafos, visto o art. 92, são absolutamente redundantes e inúteis.

Reza o *caput* que os contratos se regem pelas suas cláusulas (fantástico! Revolucionário!) e pelos preceitos de direito público que já não estiverem contidos nas cláusulas, aplicando-se subsidiariamente, quando o direito público não resolver impasses na execução, o velho e bom direito civil, que os resolve todos desde há alguns milênios no direito ocidental.

Com frequência se apela, na exegese e na execução, e nas ações judiciais relativas ao contrato, a princípios de direito como analogia, equidade, principiologia geral de direito, direito comparado e outros que o direito civil ao longo dos séculos consagrou.

A teoria geral dos contratos é civil, e não de outra natureza, eis que o direito administrativo conta pouco mais de duzentos anos entre as disciplinas jurídicas. Os contratos administrativos excepcionam a mais básica regra do contrato civil por desigualar, na celebração, as partes, conferindo ao contratante público direitos e prerrogativas que o particular não tem.

Pelo §1º, copiado do art. 61 da L 8.666, o contrato deve discriminar as partes, o ato que o autorizou, o número do processo da licitação ou da contratação direta e a norma de regência, que submete as partes.

O que não se compreende é esse parágrafo exigir que o contrato decline a sua *finalidade*, porque contrato nunca foi palco de justificativas ou de explicações, mas tão só de cláusulas obrigacionais para as partes. O processo da contratação pode e deve indicar a finalidade do contrato se na licitação isso já não foi procedido, mas não o próprio contrato.

O §2º, tradicional baboseira que as leis repetem sem disso se dar conta, reza o óbvio ululante, totalmente inútil em face do analítico art. 92 à frente, que especifica ponto a ponto o que o contrato deve conter.

Art. 90

Art. 90. A Administração convocará regularmente o licitante vencedor para assinar o termo de contrato ou para aceitar ou retirar o instrumento equivalente, dentro do prazo e nas condições estabelecidas no edital de licitação, sob pena de decair o direito à contratação, sem prejuízo das sanções previstas nesta Lei.

§1º O prazo de convocação poderá ser prorrogado 1 (uma) vez, por igual período, mediante solicitação da parte durante seu transcurso, devidamente justificada, e desde que o motivo apresentado seja aceito pela Administração.

§2º Será facultado à Administração, quando o convocado não assinar o termo de contrato ou não aceitar ou não retirar o instrumento equivalente no prazo e nas condições estabelecidas, convocar os licitantes remanescentes, na ordem de classificação, para a celebração do contrato nas condições propostas pelo licitante vencedor.

§3º Decorrido o prazo de validade da proposta indicado no edital sem convocação para a contratação, ficarão os licitantes liberados dos compromissos assumidos.

§4º Na hipótese de nenhum dos licitantes aceitar a contratação nos termos do §2º deste artigo, a Administração, observados o valor estimado e sua eventual atualização nos termos do edital, poderá:

I – convocar os licitantes remanescentes para negociação, na ordem de classificação, com vistas à obtenção de preço melhor, mesmo que acima do preço do adjudicatário;

II – adjudicar e celebrar o contrato nas condições ofertadas pelos licitantes remanescentes, atendida a ordem classificatória, quando frustrada a negociação de melhor condição.

§5º A recusa injustificada do adjudicatário em assinar o contrato ou em aceitar ou retirar o instrumento equivalente no prazo estabelecido pela Administração caracterizará o descumprimento total da obrigação assumida e o sujeitará às penalidades legalmente estabelecidas e à imediata perda da garantia de proposta em favor do órgão ou entidade licitante.

§6º A regra do §5º não se aplicará aos licitantes remanescentes convocados na forma do inciso I do §4º deste artigo.

§7º Será facultada à Administração a convocação dos demais licitantes classificados para a contratação de remanescente de obra, de serviço ou de fornecimento em consequência de rescisão contratual, observados os mesmos critérios estabelecidos nos §§2º e 4º deste artigo.

Artigo que até o §3º reproduz o art. 64 da L 8.666 e, no mais, ligeiramente altera, ampliando-o, o direito anterior.

O ente convocará o vencedor da licitação para assinar o contrato ou retirar o instrumento equivalente nas condições prefixadas; não comparecendo no prazo, perderá o direito à contratação e se sujeitará às penas da lei, que, neste caso, se resumem, a uma, à *proibição de licitar e contratar*, conforme art. 155, inciso VI, combinado com art. 156, inciso III, e §4º, todos desta Lei nº 14.133.

O §1º admite prorrogação daquele prazo para assinar por uma vez, a justificado pedido do convocado. E justificado será aquele que o ente entender razoável e justo, e injustificados os demais, que merecem indeferimento.

O §2º faculta ao ente – não obriga, mas apenas autoriza – *convidar* (e não convocar como reza a lei, porque quem não é obrigado a vir não pode ser convocado, mas apenas convidado) o segundo classificado para, se quiser, ser contratado nas condições do primeiro que não honrou seu compromisso.

E, nesse caso, não importa se o prazo de validade das propostas já venceu ou não, porque se trata de convite, e não de obrigação de comparecer, e licitação vencida não é nem jamais foi, só por isso, licitação perdida, como os amadores de plantão um dia afirmaram do pináculo da sua arrogante ignorância. Será perdida, vencida ou não, se ninguém comparecer para contratar.

O §3º mantém a regra de que, se vencer o prazo de validade das propostas sem que o ente tenha chamado o vencedor para contratar, então todos os licitantes se desobrigam de seus compromissos, muito especialmente o vencedor, *que é o único que tem real compromisso se for convocado dentro da validade da sua proposta.* Os demais não têm nenhum compromisso de fornecerem ao preço que não é seu, mas do vencedor.

Pelo §4º, se nenhum licitante vier contratar, o ente poderá – não estará obrigado, mas apenas autorizado, e o fará apenas se quiser – convidar os licitantes, pela ordem de classificação, para com eles – sempre pela ordem – negociar o preço, ainda que fora dos limites da licitação. Nesse caso, os preços propostos serão registrados e, ao final, o ente pode contratar com o menor deles (inciso I).

O inciso II não faz sentido nem jurídico, nem lógico, devendo na melhor técnica ser solenemente ignorado. Todo o seu assunto está corretamente esgotado no inciso I.

O §5º informa que a recusa injustificada em contratar caracterizará o descumprimento total da obrigação assumida e sujeitará o recusante às penas da lei. Essa "obrigação descumprida" só pode ser a de contratar, porque, se ele não contratou, não assumiu nenhuma obrigação de entregar o objeto. Outra imperfeição da L 8.666 repetida nesta lei.

E não vale essa previsão para os licitantes remanescentes na forma do §4º, inciso I, segundo o que dispõe o §6º. Os remanescentes realmente estão em outro mundo, outra circunstância que não é a da licitação como fora realizada.

E a penalidade é aquela por infração ao disposto no art. 155, inciso VI, desta lei, que, de acordo com o art. 156, inciso III e §4º, é a de *impedimento de licitar e contratar*.

O final §7º cuida de remanescentes, mas não licitantes, e sim *do objeto*, que não foram executados pelo contratado em face de rescisão contratual. *Pela ordem*, os licitantes que foram classificados poderão ser convidados pelo ente a contratar a sua execução, aos preços e nas condições do contratado rescindido, corrigidos ou atualizados se for o caso – e geralmente é.

A lei corretamente se preocupa com tentar aproveitar a licitação havida, vergastada como deve ter sido por incidentes variados.

Art. 91

Art. 91. Os contratos e seus aditamentos terão forma escrita e serão juntados ao processo que tiver dado origem à contratação, divulgados e mantidos à disposição do público em sítio eletrônico oficial.

§1º Será admitida a manutenção em sigilo de contratos e de termos aditivos quando imprescindível à segurança da sociedade e do Estado, nos termos da legislação que regula o acesso à informação.

§2º Contratos relativos a direitos reais sobre imóveis serão formalizados por escritura pública lavrada em notas de tabelião, cujo teor deverá ser divulgado e mantido à disposição do público em sítio eletrônico oficial.

§3º Será admitida a forma eletrônica na celebração de contratos e de termos aditivos, atendidas as exigências previstas em regulamento.

§4º Antes de formalizar ou prorrogar o prazo de vigência do contrato, a Administração deverá verificar a regularidade fiscal do contratado, consultar o Cadastro Nacional de Empresas Inidôneas e Suspensas (Ceis) e o Cadastro Nacional de Empresas Punidas (Cnep), emitir as certidões negativas de inidoneidade, de impedimento e de débitos trabalhistas e juntá-las ao respectivo processo.

Este artigo dispõe sobre a formalização necessária dos contratos, que terão de ser escritos como nenhum selvagem préhistórico imaginaria que pudesse ser diferente. É óbvio que a formalização escrita é imprescindível – *o que não esta nos autos não está no mundo* – e que precisará constar do processo o contrato. A acessibilidade ao contrato não é diferente da que já existia.

O §1º admite o sigilo dos contratos que envolvam a segurança da sociedade, porém não pode ter sido a Lei de Licitações que inovasse nesse assunto de segurança coletiva e, com isso, sendo outra a fonte do direito aplicável, o dispositivo resulta pouco mais que de nenhuma relevância. Não é porque o legislador de licitações quer abranger todos os temas legisláveis no país que o fará com constitucionalidade.

Pelo §2º, que não inova o direito anterior, os contratos envolvendo direitos reais sobre imóveis serão formalizados por escritura pública lavrada em tabelionato e acessíveis ao público por inserção em *site* oficial, como o é praticamente tudo hoje em dia.

O §3º é de uma despiciência única ao "permitir" a forma eletrônica dos contratos e aditamentos, como se, a esta altura da história, alguém concebesse algo diferente. Um pouco mais e o dispositivo autorizaria o uso de computadores pela administração...

O §4º traduz uma obrigação natural da administração, que é a de verificar as condições jurídicas do contratado que esteja prestes a ter seu contrato prorrogado e a de atestar que as reúne para tanto.

A boa novidade é a ordem de expedição de certidões em favor do contratado, porque, no mais, mesmo sem este dispositivo, o ente público sempre precisou certificar-se de que o contratado está apto a ter seu contrato prorrogado, pena de não poder efetuar a dilatação da vigência contratual.

Art. 92

Art. 92. São necessárias em todo contrato cláusulas que estabeleçam:

I – o objeto e seus elementos característicos;

II – a vinculação ao edital de licitação e à proposta do licitante vencedor ou ao ato que tiver autorizado a contratação direta e à respectiva proposta;

III – a legislação aplicável à execução do contrato, inclusive quanto aos casos omissos;

IV – o regime de execução ou a forma de fornecimento;

V – o preço e as condições de pagamento, os critérios, a data-base e a periodicidade do reajustamento de preços e os critérios de atualização monetária entre a data do adimplemento das obrigações e a do efetivo pagamento;

VI – os critérios e a periodicidade da medição, quando for o caso, e o prazo para liquidação e para pagamento;

VII – os prazos de início das etapas de execução, conclusão, entrega, observação e recebimento definitivo, quando for o caso;

VIII – o crédito pelo qual correrá a despesa, com a indicação da classificação funcional programática e da categoria econômica;

IX – a matriz de risco, quando for o caso;

X – o prazo para resposta ao pedido de repactuação de preços, quando for o caso;

XI – o prazo para resposta ao pedido de restabelecimento do equilíbrio econômico-financeiro, quando for o caso;

XII – as garantias oferecidas para assegurar sua plena execução, quando exigidas, inclusive as que forem oferecidas pelo contratado no caso de antecipação de valores a título de pagamento;

XIII – o prazo de garantia mínima do objeto, observados os prazos mínimos estabelecidos nesta Lei e nas normas técnicas aplicáveis, e as condições de manutenção e assistência técnica, quando for o caso;

XIV – os direitos e as responsabilidades das partes, as penalidades cabíveis e os valores das multas e suas bases de cálculo;

XV – as condições de importação e a data e a taxa de câmbio para conversão, quando for o caso;

XVI – a obrigação do contratado de manter, durante toda a execução do contrato, em compatibilidade com as obrigações por ele assumidas, todas as condições exigidas para a habilitação na licitação, ou para a qualificação, na contratação direta;

XVII – a obrigação de o contratado cumprir as exigências de reserva de cargos prevista em lei, bem como em outras normas específicas, para pessoa com deficiência, para reabilitado da Previdência Social e para aprendiz;

XVIII – o modelo de gestão do contrato, observados os requisitos definidos em regulamento;

XIX – os casos de extinção.

§1º Os contratos celebrados pela Administração Pública com pessoas físicas ou jurídicas, inclusive as domiciliadas no exterior, deverão conter cláusula que declare competente o foro da sede da Administração para dirimir qualquer questão contratual, ressalvadas as seguintes hipóteses:

I – licitação internacional para a aquisição de bens e serviços cujo pagamento seja feito com o produto de financiamento concedido por organismo financeiro internacional de que o Brasil faça parte ou por agência estrangeira de cooperação;

II – contratação com empresa estrangeira para a compra de equipamentos fabricados e entregues no exterior precedida de autorização do Chefe do Poder Executivo;

III – aquisição de bens e serviços realizada por unidades administrativas com sede no exterior.

§2º De acordo com as peculiaridades de seu objeto e de seu regime de execução, o contrato conterá cláusula que preveja período antecedente à expedição da ordem de serviço para verificação de pendências, liberação de áreas ou adoção de outras providências cabíveis para a regularidade do início de sua execução.

§3º Independentemente do prazo de duração, o contrato deverá conter cláusula que estabeleça o índice de reajustamento de preço, com data-base vinculada à data do orçamento estimado, e poderá ser estabelecido mais de um índice específico ou setorial, em conformidade com a realidade de mercado dos respectivos insumos.

§4º Nos contratos de serviços contínuos, observado o interregno mínimo de 1 (um) ano, o critério de reajustamento de preços será por:

I – reajustamento em sentido estrito, quando não houver regime de dedicação exclusiva de mão de obra ou predominância de mão de obra, mediante previsão de índices específicos ou setoriais;

II – repactuação, quando houver regime de dedicação exclusiva de mão de obra ou predominância de mão de obra, mediante demonstração analítica da variação dos custos.

§5º Nos contratos de obras e serviços de engenharia, sempre que compatível com o regime de execução, a medição será mensal.

§6º Nos contratos para serviços contínuos com regime de dedicação exclusiva de mão de obra ou com predominância de mão de obra, o prazo para resposta ao pedido de repactuação de preços será preferencialmente de 1 (um) mês, contado da data do fornecimento da documentação prevista no §6º do art. 135 desta Lei.

Longo e penoso artigo, contribui para o retrorreferido resgate do *karma* ancestral dos agentes incumbidos de elaborar o edital. É tremendamente prolixo e árduo de percorrer, inobstante a essencialidade de muitas de suas disposições.

Substituindo o art. 5º da L 8.666, elenca as cláusulas necessárias do contrato e, por necessárias, entendam-se as que forem possíveis, material e/ou juridicamente. São elas: I – objeto com sua descrição completa, ainda que constante de anexos; II – previsão de que se vincula o contrato à proposta vencedora da licitação ou ao ato autorizador da contratação direta, se for o caso; III – legislação aplicável, que é a Lei de Licitações mais a legislação específica que rege o objeto, se existir; IV – regime de execução, conforme a lei, e forma de fornecimento, que é casuística do ente contratante; V – preço e condições de pagamento, periodicidade e fator de reajuste, se for o caso; VI – critério e periodicidade das medições, se existirem em face da natureza do objeto; VII – prazos de início das etapas de execução, da conclusão, da entrega, das observações se estiverem previstas e do recebimento definitivo, sempre quando for o caso conforme o objeto; VIII – o crédito pelo qual correrá a despesa, com a indicação da classificação funcional-programática e da categoria econômica, sendo essa uma disposição que em nada interessa ao contratado, mas apenas ao ente contratante, se estiver sujeito à contabilidade pública e, se não estiver, devem ser indicados os dispositivos equivalentes, se existirem.

É também necessário cláusulas relativas: IX – à matriz de risco quando for o caso e, se o autor do edital for inteligente e puder, fugirá de uma coisa dessas, tão necessária quanto uma pneumonia e que nunca existiu antes, como foge o diabo à cruz; X – ao prazo para resposta ao pedido de repactuação de preços, quando for o caso. O assunto decerto já está faltando, para ao legislador ocorrer encher o artigo com dispositivos de uma tal mendicância jurídica; XI – ao prazo para resposta ao pedido de restabelecimento do equilíbrio econômico-financeiro quando for o caso, e o comentário é idêntico ao do inciso anterior; XII – às garantias oferecidas para assegurar a execução do contrato, quando exigidas e da natureza que forem; XIII – "[ao] prazo de garantia mínima do objeto, observados os prazos mínimos estabelecidos nesta Lei e nas normas técnicas aplicáveis, e [às] condições de manutenção e assistência técnica, quando for o caso". Não se compreende que prazos de garantia mínima esta lei estabeleceu ou que acaso poderia estabelecer. No mais, se o objeto for para ser garantido, então que se fixem os parâmetros no contrato.

Exige-se ainda do contrato previsão de XIV – enumeração dos direitos e das responsabilidades das partes, das penalidades cabíveis e dos valores das multas e suas bases de cálculo. Os direitos e as responsabilidades são descritíveis dentro do possível num contrato, uma vez que sempre se aplicam princípios gerais de direito, e próprio direito civil quando insuficiente o direito público; as penalidades são as da lei, e esta dicção legal, que vem da L 8.666, é pura falta do que fazer; e as multas constarão se o ente quiser, devendo então especificá-las e indicar cada qual a que conduta se aplica. Não existe multa genérica, em branco ou a de valor a decidir pela autoridade quando da aplicação; ou são previstas, ou simplesmente não podem ser aplicadas ao contratado, diferentemente das penas que constam da lei; XV – se for o caso, as condições de importação e a data e a taxa de câmbio para conversão. A data da conversão já remete à taxa de câmbio aplicável, bastando consultar as informações econômicas diárias; XVI – a obrigação do contratado de manter, durante toda a execução do contrato, em compatibilidade com as obrigações por ele assumidas, todas as condições exigidas para a habilitação na licitação ou para a qualificação na contratação direta.

Isso se apura a cada novo pagamento que o contratado mereça, e não são necessariamente todas elas, mas apenas as que vençam, porque ninguém precisa renovar a apresentação de contrato social e de capital mínimo, por exemplo. O legislador com frequência copia bobagens de uma lei para outra, sem dar-se conta das impropriedades que deveria corrigir.

E é exigido para o contrato, por fim, XVII – a obrigação de o contratado cumprir as exigências de reserva de cargos prevista em lei, bem como em outras normas específicas, para pessoa com deficiência, para reabilitado da Previdência Social e para aprendiz – é o que diz a lei. Como este assunto é regido não pela Lei de Licitações, mas por legislação trabalhista e social, basta ao contrato remeter à legislação específica, que não precisa nem sequer discriminar porque *ignorantia legis neminem excusat*. E mesmo que o contrato nada diga sobre isso, o contratado não está livre de cumprir aquela legislação; XVIII – o modelo de gestão do contrato, observados os requisitos definidos em regulamento. Se o ente souber do que o legislador está falando, então estará obrigado a cumprir este inciso, que, para nós, é uma faca sem lâmina da qual judiciosamente alguém extraiu o cabo, e é, finalmente, algo que não tem nenhum sentido num artigo como este; XIX – os casos de extinção.

Esses casos estão taxativamente previstos na lei e basta ao contrato a eles remeter, sem ter de repetir a lei, porque essa não é função de contrato nenhum.

O §1º, completamente fora de lugar tanto quanto estava na L 8.666, porque a sua matéria, se tanto, deveria constar dos incisos, é o do *foro privilegiado* da administração, que é o da sua sede, e não o da sede do contratado nem nenhuma outra. Isso já consta da legislação civil, e as leis específicas perdem tempo em repetir algo que é pressuposto de juridicidade dos contratos públicos.

Os contratos internacionais abrem exceção a este princípio caso sejam a) pagos com produto de financiamento internacional; b) contratos com empresa estrangeira que forneça o objeto no exterior;

e c) contratos realizados por unidades administrativas brasileiras no exterior.

O §2º não tem a menor necessidade de existir, porque a sua previsão já seria observada em qualquer hipótese: conforme o contrato, poderá prever que, antes da expedição da ordem de serviço, o ente contratante observe ou providencie o necessário para assegurar a correta execução. Isso sempre foi possível desde que existe contrato administrativo, sem o menor embaraço.

O §3º, para fazer sentido, precisa ser lido como sendo a ordem de que em todo contrato conste o fator de reajuste, sendo o reajuste – até surgir regra em contrário à da legislação atual – *anual* a contar da data da proposta da administração.

Ou seja: um contrato baseado num orçamento público de fevereiro de um ano, mas que somente foi assinado em março do ano seguinte – treze meses após, portanto –, já ao ser assinado, deverá sofrer reajuste, a contar da data da proposta do ente contratante, constante do edital.

Se assim é o direito deste parágrafo, é-o para preservar o valor da paga ao contratado que se dê apenas longo tempo após a data do orçamento estimado da administração no qual ele se baseou para propor.

O §4º reinventa a roda, porém com uma face reta. Parece saber o legislador que *reajuste* é uma espécie de acréscimo, prevista contratualmente pelo índice tal ou qual, a se dar obrigatória e automaticamente após um ano contado do índice zero, ou seja, a data-base a considerar, e não altera o contrato, deferindo-se por mero apostilamento; e que *repactuação* é revisão, alteração, modificação do contrato, que nunca está prevista, mas se dá a pedido da parte prejudicada e por negociação se essa parte demonstrar variação insuportável, imprevisível ou inimaginável, dos custos da execução, por cuja variação a parte não teve responsabilidade.

Reajustamento ou reajuste é uma coisa e tem critério preestabelecido; *repactuação* é outra completamente diferente e não tem critério nenhum previamente ajustado. Apenas repõe o impacto de uma alta inesperada e imprevisível de custos da parte, em geral o contratado, mas que pode ser também o contratante.

Espera-se que as autoridades brasileiras não se esqueçam dessa regra que tem talvez um século e continuem tratando reajuste como reajuste, e repactuação como a revisão que é e que sempre foi. A lei, neste ponto, é trabalho de amadores desinformados e que acabam fazendo involuir o direito consagrado e rigorosamente correto.

Agora, o legislador pretende ensinar à engenharia nacional e à administração pública contratante de obras que a medição, sempre que possível, será mensal. Os engenheiros e os gestores de contratos agradecem penhoradamente este original ensinamento.

Em excelente hora termina este artigo, porém, também aqui, com uma disposição que não serve para absolutamente nada, ao dizer que preferencialmente o prazo para uma resposta que esta lei inventou é de um mês.

Quando alguém lê o advérbio *preferencialmente* em um texto legal, recomenda-se-lhe passar imediatamente para o dispositivo seguinte, porque lei não é catecismo nem sermão de domingo; e quando a recomendação se reveste de uma atroz insignificância como aqui, com maior rapidez ainda.

Art. 93

Art. 93. Nas contratações de projetos ou de serviços técnicos especializados, inclusive daqueles que contemplem o desenvolvimento de programas e aplicações de internet para computadores, máquinas, equipamentos e dispositivos de tratamento e de comunicação da informação (software) – e a respectiva documentação técnica associada –, o autor deverá ceder todos os direitos patrimoniais a eles relativos para a Administração Pública, hipótese em que poderão ser livremente utilizados e alterados por ela em outras ocasiões, sem necessidade de nova autorização de seu autor.

§1º Quando o projeto se referir a obra imaterial de caráter tecnológico, insuscetível de privilégio, a cessão dos direitos a que se refere o *caput* deste artigo incluirá o fornecimento de todos os dados, documentos e elementos de informação pertinentes à tecnologia de concepção, desenvolvimento, fixação em suporte físico de qualquer natureza e aplicação da obra.

§2º É facultado à Administração Pública deixar de exigir a cessão de direitos a que se refere o *caput* deste artigo quando o objeto da contratação envolver atividade de pesquisa e desenvolvimento de caráter científico, tecnológico ou de inovação, considerados os princípios e os mecanismos instituídos pela Lei nº 10.973, de 2 de dezembro de 2004.

§3º Na hipótese de posterior alteração do projeto pela Administração Pública, o autor deverá ser comunicado, e os registros serão promovidos nos órgãos ou entidades competentes.

Artigo *tecnológico*, inicia bem, mas, depois, se torna pouco claro.

O *caput* correta e adequadamente manda que, nas licitações que envolvam projetos, o autor precisará ceder os respectivos direitos autorais ao ente contratante, que, agora seu proprietário, poderá alterá-los segundo sua necessidade ou conveniência, sem participação ao autor.

Assemelha-se isso ao concurso de projetos, no qual o autor premiado cede os direitos patrimoniais do projeto ao ente promotor do concurso, que lhe pagou prêmio pelo seu projeto vencedor. Ou seja, em ambos os casos, trata-se ao fim e ao cabo da *compra* de um projeto.

O §1º amplia a necessária cessão de direitos em caso de projeto de "obra imaterial de caráter tecnológico", fazendo incluir na cessão "todos os dados, documentos e elementos de informação pertinentes à tecnologia de concepção, desenvolvimento, fixação em suporte físico de qualquer natureza e aplicação da obra".

Confessamos não assimilar inteiramente a palavra *obra* num tal contexto de imaterial. Esse conceito pode ser filosófico ou literário, mas, em absoluto, não é o conceito *licitatório* de obra. Dizer-se a um engenheiro sobre *obra imaterial* é algo no mínimo embaraçoso... mas a ordem da lei está suficientemente clara e é também correta, apesar de que já parecia compreendida no *caput*.

O §2º abre exceção à ordem do *caput* e permite ao ente público não exigir a cessão dos direitos do projeto que envolver pesquisa científica e tecnológica, na forma da Lei nº 10.973/04, a Lei dos Incentivos à Inovação Tecnológica e das ICTs. Essa exceção quebra grande parte da imperiosidade da regra do artigo e francamente desagrada ao homem do direito, independentemente da razão técnica que possa conter.

Mas menos compreensível é a ordem do §3º, que manda comunicar ao autor do projeto que agora pertence à administração qualquer modificação posterior do mesmo projeto. Para quê? É o que se pergunta.

Desde quando alguém precisa comunicar ao ex-proprietário do seu automóvel que rebaixou a suspensão ou que o decorou com distintivos do clube futebolístico da tradição familiar que, porventura, outro não é senão aquele orgulhosamente instalado no distrito paulistano de Itaquera?

Se o bem não mais pertence ao autor, então simplesmente não faz sentido a ordem. Que a modificação seja anotada e registrada, é lógico e necessário, mas não que seja comunicada a quem nada mais tem a ver com o projeto senão o registro histórico da autoria.

Art. 94

> Art. 94. A divulgação no Portal Nacional de Contratações Públicas (PNCP) é condição indispensável para a eficácia do contrato e de seus aditamentos e deverá ocorrer nos seguintes prazos, contados da data de sua assinatura:
>
> I – 20 (vinte) dias úteis, no caso de licitação;
>
> II – 10 (dez) dias úteis, no caso de contratação direta.
>
> §1º Os contratos celebrados em caso de urgência terão eficácia a partir de sua assinatura e deverão ser publicados nos prazos previstos nos incisos I e II do *caput* deste artigo, sob pena de nulidade.
>
> §2º A divulgação de que trata o *caput* deste artigo, quando referente à contratação de profissional do setor artístico por inexigibilidade, deverá identificar os custos do cachê do artista, dos músicos ou da banda, quando houver, do transporte, da hospedagem, da infraestrutura, da logística do evento e das demais despesas específicas.
>
> §3º No caso de obras, a Administração divulgará em sítio eletrônico oficial, em até 25 (vinte e cinco) dias úteis após a assinatura do contrato, os quantitativos e os preços unitários e totais que contratar e, em até 45 (quarenta e cinco) dias úteis após a conclusão do contrato, os quantitativos executados e os preços praticados.
>
> §4º (VETADO).
>
> §5º (VETADO).

O legislador federal parece realmente não ter noção do que é uma república federativa, do que é o pacto federativo e do que significa a autonomia administrativa dos entes federados, que a Constituição assegura.

O *caput* deste artigo *vale única e exclusivamente para a União*, de modo que não podia integrar sem ressalva a Lei Nacional das Normas Gerais de Licitação e Contrato, salvo se a mesma lei o excepcionasse de modo expresso.

Cada estado, o Distrito Federal e cada município brasileiro publica ou divulga o extrato de cada contrato seu no portal que bem institua e mantenha, sem estar obrigado a fazê-lo no portal nacional, a não ser que o custeio do contrato seja federal.

Assim, os prazos em dias úteis constantes dos incisos I e II valem exclusivamente para a União, salvo se a verba para pagamento do contrato seja federal.

O §1º prevê que os contratos emergenciais não terão a eficácia contida até a sua publicação ou divulgação, cujos prazos são os mesmos, mas imediata, o que é perfeito, pois que, na emergência, *se atira antes e se pergunta depois*, como se sabe.

Por fim, *eficácia*, recorde-se, é a capacidade de produzir efeito, que não se confunde com *vigência*, que é a condição de estar em vigor – ainda que temporariamente sem eficácia –, nem com *validade*, que é a conformidade com o direito aplicável.

Encerra artigo o §3º – uma vez que foram vetados os §§4º e 5º –, pelo qual os contratos de obras serão divulgados em *site* oficial em até 25 dias úteis da assinatura, com quantitativos e preços, e em até 45 dias úteis da conclusão do contrato – entenda-se, do *recebimento definitivo*, pois que, antes disso, o contrato não estará concluído – o resultado da execução, com os preços pagos.

Essa medida em muito colabora para a transparência dos mais onerosos negócios públicos, as obras, facilitando sobremaneira o controle da sua legalidade e sua regularidade. Porém, aqui se evidencia que o conceito *licitatório* de obra não é aquele de imaterialidade figurante no §2º, como no respectivo comentário se iterou.

Quanto à aplicabilidade deste §3º aos entes federados, em face da sua generalidade ou inespecificidade, nada juridicamente a obsta, diferentemente do *caput*.

Art. 95

Art. 95. O instrumento de contrato é obrigatório, salvo nas seguintes hipóteses, em que a Administração poderá substituí-lo por outro instrumento hábil, como carta-contrato, nota de empenho de despesa, autorização de compra ou ordem de execução de serviço:

I – dispensa de licitação em razão de valor;

II – compras com entrega imediata e integral dos bens adquiridos e dos quais não resultem obrigações futuras, inclusive quanto a assistência técnica, independentemente de seu valor.

§1º Às hipóteses de substituição do instrumento de contrato, aplica-se, no que couber, o disposto no art. 92 desta Lei.

§2º É nulo e de nenhum efeito o contrato verbal com a Administração, salvo o de pequenas compras ou o de prestação de serviços de pronto pagamento, assim entendidos aqueles de valor não superior a R$ 10.000,00 (dez mil reais).

Cansamo-nos de tentar fazer ver que é muito ruim a dicção "instrumento de contrato" pela correta alusão ao *termo de contrato* que constava da L 8.666 anteriormente à sua modificação pela Lei nº 8.883, de 8 de junho de 1994. Esta última lei retirou da L 8.666 a palavra correta *termo* e a substituiu pela bisonha forma "instrumento", que esta lei agora preservou. Insistir nisso é dar murro em ponta de faca.

O bom e velho *termo de contrato* é o instrumento contratual básico, clássico, tradicional, de praxe, originário, escolástico, ortodoxo, histórico, mas o autor da Lei nº 8.883/94, nesse tópico um autêntico macaco em loja de louça, deve ter faltado às aulas de lógica do idioma, e o seu porcino serviço permaneceu na L 8.666 até o advento desta Lei nº 14.133, que apenas o manteve.

Substituiu-se o certo pelo errado, apenas isso. O pior cego é o que não quer ver ou – caprichemos agora – o que nem sequer sabe que é cego. Batalha perdida.

O termo de contrato, que é o contrato-padrão, com cláusulas detalhadas, foro, testemunhas, norma de regência, duração, prorrogabilidade, fator de reajuste, garantia prévia e as demais previsões clássicas, esse que o *caput* refere como "instrumento", é obrigatório para a administração que contrate, salvo nas exceções figurantes nos incisos, que são:

– inciso I – nas dispensas de licitação em razão de valor do objeto contratado, na forma desta lei. Sendo materialmente simples a transação, o instrumento formalizador do negócio pode ser equivalentemente outro mais simples que o termo, como o são a "carta-contrato, nota de empenho de despesa, autorização de compra ou ordem de execução de serviço", ou outros ainda existentes em cada ente público, já que esta lista é apenas exemplificativa, e não fechada ou taxativa.

Carta-contrato é uma carta ou ofício que o ente contratante remete ao contratando e que contém as condições essenciais do negócio, em forma variável de ente para ente, e que, sendo aceita e recebida, vale como formalizadora do compromisso contratual, sujeitando-se à execução e a regras processuais aplicáveis aos contratos.

Nota de empenho é o instrumento contábil de reserva de verba para pagar aquele dado contrato, e pouquíssimo de esclarecimento ou informação contém – do prisma jurídico revelando-se uma *péssima* simplificação. Substituir contrato por nota de empenho equivale a substituir uma motocicleta por um patinete.

Ordens de execução ou *ordens de compra*, que também se podem denominar ordens *de entrega*, não exigem maior detença explicativa dada a sua linear objetividade: cada qual é a determinação, que pode ser detalhada e analítica, de que seja entregue o objeto, valendo como contrato quando recebida e aceita pelo destinatário.

Mas podem existir e existem outros instrumentos contratuais simplificados, locais como se iterou, que não precisam prender-se a esses exemplos da lei;

II – "compras com entrega imediata e integral dos bens adquiridos e dos quais não resultem obrigações futuras, inclusive quanto a assistência técnica, independentemente de seu valor". O dispositivo, transcrito da l L 8.666, é claro, e estas referidas obrigações futuras são, por exemplo, a de testar um veículo com 5, 10, 20 e 50 mil quilômetros e trocar determinadas peças independentemente do resultado, ou então oferecer outras obrigatórias manutenções periódicas, ou prestar qualquer sorte de assistência técnica obrigatória. Bens que exijam providências que tais não podem ser comprados com instrumentos simplificados.

Frise-se que a garantia original de máquinas ou equipamentos para os efeitos deste inciso *não integra* aquelas obrigações futuras e, portanto, não é o só fato de o bem estar garantido que impede a sua aquisição por instrumento contratual simplificado.

O §1º é um primor de imprecisão, vagueza, indeterminação e dispersividade. Aconselha-se ao contratante que, antes de contratar diretamente o objeto, sem licitação, leia o art. 92 – ao menos até onde seu estômago o permitir – e, então, decida o que daquele cipoal deve ser aplicado ao seu caso do momento. Nada mais se pode exigir a ninguém.

Pelo final §2º, a Lei nº 14.133 outra vez repete a asneira de morder a nuca que consta da L 8.666, evidentemente sem se aperceber da monstruosidade jurídica que consigna.

Prescreve nulo o contrato verbal com a administração – e até aí é rigorosamente perfeito –, porém remata: "salvo o de pequenas compras ou o de prestação de serviços de pronto pagamento, assim entendidos aqueles de valor não superior a R$ 10.000,00 (dez mil reais)".

Quer então a lei dizer que uma compra de R$9.000,00 ou um serviço de R$9.500,00 pode ser contratado verbalmente, *de boca* como se diz, com um fio de barba como garantia e o sinal polegarino de positivo reciprocamente trocado entre as partes?

Não existe porventura, em hipóteses assim, nenhum documento formalizador e obrigacional do negócio? É o que a lei parece dispensar...

O texto, que está na L 8.666 e esta lei apenas repetiu, faz duvidar da higidez mental do legislador. Parece piada.

Sabe-se, no entanto, que não é assim que ocorre na prática diuturna dos negócios públicos e que mesmo a compra de uma deliciosa paçoquinha, seja açucarada, seja *diet*, exige ao menos a nota fiscal de compra que evidencie a existência de um contrato de compra e venda.

Sem essa nota, o adquirente deverá ser responsabilizado pela despesa que não formalizou e, ainda que não se trate de paçoquinhas, o mesmo se dá relativamente a qualquer negócio, de qualquer valor.

Assiste razão, uma vez mais, ao ensinamento bíblico segundo o qual não se pode fiar na letra, que mata...

Art. 96

CAPÍTULO II
DAS GARANTIAS

Art. 96. A critério da autoridade competente, em cada caso, poderá ser exigida, mediante previsão no edital, prestação de garantia nas contratações de obras, serviços e fornecimentos.

§1º Caberá ao contratado optar por uma das seguintes modalidades de garantia:

I – caução em dinheiro ou em títulos da dívida pública emitidos sob a forma escritural, mediante registro em sistema centralizado de liquidação e de custódia autorizado pelo Banco Central do Brasil, e avaliados por seus valores econômicos, conforme definido pelo Ministério da Economia;

II – seguro-garantia;

III – fiança bancária emitida por banco ou instituição financeira devidamente autorizada a operar no País pelo Banco Central do Brasil.

§2º Na hipótese de suspensão do contrato por ordem ou inadimplemento da Administração, o contratado ficará desobrigado de renovar a garantia ou de endossar a apólice de seguro até a ordem de reinício da execução ou o adimplemento pela Administração.

§3º O edital fixará prazo mínimo de 1 (um) mês, contado da data de homologação da licitação e anterior à assinatura do contrato, para a prestação da garantia pelo contratado quando optar pela modalidade prevista no inciso II do §1º deste artigo.

Artigo sobre as garantias exigíveis dos licitantes, baseia-se no art. 56 da L 8.666, afora os dois parágrafos que constituem matéria original. A garantia visa ressarcir – dentro do seu limite financeiro, que é muito pequeno – o prejuízo do ente contratante em caso de o contratado descumprir sua obrigação.

O edital da licitação poderá exigir prestação de garantia pelo licitante como requisito de contratação; sendo vencedor, então esse licitante presta a garantia para poder ser contratado.

O contratando opta por alguma das três modalidades admitidas para a garantia, sejam (I) caução em dinheiro ou títulos da dívida pública (até há algum tempo alcunhados *moeda podre*); (II) seguro-garantia, contratado com alguma seguradora; ou (III) fiança bancária emitida por banco oficialmente autorizado – a qual não é barata. Quem elege a modalidade é apenas o licitante vencedor, quando a isso obrigado pelo ente contratante.

Pelo §2º, atento à regra civil de que, quando uma parte do contrato descumpre sua obrigação – nesse passo, desobriga a outra da sua –, autoriza o contratado, que teve o contrato suspenso por culpa ou por responsabilidade da administração, de renovar a garantia. Absolutamente jurídico e justo, e custa mesmo crer que fosse preciso a lei dispor sobre isso, tão evidente parece.

O final §3º, absolutamente infantil e desnecessário, fixa um prazo mínimo para o vencedor prestar a garantia, a contar da homologação do certame, prazo esse que poderia perfeitamente ser ditado pelo ente contratante a cada caso e que não precisaria ser de um mês – que, em certos casos, é uma eternidade. Inovação sem nenhum sentido, consideravelmente irritante.

Art. 97

Art. 97. O seguro-garantia tem por objetivo garantir o fiel cumprimento das obrigações assumidas pelo contratado perante à Administração, inclusive as multas, os prejuízos e as indenizações decorrentes de inadimplemento, observadas as seguintes regras nas contratações regidas por esta Lei:

I – o prazo de vigência da apólice será igual ou superior ao prazo estabelecido no contrato principal e deverá acompanhar as modificações referentes à vigência deste mediante a emissão do respectivo endosso pela seguradora;

II – o seguro-garantia continuará em vigor mesmo se o contratado não tiver pago o prêmio nas datas convencionadas.

Parágrafo único. Nos contratos de execução continuada ou de fornecimento contínuo de bens e serviços, será permitida a substituição da apólice de seguro-garantia na data de renovação ou de aniversário, desde que mantidas as mesmas condições e coberturas da apólice vigente e desde que nenhum período fique descoberto, ressalvado o disposto no §2º do art. 96 desta Lei.

Curto artigo ainda sobre garantias, aborda desta vez o seguro-garantia, e o faz de modo mais racional que a equivalente matéria anterior.

Informa que visa assegurar prejuízos ou créditos do ente contratante por inadimplemento pelo contratado e, dentre os créditos, inclui as multas impostas – supostamente exigíveis após esgotados os recursos cabíveis –, o que aperfeiçoa o direito anterior que mandava executar as multas não pagas, mesmo tendo sido prestada garantia.

Em descumprindo alguma obrigação contratual, servirá o seguro para cobrir o prejuízo resultante ao contratante e que este consiga demonstrar ou que já esteja contemplado no contrato – além de eventuais multas.

O inciso I manda que o prazo da apólice seja igual ou superior ao do contrato a que se refere – o que parece óbvio, mas não é demais que se preveja – e, ainda, que deve ser ampliado através de endosso pela seguradora sempre que o contrato seja prorrogado ou estendido, ou ainda suspenso e depois retomado, de modo que o contrato precisará *sempre* estar coberto pelo seguro-garantia originário.

Pelo inciso II, o ente contratante se livra de manter o contrato descoberto pelo seguro que acaso não teve o prêmio à seguradora coberto no prazo pelo contratado. De fato, o problema não é do contratante, mas do contratado – que evidentemente terá incluído o valor do prêmio no seu preço –, de modo que o contratante considerará segurado o contrato mesmo que o contratado incidentalmente descumpra sua obrigação junto à seguradora. E, nessa hipótese, o contratado pagará ao contratante o que a seguradora pagaria – é a única conclusão possível.

O §2º permite à administração substituir seis por meia dúzia ao autorizar ao contratado trocar uma apólice por outra igual, mantendo-se a cobertura do contrato. Merece a chancela do Conselheiro Acácio.

Art. 98

Art. 98. Nas contratações de obras, serviços e fornecimentos, a garantia poderá ser de até 5% (cinco por cento) do valor inicial do contrato, autorizada a majoração desse percentual para até 10% (dez por cento), desde que justificada mediante análise da complexidade técnica e dos riscos envolvidos.

Parágrafo único. Nas contratações de serviços e fornecimentos contínuos com vigência superior a 1 (um) ano, assim como nas subsequentes prorrogações, será utilizado o valor anual do contrato para definição e aplicação dos percentuais previstos no *caput* deste artigo.

Artigo que mantém o fingimento lamentável do direito anterior, de tentar vender ao mundo a ideia de que uma garantia de 5% (cinco por cento) do valor do contrato garante alguma coisa ou serve para alguma coisa.

Hipocrisia legislativa que se repete de lei para lei, esse traste jurídico não consegue nem chegar perto do *bid bond* (garantia da proposta) do direito americano, que assegura, esse, sim, a integralidade – 100% – do valor do contrato para o caso da inadimplência operacional pelo contratado.

E essa esmola ou mendicância pode ser ampliada para até 10% do valor contratual, dependentemente de *análise da complexidade técnica e dos riscos envolvidos*. Nunca terá sido preciso haver tanta análise para uma insignificância tão absoluta.

O parágrafo único tenta esboçar um esclarecimento ou uma informação, mas não tem salvação: não diz nada com nada, lé com cré, nem coisa nenhuma. Uma ideia não fecha com outra nem com ela guarda qualquer relação. É embaraçoso.

Art. 99

Art. 99. Nas contratações de obras e serviços de engenharia de grande vulto, poderá ser exigida a prestação de garantia, na modalidade seguro-garantia, com cláusula de retomada prevista no art. 102 desta Lei, em percentual equivalente a até 30% (trinta por cento) do valor inicial do contrato.

Limitado ao *caput*, este artigo melhora um pouco a penúria constrangedora do anterior. Permite que o seguro-garantia – e apenas essa modalidade de garantia, e não outra – já no edital seja exigido e que cubra até 30% do valor inicial do contrato. É ainda pouco como efetiva garantia, mas melhor que 5% ou 10%.

Apenas na contratação de obras e de serviços de engenharia de grande vulto, como definidos nesta lei, pode ser aplicada essa alíquota e ainda pode constar do contrato a *cláusula de retomada* objeto do art. 102, ainda que ali figure sem essa denominação, e como se irá examinar.

Art. 100

Art. 100. A garantia prestada pelo contratado será liberada ou restituída após a fiel execução do contrato ou após a sua extinção por culpa exclusiva da Administração e, quando em dinheiro, atualizada monetariamente.

    Artigo baseado no §4º do art. 56 da L 8.666, fixa a devolução da garantia, corrigida monetariamente quando prestada em dinheiro, após a execução perfeita do contrato ou, então, após a sua extinção por culpa ou responsabilidade exclusiva do ente contratante.

    Nada mais adequado e juridicamente correto, pois que, em hipóteses assim, a garantia perde sua função por completo, merecendo ser devolvida a quem a prestou, com a reparação integral da desvalorização monetária segundo índices fixados no edital ou no contrato.

Art. 101

Art. 101. Nos casos de contratos que impliquem a entrega de bens pela Administração, dos quais o contratado ficará depositário, o valor desses bens deverá ser acrescido ao valor da garantia.

Artigo que reproduz o §5º do art. 56 da L 8.666, manda acrescer ao montante do seguro o valor dos bens, como máquinas e equipamentos, que o ente contratante entrega à custódia do contratado para favorecer a execução e, naturalmente, reduzir o seu preço.

Natural e correto, uma vez que essa parte da relação contratual, que não existe se o ente não cede bens, corre em paralelo ao corpo principal do ajuste e implica responsabilidades autônomas com relação à execução da mesma.

Art. 102

Art. 102. Na contratação de obras e serviços de engenharia, o edital poderá exigir a prestação da garantia na modalidade seguro-garantia e prever a obrigação de a seguradora, em caso de inadimplemento pelo contratado, assumir a execução e concluir o objeto do contrato, hipótese em que:

I – a seguradora deverá firmar o contrato, inclusive os aditivos, como interveniente anuente e poderá:

a) ter livre acesso às instalações em que for executado o contrato principal;

b) acompanhar a execução do contrato principal;

c) ter acesso a auditoria técnica e contábil;

d) requerer esclarecimentos ao responsável técnico pela obra ou pelo fornecimento;

II – a emissão de empenho em nome da seguradora, ou a quem ela indicar para a conclusão do contrato, será autorizada desde que demonstrada sua regularidade fiscal;

III – a seguradora poderá subcontratar a conclusão do contrato, total ou parcialmente.

Parágrafo único. Na hipótese de inadimplemento do contratado, serão observadas as seguintes disposições:

I – caso a seguradora execute e conclua o objeto do contrato, estará isenta da obrigação de pagar a importância segurada indicada na apólice;

II – caso a seguradora não assuma a execução do contrato, pagará a integralidade da importância segurada indicada na apólice.

Este artigo disciplina o que o art. 99 denomina *cláusula de retomada*, que outra coisa não é senão a forçada assunção, pela seguradora que prestou garantia ao contratado, da execução do contrato, no ocasional inadimplemento daquelas obrigações pelo contratado.

Essa importantíssima retomada há de estar prevista no edital e/ou no contrato, pena de não poder ser determinada nem exigida pelo contratante.

Mas é interessante a disposição de abertura, pela qual a seguradora poderá ver-se obrigada, já pelo edital, a assumir a execução naquela hipótese de o contratado, que ela garantiu, não o conseguir fazer.

Em casos assim, a seguradora precisará (I) firmar contrato e aditivos como o faz o próprio contratado, e tal lhe assegurará a) livre acesso ao palco da execução; b) acompanhar *pari passu* a execução; c) livre acesso a quantas auditorias existam sobre a execução, públicas ou privadas; e d) requerer (e naturalmente obter) informações e esclarecimentos de seu interesse, prestados pelo responsável técnico pela execução do contrato.

Natural que assim seja, eis que a seguradora verdadeiramente substitui o inadimplente contratado que garantira perante a administração contratante.

E deve ter vindo o dispositivo em face de que os entes contratantes se devem haver cansado de ver seus contratos de um momento para outro descumpridos, mesmo que (irrisoriamente) segurados, e ninguém se responsabilizar pela sua continuidade e conclusão, com o conhecido prejuízo público que é de esperar.

Pelo inciso II, os empenhos poderão ser emitidos em nome da seguradora que assumiu o contrato, o que é também praticamente obrigatório, uma vez que o contratado simplesmente saiu de cena e, nessa condição, não poderia merecer empenhamento de pagamentos futuros.

O inciso III, meritoriamente correto, permite à seguradora que assumiu subcontratar total ou parcialmente a conclusão do contrato, o que significa que o ente contratante *não precisará autorizar essa contratação*, já que a própria lei o faz. Duvida-se, entretanto, e não se o recomenda, que alguma subcontratação seja firmada sem a prévia ciência do contratante, o que recordaria a *banda-bandalha* em que cada músico toca o que quer.

O parágrafo único fecha o artigo I) isentando a seguradora que assumiu o contrato de pagar o que pagaria, se não tivesse assumido o contrato, pela inadimplência do contratado que segurara – medida absolutamente correta e lógica – e II) obrigando-a a pagar aquela importância caso não assuma a continuação, o que nem precisaria estar escrito na lei, porque o seguro foi prestado exatamente para cobrir a inadimplência do contratado.

Art. 103

CAPÍTULO III
DA ALOCAÇÃO DE RISCOS

Art. 103. O contrato poderá identificar os riscos contratuais previstos e presumíveis e prever matriz de alocação de riscos, alocando-os entre contratante e contratado, mediante indicação daqueles a serem assumidos pelo setor público ou pelo setor privado ou daqueles a serem compartilhados.

§1º A alocação de riscos de que trata o *caput* deste artigo considerará, em compatibilidade com as obrigações e os encargos atribuídos às partes no contrato, a natureza do risco, o beneficiário das prestações a que se vincula e a capacidade de cada setor para melhor gerenciá-lo.

§2º Os riscos que tenham cobertura oferecida por seguradoras serão preferencialmente transferidos ao contratado.

§3º A alocação dos riscos contratuais será quantificada para fins de projeção dos reflexos de seus custos no valor estimado da contratação.

§4º A matriz de alocação de riscos definirá o equilíbrio econômico-financeiro inicial do contrato em relação a eventos supervenientes e deverá ser observada na solução de eventuais pleitos das partes.

§5º Sempre que atendidas as condições do contrato e da matriz de alocação de riscos, será considerado mantido o equilíbrio econômico-financeiro, renunciando as partes aos pedidos de restabelecimento do equilíbrio relacionados aos riscos assumidos, exceto no que se refere:

I – às alterações unilaterais determinadas pela Administração, nas hipóteses do inciso I do *caput* do art. 124 desta Lei;

II – ao aumento ou à redução, por legislação superveniente, dos tributos diretamente pagos pelo contratado em decorrência do contrato.

§6º Na alocação de que trata o *caput* deste artigo, poderão ser adotados métodos e padrões usualmente utilizados por entidades públicas e privadas, e os ministérios e secretarias supervisores dos órgãos e das entidades da Administração Pública poderão definir os parâmetros e o detalhamento dos procedimentos necessários a sua identificação, alocação e quantificação financeira.

Artigo mais ou menos futurístico, introduz na Lei de Licitações conceitos de seguros e de planejamento econômico que ficam bem na legislação securitária e eventualmente nas esferas governamentais superiores, mas que, no âmbito das licitações, raramente são de fato proveitosos: *matriz de risco, alocação de riscos*.

Assunto esotérico em licitações, funda-se em adivinhações ao feitio de Mãe Dinah e em suposições, lucubrações e profecias entrecruzadas, as quais, compulsadas harmonicamente no seu conjunto inteiro, não conduzem a absolutamente nada, e não fazem a administração andar um centímetro em direção nenhuma.

O que tem de conveniente o dispositivo é que apenas *faculta, permite, autoriza* o ente licitador a considerar esses conceitos e esses prismas e inseri-los na licitação e no contrato.

Na imensa maioria das vezes, é francamente desaconselhável fazê-lo, tanto quanto não se recomenda a ninguém *procurar chifre em cabeça de cavalo* ou *tentar encontrar pelo em ovo*. Os problemas reais da administração são sempre maiores do que ela pode resolver, de maneira que nenhum ente público, por princípio, precisa correr atrás de novos problemas, sobretudo quando *artificiais*, como neste caso.

Quem quiser se preocupar com alocação de riscos – como se nada mais tivesse com que se preocupar –, então siga o artigo, que, em resumo (porque, como mera faculdade, não merece mais do que um resumo), prevê:
– o edital poderá prever, como bem entender, uma matriz de riscos inerentes ao contrato pretendido, distribuindo-os entre contratante e contratado conforme a sua natureza e as suas imagináveis características (*caput* e §1º);
– não merecendo nem sequer ser lido o §2º, o §3º e o §4º informam o óbvio do que a alocação de riscos serve para informar os custos do contrato e, com isso, definir o seu equilíbrio econômico-financeiro inicial – como se pudessem servir para alguma coisa mais;

- o §5º, não se dando conta do seu patético ridículo, informa que, se forem mantidas as condições da alocação de riscos, *as partes renunciam ao pedido de reequilíbrio! A lei renuncia ao pedido pelos contratantes! A lei suprime a vontade das partes e renuncia por elas!* E nos incisos, a lei estabelece *em que hipóteses as partes não renunciam!* A lei decide pelas partes! Não existe comentário possível;
- o, felizmente último, §6º deste degradante artigo informa que, na alocação de riscos, *poderão ser adotados métodos e padrões usualmente utilizados por entidades públicas e privadas.*

Outra vez a lei inventa a roda, descobre o fogo e tece as platitudes mais infantis, que nem o Conselheiro Acácio levantaria, tal qual pudessem existir métodos fora da ordem pública e da iniciativa privada, talvez n'algum planeta do sistema solar. Este artigo é exorcizável.

Art. 104

CAPÍTULO IV
DAS PRERROGATIVAS DA ADMINISTRAÇÃO

Art. 104. O regime jurídico dos contratos instituído por esta Lei confere à Administração, em relação a eles, as prerrogativas de:

I – modificá-los, unilateralmente, para melhor adequação às finalidades de interesse público, respeitados os direitos do contratado;

II – extingui-los, unilateralmente, nos casos especificados nesta Lei;

III – fiscalizar sua execução;

IV – aplicar sanções motivadas pela inexecução total ou parcial do ajuste;

V – ocupar provisoriamente bens móveis e imóveis e utilizar pessoal e serviços vinculados ao objeto do contrato nas hipóteses de:

a) risco à prestação de serviços essenciais;

b) necessidade de acautelar apuração administrativa de faltas contratuais pelo contratado, inclusive após extinção do contrato.

§1º As cláusulas econômico-financeiras e monetárias dos contratos não poderão ser alteradas sem prévia concordância do contratado.

§2º Na hipótese prevista no inciso I do *caput* deste artigo, as cláusulas econômico-financeiras do contrato deverão ser revistas para que se mantenha o equilíbrio contratual.

Artigo melhor que o do direito equivalente da L 8.666, por mais racional, econômico e objetivo. Quando se confronta um artigo como este com o anterior art. 103, nítida resta a impressão de este 104 foi redigido pelo arcanjo Gabriel, e o outro, por um espírito maldelazento das trevas. É absurdo o contraste qualitativo das duas concepções lado a lado na lei.

Este artigo enfeixa, resumindo-as, as chamadas *cláusulas exorbitantes* do contrato, as que exorbitam o direito comum (civil) para privilegiar a administração pública em nome da prevalência do coletivo sobre o individual *sempre que não forem prejudicados os direitos e as garantias individuais constantes do art. 5º da Constituição* – porque é certo que estes prevalecem sobre qualquer direito coletivo, que muda, oscila, periclita e se revolve ao sabor do vento por entre as pilastras de *rigidez imutável dos direitos individuais*.[10]

A existência dessas cláusulas, ou de algumas delas, nos contratos evidencia a presença do *contrato administrativo*, que desiguala direitos iniciais das partes dando à parte pública contratante direitos que o particular contratado não tem e impondo ao particular obrigações de fazer ou de suportar que alhures são incabíveis para a outra parte.

Aquelas cláusulas exorbitantes ou *derrogatórias do direito comum* nesta lei se resumem a poder o ente público contratante:

I – modificar unilateralmente os contratos com vista à melhor adequação ao atendimento do interesse público, desde que, como afirmado acima, meticulosamente respeitados os direitos individuais do contratado;

II – extinguir unilateralmente os contratos, nas hipóteses especificadas na lei, naturalmente assumindo as consequências respectivas;

III – fiscalizar a execução dos contratos e, quanto a isso, não parece ser esse um privilégio público, uma vez que todo contratante, do que quer que seja na face da Terra, tem poder de fiscalizar a execução do contrato de que faz parte, de modo mais apertado e intenso ou de modo mais estrito, porém todos a têm;

IV – aplicar sanções pela inexecução total ou parcial do contrato. São as penalidades da lei, dentre as quais as multas, estas últimas se e como estabelecido no contrato, enquanto as demais constam suficientemente da lei;

---

[10] Com todo efeito e por estranho que pareça, o próprio interesse público ninguém sabe exatamente que cara tem nem onde neste momento se situa, porque ontem era um, anteontem era outro, hoje é outro ainda e amanhã ninguém imagina que feição terá. O art. 37 da Constituição é a *casa da sogra* do direito brasileiro: vale tudo e, a cada tempo, é de um jeito. Os direitos e as garantias individuais do art. 5º da Carta, entretanto, enfeixam as suas *cláusulas pétreas* mais sagradas, que não mudam, a não ser, raramente, para ficarem ainda maiores e mais protegidas. Então, no frigir desses ovos, o que, afinal, é mais importante?

V – "ocupar provisoriamente bens móveis e imóveis e utilizar pessoal e serviços vinculados ao objeto do contrato nas hipóteses de: a) risco à prestação de serviços essenciais, ou b) necessidade de acautelar apuração administrativa de faltas contratuais pelo contratado, inclusive após extinção do contrato". Trata-se da intervenção do poder público na iniciativa privada, admissível nas restritas hipóteses, supra, das alíneas *a* e *b*, na primeira das quais existe risco iminente ou prejuízo atual de continuidade de serviços públicos essenciais de que a população usuária depende e para que não colapse de vez.

A alínea *b*, entretanto, não cuida de risco ou prejuízo aos usuários, mas de eventuais faltas do contratado a apurar, mesmo que já encerrado o contrato e a execução. É como se iterou a intervenção pública nos domínios privados do contratado, que seria impossível de outro modo nessas bases e condições, mas que a lei autoriza diante de indícios ou de evidências de irregularidades praticadas durante a execução contratual, a exigir apuração.

Os curtos parágrafos que encerram o artigo melhoraram em muito o prolixo direito anterior, o §1º dispondo, em favor da relação economicamente equilibrada que deve existir no contrato administrativo, que "as cláusulas econômico-financeiras e monetárias dos contratos não poderão ser alteradas sem prévia concordância do contratado".

Perfeito, porque um contrato é um acordo bilateral, um pacto dito sinalagmático – um acordo de vontades ou sinalagma –, constituído bilateralmente e que, portanto e em princípio, não se pode alterar pela vontade exclusiva de uma das partes. Assim como *quando um não quer dois não brigam*, em direito quando uma parte não quer a outra não altera do contrato. Tal seria, se assim não fosse, num Estado Democrático de Direito...

Pelo §2º, corolário e quase que já inteiramente compreendido na regra do §1º, na hipótese de alteração do contrato *as cláusulas econômico-financeiras do contrato deverão ser revistas para que se mantenha o equilíbrio contratual.*

Natural e forçoso, ou de outro modo restaria anulada a bilateralidade necessária da alteração operacional e econômica do contrato caso uma parte tivesse de suportar aumento de obrigações e de ônus sem merecer o correspondente diferencial remuneratório.

Mas o artigo procede muito bem ao se encerrar neste ponto, cortando as repetições e as rebarbatividades do art. 65 da L 8.666. O legislador aqui soube a hora de parar de escrever, pelo que merece sincero elogio.

Art. 105

CAPÍTULO V
DA DURAÇÃO DOS CONTRATOS

Art. 105. A duração dos contratos regidos por esta Lei será a prevista em edital, e deverão ser observadas, no momento da contratação e a cada exercício financeiro, a disponibilidade de créditos orçamentários, bem como a previsão no plano plurianual, quando ultrapassar 1 (um) exercício financeiro.

Imbuído e imerso no mesmo espírito de economicidade, concisão e objetividade do artigo anterior, este artigo inicia a reformulação total da estrutura da L 8.666 quanto à duração dos contratos administrativos, a qual reestruturação os artigos subsequentes complementam.

Art. 106

Art. 106. A Administração poderá celebrar contratos com prazo de até 5 (cinco) anos nas hipóteses de serviços e fornecimentos contínuos, observadas as seguintes diretrizes:

I – a autoridade competente do órgão ou entidade contratante deverá atestar a maior vantagem econômica vislumbrada em razão da contratação plurianual;

II – a Administração deverá atestar, no início da contratação e de cada exercício, a existência de créditos orçamentários vinculados à contratação e a vantagem em sua manutenção;

III – a Administração terá a opção de extinguir o contrato, sem ônus, quando não dispuser de créditos orçamentários para sua continuidade ou quando entender que o contrato não mais lhe oferece vantagem.

§1º A extinção mencionada no inciso III do *caput* deste artigo ocorrerá apenas na próxima data de aniversário do contrato e não poderá ocorrer em prazo inferior a 2 (dois) meses, contado da referida data.

§2º Aplica-se o disposto neste artigo ao aluguel de equipamentos e à utilização de programas de informática.

Este artigo sucede o inciso II do art. 57 da L 8.666, detalhando mais a hipótese de contrações, por até cinco anos, de serviços continuados. Esse contrato, para esse objeto de serviço, poderá ter a duração inicial já de cinco anos, sem necessidade de prorrogações anuais, como era da infeliz ideia da L 8.666, quando todos sabiam e sabem que o serviço foi preciso ontem, é preciso hoje e o será sempre.

As poucas condições para a licitude desses contratos são:
a) atestação pela autoridade da vantagem do prazo longo, com base em pesquisa de mercado e compulsamento da realidade diária dos negócios públicos;
b) atestação pública anual da existência de verba orçamentária para cada exercício e a vantajosa manutenção do ajuste, ambas as quais fáceis de produzir; e

c) previsão contratual de que poderá o contrato ser extinto quando deixar de existir verba para o seu pagamento ou superveniente inconveniência da manutenção, tudo o que com efeito pode ocorrer e, em geral, lamentavelmente, acontece com alguma frequência.

O §1º condiciona a extinção – que é sempre estranha, porque um contrato tornado inconveniente não se extingue, mas se *rescinde* –, a um tempo certo, não anterior a dois meses do aniversário do contrato, o que torna a pouco palatável ideia mais aceitável, ainda que juridicamente arranhe as categorias e a teoria. É algo como extinguir um filho porque ocasionalmente se tornou inconveniente... e o direito, ou a vida do direito, não é exatamente assim.

O §2º manda aplicar este artigo ao aluguel de equipamentos ou de programas de informática, o que é compreensível, na medida em que os puristas do direito civil não consideram aluguel como sendo serviço, porque, em verdade, na locação nenhum serviço é prestado, mas apenas um bem é cedido, onerosamente, ao uso de alguém.

Era preciso para a lei classificar o aluguel dentro de alguma espécie ou categoria de objeto da contratação (obra, serviço ou compra de bem) e, num tal esquema, o serviço é a mais propínqua à supradita loquela – como o diria José Pedro Xavier Pinheiro na sua tradução da *Divina comédia*. Isto é e sempre foi, no mais e de resto, o que se praticava e o que se pratica na administração: tratar aluguel ou locação como serviço.

Art. 107

Art. 107. Os contratos de serviços e fornecimentos contínuos poderão ser prorrogados sucessivamente, respeitada a vigência máxima decenal, desde que haja previsão em edital e que a autoridade competente ateste que as condições e os preços permanecem vantajosos para a Administração, permitida a negociação com o contratado ou a extinção contratual sem ônus para qualquer das partes.

Curto artigo que abre exceção ao máximo quinquenal dos contratos de serviços contínuos, admitindo vigências de até dez anos. Faz mal o artigo em colocar fornecimentos contínuos junto com serviços contínuos, porque fornecimento é *compra com entrega parcelada*, e jamais serviço.

Não é nada fácil, nem juridica, nem operacionalmente, tratar compra como serviço nem tratar serviço como se trata compra. O sistema de medições em uma espécie difere por completo do sistema da outra, e os impasses que podem decorrer desse baralhamento podem ser os mais embaraçosos e indesejáveis na execução e na formalização dos instrumentos.

Não se recomenda por isso incluir fornecimentos contínuos – seja lá isso o que for – no regime jurídico dos contratos de serviços contínuos, na medida em que óleo e água não se combinam nem por força de medida provisória.

Art. 108

Art. 108. A Administração poderá celebrar contratos com prazo de até 10 (dez) anos nas hipóteses previstas nas alíneas "f" e "g" do inciso IV e nos incisos V, VI, XII e XVI do *caput* do art. 75 desta Lei.

Este artigo, curto, mas de muito longo alcance, permite contratar por até dez anos a compra – em verdade, o *fornecimento*, que é a compra com entrega periódica – de bens ou a prestação de serviços cumulativamente de alta complexidade e relativos à defesa nacional (al. *f* do art. 75); materiais para as Forças Armadas (al. *g* do art. 75); serviços e agências de tecnologia (inc. V do art. 75, e Lei nº 10.973/04); objetos que possam comprometer a segurança nacional (inc. VI do art. 75); transferências de tecnologia para o SUS (inc. XII do art. 75); e fornecimento de insumos estratégicos para a saúde, vendidos por pessoa jurídica de direito público e que sejam produzidos por entes públicos criados para essa finalidade (inc. XVI do art. 75).

Entendeu o legislador, judiciosamente, segundo parece claro, que certos objetos estratégicos devem poder ser contratados por mais que os cinco anos máximos tradicionais dos contratos administrativos e, desse modo e para esse fim, os discriminou neste artigo, o qual também se beneficia da muito desejável objetividade destes últimos artigos examinados da Lei nº 14.133.

Art. 109

Art. 109. A Administração poderá estabelecer a vigência por prazo indeterminado nos contratos em que seja usuária de serviço público oferecido em regime de monopólio, desde que comprovada, a cada exercício financeiro, a existência de créditos orçamentários vinculados à contratação.

Uma inovação formal absoluta na Lei de Licitações e Contratos, este artigo permite que o ente público usuário de serviços públicos essenciais oferecidos em regime de monopólio mantenha esses respectivos contratos com prazo indeterminado de validade.

Isso contraria a regra anterior de que os contratos que envolvam a administração não poderiam ter validade indeterminada; porém, em verdade, não faz mais do que traduzir a lógica nos contratos *civis* em que o ente público é contratante de serviço como qualquer cidadão e, do mesmo modo, é deles usuário e o será *per omnia saecula saeculorum*.

São contratos de fato civis, como os de fornecimento (nome *civil*, que, em direito público, significa outra coisa: compra com entrega periódica), de luz, telefone, internet, gás ou outros serviços essenciais, e não têm prazo de duração para nenhum usuário, na medida em que são indispensáveis em todo instante da vida de qualquer usuário.

A lei apenas passou para o papel a realidade inarredável que existia e que sempre existiu, e que bem traduz o conflito entre conceitos e regras comum, ou civis, e regras de direito administrativo. Cada símio deve ater-se, narra a sabedoria das gentes, às lindes de sua respectiva rama.

Art. 110

Art. 110. Na contratação que gere receita e no contrato de eficiência que gere economia para a Administração, os prazos serão de:

I – até 10 (dez) anos, nos contratos sem investimento;

II – até 35 (trinta e cinco) anos, nos contratos com investimento, assim considerados aqueles que impliquem a elaboração de benfeitorias permanentes, realizadas exclusivamente a expensas do contratado, que serão revertidas ao patrimônio da Administração Pública ao término do contrato.

Este artigo foi além dos anteriores no admitir a dilatação dos prazos de alguns contratos, os *de eficiência*, conforme descrito no art. 6º, que reza:

> III – contrato de eficiência: contrato cujo objeto é a prestação de serviços, que pode incluir a realização de obras e o fornecimento de bens, com o objetivo de proporcionar economia ao contratante, na forma de redução de despesas correntes, remunerado o contratado com base em percentual da economia gerada;

Assim, se o contrato de eficiência não envolver investimentos pelo contratado, o seu prazo (inc. I) será de até dez anos, podendo ser menor.

Se o contrato envolver investimentos a serem realizados pelo contratado, então poderá ser maior o prazo, de até 35 anos, o que se explica pela razão de que o contratado, segundo o cálculo e estudo do ente contratante, poderá precisar de mais tempo que o decênio para recuperar o seu investimento e, a partir de então, lucrar (inc. II).

Variará esse prazo, naturalmente, com base no resultado do estudo sobre o prazo de amortização dos investimentos pelo contratado, pois que existem investimentos de rápida amortização ao lado de outros de muito lenta, e mesmo incerta, recuperação.

Observe-se que, nessa hipótese, as benfeitorias permanentes a título de investimento que o contratado deverá realizar reverterão ao patrimônio público ao cabo do contrato, e isso constitui outro fator de sopesamento e de risco a ser considerado pela administração e, sobretudo, pelo interessado em contratar.

Art. 111

Art. 111. Na contratação que previr a conclusão de escopo predefinido, o prazo de vigência será automaticamente prorrogado quando seu objeto não for concluído no período firmado no contrato.

Parágrafo único. Quando a não conclusão decorrer de culpa do contratado:

I – o contratado será constituído em mora, aplicáveis a ele as respectivas sanções administrativas;

II – a Administração poderá optar pela extinção do contrato e, nesse caso, adotará as medidas admitidas em lei para a continuidade da execução contratual.

Artigo também novidadeiro, tem boa qualidade. Se o contrato incluir a conclusão de um escopo objetivo e bem definido, e se esse escopo não for logrado pelo contratado dentro do prazo, o contrato será prorrogado automaticamente até que aquele o faça, reza o *caput*.

Mas essa situação não pode ter solução tão simples; para isso, acorrem os dispositivos subsequentes. Se a culpa pelo inadimplemento for do contratado, incorrerá em mora até a finalização do escopo, o que exigirá cálculos, mas é rigorosamente justo (parágrafo único, inc. I).

Ainda nessa hipótese de culpa do contratado, o ente contratante poderá optar por extinguir o contrato – e *rescindir* seria o melhor instituto – e adotará as providências necessárias à finalização do objeto inconcluso (inc. II). A lei não detalha, mas evidentemente o contratado precisará ser responsabilizado pela sua inadimplência.

Art. 112

Art. 112. Os prazos contratuais previstos nesta Lei não excluem nem revogam os prazos contratuais previstos em lei especial.

Curtíssimo artigo também um tanto esotérico, estabelece que os genéricos prazos contratuais desta lei não revogam nem afastam os prazos de leis especiais aplicáveis ao objeto dos contratos.

Sem descer a casuísmos que certamente existem a respeito de leis específicas sobre temas específicos com os quais ocasionalmente lida o contratante público, não é muito fácil vislumbrar ou compreender como podem prazos legais fora dos contratos exercer ação ou prevalecer sobre os prazos contratuais estabelecidos segundo a conveniência do ente que contrata e por força e na forma de lei licitatória e contratual nacional.

Reserva-se o direito de se admitir que hipóteses poderão existir em que a regra do artigo se justifique, mas, francamente, o dispositivo isolado não faz muito sentido ante as necessidades temporais e as regras internas de cada ente público.

Não se vislumbra como leis específicas possam impor prazos técnicos específicos a entes públicos que, repita-se, licitam e contratam de acordo com o que precisam e com o que a lei nacional genérica lhes impõe ou lhes autoriza fazer.

Art. 113

Art. 113. O contrato firmado sob o regime de fornecimento e prestação de serviço associado terá sua vigência máxima definida pela soma do prazo relativo ao fornecimento inicial ou à entrega da obra com o prazo relativo ao serviço de operação e manutenção, este limitado a 5 (cinco) anos contados da data de recebimento do objeto inicial, autorizada a prorrogação na forma do art. 107 desta Lei.

A lei parece iniciar a falar demais e muito casuisticamente nesta matéria contratual, ainda que através de artigos elogiavelmente curtos. Os últimos artigos poderiam aglutinar-se em um só com todo efeito, já que a sua multiplicação desnecessária dificilmente é de boa técnica. Este artigo em particular é confuso e mal escrito, e não faz muito sentido.

Quando o contrato é de fornecimento com prestação de serviço, o seu prazo máximo é a soma do tempo do fornecimento, que o contrato define, com o quinquênio máximo da prestação do serviço e, como redigido, dá a impressão de que podem ser cinco anos mais o tempo do fornecimento, o que não parece fazer sentido.

E pior fica quando se permite a prorrogação desse *imbróglio* por até dez anos, na forma do que admite o art. 107.

Recomenda-se, por tudo isso, que o prazo do fornecimento *seja contratualmente incluído dentro dos cinco anos máximos do serviço* e, se for admitida a prorrogação, que seja incluída no prazo do serviço total, e não como um corpo estranho. A confusão, desse modo, diminui.

Art. 114

Art. 114. O contrato que previr a operação continuada de sistemas estruturantes de tecnologia da informação poderá ter vigência máxima de 15 (quinze) anos.

Outro artigo que tecnicamente deve se justificar sob o prisma do planejamento de informática, mas que formalmente poderia ter vindo junto a outro artigo maior sobre prazos. Contribui, assim solto, com a dispersão da atenção do aplicador, algo nada desejável.

A redação também merece retoque: o contrato não simplesmente "prevê" a operação continuada, mas o contrato *é de operação continuada*; esse é o seu próprio objeto, e não uma mera previsão dentro de algum objeto maior.

No mais, espera-se que os profissionais de informatização saibam o que vem a ser um *sistema estruturante de tecnologia da informação* que possa ser mantido e que não seja, já apenas ele, o único objeto do contrato. De nossa parte, desistimos já de largada.

Ou seja: contrata-se um sistema de tecnologia de informação, o qual evidentemente tem sua estrutura e o qual, por óbvio, pode e precisa ser mantido. No mais, a linguagem do planejamento de informática continua a ser misteriosa para analistas jurídicos, sobretudo quando o profissional da informática pretende escrever o direito.

Art. 115

CAPÍTULO VI
DA EXECUÇÃO DOS CONTRATOS

Art. 115. O contrato deverá ser executado fielmente pelas partes, de acordo com as cláusulas avençadas e as normas desta Lei, e cada parte responderá pelas consequências de sua inexecução total ou parcial.

§1º É proibido à Administração retardar imotivadamente a execução de obra ou serviço, ou de suas parcelas, inclusive na hipótese de posse do respectivo chefe do Poder Executivo ou de novo titular no órgão ou entidade contratante.

§2º (VETADO).

§3º (VETADO).

~~§4º (VETADO).~~

§4º Nas contratações de obras e serviços de engenharia, sempre que a responsabilidade pelo licenciamento ambiental for da Administração, a manifestação prévia ou licença prévia, quando cabíveis, deverão ser obtidas antes da divulgação do edital.

§5º Em caso de impedimento, ordem de paralisação ou suspensão do contrato, o cronograma de execução será prorrogado automaticamente pelo tempo correspondente, anotadas tais circunstâncias mediante simples apostila.

§6º Nas contratações de obras, verificada a ocorrência do disposto no §5º deste artigo por mais de 1 (um) mês, a Administração deverá divulgar, em sítio eletrônico oficial e em placa a ser afixada em local da obra de fácil visualização pelos cidadãos, aviso público de obra paralisada, com o motivo e o responsável pela inexecução temporária do objeto do contrato e a data prevista para o reinício da sua execução.

§7º Os textos com as informações de que trata o §6º deste artigo deverão ser elaborados pela Administração.

Artigo cujo *caput* repete a infantil e bisonha dicção do art. 66 da L 8.666, verdadeira pedra na sopa, tem no seu §1º uma bisonhice equivalente: proíbe a administração de retardar imotivadamente a execução dos contratos... ora, desde quando ela pôde fazer isso? Se retarda sem motivo a execução, simplesmente *descumpre o contrato* e deve arcar com as consequências desse ato inexplicável. Se o retardamento é motivado ou justificado, então a situação é outra.

Foram vetados os §§2º a 4º e, se a qualidade dos dois primeiros for igual à da matéria antecedente, parabéns ao Executivo. O §4º, entretanto, tachado na publicação oficial do Planalto, está transcrito na lei, e não é nada ruim.

Manda que os licenciamentos ambientais a cargo da administração estejam prontos e disponíveis antes de publicado o edital da licitação do objeto que os exija. Medida de planejamento e de boa organização, impede que o objeto seja licitado e, quiçá, também contratado, e apenas após isso comece a batalha do ente contratante para obter o licenciamento que já deveria ter em mãos – manobra bem à brasileira, de nossa terra do samba, da farofa e do deus-dará. Não merece veto, mas franco elogio.

O §5º mantém o correto direito anterior, no sentido de que, em caso de "impedimento, ordem de paralisação ou suspensão do contrato, o cronograma de execução será prorrogado automaticamente pelo tempo correspondente, anotadas tais circunstâncias mediante simples apostila".

Não seria justo para o contratado nem para ninguém, nem conveniente ao interesse público, que o ente contratante suspendesse a execução, e o prazo originário continuasse correndo como se nada tivesse havido.

Contrato não é folguedo de roda nem descomprometida brincadeira de crianças, e o exemplo de seriedade institucional precisa vir de cima, da contratante administração pública. Apostila, por fim, é mera anotação, averbação ou registro, o mais informal possível dentro da sua função.

Pelo §6º, se a suspensão acima perdurar além de um mês, deverá ser publicizada por aviso em sítio informático ou placa – ou *paredro*, como diria Monteiro Lobato – de fácil visualização, com indicação do motivo e do responsável, assim como da data prevista para a retomada.

Medida moralizadora e desejável, mas um tanto casuística e outro tanto quixotesca, neste nosso país do frevo, do pagode e da cerveja. Oxalá seja fiscalizada com rigor e funcione, no sentido de reduzir a desmoralização em que frequentemente incorre o ente público que tem paralisadas milhares de obras em todo o país, sem a mínima satisfação à sociedade.

Tomara sirva ao menos – e esse é o principal propósito de disposições como tais – para *intimidar* a omissão, a incúria e o desmazelo governativo, e a desfaçatez que a tudo acompanha.

O §7º informa o óbvio ululante (e microscópico) de que os textos informativos a que se refere o §6º serão elaborados pela administração. Alguém imaginaria que o seriam pela Academia Brasileira de Letras ou, então, licitados e terceirizados? Francamente, poderia a lei passar sem essa *batatada*.

Art. 116

Art. 116. Ao longo de toda a execução do contrato, o contratado deverá cumprir a reserva de cargos prevista em lei para pessoa com deficiência, para reabilitado da Previdência Social ou para aprendiz, bem como as reservas de cargos previstas em outras normas específicas.

Parágrafo único. Sempre que solicitado pela Administração, o contratado deverá comprovar o cumprimento da reserva de cargos a que se refere o *caput* deste artigo, com a indicação dos empregados que preencherem as referidas vagas.

Caput bisonho, pois que, se outras leis já exigem a reserva de vagas para pessoas com deficiências, então não é preciso que a Lei de Licitações mande cumprir aquelas leis de proteção de mercado de trabalho.

Uma lei não precisa de outra que a mande cumprir, e não é por causa desta Lei de Licitações que a reserva é obrigatória: já o seria mesmo sem essa previsão.

O parágrafo único, este, sim, deveria ser o *caput*, servindo para alertar o contratado de que o ente contratante pode a qualquer tempo exigir informações sobre os empregados com deficiência ocupantes das vagas.

Se o contrato foi licitado, o edital em boa técnica deve ter estabelecido essa previsão.

Art. 117

Art. 117. A execução do contrato deverá ser acompanhada e fiscalizada por 1 (um) ou mais fiscais do contrato, representantes da Administração especialmente designados conforme requisitos estabelecidos no art. 7º desta Lei, ou pelos respectivos substitutos, permitida a contratação de terceiros para assisti-los e subsidiá-los com informações pertinentes a essa atribuição.

§1º O fiscal do contrato anotará em registro próprio todas as ocorrências relacionadas à execução do contrato, determinando o que for necessário para a regularização das faltas ou dos defeitos observados.

§2º O fiscal do contrato informará a seus superiores, em tempo hábil para a adoção das medidas convenientes, a situação que demandar decisão ou providência que ultrapasse sua competência.

§3º O fiscal do contrato será auxiliado pelos órgãos de assessoramento jurídico e de controle interno da Administração, que deverão dirimir dúvidas e subsidiá-lo com informações relevantes para prevenir riscos na execução contratual.

§4º Na hipótese da contratação de terceiros prevista no *caput* deste artigo, deverão ser observadas as seguintes regras:

I – a empresa ou o profissional contratado assumirá responsabilidade civil objetiva pela veracidade e pela precisão das informações prestadas, firmará termo de compromisso de confidencialidade e não poderá exercer atribuição própria e exclusiva de fiscal de contrato;

II – a contratação de terceiros não eximirá de responsabilidade o fiscal do contrato, nos limites das informações recebidas do terceiro contratado.

Sucessor consideravelmente ampliado do art. 67 da L 8.666, cuida do tema dos *fiscais do contrato*, e assim os denominando parece desde logo afastar a denominação de *gestores* do contrato, correntia sob a L 8.666, ainda que não oficial naquele texto.

Faz bem o *caput* em admitir a existência de mais de um fiscal para o mesmo contrato, o que, na prática, já acontecia em contratos muito extensos em objeto, palco de execução ou volume de trabalho a fiscalizar.

O *caput* ainda exige que a designação dos fiscais atenda aos requisitos do art. 7º, e eles dizem respeito à compatibilidade de funções e formação dos agentes, e à proibição de nepotismo, algo que inexiste na L 8.666.

Podem ser designados fiscais por área do contrato ou por especialidades; nada os impede, desde que, recomendavelmente, todos se submetam a um único fiscal-chefe.

E está mantida a possibilidade de o ente contratante, que designa os fiscais, contratar consultoria e orientação para os mesmos fiscais, o que é absolutamente correto e necessário no grande número das vezes nas quais a fiscalização demanda conhecimentos técnicos especializados ou muito particularizados, inexigíveis dos fiscais.

O fiscal, nessas hipóteses, se baseia em pareceres e laudos técnicos dos seus consultores contratados, e sua responsabilidade não excede o limite daquelas informações da consultoria, como reitera o óbvio inciso II do §4º deste artigo.

O §1º manda o fiscal manter registro das ocorrências relevantes da execução e lhe dá o poder de determinar, dentro da sua alçada, *que deve ter sido objeto de descrição em ato escrito*, medidas corretivas das falhas do contratado que observar.

Aquelas que, pela sua natureza (§2º), não forem de sua competência mandar corrigir – ou aquelas sobre que nem os seus eventuais consultores puderem orientar –, todas essas deverão ser imediatamente comunicadas aos superiores para as providências que entendam cabíveis.

Natural, porque tudo no serviço tem limites e, com frequência, ocorrências ultrapassam a esfera do risco ordinário ou usual, o que demanda intervenções também pouco frequentes – e delicadas – dos superiores.

O §3º tenta interferir na organização interna de cada ente público que contrata, informando aos advogados e aos controladores internos o que eles têm de fazer... numa previsão entre óbvia e patética, pois que não será a Lei de Licitações que ensinará o trabalho nem dos advogados, nem dos controladores internos, sobretudo em uma unidade de artigo.

Essas atribuições ou constarão das descrições dos cargos e das funções – e certamente constam –, ou não será a Lei de Licitações que as imporá a quem quer que seja dentro dos quadros de pessoal do serviço público.

O §4º impõe formalmente inéditas obrigações e responsabilidades aos consultores contratados para auxiliar a fiscalização dos contratos: a) responsabilizar-se civilmente pela veracidade e precisão das informações prestadas; e b) firmará compromisso de confidencialidade.

Até este ponto, o dispositivo é um tanto óbvio, porque, quem assina um laudo ou um parecer técnico, sempre se responsabiliza pela veracidade das suas informações; pode ser que a sua conclusão não seja afinal a melhor, porém que as informações precisarão estar materialmente corretas é mais do que evidente, ou o contratado é simplesmente um irresponsável.

Quanto ao termo de confidencialidade, não deixa de ser um tanto estranho em fiscalização de contratos públicos, que nada têm nem podem ter de secretos.

Também, reza a lei, o auxiliar contratado não poderá exercer atribuições do fiscal, e essa regra deve estar endereçada ao fiscal, que não pode repassar ao contratado suas próprias obrigações fiscalizatórias.

Mas, para que essa regra seja coerente e exequível, será preciso que as atribuições do fiscal estejam descritas em específico ato escrito, como acima se iterou, ou, de outro modo, a *fiscalização da fiscalização* será como caçar duendes ou fantasmas à noite na neblina.

Art. 118

Art. 118. O contratado deverá manter preposto aceito pela Administração no local da obra ou do serviço para representá-lo na execução do contrato.

Artigo resumido ao *caput*, repete o art. 68 da L 8.666. Assim como o ente contratante precisa designar fiscal(is) para o contrato, o contratado precisa manter um seu preposto ou representante – que seja aceito pelo ente, porque poderá acontecer de ser recusado pelas mais variadas e necessariamente justificadas razões – no palco da execução para servir de contato com a fiscalização do contratante.

A função do preposto é, trabalhando no mesmo nível do fiscal, manter a execução conforme foi contratada e conforme as praxes, as rotinas e os procedimentos usuais e de regra para cada espécie de contrato e de objeto.

Decisões que ultrapassem a competência do preposto – ou que ele entenda que ultrapassam – não devem ser tratadas ou resolvidas nesse nível, mas no superior: fiscal lida com preposto, e superior de um lida com superior de outro. Não existe tratativa inclinada, devendo ser sempre horizontal.

O preposto, em dado momento da execução e justificadamente, pode vir a ser impugnado pelo contratante, devendo, nesse caso, ser substituído por outro, que o contratado designe e o ente aceite.

Art. 119

Art. 119. O contratado será obrigado a reparar, corrigir, remover, reconstruir ou substituir, a suas expensas, no total ou em parte, o objeto do contrato em que se verificarem vícios, defeitos ou incorreções resultantes de sua execução ou de materiais nela empregados.

Artigo que sucede, repetindo-o, o art. 69 da L 8.666, alude à responsabilidade civil do contratado em caso de se verificarem irregularidades ou inconformidades na execução a ele devidos, e não a erros do projeto ou a interferências do ente contratante.

A existência dos fiscais públicos não exclui aquela responsabilidade e, se o trabalho de fiscalização falhou, o fiscal deve ser por isso responsabilizado, sem porém que isso exclua a culpabilidade do executante. É o que se lê do sequente art. 120, relativo à responsabilidade do contratado quanto a danos a terceiros, mas sendo esta uma regra que se aplica também à hipótese deste artigo.

O contratado precisa, nesses casos, por detalhada ordem do contratante, reparar, reconstruir, reformar, revisar ou, de qualquer modo, eliminar o erro cometido, arcando com os custos respectivos. Fazendo-o, entretanto, merecerá atestação de boa execução.

E essa responsabilidade corre ao lado daquela prevista no Código Civil, de o construtor garantir por cinco anos a solidez da obra (CC, art. 618).

Art. 120

Art. 120. O contratado será responsável pelos danos causados diretamente à Administração ou a terceiros em razão da execução do contrato, e não excluirá nem reduzirá essa responsabilidade a fiscalização ou o acompanhamento pelo contratante.

Outro artigo afortunadamente resumido ao *caput*, sucede o art. 70 da L 8.666, alterando-o um pouco.

Ainda contendo matéria de responsabilidade do contratado, desta vez se refere àquele incidente sobre eventuais danos que a execução tenha provocado a terceiros, à qual responsabilidade não é excluída nem mitigada pela só existência dos fiscais públicos do contrato – vale dizer: não se esquiva dessa responsabilidade o contratado apenas porque o contrato foi fiscalizado pelo contratante.

Mas o direito verdadeiro não é assim tão linear nem tão simples. Se o contratado demonstrar que o dano ensejado a terceiro foi devido ao projeto, que foi bem executado, *mas era tecnicamente ruim*, duvida-se que, em juízo, o contratado seja condenado a ressarcir prejuízos de quem for.

O ente público contratante, esse, sim, responsável pelo projeto, numa tal hipótese é que deverá ser condenado a indenizar, porque, se houve culpa, ela foi do contratante, e não do contratado que executou bem o contrato.

De tal sorte, melhor o ente público, que veicula o projeto e contrata com base nele, não confiar inteiramente no texto deste artigo, que vale, sim e inquestionavelmente, para os casos de culpa ou de dolo do contratado, o qual, por algum desses comportamentos, executou mal e prejudicou terceiro.

Assim, sim, mas assim também, não – diria o sábio popular.

Art. 121

Art. 121. Somente o contratado será responsável pelos encargos trabalhistas, previdenciários, fiscais e comerciais resultantes da execução do contrato.

§1º A inadimplência do contratado em relação aos encargos trabalhistas, fiscais e comerciais não transferirá à Administração a responsabilidade pelo seu pagamento e não poderá onerar o objeto do contrato nem restringir a regularização e o uso das obras e das edificações, inclusive perante o registro de imóveis, ressalvada a hipótese prevista no §2º deste artigo.

§2º Exclusivamente nas contratações de serviços contínuos com regime de dedicação exclusiva de mão de obra, a Administração responderá solidariamente pelos encargos previdenciários e subsidiariamente pelos encargos trabalhistas se comprovada falha na fiscalização do cumprimento das obrigações do contratado.

§3º Nas contratações de serviços contínuos com regime de dedicação exclusiva de mão de obra, para assegurar o cumprimento de obrigações trabalhistas pelo contratado, a Administração, mediante disposição em edital ou em contrato, poderá, entre outras medidas:

I – exigir caução, fiança bancária ou contratação de seguro-garantia com cobertura para verbas rescisórias inadimplidas;

II – condicionar o pagamento à comprovação de quitação das obrigações trabalhistas vencidas relativas ao contrato;

III – efetuar o depósito de valores em conta vinculada;

IV – em caso de inadimplemento, efetuar diretamente o pagamento das verbas trabalhistas, que serão deduzidas do pagamento devido ao contratado;

V – estabelecer que os valores destinados a férias, a décimo terceiro salário, a ausências legais e a verbas rescisórias dos empregados do contratado que participarem da execução dos serviços contratados serão pagos pelo contratante ao contratado somente na ocorrência do fato gerador.

§4º Os valores depositados na conta vinculada a que se refere o inciso III do §3º deste artigo são absolutamente impenhoráveis.

§5º O recolhimento das contribuições previdenciárias observará o disposto no art. 31 da Lei nº 8.212, de 24 de julho de 1991.

Artigo sucessor do art. 71 da L 8.666, parece ter resolvido ou encaminhado a solução dos gravíssimos problemas que o seu antecessor ensejou à administração pública brasileira durante as últimas décadas, considerando-se a vocação nitidamente protetivista do empregado pela Justiça do Trabalho – a qual, criada para isso mesmo, jamais negou ou dissimulou esse fato.

Tal foi a dimensão do problema anterior que o Tribunal Superior do Trabalho editou súmulas de jurisprudência dominante para tentar equacionar as regras jurisprudenciais trabalhistas da responsabilidade solidária e a subsidiária do empregador quanto a questões previdenciárias e trabalhistas decorrentes dos contratos de trabalho. E, dentre os empregadores, figurava, como ainda figura por excelência, a administração pública.

Após a Súmula TST nº 331 ter sido atropelada, tanto pelo julgamento favorável de uma ação direta de constitucionalidade (ADC) do art. 71 da L 8.666 pelo STF quanto pela reforma trabalhista em *excelente hora* obtida pelo então presidente Michel Temer com a aprovação da Lei nº 13.467, de 13 de julho de 2017, foi a súmula reformulada para se adaptar à nova realidade e, a partir da vigência exclusiva desta Lei nº 14.133, a se dar em abril de 2023, seguramente precisará ser novamente reformulada, se não for de vez declarada insubsistente.

Enfatiza o *caput* que será exclusivamente o contratado o "responsável pelos encargos trabalhistas previdenciários, fiscais e comerciais resultantes da execução do contrato". Parece que não mais poderá ser alegada dúvida quanto a isso, sobretudo pela Justiça do Trabalho, que, em suas decisões, julgava contra a lei (contra o art. 71 da L 8.666) e distribuía aquela responsabilidade, nem os empregados poderão procurar responsabilizar o ente contratante da empresa que os tem contratados para obter do poder público o que o seu empregador deveria ter lhes pago e não pagou.

O §1º reforça o *caput* – como se isso fosse tecnicamente necessário – informando que a inadimplência do contratado quanto aos encargos trabalhistas, fiscais e comerciais não transfere ao ente contratante a responsabilidade pelo seu pagamento, ressalvada a hipótese do §2º.

Até este ponto, os encargos previdenciários não foram repetidos no §1º, mas, pelo *caput*, a sua responsabilidade é do contratado – *e isso é muito importante ante o disposto no §2º*.

O §2º abre uma exceção à responsabilidade do contratado pelos encargos previdenciários, fixando que a responsabilidade pelo seu pagamento, apenas nos *contratos de serviços contínuos com regime de dedicação exclusiva de mão de obra* – v. art. 6º –, existirá responsabilidade *solidária* do contratante pelos encargos previdenciários e responsabilidade *subsidiária* pelos encargos trabalhistas em caso de o ente falhar na respectiva fiscalização.

Responsabilidade solidária é aquela pertencente integralmente a mais de uma pessoa desde o início da relação jurídica, e responsabilidade subsidiária é aquela que originariamente era de uma só pessoa, mas que passou a ser de mais alguma posteriormente ao início do negócio ou à execução do contrato.

Um negócio avalizado por alguém implica responsabilidade solidária, que é igual e integral tanto do avalista quanto do avalizado. Na execução, o credor escolhe quem executar ou executa ambos.

A responsabilidade subsidiária é geralmente decorrente de uma denunciação de alguém à lide, que o juiz defere e constitui o denunciado em subsidiariamente responsável pelo ônus, tanto quanto já o era o devedor originário. Neste caso, a lei já estabeleceu hipótese de responsabilidade subsidiária mesmo extrajudicialmente.

Desse modo, exclusivamente naqueles contratos, o ente contratante responderá solidariamente pelos salários, outras verbas e direitos trabalhistas dos empregados da empresa contratada para prestar serviços continuados com exclusividade de mão de obra, e subsidiariamente pelo pagamento de quaisquer verbas de caráter previdenciário, como INSS, FGTS e seguro de acidentes de trabalho.

Em ambas as hipóteses, ocorrerá a responsabilidade solidária se a fiscalização pública exercida sobre o contratado – quanto a esses pagamentos – for deficiente e, com isso, permitir o prejuízo aos empregados do contratado.

Verifica-se desse modo a extrema importância de uma correta fiscalização pública do cumprimento, pelo contratado, daqueles dois encargos, que, pelo *caput*, são de responsabilidade do mesmo contratado.

Para propiciar a eficaz fiscalização apenas do pagamento dos encargos trabalhistas – e inexplicavelmente não a dos encargos previdenciários –, o §3º autoriza que o ente contratante:
I) exija caução ou fiança bancária ou seguro-garantia das verbas não pagas;
II) condicione o pagamento à comprovação do pagamento dos empregados pelo contratado – e somente esta medida bastaria e decerto bastará para assegurar que o contratado não deixará de pagar as verbas trabalhistas ao seu pessoal;
III) pagar o contratado em conta vinculada, o que parece uma inútil tautologia quando pode simplesmente utilizar o inciso anterior, sendo, porém, que esses valores, pelo §4º, são absolutamente impenhoráveis;
IV) pagar diretamente os empregados do contratado, compensando os valores do devido ao contratado; ou
V) e este é um estúpido preciosismo absolutamente contraproducente, trabalhoso e enfadonho, de péssima inspiração e muito difícil fiscalização, que é pagar algumas verbas trabalhistas apenas quando do fato gerador.

Aconselha-se fingir que este último inciso não existe, até porque tudo isso é apenas autorizado ao ente contratante, e não obrigatório.

Fecha o artigo o §5º, que, se não existisse, em nada alteraria o direito, porque manda utilizar a Lei da Previdência para o pagamento de verbas previdenciárias. Talvez o legislador neste ponto tenha querido demonstrar ao mundo que sabe que a Lei da Previdência existe ou, de outro modo, não se atina com a razão deste parágrafo.

Art. 122

Art. 122. Na execução do contrato e sem prejuízo das responsabilidades contratuais e legais, o contratado poderá subcontratar partes da obra, do serviço ou do fornecimento até o limite autorizado, em cada caso, pela Administração.

§1º O contratado apresentará à Administração documentação que comprove a capacidade técnica do subcontratado, que será avaliada e juntada aos autos do processo correspondente.

§2º Regulamento ou edital de licitação poderão vedar, restringir ou estabelecer condições para a subcontratação.

§3º Será vedada a subcontratação de pessoa física ou jurídica, se aquela ou os dirigentes desta mantiverem vínculo de natureza técnica, comercial, econômica, financeira, trabalhista ou civil com dirigente do órgão ou entidade contratante ou com agente público que desempenhe função na licitação ou atue na fiscalização ou na gestão do contrato, ou se deles forem cônjuge, companheiro ou parente em linha reta, colateral, ou por afinidade, até o terceiro grau, devendo essa proibição constar expressamente do edital de licitação.

Artigo sobre a subcontratação, substitui, encompridando-o acentuadamente, o sintético art. 72 da L 8.666.

Subcontratação, em direito público, é a contratação de alguém pelo contratado da administração. No sistema da Lei nº 14.133, que é o mesmo da L 8.666, a subcontratação não retira do contratado a obrigação que contraiu nem do contrato.

O responsável pela completa e correta execução do contrato continua sendo o contratado, e não o seu contratado, que é o subcontratado com relação à administração.

Não se confunde esse instituto com o civil da *sub-rogação*, que significa a substituição de uma das partes do contrato por outra pessoa, a que foi substituída saindo do contrato e desaparecendo da relação. Nesse caso, a partir da sub-rogação, quem assume as obrigações do contrato é o sub-rogado, já que o sub-rogante ou sub-rogatário desaparece do contrato.

Esse instituto civil apenas excepcionalmente é adotado pela administração nos contratos administrativos, celebrados *intuiu personae*, e que, por isso, não podem desconsiderar a personalidade do contratado que foi escolhido, quer por licitação, quer por requisitos particulares que permitiram a contratação direta, para executar aquele dado objeto. E não é o caso deste artigo, que versa tão só sobre a subcontratação.

O ente contratante autoriza, a pedido do contratado ou por negociação por ele, contratante, iniciada, que o contratado contrate alguém, nas condições deste artigo, para pelo contratado executar a parte do contrato dentro do limite autorizado – que, se é parte, pode ser de 99,99%, ou seja e sem hipocrisia, a porção *total* do contrato ou do que lhe falta ser executado.

Em verdade, a subcontratação total do objeto é autorizável e vem sendo autorizada há décadas no direito brasileiro.

Sendo autorizada, pode ser contratada pelo contratado, nos seus termos e condições com o seu contratado (subcontratado da administração), sobre os quais o poder público não tem ação.

Se o contratado paga em barras de ouro o subcontratado, se o paga com gêneros alimentícios, tudo é problema entre eles, jamais do poder público contratante. Quem recebe pelo contrato é o contratado, ainda que quem o execute totalmente seja o subcontratado.

Esta matéria a seguir não estava disciplinada na L 8.666 e, figurando nesta lei, é útil.

O contratado, se pediu autorização para subcontratar, apresentará ao ente contratante documentação demonstrativa de capacidade técnica do seu indicado, que será juntada aos autos e analisada pelo contratante, e merecerá aprovação ou desaprovação. Se for reprovada, evidentemente a subcontratação não será autorizada.

Os documentos e os meios de comprovação da capacidade técnica não precisam ser os mesmos que se utilizam para a licitação, podendo ser simplificados ou diferentes, bastando que convençam o contratante da suficiência do indicado para aquele objeto ou para aquela parte do objeto.

Pelo §2º, que não diz nada de novo, o edital ou algum regulamento do ente podem estabelecer condições outras para autorização de subcontratações, como sempre puderam fazer.

Por fim, o §3º proíbe o nepotismo entre o indicado para a subcontratação e dirigente do órgão contratante ou seus coligados familiares, assim como proíbe que exista vínculo técnico, comercial, trabalhista, civil, econômico ou financeiro, algo sempre de bom alvitre para se prevenir tráfico de influência ou promiscuidades variadas.

Quanto ao – *in fine* – edital precisar prever isso acima, eis uma grossa asneira, porque se está clara e explícita na lei a ordem, o edital não a precisa repetir. A lei não precisa de que edital nenhum a repita para ser impositiva e coercitiva, e *ignorantia legis neminem excusat*.

Art. 123

> Art. 123. A Administração terá o dever de explicitamente emitir decisão sobre todas as solicitações e reclamações relacionadas à execução dos contratos regidos por esta Lei, ressalvados os requerimentos manifestamente impertinentes, meramente protelatórios ou de nenhum interesse para a boa execução do contrato.
>
> Parágrafo único. Salvo disposição legal ou cláusula contratual que estabeleça prazo específico, concluída a instrução do requerimento, a Administração terá o prazo de 1 (um) mês para decidir, admitida a prorrogação motivada por igual período.

Artigo completamente inovador, obriga o ente contratante a decidir sobre todo e qualquer pedido ou reclamação relativo à execução do contrato, salvo os manifestamente impertinentes, protelatórios ou de nenhum interesse à boa execução. O *generoso* prazo para tanto, salvo exceção expressa no contrato, é de um mês, prorrogável motivadamente por outro mês.

É sempre curial que, num Estado Democrático de Direito onde vigorem a regra da transparência e o princípio da publicidade, a administração responda e esclareça sobre questões da execução, se pertinentes e plausíveis os pedidos, e para os fins que forem – que não precisam ser declinados no requerimento, uma vez que se trata de um direito diretamente conferido aos interessados pela lei.

Se o requerente não estiver envolvido na execução, aí, sim, se nos afigura que precisará demonstrar para que está pedindo, como se exige de quem constitucionalmente requer informações à administração.

O direito que este artigo confere a interessados em algo vinculado à execução do contrato não parece ser uma porteira aberta a qualquer pessoa do povo para indagar ou requerer o que bem entender a respeito de contratos, merecendo ser classificado, um requerimento nesses termos e na palavra da lei, de *impertinente*, segundo parece claro.

Art. 124

CAPÍTULO VII
DA ALTERAÇÃO DOS CONTRATOS E DOS PREÇOS

Art. 124. Os contratos regidos por esta Lei poderão ser alterados, com as devidas justificativas, nos seguintes casos:

I – unilateralmente pela Administração:

a) quando houver modificação do projeto ou das especificações, para melhor adequação técnica a seus objetivos;

b) quando for necessária a modificação do valor contratual em decorrência de acréscimo ou diminuição quantitativa de seu objeto, nos limites permitidos por esta Lei;

II – por acordo entre as partes:

a) quando conveniente a substituição da garantia de execução;

b) quando necessária a modificação do regime de execução da obra ou do serviço, bem como do modo de fornecimento, em face de verificação técnica da inaplicabilidade dos termos contratuais originários;

c) quando necessária a modificação da forma de pagamento por imposição de circunstâncias supervenientes, mantido o valor inicial atualizado e vedada a antecipação do pagamento em relação ao cronograma financeiro fixado sem a correspondente contraprestação de fornecimento de bens ou execução de obra ou serviço;

d) para restabelecer o equilíbrio econômico-financeiro inicial do contrato em caso de força maior, caso fortuito ou fato do príncipe ou em decorrência de fatos imprevisíveis ou previsíveis de consequências incalculáveis, que inviabilizem a execução do contrato tal como pactuado, respeitada, em qualquer caso, a repartição objetiva de risco estabelecida no contrato.

§1º Se forem decorrentes de falhas de projeto, as alterações de contratos de obras e serviços de engenharia ensejarão apuração de responsabilidade do responsável técnico e adoção das providências necessárias para o ressarcimento dos danos causados à Administração.

§2º Será aplicado o disposto na alínea "d" do inciso II do *caput* deste artigo às contratações de obras e serviços de engenharia, quando a execução for obstada pelo atraso na conclusão de procedimentos de desapropriação, desocupação, servidão administrativa ou licenciamento ambiental, por circunstâncias alheias ao contratado.

Artigo relativo à alterabilidade dos contratos, sucede em parte o art. 65 da L 8.666, mantendo em boa medida o direito que consigna.

Duas são as iniciativas possíveis para a alteração dos contratos: unilateral pela administração e bilateral, por acordo entre os contratantes. Não existe rescisão unilateral pelo contratado, como no passado se aventou na gestação da L 8.666, mas isso jamais foi implementado.

O contratante público pode alterar unilateralmente o contrato – e isso já significa um poder extraordinário dentro da teoria dos contratos, porque, no direito civil, essa possibilidade, muito acertadamente, não existe – em duas hipóteses:

a) quando o ente público alterar o projeto, antes do início da execução ou já em plena execução, para melhor adequá-lo ao interesse público; e

b) como decorrência da primeira hipótese, quando por alteração do projeto for preciso modificar o valor do contrato, quer para mais, quer para menos, dentro dos limites admitidos nesta lei. Esta segunda hipótese, como se disse, separadamente da primeira é bisonha, porque decorre forçosamente da modificação do projeto se houver majoração ou redução de custo, o que é a primeira hipótese. Poderia figurar como complemento da primeira hipótese.

Sem embargo, existirão modificações do projeto que não aumentarão nem diminuirão custos, e essas figuram na primeira hipótese. Mesmo que as partes cheguem a acordo quanto ao teor da modificação, formalmente ela deverá enquadrar-se na alínea *a* do inciso I deste art. 124.

As alterações bilaterais, por acordo, podem ser de quatro naturezas:

a) para substituir uma espécie de garantia por outra. É preciso um microscópio eletrônico de varredura para detectar a importância de uma insignificância tamanha;
b) quando necessária a modificação do regime de execução ou do fornecimento, que são aqueles 7 (sete) previstos no art. 46. O comentário é o mesmo;
c) quando for preciso alterar a forma de pagamento em face de circunstâncias supervenientes à celebração do contrato, vedada a antecipação de despesa com relação à sua liquidação regular – como de resto a legislação de orçamentos e contabilidade públicos já veda há mais de meio século. Não se exige nem que a execução já se tenha iniciado; se fatores imprevistos incidirem sobre o contrato assinado, a exigir mudança da forma de pagamento, está autorizado acordo entre os contratantes para adotar a nova forma, que deve manter o valor do contrato e, portanto, não afeta a igualdade dos licitantes quanto a isso, se o contrato foi licitado; e
d) e até que enfim algo absolutamente relevante e que resume a quase totalidade dos casos de modificação dos contratos que acontecem na prática: *para restabelecer o equilíbrio econômico-financeiro inicial do contrato em caso de força maior, caso fortuito ou fato do príncipe ou em decorrência de fatos imprevisíveis ou previsíveis de consequências incalculáveis, que inviabilizem a execução do contrato tal como pactuado, respeitada, em qualquer caso, a repartição objetiva de risco estabelecida no contrato.*

Esta importantíssima revisão autoriza o acordo interpartes para alterar o valor do contrato, seja por iniciativa do contratante, seja do contratado, em algumas hipóteses estritas:

– *força maior* ou *caso fortuito*: a lei consigna as duas hipóteses, mas, em geral, são uma só coisa, ou seja, a ocorrência imprevista, que não dependeu da vontade das partes e sem culpa de nenhuma delas, que impede a execução do contrato nas condições financeiras acordadas ao início. Exemplo: inunda-se o palco da obra por tempestades sucessivas e, para prosseguir a execução quando o problema for resolvido, os termos financeiros iniciais não podem ser

mantidos e, então, por acordo se modificam. Isto é tanto caso fortuito – ou do azar, ou da sorte, ou aleatório – mas também é um motivo de força maior para a alteração do contrato;
- *fato do príncipe*, que outra coisa não é senão ato de governo, como o de aumentar impostos e ônus sobre o objeto do contrato, alterando a equilibrada relação financeira inicial e a exigir acordo para revisão de preços;
- *fatos imprevisíveis ou previsíveis de consequências incalculáveis*, alguns dos quais que também podem ser classificados como casos fortuitos ou casos de força maior, são todas aquelas ocorrências, naturais ou por obra humana, que *não se poderiam prever* – como um terremoto onde jamais isso aconteceu – ou *que se poderiam prever*, como uma seca onde sempre ocorre, mas não uma que durasse dois anos, inviabilizando a manutenção de certos contratos nas mesmas bases financeiras iniciais.

Ocorrendo qualquer desses fatos, a parte prejudicada propõe acordo com a outra para reequacionar preço e condições que reparem o desequilíbrio ocorrido e reponha a base financeira do contrato aos patamares de equação razoável, como se a pressupunha na origem.

O §1º, inovador e bem-intencionado, entretanto, é tão mal escrito que torna difícil compreender a ordem. Se a alteração do contrato foi necessária em razão de falha no projeto, não parece lógico responsabilizar senão o autor do projeto, e mais nenhum agente público – que simplesmente trabalhou com um projeto defeituoso.

O texto dá impressão de que o agente que mediou a alteração do contrato é o responsável pelas falhas do projeto, o que pura e simplesmente não faz sentido.

Talvez o legislador tenha querido significar que, se o agente mediador da alteração não se deu conta de que o que de errado havia era falha no projeto, e não desequilíbrio financeiro superveniente, então deve ser responsabilizado e arcar com ressarcimento – se essa é a ordem deste parágrafo, então é completamente absurda e inexequível, porque, mais uma vez, visa responsabilizar quem não teve responsabilidade pelo defeito do projeto, que não era de sua autoria, mas era o material com que tinha de trabalhar, cumprindo ordem superior.

A intenção terá sido boa, mas, da maneira como foi redigido, seria preferível que não existisse este parágrafo, que pode ensejar injustiças administrativas de grande envergadura.

O §2º é bisonho ao dizer o óbvio: se a obra ou o serviço for obstado por problemas ou retardos devidos à desapropriação, servidão, desocupação ou processo de licenciamento ambiental, quando não dependem do contratado – e pouquíssimas vezes dependem –, então se aplica a autorização de alteração do contrato por desequilíbrio financeiro superveniente, prevista na alínea *d* do inciso II.

Alguém imaginava que pudesse ser diferente? O particular contrata a obra e, na execução, ela se paralisa por motivos alheios à sua vontade e independentes de sua atuação. Alguém suporia que não poderia ser alterado o contrato para reequilibrá-lo em tal circunstância?

A lei "autoriza" o que sempre foi possível e mesmo obrigatório.

Art. 125

Art. 125. Nas alterações unilaterais a que se refere o inciso I do *caput* do art. 124 desta Lei, o contratado será obrigado a aceitar, nas mesmas condições contratuais, acréscimos ou supressões de até 25% (vinte e cinco por cento) do valor inicial atualizado do contrato que se fizerem nas obras, nos serviços ou nas compras, e, no caso de reforma de edifício ou de equipamento, o limite para os acréscimos será de 50% (cinquenta por cento).

Artigo que sucede, repetindo-o, o §1º do art. 65 da L 8.666.

O contratante público pode impor aumentos ou reduções de qualquer objeto contratado que implique em aumento ou redução de até 25% do valor inicial atualizado do contrato e, se se tratar de reforma de edifício ou de equipamento, pode impor acréscimo de até 50% daquele valor.

Sendo incontroversa a potestativa iniciativa do contratante – que não pergunta se o contratado concorda, mas lhe impõe esta alteração sem mesmo muito preocupar-se sequer com justificá-la senão sumariamente –, o ponto controverso deste dispositivo, e o é desde a L 8.666/93, é a delimitação conceitual do que seja o *valor inicial atualizado do contrato.*

Não é o valor inicial sem atualização porque a lei reza "atualizado"; e não é o valor corrigido monetariamente por algum índice econômico, porque isso não está escrito e porque nada autoriza essa operação, sobretudo quando existem inúmeros índices discrepantes e que não podem ser arbitrariamente escolhidos porque cada um levaria a um resultado, o que não faz sentido em negócios públicos, que não são loteria.

Assim, *por eliminação,* a única conclusão que parece correta é a de que o valor a ser considerado como base para a fixação do limite da alteração unilateral neste caso é aquele resultante da *soma de todos os valores que, até o momento da alteração, foram pagos ao contratado.*

O valor inicial do contrato é dez; se, no momento da alteração imposta, já foram pagos quatro, então o valor inicial atualizado do contrato é de quatro, porque naquele momento ele custou quatro ao contratante, sendo, portanto, esse o seu valor inicial que foi atualizado até a alteração unilateral.

Se o contrato era de dez, se foi prorrogado por mais doze e se, no momento da alteração, foram pagos dezoito, então o valor inicial atualizado do contrato é de dezoito e, sobre esse valor, se calcula a alteração máxima imponível ao contratado.

Quanto mais tempo de execução decorrer até a imposição da alteração, maior será a base para o cálculo do limite de valor a aumentar ou a reduzir.

Se essa não for a verdade, então este cansado escriba entrega os pontos.

Art. 126

Art. 126. As alterações unilaterais a que se refere o inciso I do *caput* do art. 124 desta Lei não poderão transfigurar o objeto da contratação.

Artigo que enseja leituras, interpretações e aplicações as mais subjetivas e variáveis que se possam imaginar, tudo girará em torno do que seja *transfigurar o objeto*. O verbo foi de uma elegância literária única, mas, em direito, é sempre preferível o termo inequívoco, ainda que chão.

Transfigurar, neste caso, significa alterar em profundidade, desfigurar, transformar, mudar de uma coisa para outra; em certa acepção, deturpar, descaracterizar, algo assim.

Como o conceito é efetivamente subjetivo, será preciso, a cada pretensão pela administração de alterar o projeto (art. 124, inc. I, al. *a*), apelar ao senso comum das pessoas e do mercado no qual se insere o objeto para se aferir se a alteração pretendida não é de tal monta e natureza que, na prática, transforma um objeto em outro, e esse será o ponto a que não se pode chegar.

Exemplificando, se a um serviço de pintura se acresce, por alteração do projeto, um serviço de disposição de fiação elétrica, é evidente que o projeto foi transfigurado. Quem realiza um não necessariamente realiza o outro, pois que são trabalhos absolutamente distintos, a exigir especializações distintas.

Se a título de acrescer 25% do valor no serviço de reforma de três guindastes, o ente público pretende acrescer um quarto guindaste, e cada qual tem problemas diferentes a enfrentar, o objeto estará sendo transfigurado e transformado de um em outro.

Se o objeto é construir mil casas populares idênticas em terreno absolutamente regular e idêntico em toda a sua extensão, então parece claro que construir mais cem casas iguais, na mesma gleba de iguais características, não transfigura o objeto. É mais do mesmo, nas mesmas condições, dentro de limites legais e perfeitamente razoável sob o prisma da engenharia da construção.

Na vida real, os problemas mais intricados surgem quanto a essa questão de saber se o objeto, com tal ou qual alteração do projeto, poderá ou não ser considerado o mesmo, e não desfigurado em outro. Somente o bom senso e uma noção média de razoabilidade e de proporcionalidade poderão oferecer segurança – ou alguma segurança – nesta quadra.

Art. 127

Art. 127. Se o contrato não contemplar preços unitários para obras ou serviços cujo aditamento se fizer necessário, esses serão fixados por meio da aplicação da relação geral entre os valores da proposta e o do orçamento-base da Administração sobre os preços referenciais ou de mercado vigentes na data do aditamento, respeitados os limites estabelecidos no art. 125 desta Lei.

Artigo que sucede, aperfeiçoando-o, o §3º do art. 65 da L 8.666. Se os preços unitários não foram fixados porque o contrato era de preço global e aqueles não interessavam, e se esse contrato exigir aditamento por qualquer motivo, então as partes calcularão a relação proporcional entre os preços básicos da administração e os valores afinal contratados, e essa proporção, positiva ou negativa para a administração, será aplicada sobre os preços de mercado daqueles itens e, nessa medida, será aditado o contrato dentro dos limites de 25% para mais ou para menos, ou de 50% se se tratar de reforma.

Se o aditamento pretendesse acrescer ou reduzir mais quantidades de itens do que o seu valor final permite dentro dos limites legais, não poderá fazê-lo, e o aditamento terá de limitar-se aos percentuais do art. 125.

E outra vez precisa ser equacionado o entendimento do que seja valor inicial atualizado, o que acresce outro elemento de complicação para os cálculos.

Art. 128

Art. 128. Nas contratações de obras e serviços de engenharia, a diferença percentual entre o valor global do contrato e o preço global de referência não poderá ser reduzida em favor do contratado em decorrência de aditamentos que modifiquem a planilha orçamentária.

Decorrência natural e lógica do artigo anterior, os aditamentos que modifiquem a planilha inicial do contratante público não poderão alterar a proporção entre o valor do contrato e o orçamento de referência em favor do contratado.

Natural que assim seja, porém o que não passou pela redação é que aquela proporção *também não poderá ser alterada em favor da administração* contratante, porque meia justiça é completa injustiça ou justiça nenhuma. A proporcionalidade e a razoabilidade são uma via de duas mãos, e os direitos das partes em contratos são baluartes sagrados dentro das regras jurídicas.

Art. 129

Art. 129. Nas alterações contratuais para supressão de obras, bens ou serviços, se o contratado já houver adquirido os materiais e os colocado no local dos trabalhos, estes deverão ser pagos pela Administração pelos custos de aquisição regularmente comprovados e monetariamente reajustados, podendo caber indenização por outros danos eventualmente decorrentes da supressão, desde que regularmente comprovados.

Substituto do §4º do art. 65 da L 8.666, a única modificação foi trocar a palavra "corrigidos" por *reajustados*.

A regra – de evidente origem no mundo das empreiteiras, que, uma vez ou outra, experimentam amargos e injustos prejuízos com voluntarismos ou arbitrariedades da administração pública – é absolutamente correta, pois que, se o contratado, previdente e responsável, já com o contrato nas mãos, adquiriu e colocou no palco da execução os materiais que pretendia empregar na execução da obra ou do serviço, é surpreendido com supressão unilateral da parte do contrato em que os iria utilizar, não seria justo fazê-lo arcar com o prejuízo decorrente.

Então, nessa hipótese, manda a lei que se o indenize pelo preço original, demonstrado fiscalmente e corrigido (reajustado) monetariamente por algum índice que a tal se preste. E pode não ser essa a única indenização se o contratado demonstrar outro(s) prejuízo(s) ou dano(s) pela atitude do ente contratante, hipótese em que merecerá a correspondente reparação ou indenização.

Art. 130

> Art. 130. Caso haja alteração unilateral do contrato que aumente ou diminua os encargos do contratado, a Administração deverá restabelecer, no mesmo termo aditivo, o equilíbrio econômico-financeiro inicial.

Sucessor do §6º do art. 65 da L 8.666 – o qual modifica ligeiramente e para melhor –, este artigo determina ao contratante público que restabeleça o equilíbrio econômico-financeiro inicial do contrato, vulnerado por aditamento imposto unilateralmente que aumente os encargos do contratado e – isto é importante – fazendo-o *já no mesmo instrumento modificativo.*

Tal ordem impede que o ente contratante altere o contrato e postergue a compensação pela sobrecarga de ônus imposta ao contratado para o futuro, como sói acontecer com a parte com relação aos seus ônus, quando se apressou a corrigir o contrato em prol do seu interesse. A lei merece elogio quanto a esta modificação à regra da L 8.666.

E não custa recordar: se é certo que o contratante público pode unilateralmente impor certas alterações que aumentem os encargos do contratado, certo também é que nesse mesmo ato precisará *entrar em acordo com o contratado* para resolver e definir o montante do reequilíbrio do preço contratual.

Consequência: se não houver acordo sobre esse montante, então também e corolariamente *não poderá existir alteração unilateral.* Muito melhor assim...

Art. 131

Art. 131. A extinção do contrato não configurará óbice para o reconhecimento do desequilíbrio econômico-financeiro, hipótese em que será concedida indenização por meio de termo indenizatório.

Parágrafo único. O pedido de restabelecimento do equilíbrio econômico-financeiro deverá ser formulado durante a vigência do contrato e antes de eventual prorrogação nos termos do art. 107 desta Lei.

Artigo que inova o direito anterior, prevê que a extinção do contrato, que se dá nos termos desta lei, art. 137, não impede o ente público de reconhecer o desequilíbrio econômico-financeiro que provocou enquanto ainda vigente o contrato e, por consequência, reconhece o direito à reparação financeira ao contratado.

Essa reparação se dará por "termo indenizatório", que nada é senão o instrumento oficial, de natureza administrativa, pelo qual o ente indeniza o ex-contratado reconhecidamente lesado em seu direito quando da execução.

Nada semelhante existe na L 8.666 e é de muito bom alvitre no sentido de desmistificar a ideia de que indenizações públicas somente serão legítimas se forem judiciais ou judicialmente homologadas. Se o poder público contratante reconhece, demonstrando por a mais b, que lesou seu contratado, nada em sã consciência pode impedir que repare aquele prejuízo ao particular, apenas calculando-o e sopesando os números, sem maiores formalidades ou exigências.

O parágrafo único revela-se, entretanto, ligeiramente estranho, porque exige que o pedido de reequilíbrio se dê na vigência do contrato e antes da prorrogação do art. 107, que se refere a serviços contínuos. Acontece que um contrato – sobretudo o de serviços contínuos – pode ter diversas prorrogações e pode acontecer de o desequilibramento se revelar apenas durante a execução de alguma delas, o que torna sem sentido essa previsão.

Enquanto não surgir e não se demonstrar o desequilíbrio, não existe direito a reequilíbrio, por evidente; se o contrato se desequilibrar apenas durante uma prorrogação, como então poderia o contratado *ter pedido* reequilíbrio sem o fato gerador?

Em muitos casos, o parágrafo simplesmente não poderá ser aplicado por falta de coerência lógica.

Art. 132

Art. 132. A formalização do termo aditivo é condição para a execução, pelo contratado, das prestações determinadas pela Administração no curso da execução do contrato, salvo nos casos de justificada necessidade de antecipação de seus efeitos, hipótese em que a formalização deverá ocorrer no prazo máximo de 1 (um) mês.

Artigo que inicia bem, mas que, como sói acontecer em nosso tupiniquim território, termina menos bem pela exceção que abre à boa regra inicial.

Sem o termo aditivo (modificativo, imagina-se) formalizado, o ente contratante não pode exigir que o contratado o cumpra – e até este ponto muito bem –, salvo na exceção de "justificada necessidade de antecipação de seus efeitos", e agora o panorama desandou, mesmo com a fixação do prazo máximo de 30 dias para a formalização.

Nada justifica essa exceção. Se o contratante público teve tempo de planilhar suas necessidades e seus problemas supervenientes, deve ter tido tempo para, também, elaborar e formalizar o termo aditivo na mesma ofensiva e de um só fôlego – para o que sempre pode contar, naturalmente, com a colaboração do contratado, que tem todo interesse em ver finalizada essa tratativa.

Não se pode aplicar o adágio de Vinicius de Moraes – "não deixe para amanhã o que puder fazer depois de amanhã" –, magnífico para férias no litoral, à vida interna da administração pública.

Art. 133

Art. 133. Nas hipóteses em que for adotada a contratação integrada ou semi-integrada, é vedada a alteração dos valores contratuais, exceto nos seguintes casos:

I – para restabelecimento do equilíbrio econômico-financeiro decorrente de caso fortuito ou força maior;

II – por necessidade de alteração do projeto ou das especificações para melhor adequação técnica aos objetivos da contratação, a pedido da Administração, desde que não decorrente de erros ou omissões por parte do contratado, observados os limites estabelecidos no art. 125 desta Lei;

III – por necessidade de alteração do projeto nas contratações semi-integradas, nos termos do §5º do art. 46 desta Lei;

IV – por ocorrência de evento superveniente alocado na matriz de riscos como de responsabilidade da Administração.

Artigo ligeiramente patético, porque "proíbe" uma coisa e abre todas as exceções imagináveis à proibição, desnaturando completamente a austeridade pretendida.

Se, nos contratos integrados e semi-integrados, é permitida a alteração dos valores na quatro "excepcionais" hipóteses dos incisos I a IV, então não se imagina o que esteja proibido, uma vez que *todas* as modificações dos valores se dão por uma ou por outra daquelas hipóteses.

O artigo inteiro é absolutamente incompreensível.

Art. 134

Art. 134. Os preços contratados serão alterados, para mais ou para menos, conforme o caso, se houver, após a data da apresentação da proposta, criação, alteração ou extinção de quaisquer tributos ou encargos legais ou a superveniência de disposições legais, com comprovada repercussão sobre os preços contratados.

Artigo que repete o direito do §5º do art. 65 da L 8.666, reitera algo que não se compreendia bem já naquela lei.

Sim, uma vez que o *fato do príncipe* referido no dispositivo – aumento de impostos e encargos legais – sempre constituiu motivo para o reequilíbrio econômico-financeiro do contrato, previsto como está na L 8.666, art. 65, inciso II, alínea *d*, e repetido nesta Lei nº 14.133 *duas vezes*, a primeira no art. 124, II, *d*, e a segunda vez no art. 130.

Este art. 134 é, portanto, a *terceira vez em que a lei diz exatamente a mesma coisa*, com palavras diferentes.

Imagina-se que o legislador tenha medo de que, estando escrito o direito apenas uma vez, não seja observado nem respeitado. Escreve-o, desse modo, duas ou três vezes, na esperança de que o aplicador confirme que o direito existe e, se é tão repetido, "deve ser importante", então "vamos cumpri-lo".

A L 8.666, neste específico ponto, não evoluiu um milímetro com esta Lei nº 14.133, antes pelo contrário.

Art. 135

Art. 135. Os preços dos contratos para serviços contínuos com regime de dedicação exclusiva de mão de obra ou com predominância de mão de obra serão repactuados para manutenção do equilíbrio econômico-financeiro, mediante demonstração analítica da variação dos custos contratuais, com data vinculada:

I – à da apresentação da proposta, para custos decorrentes do mercado;

II – ao acordo, à convenção coletiva ou ao dissídio coletivo ao qual a proposta esteja vinculada, para os custos de mão de obra.

§1º A Administração não se vinculará às disposições contidas em acordos, convenções ou dissídios coletivos de trabalho que tratem de matéria não trabalhista, de pagamento de participação dos trabalhadores nos lucros ou resultados do contratado, ou que estabeleçam direitos não previstos em lei, como valores ou índices obrigatórios de encargos sociais ou previdenciários, bem como de preços para os insumos relacionados ao exercício da atividade.

§2º É vedado a órgão ou entidade contratante vincular-se às disposições previstas nos acordos, convenções ou dissídios coletivos de trabalho que tratem de obrigações e direitos que somente se aplicam aos contratos com a Administração Pública.

§3º A repactuação deverá observar o interregno mínimo de 1 (um) ano, contado da data da apresentação da proposta ou da data da última repactuação.

§4º A repactuação poderá ser dividida em tantas parcelas quantas forem necessárias, observado o princípio da anualidade do reajuste de preços da contratação, podendo ser realizada em momentos distintos para discutir a variação de custos que tenham sua anualidade resultante em datas diferenciadas, como os decorrentes de mão de obra e os decorrentes dos insumos necessários à execução dos serviços.

§5º Quando a contratação envolver mais de uma categoria profissional, a repactuação a que se refere o inciso II do *caput* deste artigo poderá ser dividida em tantos quantos forem os acordos, convenções ou dissídios coletivos de trabalho das categorias envolvidas na contratação.

§6º A repactuação será precedida de solicitação do contratado, acompanhada de demonstração analítica da variação dos custos, por meio de apresentação da planilha de custos e formação de preços, ou do novo acordo, convenção ou sentença normativa que fundamenta a repactuação.

Artigo que complica extraordinariamente a questão da revisão dos contratos de serviços contínuos *com regime de dedicação exclusiva de mão de obra ou com predominância de mão de obra*, a começar porque a denomina de repactuação. Revisão é exatamente o mesmo que repactuação, significando nova tratativa de preços e condições, nova combinação, novo ajuste, novo acordo.

A data da repactuação é vinculada ou à data da proposta – o que se recomenda entusiasticamente –, ou à data do acordo, dissídio ou convenção coletiva. A lei tenta vincular a primeira hipótese a custos do mercado, e a segunda, a custos da mão de obra. Recomenda-se fugir a essa separatividade como foge o diabo da cruz, infelicíssima, burocratizante e inútil, como se revela.

Não se pode imaginar custos de mão de obra fora de custos do mercado, já que, em tais contratos, os gastos com pessoal são o principal fator de aumento dos custos do mercado. Fixando-se a repactuação a contar de um ano da data da proposta (cf. §3º deste artigo), o problema – completamente artificial e criado do nada – simplifica-se acentuadamente. Esta Lei nº 14.133 é prenhe de péssimas ideias e instituições.

Art. 136

> Art. 136. Registros que não caracterizam alteração do contrato podem ser realizados por simples apostila, dispensada a celebração de termo aditivo, como nas seguintes situações:
> I – variação do valor contratual para fazer face ao reajuste ou à repactuação de preços previstos no próprio contrato;
> II – atualizações, compensações ou penalizações financeiras decorrentes das condições de pagamento previstas no contrato;
> III – alterações na razão ou na denominação social do contratado;
> IV – empenho de dotações orçamentárias.

Todo registro no contrato – ou referente ao contrato – que não caracterize sua alteração pode ser procedido por apostila ou apostilamento, o que é também denominado *averbamento*, que é a simples anotação do fato, sem maior requisito formal.

A lei exemplifica fatos meramente apostiláveis, como são o registro do reajuste ou da repactuação; as atualizações ou as compensações financeiras previstas no próprio contrato; as alterações na razão social das partes (até o ente contratante pode ter seu nome alterado); e, por fim, o empenho ou reserva oficial de verbas orçamentárias.

Nada disso tem o condão de mudar coisa alguma relevante do contrato, e outros exemplos existem de ocorrências que dispensam termos aditivos, bastando que sejam anotadas.

Art. 137

CAPÍTULO VIII
DAS HIPÓTESES DE EXTINÇÃO DOS CONTRATOS

Art. 137. Constituirão motivos para extinção do contrato, a qual deverá ser formalmente motivada nos autos do processo, assegurados o contraditório e a ampla defesa, as seguintes situações:

I – não cumprimento ou cumprimento irregular de normas editalícias ou de cláusulas contratuais, de especificações, de projetos ou de prazos;

II – desatendimento das determinações regulares emitidas pela autoridade designada para acompanhar e fiscalizar sua execução ou por autoridade superior;

III – alteração social ou modificação da finalidade ou da estrutura da empresa que restrinja sua capacidade de concluir o contrato;

IV – decretação de falência ou de insolvência civil, dissolução da sociedade ou falecimento do contratado;

V – caso fortuito ou força maior, regularmente comprovados, impeditivos da execução do contrato;

VI – atraso na obtenção da licença ambiental, ou impossibilidade de obtê-la, ou alteração substancial do anteprojeto que dela resultar, ainda que obtida no prazo previsto;

VII – atraso na liberação das áreas sujeitas a desapropriação, a desocupação ou a servidão administrativa, ou impossibilidade de liberação dessas áreas;

VIII – razões de interesse público, justificadas pela autoridade máxima do órgão ou da entidade contratante;

IX – não cumprimento das obrigações relativas à reserva de cargos prevista em lei, bem como em outras normas específicas, para pessoa com deficiência, para reabilitado da Previdência Social ou para aprendiz.

§1º Regulamento poderá especificar procedimentos e critérios para verificação da ocorrência dos motivos previstos no *caput* deste artigo.

§2º O contratado terá direito à extinção do contrato nas seguintes hipóteses:

I – supressão, por parte da Administração, de obras, serviços ou compras que acarrete modificação do valor inicial do contrato além do limite permitido no art. 125 desta Lei;

II – suspensão de execução do contrato, por ordem escrita da Administração, por prazo superior a 3 (três) meses;

III – repetidas suspensões que totalizem 90 (noventa) dias úteis, independentemente do pagamento obrigatório de indenização pelas sucessivas e contratualmente imprevistas desmobilizações e mobilizações e outras previstas;

IV – atraso superior a 2 (dois) meses, contado da emissão da nota fiscal, dos pagamentos ou de parcelas de pagamentos devidos pela Administração por despesas de obras, serviços ou fornecimentos;

V – não liberação pela Administração, nos prazos contratuais, de área, local ou objeto, para execução de obra, serviço ou fornecimento, e de fontes de materiais naturais especificadas no projeto, inclusive devido a atraso ou descumprimento das obrigações atribuídas pelo contrato à Administração relacionadas a desapropriação, a desocupação de áreas públicas ou a licenciamento ambiental.

§3º As hipóteses de extinção a que se referem os incisos II, III e IV do §2º deste artigo observarão as seguintes disposições:

I – não serão admitidas em caso de calamidade pública, de grave perturbação da ordem interna ou de guerra, bem como quando decorrerem de ato ou fato que o contratado tenha praticado, do qual tenha participado ou para o qual tenha contribuído;

II – assegurarão ao contratado o direito de optar pela suspensão do cumprimento das obrigações assumidas até a normalização da situação, admitido o restabelecimento do equilíbrio econômico-financeiro do contrato, na forma da alínea "d" do inciso II do *caput* do art. 124 desta Lei.

§4º Os emitentes das garantias previstas no art. 96 desta Lei deverão ser notificados pelo contratante quanto ao início de processo administrativo para apuração de descumprimento de cláusulas contratuais.

Artigo penosamente longo, introduz na lei a figura da *extinção* dos contratos. Esse instituto substitui a antiga e tradicional disciplina da rescisão dos contratos, que figura nos arts. 77 a 80 da L 8.666; este art. 137 em específico substitui o art. 78 daquela lei.

A primeira impressão é assustadora: extinção de contratos? Quais os efeitos disso? Reconhecem-se a legalidade, a vigência e a eficácia do contrato até sua extinção?

Depois: o contratado tem direito à extinção do contrato (art. 137, §2º, incs. I a V); alguém até este momento da história jurídica imaginou que a lei um dia desse direito ao contratado de ter seu contrato *extinto*, como se tal para ele representasse uma conquista?

O tempo colocará as coisas em seu lugar como sói acontecer, restando ao aplicador da lei neste momento apenas tentar aplicá-la como for juridicamente possível.

*****

Extinguir é fazer desaparecer, eliminar, liquidar, extirpar, remover, esvaziar, anular, cancelar – cada acepção conforme cada caso e conforme o uso comum das palavras.

Indaga-se como, em nosso direito, se pode fazer desaparecer um contrato se não for pela *rescisão* (ou distrato, ou desfazimento) com reconhecimento da existência legítima até então; ou então pela *anulação* administrativa, que é a decretação administrativa de invalidade do contrato com o desfazimento (material ou jurídico) dos efeitos; ou então pela *anulação judicial*, que é o mesmo caso, porém através de ação judicial. Sem resposta.

Pergunta-se: como se extingue pura e simplesmente um contrato, que eventualmente durou quatro anos, ou três meses, ou doze anos, ou mais que isso? Anulam-se os seus efeitos, como na anulação? Ou, de outro modo, são reconhecidos os efeitos, como na rescisão?

Examinando-se os incisos I a IX do *caput*, temos para nós que somente é possível entender a extinção *exatamente como rescisão, com os mesmos exatos efeitos*, porque:

    a) esta lei não criou nenhuma hipótese de "extinção" que já não figure na L 8.666 como de rescisão;

    b) todas as hipóteses dos incisos I a IX necessariamente têm os mesmos efeitos da rescisão – e não podem ser diferentes, bastando lê-las;

c) a lei não instituiu um regime próprio de extinção de contratos que se diferencie do regime da rescisão e que provoque efeitos diferentes dos da rescisão.

Mudou o nome, mas o instituto da rescisão restou exatamente o mesmo, incólume e preservado por inteiro.

A lei, até aqui, recorda um parque de diversões para o legislador, mas assim não pode ser para quem decifra o texto. O legislador parece desconhecer que *os problemas da dogmática não se resolvem pela taxinomia*, vale dizer, não é alterando o rótulo das coisas que se altera sua natureza, e não é mudando o nome que se resolvem os problemas.

Então, neste art. 137, onde se lê "extinção", entenda-se "rescisão".

******

A matéria dos incisos I a V é velha conhecida, e o grande mérito do artigo é o de ter cortado pela metade as enfadonhas e rebarbativas hipóteses de rescisão, das 18 anteriores (L 8.666) para as 9 desta lei. Entusiásticos parabéns ao legislador por essa racionalização.

Será extinto o contrato – sob o enfoque e dentro do regime da *rescisão*, insistimos reiteradamente – em ocorrendo alguma das situações descritas nos incisos I a IX do *caput* (que não serão repetidas neste momento até o inciso VI por despiciendo, bastando ao aplicador lê-las). É preciso, no entanto, discorrer sobre o texto a partir do inciso VI.

É motivo para extinção do contrato – se isso for querido pela administração, porque não precisa ser –, e com justificativa suficiente, o atraso na obtenção da licença ambiental de que a execução necessita nos termos do edital.

Somente não se compreende como pode existir uma contratação assim *condicional*, que só será perfeita se um evento futuro for obtido pelo contratado. Isso nos parece a fina flor da irresponsabilidade e da temeridade, porque nada assegura que aquele requisito será implementado pelo contratado e que o contrato, enfim, se aperfeiçoará.

Então, contratar de maneira manquitola e sem saber se o pacto poderá ser mantido é algo que não deveria passar pela cabeça de alguém disciplinado e que preze as instituições.

Muito semelhante é o seguinte inciso VII, que faz a mantença do contrato depender de desapropriação, desocupação ou instituição de servidão, todas a cargo do contratado. Se não saírem a tempo, poderá a administração extinguir o contrato – o qual, repita-se, jamais nessas condições poderia ter sido firmado.

Tal parece a casa da sogra; a *casa de Irene*, de Sérgio Endrigo; ou o baile de Tim Maia, em que literalmente *vale tudo*. A lei, ao permitir que contratos nessas condições sejam firmados, revela-se de péssima qualidade, bem dizendo da mentalidade do brasileiro, que negocia sem saber o que vem pela frente, confiando no destino. Quando é público o interesse envolvido e quando é pública a verba custeadora, então ainda mais difícil resta justificar essa atitude.

O que se pode é recomendar ao ente público que *não contrate* nessas condições em que não sabe que raio de coisa virá pela frente. São comuns contratos de abertura ou de duplicação de estradas que ficam anos a fio paralisados porque o concessionário não conseguiu destravar as desapropriações na justiça, como foi o caso da rodovia Raposo Tavares, no estado de São Paulo. Se documentos ou procedimentos são necessários, obtenham-se-nos então antes de contratar, é a recomendação de primária natureza.

O inciso VIII, em verdade, é a bem-vinda simplificação do inciso XII do art. 78 da L 8.666, que admite a extinção do contrato por razões de interesse público justificadas pela autoridade máxima do ente contratante.

Ainda que bem-vinda a simplificação, este inciso pode dar ensejo a perigosas arbitrariedades por autoridade de duvidosa honestidade de propósitos, nos casos em que a nova autoridade máxima é inimiga ou antipatizante do contratado e cria – exatamente isso: inventa, forja – razões de alegado interesse público para extinguir (leia-se rescindir) o contrato.

E, nesse momento, torna-se tremendamente árduo para o contratado, parte fraca na relação negocial, demonstrar que *focinho de porco não é tomada*. O risco existe, sim, devido à inafastável subjetividade da conceituação do que sejam razões supervenientes de interesse público, matéria essa que muita vez tem seu lado solar, mas que tem também, com grande frequência, seu imenso lado sombrio, penumbroso.

O inciso IX admite extinção do contrato caso o contratado descumpra sua obrigação legal e contratual de manter a reserva da vagas para pessoas com deficiência, reabilitados ou aprendizes.

O contrato dirá quando essas vagas precisarão estar asseguradas e como e quando sobre aquilo incidirá a fiscalização – ou, de outro modo, a obrigação do contratado será ilíquida e restará perdida no tempo.

O §1º oferece a vantagem de apenas permitir que o ente elabore um regulamento para especificar procedimentos e critérios para verificação da ocorrência dos motivos declinados nesta lei. Excelente, porque, decerto, ninguém terá tempo a perder com tão desprezível atividade, como se nada mais tivesse a fazer.

O §2º exercita a delirante ideia de que o contratado tem direito à extinção do contrato nas hipóteses que enuncia e que são:

a) supressão de parte do contrato que exceda o limite legalmente suprimível;
b) suspensão do contrato por mais que três meses;
c) suspensão de execução do contrato, em uma ou em mais de uma oportunidade, por ordem escrita da administração, por prazo total superior a 3 (três) meses;
d) "atraso superior a 2 (dois) meses, contado da emissão da nota fiscal, dos pagamentos ou de parcelas de pagamentos devidos pela Administração por despesas de obras, serviços ou fornecimentos"; e
e) "não liberação pela Administração, nos prazos contratuais, de área, local ou objeto, para execução de obra, serviço ou fornecimento, e de fontes de materiais naturais especificadas no projeto, inclusive devido a atraso ou descumprimento das obrigações atribuídas pelo contrato à Administração relacionadas a desapropriação, a desocupação de áreas públicas ou a licenciamento ambiental".

São palavras demais para algo tão facilmente compreensível por quem quer que seja. Se o contratado deixa de receber por mais de 60 dias o que merece pela execução ou, então, se deixa de ter liberadas áreas ou fontes de materiais especificados no projeto necessárias à execução, então passa a ter direito à extinção do contrato.

Dentro desse surrealista panorama, em que parece vantajoso ao contratado obter a extinção de seu próprio contrato, reúnem-se as hipóteses de extinção do contrato, que nada são senão rescisões batizadas de outro infeliz nome.

Os *horríveis* §§3º e 4º que rematam este artigo prescrevem que as hipóteses de extinção dos incisos II a IV do artigo não se admitem em caso de calamidade pública e/ou grave perturbação da ordem pública, ou – fantástico! – em caso de guerra, e de outro lado asseguram ao contratado optar pela suspensão das suas obrigações até o restabelecimento da normalidade institucional, admitida a revisão restabelecedora do equilíbrio econômico-financeiro originário.

Se nada disso houvera sido escrito, ninguém jamais o imaginaria necessário. O mundo de ilusão em que navega permanentemente o legislador de licitações é enternecedor.

Fecha o artigo o §4º, que manda notificar o emissor das garantias de que o seu garantido está sendo processado administrativamente pelo descumprimento do contrato. Lembra fofoca de irmão invejoso junto à mãe, algo que ninguém em sã consciência jamais imaginaria pudesse existir. É quase constrangedor.

Art. 138

Art. 138. A extinção do contrato poderá ser:

I – determinada por ato unilateral e escrito da Administração, exceto no caso de descumprimento decorrente de sua própria conduta;

II – consensual, por acordo entre as partes, por conciliação, por mediação ou por comitê de resolução de disputas, desde que haja interesse da Administração;

III – determinada por decisão arbitral, em decorrência de cláusula compromissória ou compromisso arbitral, ou por decisão judicial.

§1º A extinção determinada por ato unilateral da Administração e a extinção consensual deverão ser precedidas de autorização escrita e fundamentada da autoridade competente e reduzidas a termo no respectivo processo.

§2º Quando a extinção decorrer de culpa exclusiva da Administração, o contratado será ressarcido pelos prejuízos regularmente comprovados que houver sofrido e terá direito a:

I – devolução da garantia;

II – pagamentos devidos pela execução do contrato até a data de extinção;

III – pagamento do custo da desmobilização.

Menos péssimo que o antecedente, entretanto este artigo ainda faz indagar se, na esfera do direito privado, alguma preocupação como essa passaria pela cabeça de quem quer que fosse: as partes discutindo e eventualmente acordando sobre quem seria o responsável pela *extinção* de um contrato...

Seja como for, o nível da Lei de Licitações passou a ser este e, com ele, terá o aplicador de conviver. Então, a extinção do contrato pode ser unilateral pela administração, ou bilateral por acordo das partes, ou arbitral. A lei (inc. III) ainda lembra que a decisão de extinção pode ser judicial. Os juízes devem estar enternecidos com a lembrança, que lhes assegura poder determinar a extinção de um contrato administrativo...

Será unilateral (inc. I) e por ato escrito da administração que está proibido de ser produzido caso exista culpa da própria administração – é o que se deduz do pessimamente redigido inciso, que dá ideia de que o ato extintivo não será escrito se houver culpa da administração –, o que evidentemente não faz sentido.

Será bilateral (inc. II) por consenso das partes, espontâneo ou obtido em sede de conciliação para tanto constituída, ou ainda através de mediação ou comitê de resolução de disputas, caso por alguma dessas inutilidades absolutas se decida a administração.

É um completo desfile de futilidades e de contrassensos, se e quando a extinção é consensual. Então, alguém nomeia uma comissão de resolução de disputas para que as partes cheguem a um consensual acordo? Resolução de disputas num acordo que pode ser sem disputa? Onde o sentido de algo assim?

Pelo inciso III, a decisão pode ser arbitral se essa solução estiver prevista no contrato, e apenas essa previsão deveria englobar a comissão e o comitê mencionados no inciso anterior. Quanto à lei mencionar que a extinção pode também ser judicial, respeitosamente deixamos de comentar.

O §1º, igualmente embaraçoso de tão mal redigido, informa que a extinção unilateral e a bilateral "deverão ser precedidas de autorização escrita e fundamentada da autoridade competente e reduzidas a termo no respectivo processo". Então, são duas autoridades, uma que autoriza e outra que extingue o contrato? Não basta uma que tenha competência para contratar e para extinguir o contrato, declarando-o extinto? Entendemos que basta uma.

O §2º, que apenas copiou o §2º do art. 79 da L 8.666 e escapou da criatividade do autor desta lei, é coerente e lógico. Manda indenizar o contratado que teve seu contrato extinto por culpa exclusiva da administração – por qualquer motivo ou por qualquer comportamento que ela possa ter tido, e são os mais variados imagináveis –, ressarcindo-se-lhe ou se lhe pagando a) prejuízos por lucros cessantes e danos emergentes; b) pela garantia prestada, que deve ser devolvida, corrigida quando prestada em dinheiro, ainda que a lei assim não preveja; c) pagando-se-lhe pelo executado até a data da extinção e que ainda não tenha sido pago; e d) pagando-se-lhe o custo da desmobilização, se houve mobilização.

Imaginem-se os cálculos necessários para que a indenização seja financeiramente justa, sobretudo quanto aos prejuízos do contratado por lucros cessantes e danos emergentes!

Extinguir um contrato pode, portanto, ser mais custoso ao ente público contratante que um divórcio para o cônjuge acometido dessa infeliz ideia.

Art. 139

Art. 139. A extinção determinada por ato unilateral da Administração poderá acarretar, sem prejuízo das sanções previstas nesta Lei, as seguintes consequências:

I – assunção imediata do objeto do contrato, no estado e local em que se encontrar, por ato próprio da Administração;

II – ocupação e utilização do local, das instalações, dos equipamentos, do material e do pessoal empregados na execução do contrato e necessários à sua continuidade;

III – execução da garantia contratual para:

a) ressarcimento da Administração Pública por prejuízos decorrentes da não execução;

b) pagamento de verbas trabalhistas, fundiárias e previdenciárias, quando cabível;

c) pagamento das multas devidas à Administração Pública;

d) exigência da assunção da execução e da conclusão do objeto do contrato pela seguradora, quando cabível;

IV – retenção dos créditos decorrentes do contrato até o limite dos prejuízos causados à Administração Pública e das multas aplicadas.

§1º A aplicação das medidas previstas nos incisos I e II do *caput* deste artigo ficará a critério da Administração, que poderá dar continuidade à obra ou ao serviço por execução direta ou indireta.

§2º Na hipótese do inciso II do *caput* deste artigo, o ato deverá ser precedido de autorização expressa do ministro de Estado, do secretário estadual ou do secretário municipal competente, conforme o caso.

Sucessor do art. 80 da L 8.666, este artigo informa as possíveis, facultativas e jamais obrigatórias consequências daquele ato extintivo para o ente contratante.

Pode o ente assumir a execução do objeto, ocupar o local da execução e utilizar equipamentos, pessoal e material do contratado (incisos I e II), atos esses que constituem o que é vulgarmente conhecido como um *abacaxi*, um *mico* ou uma *zebra* operacional das mais indesejáveis. É algo como assumir a tuberculose de um amigo por solidariedade.

Com efeito, se o contrato foi licitado porque o ente público não se dispunha a executar o objeto ou porque não teria como executá-lo diretamente, então como se admitir que, após extinguir o contrato, o mesmo ente queira assumir, por exemplo, a obra? É difícil imaginar até mesmo porque essa ideia passou pela cabeça do legislador já mesmo na L 8.666. É óbvio ululante que o ente contratará alguém, com licitação ou sem, para concluir o objeto.

O inciso II é razoável apenas em se tratando de serviços públicos essenciais e exercitável pelo mais curto tempo imaginável até que o ente público encontre alguém, outro terceiro, para lhes dar sequência, mas é impraticável em qualquer outra hipótese ou situação.

Pelo inciso III, a garantia pode ser executada para cobertura de prejuízos causados, pagamentos de toda natureza devidos pelo contratado, pagamento de multas aplicadas e pagamento à seguradora porventura obrigada a assumir o contrato em caso de extinção se tal medida estiver contratualmente prevista com a anuência da seguradora.

Observe-se que a garantia precisará ser processualmente *executada* em processo judicial de execução e não poderá ser objeto de apossamento puro e simples pelo ente público, e isso torna tremendamente mais difícil o cumprimento da própria finalidade da garantia.

Pelo inciso IV e finalmente, se o contratado ainda tiver créditos a receber pela execução, podem esses créditos ser retidos para cobertura dos prejuízos ensejados ao contratante pela extinção.

O §1º é absolutamente inútil, porque as medidas dos incisos I e II do *caput* já eram facultativas só pelas regras ali consignadas.

E o §2º é uma *grossa estupidez* copiada do §3º do art. 80 da L 8.666, dispositivos esses dirigidos apenas aos Executivos dos três níveis, esquecendo-se o legislador de que a Lei de Licitações se aplica aos três Poderes do Estado.

Não há como os demais Poderes, fora o Executivo, se restringirem a esta vexatória insciência da legislação brasileira e, para aplicar a regra, terão de substituir as autoridades executivas mencionadas por autoridades suas, equivalentes na medida do possível.

Art. 140

CAPÍTULO IX
DO RECEBIMENTO DO OBJETO DO CONTRATO

Art. 140. O objeto do contrato será recebido:

I – em se tratando de obras e serviços:

a) provisoriamente, pelo responsável por seu acompanhamento e fiscalização, mediante termo detalhado, quando verificado o cumprimento das exigências de caráter técnico;

b) definitivamente, por servidor ou comissão designada pela autoridade competente, mediante termo detalhado que comprove o atendimento das exigências contratuais;

II – em se tratando de compras:

a) provisoriamente, de forma sumária, pelo responsável por seu acompanhamento e fiscalização, com verificação posterior da conformidade do material com as exigências contratuais;

b) definitivamente, por servidor ou comissão designada pela autoridade competente, mediante termo detalhado que comprove o atendimento das exigências contratuais.

§1º O objeto do contrato poderá ser rejeitado, no todo ou em parte, quando estiver em desacordo com o contrato.

§2º O recebimento provisório ou definitivo não excluirá a responsabilidade civil pela solidez e pela segurança da obra ou serviço nem a responsabilidade ético-profissional pela perfeita execução do contrato, nos limites estabelecidos pela lei ou pelo contrato.

§3º Os prazos e os métodos para a realização dos recebimentos provisório e definitivo serão definidos em regulamento ou no contrato.

§4º Salvo disposição em contrário constante do edital ou de ato normativo, os ensaios, os testes e as demais provas para aferição da boa execução do objeto do contrato exigidos por normas técnicas oficiais correrão por conta do contratado.

§5º Em se tratando de projeto de obra, o recebimento definitivo pela Administração não eximirá o projetista ou o consultor da responsabilidade objetiva por todos os danos causados por falha de projeto.

§6º Em se tratando de obra, o recebimento definitivo pela Administração não eximirá o contratado, pelo prazo mínimo de 5 (cinco) anos, admitida a previsão de prazo de garantia superior no edital e no contrato, da responsabilidade objetiva pela solidez e pela segurança dos materiais e dos serviços executados e pela funcionalidade da construção, da reforma, da recuperação ou da ampliação do bem imóvel, e, em caso de vício, defeito ou incorreção identificados, o contratado ficará responsável pela reparação, pela correção, pela reconstrução ou pela substituição necessárias.

Substituto do art. 73 da L 8.666, contém, agora ainda ampliada, a matéria provavelmente mais desprezível e insignificante de toda a lei, a pretender ensinar ao contratante como receber uma obra, um serviço ou mesmo uma compra. Direito *para inglês ver*, não tem menor razão de existir, como nunca teve na L 8.666.

Não se compreende nenhuma diferença entre os requisitos do recebimento provisório e do definitivo (inc. I e II), desde o referente a obras até o relativo a compras. Por que motivo o ente público precisa receber provisoriamente alguma coisa quando terá o mesmo trabalho e despenderá o mesmo tempo para o recebimento definitivo? Isso é mistério insondável desde os primórdios da L 8.666 mantido nesta lei.

Recomenda-se enfaticamente ao contratante que já verifique a satisfação de todos os requisitos contratados para o objeto e, seja qual for esse objeto, receba-o definitivamente ou o rejeite, ao início, mas que não duplique inutilmente seu trabalho. Recebimento de objeto contratual não é nem pode ser terapia ocupacional de servidores públicos.

No §1º, o legislador demonstra desconhecer o que é poder e o que é dever. Está errado quando informa que o objeto desconforme ao contrato "poderá" ser rejeitado, porque o poder público *está obrigado a rejeitá-lo* e a exigir a entrega correta, que, se descumprida, obrigará a rescisão do contrato, que esta lei denomina extinção.

O §2º é inútil, porque o Código Civil, art. 216, já obriga o construtor de obra relevante a garantir sua solidez por cinco anos, inclusive quanto ao terreno. Com este parágrafo ou em ele, o direito segue rigorosamente o mesmo.

O §3º, para quem tiver tempo de prever prazos para recebimento provisório, poderá fazê-lo em regulamento – hipótese risível onde se trabalha – ou no próprio contrato, algo muito mais realístico.

O §4º, neste espetáculo teatral de inutilidades, reza o óbvio: o custo dos testes e ensaios necessários para atestar a qualidade do objeto em entrega ou são do contratado, ou são do ente contratante, conforme o contrato estabeleça. No silêncio do contrato – algo de má técnica que mereceria impugnação dos licitantes ou do contratado diretamente –, são do contratado. Podem ser, mas a regra precisa estar clara já no edital.

Pelo §5º, pouco justo e pouco técnico, a responsabilidade por danos causados por falhas no projeto adquirido pela administração é do autor do projeto.

Ora, então a administração aprova e adquire qualquer projeto sem o examinar a fundo, executa a obra ou o serviço com base nele, sofre danos e se exime de responsabilidade por isso? A administração compra qualquer coisa rotulada de projeto e, então, lava as mãos, sem assumir qualquer responsabilidade por mandar executá-lo? Errado e injusto.

Isso consignaria a *irresponsabilidade objetiva* da administração, e duvidamos que prevaleça em juízo.

E fecha o deprimente e desastroso artigo o §6º, tão útil quanto a lei afirmar que todo poder emana do povo ou que todos são iguais perante a lei. O art. 216 do Código Civil já assegura esta regra há um século.

Art. 141

CAPÍTULO X
DOS PAGAMENTOS

Art. 141. No dever de pagamento pela Administração, será observada a ordem cronológica para cada fonte diferenciada de recursos, subdividida nas seguintes categorias de contratos:

I – fornecimento de bens;

II – locações;

III – prestação de serviços;

IV – realização de obras.

§1º A ordem cronológica referida no *caput* deste artigo poderá ser alterada, mediante prévia justificativa da autoridade competente e posterior comunicação ao órgão de controle interno da Administração e ao tribunal de contas competente, exclusivamente nas seguintes situações:

I – grave perturbação da ordem, situação de emergência ou calamidade pública;

II – pagamento a microempresa, empresa de pequeno porte, agricultor familiar, produtor rural pessoa física, microempreendedor individual e sociedade cooperativa, desde que demonstrado o risco de descontinuidade do cumprimento do objeto do contrato;

III – pagamento de serviços necessários ao funcionamento dos sistemas estruturantes, desde que demonstrado o risco de descontinuidade do cumprimento do objeto do contrato;

IV – pagamento de direitos oriundos de contratos em caso de falência, recuperação judicial ou dissolução da empresa contratada;

V – pagamento de contrato cujo objeto seja imprescindível para assegurar a integridade do patrimônio público ou para manter o funcionamento das atividades finalísticas do órgão ou entidade, quando demonstrado o risco de descontinuidade da prestação de serviço público de relevância ou o cumprimento da missão institucional.

§2º A inobservância imotivada da ordem cronológica referida no *caput* deste artigo ensejará a apuração de responsabilidade do agente responsável, cabendo aos órgãos de controle a sua fiscalização.

§3º O órgão ou entidade deverá disponibilizar, mensalmente, em seção específica de acesso à informação em seu sítio na internet, a ordem cronológica de seus pagamentos, bem como as justificativas que fundamentarem a eventual alteração dessa ordem.

Artigo que *enfeita* o seu antecedente art. 5º da L 8.666, estabelece que, para cada categoria de contrato, conforme o objeto, dentre as quatro que alinha, será observada a ordem cronológica dentro de cada fonte de recursos, sendo cada fonte a matriz ou a rubrica contábil e orçamentária da qual será debitada a verba para o pagamento.

Exemplo: se dentre os contratos de compra de bens alguns serão pagos pela fonte do *convênio X*, e outros pela fonte de *recursos orçamentários próprios*, então dentro de cada uma dessas fontes os contratos serão pagos por ordem cronológica de vencimento. Deve existir uma ordem cronológica dentro de cada fonte, portanto.

A seguir, o §1º abre exceção à ordem e admite que seja *justificadamente* quebrada a ordem nas hipóteses enunciadas nos incisos I a V, que são: (I) grave perturbação da ordem, emergência ou calamidade pública; (II) pagamentos à *microempresa, empresa de pequeno porte, agricultor familiar, produtor rural pessoa física, microempreendedor individual e sociedade cooperativa*, tudo isso desde que demonstrado risco da descontinuidade da prestação contratual; (III) pagamento de serviços necessários a sistemas estruturantes; (IV) pagamentos aos credores em razão de falência, recuperação judicial ou dissolução, sempre do contratado; e (V) pagamentos imprescindíveis à integridade do patrimônio público ou manutenção das atividades-fim do ente contratante, demonstrado o risco da descontinuidade.

O inciso II mantém o – para nós, odioso – privilégio às micro e pequenas empresas, assim como a empreendedores individuais e cooperativas e agricultores pessoas físicas, como se qualquer desses fosse melhor, mais digno ou mais imprescindível que grandes empresas, que geram milhares de empregos e uma infinidade de produtos, e giram a economia do país.

Não se justifica esse privilégio nem na Lei das Micro e Pequenas Empresas, nem em lugar ou momento algum da legislação. Péssimo momento da lei, que viola a regra da igualdade, mas que não é obrigatório em absoluto porém apenas um direito que a lei dá à administração. Esse direito privilegiatório, com honestidade de propósito e sem demagogia eleitoreira, na melhor técnica *não deve ser empregado*.

O inciso III pode ser utilizado por quem saiba o que são sistemas estruturantes, verdadeira *parolagem flácida para dormitar bovino* ou modismo do dia.

O inciso V, para ser legitimamente utilizado, há de estar robustamente justificado, mais ainda que os demais incisos, porque se presta a usos políticos e facciosos sem conta.

O correto §2º manda responsabilizar o agente responsável pela quebra imotivada da ordem cronológica, o que, assim enunciado, somente pode se referir à responsabilização administrativa.

Os órgãos de controle, sobretudo interno, devem apontar o fato às autoridades superiores, que, entendendo ser o caso, determinarão abertura de sindicância ou de processo administrativo, na forma do estatuto respectivo dos funcionários do ente ou das normas de organização interna se não existir estatuto.

O §3º, muito adequadamente à transparência dos negócios públicos, manda que o ente pagador publique mensalmente na *internet* a ordem cronológica dos seus pagamentos efetuados, tanto quanto as justificativas dos pagamentos fora da ordem.

Não pode haver maior translucidez de conduta que através de ordens como essa, pelo que merece todo elogio o legislador nesse passo.

Art. 142

Art. 142. Disposição expressa no edital ou no contrato poderá prever pagamento em conta vinculada ou pagamento pela efetiva comprovação do fato gerador.

Parágrafo único. (VETADO).

Não se imagina a que veio este artigo. Se existir motivo para pagamento em conta vinculada, isso sempre pode ser previsto no contrato, e frequentemente o é em certos negócios que realiza o poder público.

E, quanto à parte final, qualquer pagamento somente pode ser realizado pela efetiva comprovação do fato gerador, ou seja, a liquidação da despesa ou a entrega do objeto.

Artigo absolutamente gratuito.

Art. 143

Art. 143. No caso de controvérsia sobre a execução do objeto, quanto a dimensão, qualidade e quantidade, a parcela incontroversa deverá ser liberada no prazo previsto para pagamento.

Sintético e inovador artigo, veicula regra lógica para o poder público, que é a de não poder pagar o que ainda não sabe se está correto e conforme o contratado e, por contraste, a de precisar pagar o que está conforme.

O que não se pode admitir, a pretexto de examinar a correção da parte entregue do objeto, é postergar irrazoavelmente o pagamento ou a recusa definitiva, em se sabendo que *não* também é uma resposta, desde que por gentileza venha logo, porque o contratado há de ter todo interesse em corrigir o que, entregue, foi considerado desconforme o acordado.

Art. 144

Art. 144. Na contratação de obras, fornecimentos e serviços, inclusive de engenharia, poderá ser estabelecida remuneração variável vinculada ao desempenho do contratado, com base em metas, padrões de qualidade, critérios de sustentabilidade ambiental e prazos de entrega definidos no edital de licitação e no contrato.

§1º O pagamento poderá ser ajustado em base percentual sobre o valor economizado em determinada despesa, quando o objeto do contrato visar à implantação de processo de racionalização, hipótese em que as despesas correrão à conta dos mesmos créditos orçamentários, na forma de regulamentação específica.

§2º A utilização de remuneração variável será motivada e respeitará o limite orçamentário fixado pela Administração para a contratação.

Artigo que traduz a tendência da administração, inspirada na iniciativa privada, de condicionar e quantificar os pagamentos à eficiência do contratado, mensurável pelo maior ou menor atingimento de metas, padrões, prazos, resultados e *performances* as mais variadas que o edital e o contrato prevejam. Um dos critérios preponderantes para a lei foi o relativo à sustentabilidade ambiental, outra tendência aparente e felizmente irreversível da preocupação pública.

Também a economia propiciada pela atuação do contratado com relação aos padrões de custos usuais é importante parâmetro para liberação dos pagamentos, na forma que o edital e o contrato venham a estabelecer.

Essa preocupação é sempre por demais relevante, sendo certo que, mesmo nem todos os problemas da administração se resolvendo com dinheiro, ao menos noventa e nove vírgula noventa e nove por cento deles se resolvem.

É o que importa ter presente no §1º, e não a sua parte final, que, matéria contábil, nada tem a ver os propósitos da Lei de Licitações e Contratos.

O §2º é desprezível, pois que manda justificar o que constitui a excelente ideia dos dispositivos anteriores do artigo. Ninguém deve precisar justificar a opção pelo incontestável e indisputadamente melhor atendimento do interesse público; precisará, sim, justificar se não o fizer.

Art. 145

Art. 145. Não será permitido pagamento antecipado, parcial ou total, relativo a parcelas contratuais vinculadas ao fornecimento de bens, à execução de obras ou à prestação de serviços.

§1º A antecipação de pagamento somente será permitida se propiciar sensível economia de recursos ou se representar condição indispensável para a obtenção do bem ou para a prestação do serviço, hipótese que deverá ser previamente justificada no processo licitatório e expressamente prevista no edital de licitação ou instrumento formal de contratação direta.

§2º A Administração poderá exigir a prestação de garantia adicional como condição para o pagamento antecipado.

§3º Caso o objeto não seja executado no prazo contratual, o valor antecipado deverá ser devolvido.

Artigo que, além de repetir, mutilada, a regra da Lei de Orçamentos e de Contabilidade Públicos, que conta mais de meio século, de que não pode ser paga despesa pública ainda não liquidada, ostenta o mesmo rigor exibido naquela humorística passagem segundo a qual o freguês que exigiu cerveja X, faixa verde, garrafa escura, feita em Ribeirão Preto, absolutamente gelada, ao saber que o bar somente tinha cerveja Y, sem faixa, garrafa clara, feita em Cabrobó e sem gelo, deu a ordem: – *Venha!*

O correto *caput* resolutamente proíbe pagamento antecipado de despesa pública, ou seja, daquele objeto que ainda não foi entregue e corretamente segundo o pedido. A Lei nº 4.320, de 17 de março de 1964, reza: "Art. 62. O pagamento da despesa só será efetuado quando ordenado após sua regular liquidação".

Ocorre que o §1º simplesmente arrebenta com todo o rigor do *caput* ao admitir a antecipação pelos motivos que enuncia, quais sejam: a) *propiciar sensível economia de recursos*; ou b) *se representar condição indispensável para a obtenção do bem ou para a prestação do serviço*.

Os motivos não são desprezíveis nem levianos, porém simplesmente esfrangalham a austera e imprescindível regra da proibição do pagamento antecipado, que, a esta altura, resta capenga e claudicante como um ferido de guerra.

O §2º tenta colocar panos quentes, um tanto ridículos, sobre a questão ao admitir que o ente adquiridor exija garantia do vendedor como condição para lhe pagar antecipado. Compreensível a cautela; porém, se o vendedor precisa do pagamento antecipado, terá condição de pagar a garantia? Ou mais: terá lógica essa ideia?

O §3º, escrito pelo engenhoso fidalgo Dom Quixote de la Mancha, manda que o vendedor inadimplente quanto ao prazo devolva o valor que recebeu adiantado. E não há motivo para crer que ele não o faça, como o fizeram os vendedores de respiradores para combater a pandemia de COVID-19 em compras pagas antecipadamente em 2020 pelo estado do Rio de Janeiro, as quais culminaram com a cassação do mandato de seu governador.

A lei deveria exigir adicionalmente que o vendedor jurasse, por todas as divindades do Olimpo, que devolveria o dinheiro.

Art. 146

Art. 146. No ato de liquidação da despesa, os serviços de contabilidade comunicarão aos órgãos da administração tributária as características da despesa e os valores pagos, conforme o disposto no art. 63 da Lei nº 4.320, de 17 de março de 1964.

Artigo enigmático e indecifrável, que ninguém no país jamais compreendeu na L 8.666, de cujo §3º do art. 55 aqui foi copiado, é virtualmente inacreditável que possa ter sido repetido nesta lei.

Não se sabe a quem se dirige nem a quem é destinada a sua criptográfica ordem, que nunca fez sentido durante sequer um minuto na história jurídica do país.

É humilhante à consciência do legislador brasileiro.

Art. 147

CAPÍTULO XI
DA NULIDADE DOS CONTRATOS

Art. 147. Constatada irregularidade no procedimento licitatório ou na execução contratual, caso não seja possível o saneamento, a decisão sobre a suspensão da execução ou sobre a declaração de nulidade do contrato somente será adotada na hipótese em que se revelar medida de interesse público, com avaliação, entre outros, dos seguintes aspectos:

I – impactos econômicos e financeiros decorrentes do atraso na fruição dos benefícios do objeto do contrato;

II – riscos sociais, ambientais e à segurança da população local decorrentes do atraso na fruição dos benefícios do objeto do contrato;

III – motivação social e ambiental do contrato;

IV – custo da deterioração ou da perda das parcelas executadas;

V – despesa necessária à preservação das instalações e dos serviços já executados;

VI – despesa inerente à desmobilização e ao posterior retorno às atividades;

VII – medidas efetivamente adotadas pelo titular do órgão ou entidade para o saneamento dos indícios de irregularidades apontados;

VIII – custo total e estágio de execução física e financeira dos contratos, dos convênios, das obras ou das parcelas envolvidas;

IX – fechamento de postos de trabalho diretos e indiretos em razão da paralisação;

X – custo para realização de nova licitação ou celebração de novo contrato;

XI – custo de oportunidade do capital durante o período de paralisação.

Parágrafo único. Caso a paralisação ou anulação não se revele medida de interesse público, o poder público deverá optar pela continuidade do contrato e pela solução da irregularidade por meio de indenização por perdas e danos, sem prejuízo da apuração de responsabilidade e da aplicação de penalidades cabíveis.

Longo artigo, o autor parece pouco entender de direito, da língua portuguesa e, por fim, de licitações.

Cuida de uma "anulabilidade condicional" da licitação ou do contrato, algo inédito na legislação licitatória, e os comentários são os seguintes:

a) está um pouco atrasado na lei o tema da anulação da licitação, eis que o assunto, a esta altura e há muitos artigos, é contrato, e questões de licitação deveriam ter sido esgotadas em momento anterior do texto;

b) o fulcro da questão é o de que, se a anulação da licitação ou do contrato tiver empecilhos nos efeitos que já foram produzidos e que não mais podem ser cancelados, então pode o contrato ser mantido, avaliando-se os fatores estabelecidos nos incisos I a XI e, então, se concluindo pela inviabilidade da anulação.

Compreendem-se os motivos do legislador, porque não costuma ser nada simples anular um contrato e os efeitos já produzidos – material, jurídica e financeiramente. Porém, a ideia de anular um contrato apenas se isso for viável é de embasbacar: se interessar, anula-se o que é nulo e, se não interessar, não se o anula, como se atos nulos pudessem produzir efeitos válidos e como se nulidades fossem negociáveis, como a compra de um saco de batatas;

c) o que, na verdade, a lei, em palavras oblíquas, confessa é a *absoluta impotência da administração ante o dever de anular ou desfazer contratos juridicamente nulos, mas que já produziram inúmeros e definitivos efeitos.*

Exemplo: um contrato de construção de um prédio foi nulo porque o contratado – muito tempo depois se ficou sabendo – usou documento falso; porém, o prédio de vinte andares já está pronto e em uso.[11] Anula-se o prédio? Claro que isso é ridículo, e mais

---

[11] Aconteceu quase exatamente isso com a USP, no anexo da Faculdade de Direito do Largo de São Francisco – a velha e sempre nova Academia – quando era diretor o prof. Dalmo Dallari, que precisou anular o contrato da obra que seguia e novamente licitá-la.

claro ainda é que o ente contratante está em palpos de aranha, completamente impotente em direito diante da situação, de fato.

Então, com base em algum(ns) inciso(s) deste artigo para essa hipótese – como os incisos IV, VIII ou X – e com base no parágrafo único, o ente contratante mantém o prédio construído e cogita obter *indenização por perdas e danos*, como reza a lei. Segue a pergunta: se o prédio está excelente e o preço foi bastante conveniente, então que perdas e que danos seriam perseguidos se o negócio, afinal, foi excelente? Não há resposta.[12]

Uma denúncia ao Ministério Público por crime contra a administração – apresentação de documento falso em licitação – é lógica e razoável, mas nunca uma ação de perdas e danos se esses simplesmente não aconteceram. Eis uma situação em que este assustado escriba, fora autoridade, não gostaria de se encontrar...

Segue o parágrafo único mandando apurar responsabilidades. Como, se o documento falso estava formalmente perfeito, passado por cartório e nada nele fazia supor falsidade?

Após seis ou oito anos, que é ou quem foi o responsável por receber o documento que tinha todos os requisitos formais de perfeição? A comissão de licitação ou o agente licitador não é autoridade policial nem detetive, nem tem a mínima obrigação ou atribuição funcional de *farejar* falsificações formalmente perfeitas...

Resultado, o artigo com frequência *não dará em nada*, e o parágrafo único também não.

d) Por fim, quando se afirmou que o legislador pouco entende de língua portuguesa, se está referindo ao momento do parágrafo único que manda o ente "optar pela continuidade do contrato e pela solução da irregularidade (...)".

Ora, se "optar" por alguma coisa e uma ordem legal, então onde está a opção? Opção é escolha, mas "opção" forçada é uma ordem.

Temos, portanto – e ainda que se reconheçam as dificuldades que envolvem episódios de problemática anulação de atos –, um direito muito fraco, possivelmente escrito para inglês ver, e uma redação que o acompanha.

---

[12] Existe possibilidade de o contratado que não deu causa à nulidade, esse, sim, ingressar com perdas e danos contra o ente público que o contratou, mas este é o assunto do art. 149, adiante comentado.

Art. 148

Art. 148. A declaração de nulidade do contrato administrativo requererá análise prévia do interesse público envolvido, na forma do art. 147 desta Lei, e operará retroativamente, impedindo os efeitos jurídicos que o contrato deveria produzir ordinariamente e desconstituindo os já produzidos.

§1º Caso não seja possível o retorno à situação fática anterior, a nulidade será resolvida pela indenização por perdas e danos, sem prejuízo da apuração de responsabilidade e aplicação das penalidades cabíveis.

§2º Ao declarar a nulidade do contrato, a autoridade, com vistas à continuidade da atividade administrativa, poderá decidir que ela só tenha eficácia em momento futuro, suficiente para efetuar nova contratação, por prazo de até 6 (seis) meses, prorrogável uma única vez.

Artigo embaraçoso: no *caput* e no §1º repete o art. 147, merecendo os comentários já expendidos, e no §2º institui a anulação programada, futura... com efeito não se sabe o que andou pela cabeça do legislador.

Isso é simplesmente terrível, assustador, e contraria toda a teoria da nulidade dos atos administrativos, instituindo figuras que, até o advento desta lei, somente poderiam ser tidas como humorismo jurídico, como uma *anulação para produzir efeitos daqui a seis meses* e somente então desconstituir os efeitos do contrato anulado – ou seja, permitindo que os efeitos contratuais do contrato nulo sejam produzidos por mais seis meses para, em seguida, serem todos anulados...

Não se vislumbra a mínima factibilidade em algo de semelhante bizarrice em direito, uma anomalia que não tem como ser tida a sério nem muito menos aplicada.

É preciso revogar este artigo sem negociação possível.

Art. 149

Art. 149. A nulidade não exonerará a Administração do dever de indenizar o contratado pelo que houver executado até a data em que for declarada ou tornada eficaz, bem como por outros prejuízos regularmente comprovados, desde que não lhe seja imputável, e será promovida a responsabilização de quem lhe tenha dado causa.

Reprodução modificada do direito da L 8.666, está correto ao prever indenização ao contratado por prejuízos que puder demonstrar, ou perdas e danos já diretamente, decorrentes da anulação não devida ao contratado.

Tudo o que o contratado que teve o contrato anulado e descontinuado por obra e graça do ente contratante puder demonstrar de lesão a direito, prejuízo, dano, detrimento financeiro ou patrimonial poderá ser objeto ou de *negociação administrativa* para indenização – possibilidade que, em geral, *aterroriza* o ente público pela frequente imputação de negociatas e de malversação de verbas –, ou de *ação judicial de indenização por perdas e danos*, a cargo e por conta e risco do contratado.

Quanto à parte final, sobre responsabilização do agente ensejador da nulidade, o cidadão brasileiro espera, desde 1500, ver tal acontecer, nas infinitas ocorrências pertinentes do dia a dia. Oxalá ocorra.

Art. 150

Art. 150. Nenhuma contratação será feita sem a caracterização adequada de seu objeto e sem a indicação dos créditos orçamentários para pagamento das parcelas contratuais vincendas no exercício em que for realizada a contratação, sob pena de nulidade do ato e de responsabilização de quem lhe tiver dado causa.

Artigo de interesse exclusivo da administração, manda que os entes públicos, antes de contratar, identifiquem adequadamente o objeto e indiquem os créditos orçamentários (as contas ou rubricas contábeis do orçamento, observada a classificação funcional-programática da Lei nº 4.320/64) pelos quais correrão os pagamentos que se devam dar dentro do exercício, sendo que cada orçamento dos exercícios futuros consignará dotação para a sequência dessa despesa.

Em primeiro, descrever adequadamente o objeto é sempre algo bastante subjetivo e que terá tantas leituras quantos forem os aplicadores, dentre os detalhistas ao extremo e os simplificadores ao extremo.

É de fato difícil saber o que cada fiscalização pensará de uma excessiva descrição, que amiúde se acusa de ser dirigista ou discriminatória, e da sua oposta excessivamente simplista, por não descrever em verdade quase nada. Um senso médio de razoabilidade é *desesperadoramente* necessário quase sempre – tanto para o autor do edital quanto para o fiscal.

Quanto a responsabilizar quem permitiu que esse artigo fosse descumprido, continuam os votos de que isso venha a acontecer de fato, e não fique apenas no papel.

Art. 151

CAPÍTULO XII
DOS MEIOS ALTERNATIVOS DE RESOLUÇÃO DE CONTROVÉRSIAS

Art. 151. Nas contratações regidas por esta Lei, poderão ser utilizados meios alternativos de prevenção e resolução de controvérsias, notadamente a conciliação, a mediação, o comitê de resolução de disputas e a arbitragem.

Parágrafo único. Será aplicado o disposto no *caput* deste artigo às controvérsias relacionadas a direitos patrimoniais disponíveis, como as questões relacionadas ao restabelecimento do equilíbrio econômico-financeiro do contrato, ao inadimplemento de obrigações contratuais por quaisquer das partes e ao cálculo de indenizações.

Artigo cuja matéria já fora anunciada previamente nesta lei, é inovador e útil ao permitir resolver pendências e controvérsias entre as partes contratantes através de meios modernos, como "conciliação, a mediação, o comitê de resolução de disputas e a arbitragem". Essas ideias, em verdade, têm a idade do homem na Terra, mas estão sendo apenas recentemente institucionalizadas em nosso direito.

Concebidos esses métodos com vista principalmente à solução extrajudicial e consentida de disputas judiciais ou em vias de se judicializarem, basicamente consistem em as partes elegerem mediadores ou conciliadores que saibam indicar os pontos de interseção ou de convergência entre os interesses em conflito, fazendo reduzir a área conflituosa e valorizando ao máximo a livre vontade das partes em negociar solução que a ambas atenda satisfatoriamente.

Podem as partes também desde logo escolher o sistema da arbitragem, elegendo consensualmente um árbitro que, ouvindo-as e ponderando atentamente sobre o interesse de cada qual, à falta de conciliação e com poderes outorgados para decidir nessa hipótese, então decida ou delibere pelas partes a solução.

Sistema bem ao gosto do brasileiro – que não gosta de brigas e é conciliador por natureza –, pode ser ainda mais aparelhado através da constituição de uma comissão ou comitê de resolução de disputas, que, em verdade, é um árbitro colegiado, integrado por diversas pessoas, também elegíveis pelas partes para por elas afinal decidir à falta de conciliação.

Faz muito bem a lei em abrir essas modernas possibilidades de resolução amigável de querelas, todos sabendo que pouca coisa no mundo é mais indigesta, desagradável, penosa e ingrata que uma disputa judicial, que por vezes se resolve apenas para proveito dos bisnetos das partes.

Art. 152

> Art. 152. A arbitragem será sempre de direito e observará o princípio da publicidade.

O oposto a uma realidade de direito é uma realidade de fato. Duvida-se que alguém imaginasse que poderia existir alguma arbitragem apenas de fato que dissesse quais são só fatos a serem considerados, mas não constituísse algum direito, já que o propósito da arbitragem é constituir direito novo, oponível às partes por poderes que elas mesmas deram ao árbitro.

Revela-se no mínimo surpreendente o curtíssimo artigo, pois parece óbvio ululante que só existirá arbitramento, repita-se, para dizer às partes qual direito devem passar a observar, a respeito da sua originária controvérsia.

Art. 153

Art. 153. Os contratos poderão ser aditados para permitir a adoção dos meios alternativos de resolução de controvérsias.

Também proveitosa inovação, este artigo permite que os contratos que não previram meios alternativos de solução de controvérsias sejam aditados consensualmente pelas partes para neles se introduzir aquela possibilidade.

Basta que as partes consintam reciprocamente nesse aditamento, e a lei já o autoriza. O brasileiro felizmente, como se propaga na sabedoria popular, *dá um boi para não entrar na briga*.[13]

---

[13] E a parte final do adágio não precisa ser declinada.

Art. 154

Art. 154. O processo de escolha dos árbitros, dos colegiados arbitrais e dos comitês de resolução de disputas observará critérios isonômicos, técnicos e transparentes.

Artigo tão necessário quanto uma gripe suína agravada com reumatismo. Pura demagogia, quem escolhe os árbitros são as partes no contrato – e se uma parte não quer, o árbitro não é eleito –, não a lei nem o legislador. Um pouco mais e a lei determinaria critérios para a escolha de noivas.

A transparência, a isonomia e a técnica são as que as partes quiserem – e apenas elas, porque o assunto apenas a elas interessa e diz respeito.

Grossa impropriedade técnica e lógica, a lei somente se desgasta com frivolidades dessa natureza.

Art. 155

TÍTULO IV
DAS IRREGULARIDADES
CAPÍTULO I
DAS INFRAÇÕES E SANÇÕES ADMINISTRATIVAS

Art. 155. O licitante ou o contratado será responsabilizado administrativamente pelas seguintes infrações:

I – dar causa à inexecução parcial do contrato;

II – dar causa à inexecução parcial do contrato que cause grave dano à Administração, ao funcionamento dos serviços públicos ou ao interesse coletivo;

III – dar causa à inexecução total do contrato;

IV – deixar de entregar a documentação exigida para o certame;

V – não manter a proposta, salvo em decorrência de fato superveniente devidamente justificado;

VI – não celebrar o contrato ou não entregar a documentação exigida para a contratação, quando convocado dentro do prazo de validade de sua proposta;

VII – ensejar o retardamento da execução ou da entrega do objeto da licitação sem motivo justificado;

VIII – apresentar declaração ou documentação falsa exigida para o certame ou prestar declaração falsa durante a licitação ou a execução do contrato;

IX – fraudar a licitação ou praticar ato fraudulento na execução do contrato;

X – comportar-se de modo inidôneo ou cometer fraude de qualquer natureza;

XI – praticar atos ilícitos com vistas a frustrar os objetivos da licitação;

XII – praticar ato lesivo previsto no art. 5º da Lei nº 12.846, de 1º de agosto de 2013.

Artigo tão escabroso, mal informado e juridicamente errado que custa crer tenha sido produzido pelo legislador capaz de tão bons momentos nesta lei. É juridicamente tenebroso e de causar azia no leitor. Não pode permanecer vigente.

Começam as impropriedades no *caput*, que coloca no mesmo balaio licitante e contratado, pessoas absolutamente diferentes em matéria de direito junto à administração. Licitante é um particular postulante a ser contratado pela administração, e contratado é uma parte em um negócio com a administração. Institutos aplicáveis a um com frequência *jamais se aplicam ao outro*, pela total disparidade de situações.

A ideia de processar administrativamente um licitante é difícil de se configurar juridicamente, pois quem não tem nenhuma relação com o ente licitador dificilmente (impossivelmente?) pode ser processado administrativamente no sentido estatutário e clássico.

Pode sê-lo criminalmente – ou civilmente, se for o caso –, mas processo administrativo contra quem não é servidor público, ou contratado do ente público, é algo que até hoje não existia na legislação de licitações e que não se sabe se existirá e vingará no direito apenas por força deste péssimo artigo.

Alguém que simplesmente propõe ao poder público, esse merece, ou sequer tem como, ser processado administrativamente? Se não pode sofrer as penas do *estatuto dos funcionários públicos* e se não se lhe aplica o rito processual do mesmo estatuto, então que processo será esse e aonde pretenderá conduzir o particular?

Somente se compreende para a hipótese um procedimento contraditório para aplicação de penas, como suspensão do direito de licitar – em face de atos graves que o licitante tenha praticado numa licitação – ou algo assim, mas denominar e tratar isso como processo administrativo parece ser forcejar demasiadamente as categorias...

Seja como for, a baixa qualidade do dispositivo se dá, isto, sim, pelo teor dos incisos – pior do que acontecia e acontece na L 8.666. Vejamos.

Reza o *caput* que o contratado ou o licitante será responsabilizado por: I) dar causa à inexecução parcial do contrato; II) dar causa à inexecução parcial do contrato que cause grave dano à administração, ao funcionamento dos serviços públicos ou ao interesse coletivo; III) dar causa à inexecução total do contrato.

Os três tipos poderiam perfeita e vantajosamente estar reunidos em um só inciso.

Como pode o licitante dar causa à inexecução do contrato, seja total, seja parcial, seja com grande prejuízo ao ente público? Se ele nem foi contratado, como pode isso ocorrer? Sem resposta.

Se se falar do contratado, tal pode acontecer e, então, o dispositivo faz sentido; porém, será o caso de o ente contratante investigar por que motivo o contratado ensejou a inexecução e somente poderá processá-lo se conseguir demonstrar sua culpa ou seu dolo nesse episódio, e não de outro modo.

O inciso IV é de um ridículo humilhante. Se o licitante imagina que entregou todos os documentos exigidos, porém se o ente entende que falta(m) algum(ns), então somente isso será motivo para apenar o licitante? Se ele juntou um lauto parecer atestando a suficiência de alguns documentos juntados, será assim tão faltoso?

Existe culpa ou existe dolo por parte do licitante? É óbvio que não, em se considerando que o maior interessado em se habilitar e em se classificar é o próprio licitante para poder contratar! Isso tudo é barbaramente ridículo, como sempre dissemos e escrevemos a respeito do inqualificável art. 7º da Lei nº 10.520/02, do pregão, que inspirou este péssimo dispositivo.

Segue o espantoso ridículo da lei nos incisos V e VI, que ameaçam de processo administrativo o licitante que não mantiver a proposta ou o que não celebrar o contrato. Ora, por tudo que é sagrado, como se pode punir quem contrariou seu próprio interesse e, por alguma razão a ser apurada, não manteve a proposta?

Antes de se ouvir detalhadamente o vencedor, nada quanto à sua culpabilidade é possível concluir, e não pode a lei pressupor sua má-fé ou má intenção quanto ao que quer que seja. Não é nessa direção que o direito aponta, e a lei não pode tentar ungir a administração de poderes que ela não tem.

Se, por outro lado, o vencedor não entregou a documentação, alguma razão terá tido, e isso precisa ser verificado antes de o ente tentar qualquer punição contra o mesmo vencedor.

Quanto ao inciso VII, pergunta-se: como pode alguém, contratado ou ainda apenas licitante, ensejar o retardamento da execução ou a entrega do objeto?

Se já for contratado, que significa acusá-lo de ensejar o retardamento da entrega do objeto? Fala-se do que obteve ou de algum objeto alheio? A quem se dirige a ameaça?

A regra é de uma bisonhice tamanha que jamais deveria ter sido copiada da L 8.666, porque, lá como cá, não faz o menor sentido.

Os incisos VIII e IX poderiam estar juntos porque se referem ao mesmo crime: apresentar declaração ou documentação falsa na licitação (inc. VIII), o que significa fraudar o certame (inc. IX) ou a execução do contrato, e tudo isso faz sentido e é lógico porque não se pode admitir conduta como tal, criminosa contra a administração, pelo licitante ou pelo contratado.

O inciso X é também patético: a que inidoneidade ou a que fraude fiscal se refere? Seria talvez tirar a roupa durante o certame? Esmurrar os membros da comissão? Cantar canções pornográficas? Emitir cheques sem a suficiente provisão de fundos? Redigir a declaração do imposto de renda sonegando fontes e receitas? Declarar amor a Hitler?

Quais são as inidoneidades referidas no inciso? E quais seriam as possíveis fraudes fiscais? De que natureza são? Alguém consegue cometer fraudes fiscais apenas participando de uma licitação?

O dispositivo era absolutamente ridículo na legislação que o inspirou e, tendo sido mantido nesta lei, preservou o mesmo absurdo ridículo.

O inciso XI não fica atrás. A que atos ilícitos alude? Rasgar os papéis da mesa da comissão, na cada vez mais rara eventualidade de a sessão ser presencial? Dar tiros para o alto visando confundir a comissão ou o julgador? Soltar maritacas ensurdecedoras na sessão com o mesmo fim? Francamente, aqui tanto quanto na L 8.666 não se faz ideia de a que estaria se referindo o legislador.

O legislador não se apercebe de quão inapropriado é perpetuar, por despreocupadamente copiar de uma lei para outra, as anteriores deficiências lógicas da lei, impensadas ou fraquissimamente pensadas por alguém um dia.

Encerra o escabroso artigo o inciso XII, que ameaça de processo administrativo o contratado ou o licitante que "praticar ato lesivo previsto no art. 5º da Lei nº 12.846, de 1º de agosto de 2013". Essa lei "dispõe sobre a responsabilização administrativa e civil de pessoas jurídicas pela prática de atos contra a administração pública, nacional ou estrangeira, e dá outras providências".

Ora, mas que raciocínio é esse? Aquela lei já contém suas próprias sanções, concebidas para apenar quem a infringe, e, neste passo, a Lei nº 14.133 quer adicionar mais um rol de penalidades administrativas a quem já está sujeito a outro rol! Como explicar ou como juridicamente admitir uma cumulação de roteiros penais – da mesma natureza jurídica! – pelo mesmo fato?

O artigo é, repita-se, simplesmente escabroso. Oxalá seja rebatido em juízo com toda eficiência se infelizmente for mantido no ordenamento.

Art. 156

Art. 156. Serão aplicadas ao responsável pelas infrações administrativas previstas nesta Lei as seguintes sanções:

I – advertência;

II – multa;

III – impedimento de licitar e contratar;

IV – declaração de inidoneidade para licitar ou contratar.

§1º Na aplicação das sanções serão considerados:

I – a natureza e a gravidade da infração cometida;

II – as peculiaridades do caso concreto;

III – as circunstâncias agravantes ou atenuantes;

IV – os danos que dela provierem para a Administração Pública;

V – a implantação ou o aperfeiçoamento de programa de integridade, conforme normas e orientações dos órgãos de controle.

§2º A sanção prevista no inciso I do *caput* deste artigo será aplicada exclusivamente pela infração administrativa prevista no inciso I do *caput* do art. 155 desta Lei, quando não se justificar a imposição de penalidade mais grave.

§3º A sanção prevista no inciso II do *caput* deste artigo, calculada na forma do edital ou do contrato, não poderá ser inferior a 0,5% (cinco décimos por cento) nem superior a 30% (trinta por cento) do valor do contrato licitado ou celebrado com contratação direta e será aplicada ao responsável por qualquer das infrações administrativas previstas no art. 155 desta Lei.

§4º A sanção prevista no inciso III do *caput* deste artigo será aplicada ao responsável pelas infrações administrativas previstas nos incisos II, III, IV, V, VI e VII do *caput* do art. 155 desta Lei, quando não se justificar a imposição de penalidade mais grave, e impedirá o responsável de licitar ou contratar no âmbito da Administração Pública direta e indireta do ente federativo que tiver aplicado a sanção, pelo prazo máximo de 3 (três) anos.

§5º A sanção prevista no inciso IV do *caput* deste artigo será aplicada ao responsável pelas infrações administrativas previstas nos incisos VIII, IX, X, XI e XII do *caput* do art. 155 desta Lei, bem como pelas infrações administrativas previstas nos incisos II, III, IV, V, VI e VII do *caput* do referido artigo que justifiquem a imposição de penalidade mais grave que a sanção referida no §4º deste artigo, e impedirá o responsável de licitar ou contratar no âmbito da Administração Pública direta e indireta de todos os entes federativos, pelo prazo mínimo de 3 (três) anos e máximo de 6 (seis) anos.

§6º A sanção estabelecida no inciso IV do *caput* deste artigo será precedida de análise jurídica e observará as seguintes regras:

I – quando aplicada por órgão do Poder Executivo, será de competência exclusiva de ministro de Estado, de secretário estadual ou de secretário municipal e, quando aplicada por autarquia ou fundação, será de competência exclusiva da autoridade máxima da entidade;

II – quando aplicada por órgãos dos Poderes Legislativo e Judiciário, pelo Ministério Público e pela Defensoria Pública no desempenho da função administrativa, será de competência exclusiva de autoridade de nível hierárquico equivalente às autoridades referidas no inciso I deste parágrafo, na forma de regulamento.

§7º As sanções previstas nos incisos I, III e IV do *caput* deste artigo poderão ser aplicadas cumulativamente com a prevista no inciso II do *caput* deste artigo.

§8º Se a multa aplicada e as indenizações cabíveis forem superiores ao valor de pagamento eventualmente devido pela Administração ao contratado, além da perda desse valor, a diferença será descontada da garantia prestada ou será cobrada judicialmente.

§9º A aplicação das sanções previstas no *caput* deste artigo não exclui, em hipótese alguma, a obrigação de reparação integral do dano causado à Administração Pública.

Este é o artigo das penas, sucessor do art. 87 da L 8.666.

As penas são as mesmas daquela lei, sendo (I) advertência, (II) multa, (III) suspensão do direito de licitar e de contratar, e (IV) declaração de inidoneidade para licitar e contratar, e os parágrafos adiante informam com quem.

O §1º consigna o princípio da proporcionalidade da pena, ou da dosagem ou dosimetria penal, essencial ao direito penal ou à própria noção mais basilar de justiça, segundo a qual delito leve merece pena leve, e assim mais grave à medida que o delito se agrava.

O dispositivo elenca os fatores que devem ser considerados na dosimetria da pena, mas a lista é meramente exemplificativa e podem existir variados outros fatores a serem considerados para esse fim. E seja ressaltado que o inciso V, relativo ao programa de integridade, é de uma artificialidade absoluta.

Informa o §2º que a pena de advertência se aplica apenas à infração constante do art. 155, *caput*, que vem a ser dar causa à inexecução parcial do contrato, conduta essa sem maiores qualificativos na lei.

Pelo §3º, as multas – que, para serem aplicadas, precisarão estar previstas no edital ou no contrato, como ocorre na L 8.666 – não podem ser em valor inferior a meio por cento nem superior a trinta por cento do contrato e podem incidir como punição a qualquer das infrações estabelecidas no *péssimo* art. 155.

Pelo §4º, a suspensão do direito de licitar se aplica às infrações capituladas nos incisos II a VII do art. 155 e tem o efeito de impedir que o apenado, após trânsito em julgado da decisão, licite ou contrate no exclusivo âmbito do ente federativo que o apenou, não se estendendo essa restrição para o âmbito dos demais entes federados. O prazo máximo da restrição é de três anos, a contar do trânsito em julgado.

Pelo §5º, a pena de declaração de inidoneidade será cabível no cometimento das infrações constantes dos incisos VIII a XII do art. 155, vale por de três a seis anos e tem efeito em todos os órgãos públicos brasileiros, de toda natureza, todo nível e de qualquer Poder estatal – exatamente como na L 8.666.

É a mais dura pena administrativa da lei e, não raro, destrói empresas que foram contratadas e que dependem daquele específico contrato – o que não quer dizer que necessariamente tenha sido injusta, pois que existem contratados que merecem sanção mais pesada, e não puramente administrativa –, mas, pela sua gravidade, deve, mais que qualquer outra, ser objeto de detido estudo e ponderação antes de ser cominada ao acusado e fazer observar com rigor máximo a regra da ampla defesa e do contraditório, sob pena de nulidade absoluta – que, com frequência, é reconhecida judicialmente.

O §6º manda exatamente fazer preceder a aplicação da declaração de inidoneidade à análise jurídica – mas não se concebe *nenhuma pena sendo aplicada sem prévia análise jurídica*.

A autoridade competente para aplicar essa mais grave pena é ministro de Estado, secretário estadual ou secretário municipal no âmbito do Executivo – se o município tiver secretários, naturalmente – e a autoridade "equivalente" dos demais Poderes.

E referida equivalência poderá constituir um enigma conforme o caso, porque, equivalente a um ministro de Estado no Legislativo ou no Judiciário, este atônito escriba desconhece o que seja. Regulamento local disciplinará – *na marra*, portanto – a questão, é o que acertadamente prescreve a parte final do inciso II. A *batata quente* foi mais uma vez arremessada a um regulamento.

Pelo §7º a multa pode ser aplicada concomitantemente com alguma das três outras sanções, como na L 8.666. O inadmissível é aplicar, por exemplo, advertência mais suspensão ou suspensão mais declaração de inidoneidade, eis que uma exclui outra.

O §8º consigna a regra da compensação de créditos: se o contratado tem valor a receber e se é multado em valor superior àquele, além de o recebível ser absorvido na dívida pela multa, o ente público avança na garantia eventualmente prestada, diz a lei.

Ocorre que essa possibilidade é bastante controversa na medida em que as garantias – como esta própria lei prescreve anteriormente – devem ser *executadas* e não podem ser simplesmente apropriadas pelo ente público. A realidade jurídica prática talvez não seja exatamente essa delineada pela lei neste momento.

Fecha o artigo o §9º, pelo qual se reafirma a regra da responsabilidade do contratado quanto aos danos ensejados ao ente contratante, mesmo que tenha sofrido penas administrativas. As penas são punitivas, não compensatórias de prejuízos provocados pelo contratado, que deve indenizá-los ao ente lesado – tudo naturalmente conforme apurado em minucioso procedimento, sempre observada a garantia constitucional de ampla defesa.

Art. 157

> Art. 157. Na aplicação da sanção prevista no inciso II do *caput* do art. 156 desta Lei, será facultada a defesa do interessado no prazo de 15 (quinze) dias úteis, contado da data de sua intimação.

Artigo que, tanto quanto na L 8.666, revela-se por demais acanhado e tímido no seu enunciado, pois que, mesmo em se tratando de multa, deveria prescrever que *será garantido ao interessado ampla defesa e contraditório*, isto, sim, e não apenas suavemente "facultar" ao interessado defender-se.

Falhando nesse garantimento, o ente público que apene alguém verá fatalmente anulado o respectivo procedimento por cerceamento de defesa, algo que o Poder Judiciário, com toda justeza, odeia e não admite. Repita-se: mesmo em se tratando de multa, o contraditório e a ampla defesa precisam ser assegurados incondicionalmente.

O prazo para a defesa aumentou de cinco (L 8.666, art. 87, §2º) para quinze dias úteis, o que é justo e bom para o direito por favorecer o contraditório. Conta-se-o a partir do dia útil seguinte ao da intimação, que pode ser procedida por qualquer dos meios admitidos em direito processual.

Art. 158

Art. 158. A aplicação das sanções previstas nos incisos III e IV do *caput* do art. 156 desta Lei requererá a instauração de processo de responsabilização, a ser conduzido por comissão composta de 2 (dois) ou mais servidores estáveis, que avaliará fatos e circunstâncias conhecidos e intimará o licitante ou o contratado para, no prazo de 15 (quinze) dias úteis, contado da data de intimação, apresentar defesa escrita e especificar as provas que pretenda produzir.

§1º Em órgão ou entidade da Administração Pública cujo quadro funcional não seja formado de servidores estatutários, a comissão a que se refere o *caput* deste artigo será composta de 2 (dois) ou mais empregados públicos pertencentes aos seus quadros permanentes, preferencialmente com, no mínimo, 3 (três) anos de tempo de serviço no órgão ou entidade.

§2º Na hipótese de deferimento de pedido de produção de novas provas ou de juntada de provas julgadas indispensáveis pela comissão, o licitante ou o contratado poderá apresentar alegações finais no prazo de 15 (quinze) dias úteis, contado da data da intimação.

§3º Serão indeferidas pela comissão, mediante decisão fundamentada, provas ilícitas, impertinentes, desnecessárias, protelatórias ou intempestivas.

§4º A prescrição ocorrerá em 5 (cinco) anos, contados da ciência da infração pela Administração, e será:

I – interrompida pela instauração do processo de responsabilização a que se refere o *caput* deste artigo;

II – suspensa pela celebração de acordo de leniência previsto na Lei nº 12.846, de 1º de agosto de 2013;

III – suspensa por decisão judicial que inviabilize a conclusão da apuração administrativa.

Artigo que descreve o procedimento punitivo. As penas de suspensão e de declaração de inidoneidade exigem constituição de comissão com, no mínimo, dois membros, a qual avaliará os fatos imputáveis de que o contratado é acusado e suas circunstâncias para, então, desenvolver seu trabalho e, após garantir a ampla defesa do acusado em até quinze dias úteis da notificação, proferir seu julgamento.

Pelo §1º, se o ente não tiver servidores estatutários, a comissão deverá ter ao menos dois servidores permanentes, imagina-se que pelo regime da CLT. A seguir, a lei menciona o advérbio "preferencialmente", o que significa dizer: passemos ao parágrafo seguinte, porque lei não é catecismo.

Pelo §2º, se o acusado juntar provas ou novas provas – que a comissão somente poderá indeferir se forem completamente impertinentes ao processo ou estará cerceando a defesa do acusado –, então deverá abrir o prazo de quinze dias úteis ao acusado para que produza suas alegações finais de defesa, amplamente abertas à argumentação (pertinente) que for.

Se as provas forem impertinentes, ilícitas, protelatórias ou intempestivas, serão indeferidas (§3º). A lei neste ponto reza também que, se forem "desnecessárias", serão indeferidas, mas é absolutamente temerário que a comissão indefira alguma prova por julgá-la desnecessária, como o seria deixar o julgamento de um cordeiro a um lobo ou a um leão.

A lei não deve exigir o inexigível das pessoas nem exigir que o acusado confie cegamente no acusador e no processante, porque isso não é sério nem isento, nem republicano. É de recordar que cada prova indeferida poderá ensejar um mandado de segurança com inteira possibilidade de triunfar.

Prescrevem em cinco anos, contados da data da própria infração, as ações procedimentais administrativas punitivas (§4º), e esse prazo se interrompe (inc. I) pela instauração de processo de responsabilização a que se refere o *caput*, fica suspenso pela celebração do acordo de leniência previsto na Lei nº 12.846/13 (inc. II) ou, ainda, em sendo suspenso por decisão judicial que comprometa os trabalhos no seu prazo e recomeça a fluir após encerrada a suspensão judicial (inc. III).

Prescrição é a extinção da ação ou do procedimento por decurso de prazo. Diferencia-se da decadência, que é o decaimento do próprio direito, e também ocorre por decurso de prazo.

Art. 159

Art. 159. Os atos previstos como infrações administrativas nesta Lei ou em outras leis de licitações e contratos da Administração Pública que também sejam tipificados como atos lesivos na Lei nº 12.846, de 1º de agosto de 2013, serão apurados e julgados conjuntamente, nos mesmos autos, observados o rito procedimental e a autoridade competente definidos na referida Lei.
Parágrafo único. (VETADO).

Artigo reduzido ao *caput* com o veto ao parágrafo único, é de péssima técnica. Manda que atos tipificados como lesivos à administração conforme a Lei nº 12.846/13, mesmo que estabelecidos em outras leis que não esta, sejam todos julgados em conjunto.

De onde veio essa ideia? Como se podem julgar atos praticados com base em outra lei num processo instaurado com base nesta Lei nº 14.133 para, com base nesta lei, ser decidido? A individualidade de cada lei fica esfacelada se se levar a sério este artigo.

Não tem pé nem cabeça esta lúgubre ideia, que não deve ser lida como indo além de que atos que infrinjam esta lei serão julgados com base nesta lei, e atos que infrinjam outra lei serão julgados com base na outra referida lei.

Com isso, imagina-se a qualidade do vetado parágrafo único...

Art. 160

Art. 160. A personalidade jurídica poderá ser desconsiderada sempre que utilizada com abuso do direito para facilitar, encobrir ou dissimular a prática dos atos ilícitos previstos nesta Lei ou para provocar confusão patrimonial, e, nesse caso, todos os efeitos das sanções aplicadas à pessoa jurídica serão estendidos aos seus administradores e sócios com poderes de administração, a pessoa jurídica sucessora ou a empresa do mesmo ramo com relação de coligação ou controle, de fato ou de direito, com o sancionado, observados, em todos os casos, o contraditório, a ampla defesa e a obrigatoriedade de análise jurídica prévia.

Artigo que valoriza a tendência, já de algumas décadas, de desconsiderar a personalidade (jurídica) da pessoa jurídica como diversa da personalidade civil da pessoa física, com a qual não se confunde pelas regras clássicas do Código Civil.
Reza o Código Civil:

> Art. 50. Em caso de abuso da personalidade jurídica, caracterizado pelo desvio de finalidade ou pela confusão patrimonial, pode o juiz, a requerimento da parte, ou do Ministério Público quando lhe couber intervir no processo, desconsiderá-la para que os efeitos de certas e determinadas relações de obrigações sejam estendidos aos bens particulares de administradores ou de sócios da pessoa jurídica beneficiados direta ou indiretamente pelo abuso.
> §1º Para os fins do disposto neste artigo, desvio de finalidade é a utilização da pessoa jurídica com o propósito de lesar credores e para a prática de atos ilícitos de qualquer natureza.

E reza o novo Código de Processo Civil:

> Art. 133. O incidente de desconsideração da personalidade jurídica será instaurado a pedido da parte ou do Ministério Público, quando lhe couber intervir no processo.
> §1º O pedido de desconsideração da personalidade jurídica observará os pressupostos previstos em lei. (...)

Art. 134. O incidente de desconsideração é cabível em todas as fases do processo de conhecimento, no cumprimento de sentença e na execução fundada em título executivo extrajudicial.
§1º A instauração do incidente será imediatamente comunicada ao distribuidor para as anotações devidas.
§2º Dispensa-se a instauração do incidente se a desconsideração da personalidade jurídica for requerida na petição inicial, hipótese em que será citado o sócio ou a pessoa jurídica. (...)
§4º O requerimento deve demonstrar o preenchimento dos pressupostos legais específicos para desconsideração da personalidade jurídica.
Art. 135. Instaurado o incidente, o sócio ou a pessoa jurídica será citado para manifestar-se e requerer as provas cabíveis no prazo de 15 (quinze) dias.

Observa-se que a desconsideração da personalidade jurídica é um instituto processual civil que pode *não ser tão facilmente transportável para o mundo das licitações e dos contratos*, realizados administrativamente, sem a suscitação *processual* do incidente previsto nos arts. 133 a 137 do CPC.

O que parece certo é que, a cada suscitação administrativa, o (licitante ou contratado) suscitado ingressará com *pleito judicial de anulação* por falta daquele requisito processual – o que tecnicamente esperamos que seja provido sempre, em todas as oportunidades. Não se podem *arrombar* as categorias jurídicas.

A Lei de Licitações talvez imagine poder inverter ou subverter as regras de processo civil e transformar um rígido e formalíssimo procedimento judicial em prática iniciada e resolvida dentro da Administração – ainda que concedida ampla defesa ao interessado e após análise jurídica. Nada disso basta.

O direito processual é extraordinariamente solene e formal, sob pena de nulidade de tudo quanto operar fora desse padrão.

E a nova Lei de Licitações pretende ser um prodígio de direito penal, uma espécie de instância plenipotenciária contra o império do mal... ora, por favor! Tudo tem limite e, em direito, esse limite é bem visível.

Art. 161

Art. 161. Os órgãos e entidades dos Poderes Executivo, Legislativo e Judiciário de todos os entes federativos deverão, no prazo máximo 15 (quinze) dias úteis, contado da data de aplicação da sanção, informar e manter atualizados os dados relativos às sanções por eles aplicadas, para fins de publicidade no Cadastro Nacional de Empresas Inidôneas e Suspensas (Ceis) e no Cadastro Nacional de Empresas Punidas (Cnep), instituídos no âmbito do Poder Executivo federal.

Parágrafo único. Para fins de aplicação das sanções previstas nos incisos I, II, III e IV do *caput* do art. 156 desta Lei, o Poder Executivo regulamentará a forma de cômputo e as consequências da soma de diversas sanções aplicadas a uma mesma empresa e derivadas de contratos distintos.

Artigo assustador, lembra os tempos da Revolução Francesa com o império do terror implantado e a guilhotina correndo solta, até que se voltou contra o pescoço dos próprios revolucionários.

As listas de devedores, de inadimplentes, de punidos e de culpados são terríveis num país a tal ponto desorganizado que não garantem nenhuma segurança a quem, se um dia entrou na lista, cessando os respectivos motivos, vá dela conseguir sair, muita vez mesmo após árdua batalha judicial.

A ideia é, para nós, péssima de se instituir mais um *codex* de apenados – amaldiçoados? – ou, em verdade, dois, sendo um o Seis, e outro, o Cnep.

É a lei impondo obrigação ao Executivo federal e aos demais Poderes do Estado, sendo de esperar desses últimos toda má vontade à disposição, a nosso ver mais do que justificada. Duvidamos sinceramente tanto da eficácia desses cadastros de condenados quanto de que serão providos e atualizados com eficiência, sobretudo para retirar nomes que não mais se encontram na situação ensejadora da inclusão.

A ideia nos parece detestável, mas excelente para arruinar carreiras, destruir empresas, espezinhar pessoas, macular reputações profissionais e nomes comerciais, e para pouco mais que isso. Há quem mereça tudo isso, mas há quem não mereça e que sofre os efeitos.

O Estado deve ter outros meios de ver cumpridas as penalidades que impõe – muita vez através de procedimentos monstruosamente injustos, por vezes anulados judicialmente, por vezes mantidos –, a ponto de não necessitar de mais esses odiosos repositórios de condenados.

Somente se questiona o que acontecerá com o Poder Legislativo ou o Judiciário, por exemplo, se derem de ombros para este artigo e os prazos que estipulam...

E o parágrafo único é simplesmente tautológico ao pretender impor ao Executivo que baixe regulamento – mais um regulamento – sobre a forma de cômputo das quatro sanções do art. 156.

Pergunta-se: cômputo do quê? O que existe para se computar se alguém um dia sofre advertência e, em outra ocasião, sofre suspensão? Computa-se o quê? Para que efeito? Por que motivo? Com que finalidade?

É pouco edificante, como se disse, a sanha punitiva da lei, sempre moralista, porém significativamente apartada de muitos fatos do mundo real que o cidadão habita.

Art. 162

> Art. 162. O atraso injustificado na execução do contrato sujeitará o contratado a multa de mora, na forma prevista em edital ou em contrato.
>
> Parágrafo único. A aplicação de multa de mora não impedirá que a Administração a converta em compensatória e promova a extinção unilateral do contrato com a aplicação cumulada de outras sanções previstas nesta Lei.

Artigo cujo *caput* contém matéria já tratada nesta lei, em momento que informa que as multas podem ser aplicadas em face de quaisquer comportamentos infracionais pelo contratado, e parágrafo único desastroso, próprio de jejuno em direito e que degrada a legislação brasileira.

Se o edital ou, em melhor técnica, o contrato previr(em) multa ao contratado por atraso na execução a partir da ordem de execução, então se ele atrasar sofrerá a penalidade; se não previr(em), então inexiste multa, e este artigo se torna absolutamente inservível.

Seria curial, em nome da honestidade de propósitos do ente público, que o contrato previsse alguma multa por atrasos pela entidade contratante, mas dificilmente o autor do edital se afetará com semelhante preocupação.

O parágrafo único é tétrico. Pretende dar ao ente contratante o direito de converter a multa, que é punitiva, em compensatória ou indenizatória – não se sabe do quê – e, ainda, de extinguir o contrato e aplicar cumulativamente as demais penas do art. 155.

Então, só até este ponto, se o contratado atrasou um dia, o ente pode lhe aplicar multa, extinguir o contrato e, ainda, aplicar mais alguma penalidade. Se administração atrasar um mês o pagamento, nada lhe está cominado.

Qual é o nível cultural do autor desta abominação inominável, que, inobstante isso, foi aprovada pelo Congresso Nacional e sancionada pelo presidente da República?

Desde quando a autoridade administrativa converte a belprazer a natureza de uma pena em outra natureza? O que era punição pode então converter-se, a juízo da autoridade administrativa contratante, em indenização? Se puder, será indenização de qual prejuízo?

E o contrato merecerá ser extinto apenas por aquilo? O ente contratante brinca desse modo com seu próprio interesse em obter o objeto contratado, do qual precisa muita vez urgentemente?

Diante de um tão macabro panorama que a lei permite ocorrer, recomenda-se *com máxima ênfase* ao ente licitador que jamais cogite atribuir efeito compensatório à multa por atraso do contratado, a qual, por sua vez, deve ser fixada *cum grano salis* e, antes de ser aplicada, precisará a autoridade examinar com detença a justificativa do contratado e lhe assegurar completo contraditório e ampla defesa.

Apenas com essas primárias cautelas se previne o desastre técnico, operacional e financeiro que este parágrafo único favorece. Não se advoga neste momento em favor de contratados desleixados e desinteressados de sua própria renomada – muitos dos quais efetivamente merecem penalidade –, mas jamais se pode consentir que o nível técnico da lei baixe a um nível tão subterrâneo.

Art. 163

Art. 163. É admitida a reabilitação do licitante ou contratado perante a própria autoridade que aplicou a penalidade, exigidos, cumulativamente:

I – reparação integral do dano causado à Administração Pública;

II – pagamento da multa;

III – transcurso do prazo mínimo de 1 (um) ano da aplicação da penalidade, no caso de impedimento de licitar e contratar, ou de 3 (três) anos da aplicação da penalidade, no caso de declaração de inidoneidade;

IV – cumprimento das condições de reabilitação definidas no ato punitivo;

V – análise jurídica prévia, com posicionamento conclusivo quanto ao cumprimento dos requisitos definidos neste artigo.

Parágrafo único. A sanção pelas infrações previstas nos incisos VIII e XII do *caput* do art. 155 desta Lei exigirá, como condição de reabilitação do licitante ou contratado, a implantação ou aperfeiçoamento de programa de integridade pelo responsável.

Artigo também de *péssima qualidade*, outra vez mistura licitante com contratado e generaliza previsões que cabem a um, mas não cabem a outro: reabilitação de contratado e de licitante.

Começando pelo começo, conforme aconselhava Conselheiro Acácio, o *caput* informa que serão reabilitados tanto um quanto outro quando cumulativamente atenderem os *cinco requisitos* (!) que seguem. Deve ser mais fácil obter a cidadania norte-americana que essa reabilitação.

Os requisitos são: (I) reparar o dano ao ente; (II) pagar multa; (III) decurso de prazos mínimos, de um até três anos, conforme a penalidade aplicada; (IV) cumprimento das condições anunciadas de reabilitação; e (V) análise jurídica favorável.

Licitação passa a ser um imenso risco para qualquer pessoa. O dispositivo dificilmente poderia ser pior, nem mais injusto. Perguntas: um licitante causa dano ao erário? Um contratado, sim, mas um licitante? Como isso pode ocorrer? Se um licitante não pode causar dano ao erário, como se justifica aplicar-se-lhe multa por isso? Um licitante merece pena de suspensão ou de declaração de inidoneidade? Resposta: *sim*, se, por exemplo, apresentou documentação falsa no certame. Mas, nesse caso, tratando-se de crime, não se há de falar em multa pela administração, podendo-a existir tão só em processo criminal.

Um licitante, para cumprir condições de reabilitação sem nunca ter sido contratado, pode depender do resultado de uma ação criminal, porque não é no plano administrativo que se resolvem problemas como tais.

E, por fim, uma análise jurídica isenta para os casos de licitantes apenados haveria, em nosso entender, de denunciar o absurdo da lei na imensa maioria das situações – o que justificadamente não se espera de funcionário do ente.

Se, ao invés de ser ainda um simples licitante, o cidadão é contratado, então todas essas penalidades passam a fazer sentido, mas o que não se concebe é lançar o licitante no mesmo balaio do contratado e, muito menos, fazer seguir o roteiro deste artigo com relação ao licitante – que, se tudo isto for levado a cabo, precisará contratar seguro para com alguma tranquilidade participar de um certame licitatório.

Este assustador artigo funciona como um poderosíssimo *repelente de licitantes*, um desestimulador de primeira grandeza a quem pretende contratar com o poder público.

O parágrafo único, por fim, para nós não faz nenhum sentido ao exigir cumprimento de programa de integridade pelo reabilitando. Lembra a seleção de *arianos puros* da Alemanha hitlerista, algo como um filtro étnico por sobre o universo licitatório. Não tem comentário possível.

O de esperar é que o ente público simplesmente *não exerça* o poder que artigos como este lhe dão, em nome da decência humana.

Art. 164

CAPÍTULO II
DAS IMPUGNAÇÕES, DOS PEDIDOS DE ESCLARECIMENTO E DOS RECURSOS

Art. 164. Qualquer pessoa é parte legítima para impugnar edital de licitação por irregularidade na aplicação desta Lei ou para solicitar esclarecimento sobre os seus termos, devendo protocolar o pedido até 3 (três) dias úteis antes da data de abertura do certame.

Parágrafo único. A resposta à impugnação ou ao pedido de esclarecimento será divulgada em sítio eletrônico oficial no prazo de até 3 (três) dias úteis, limitado ao último dia útil anterior à data da abertura do certame.

Artigo sucessor do §1º do art. 41 da L 8.666, é mais eficaz que aquele, pois que assegura ao impugnante do edital ou a quem pede esclarecimentos a sua resposta, direito esse que inexiste na L 8.666.

Qualquer cidadão, potencial licitante ou não, pode impugnar edital que contrarie esta lei – e apenas esta lei, pois que, se a impugnação for por contrariedade a outra lei, ainda que de tema correlato, então esta lei não assegura resposta ao impugnante.

O prazo é de até três dias úteis anteriores à abertura do certame, seja qual for e pelo modo que for. Perdendo esse prazo, o autor do pedido perde direito à resposta. A resposta deve ser publicada no *site* do ente em até três dias úteis, limitado ao último dia anterior à abertura. Ou seja: se o pedido entrou no terceiro dia útil anterior à abertura, a resposta deve ser publicada no último dia útil anterior à abertura, reduzindo-se desse modo o prazo do ente para publicá-la.

O mesmo se diga de pedido de informações quanto a prazo; porém, nesse caso, é largo o espectro das informações solicitáveis e, mesmo se o pedido for indeferido por absolutamente impertinente ao certame – por exemplo, pedir-se numa licitação informação sobre outra licitação –, a negativa fundamentada de resposta deve ser publicada.

O ganho do direito à resposta foi efetivo e importante para o cidadão, licitante ou não.

Art. 165

Art. 165. Dos atos da Administração decorrentes da aplicação desta Lei cabem:

I – recurso, no prazo de 3 (três) dias úteis, contado da data de intimação ou de lavratura da ata, em face de:

a) ato que defira ou indefira pedido de pré-qualificação de interessado ou de inscrição em registro cadastral, sua alteração ou cancelamento;

b) julgamento das propostas;

c) ato de habilitação ou inabilitação de licitante;

d) anulação ou revogação da licitação;

e) extinção do contrato, quando determinada por ato unilateral e escrito da Administração;

II – pedido de reconsideração, no prazo de 3 (três) dias úteis, contado da data de intimação, relativamente a ato do qual não caiba recurso hierárquico.

§1º Quanto ao recurso apresentado em virtude do disposto nas alíneas "b" e "c" do inciso I do *caput* deste artigo, serão observadas as seguintes disposições:

I – a intenção de recorrer deverá ser manifestada imediatamente, sob pena de preclusão, e o prazo para apresentação das razões recursais previsto no inciso I do *caput* deste artigo será iniciado na data de intimação ou de lavratura da ata de habilitação ou inabilitação ou, na hipótese de adoção da inversão de fases prevista no §1º do art. 17 desta Lei, da ata de julgamento;

II – a apreciação dar-se-á em fase única.

§2º O recurso de que trata o inciso I do *caput* deste artigo será dirigido à autoridade que tiver editado o ato ou proferido a decisão recorrida, que, se não reconsiderar o ato ou a decisão no prazo de 3 (três) dias úteis, encaminhará o recurso com a sua motivação à autoridade superior, a qual deverá proferir sua decisão no prazo máximo de 10 (dez) dias úteis, contado do recebimento dos autos.

§3º O acolhimento do recurso implicará invalidação apenas de ato insuscetível de aproveitamento.

§4º O prazo para apresentação de contrarrazões será o mesmo do recurso e terá início na data de intimação pessoal ou de divulgação da interposição do recurso.

§5º Será assegurado ao licitante vista dos elementos indispensáveis à defesa de seus interesses.

Artigo que sucede o art. 109 da L 8.666, contém os recursos cabíveis em licitações, em matéria contratual e em cadastramento, e o pedido de reconsideração, e dispõe sobre sua tramitação.

Cabe recurso hierárquico (inc. I, als. *a* a *e*), em até três dias úteis da intimação do ato ou da lavratura da ata, dos atos de (al. *a*) deferimento ou indeferimento de pedido de pré-qualificação, ou de cadastramento; (*b*) julgamento das propostas; (*c*) habilitação ou inabilitação do licitante; (*d*) anulação ou revogação do certame; e (*e*) extinção unilateral do contrato pelo ente contratante.

Os quatro primeiros são de titularidade exclusiva do licitante, e o quinto é de alçada do contratado que teve seu contrato extinto. Ninguém mais é parte legítima para recorrer.

Quanto aos recursos do julgamento das propostas e da habilitação ou inabilitação (cf. §1º), o interessado precisará manifestar sua intenção de recorrer tão logo seja oficializado o ato de que pretende recorrer, mas isto ainda não é o recurso, é apenas uma pré-condição, que, se não for exercitada, excluirá o interessado do direito a recorrer.

O recurso, após a intenção ter sido manifestada tempestivamente – imediatamente, diz a lei – deverá ser apresentado naquele prazo de três dias úteis (da lavratura da ata ou da intimação do ato, em caso de o licitante estar presente à sessão), e esse é que será julgado pela autoridade.

Existe, portanto, o recurso do julgamento das propostas, a seguir toda essa disciplina, e o recurso da habilitação ou inabilitação, que também deverá segui-la. São dois, portanto, os momentos de recurso e, a cada fase (propostas e habilitação), caberá um, observada a ordem em que essas fases acontecem no respectivo certame. Se o legislador, inspirado no pregão, tentou abreviar este roteiro, não o conseguiu.

Se inexistir habilitação, obviamente caberá recurso apenas do julgamento das propostas, e todos os julgamentos se darão *em fase única*, reza a lei, o que significa uma só vez, sem "duplo grau de jurisdição".

O inciso II consigna o direito do licitante de pedir reconsideração sempre que o ato com o qual não se conforma dentro da licitação não ensejar a propositura de recurso. Exemplo: o processo foi encaminhado para setor incompetente, o que atrasa o certame e prejudica a todos os participantes. Somente resta aos interessados pedir reconsideração.

Os §§2º a 5º disciplinam o processamento do recurso. O §2º, ligeiramente diferente do direito anterior, informa que o recurso será endereçado à autoridade autora do ato de que se recorre, que ou reconsidera sua decisão em até três dias úteis, ou encaminha o processo, com sua manifestação, à autoridade superior, a qual deverá decidir em até dez dias úteis do recebimento dos autos.

Pelo §3º, o errado não prejudica o certo, de modo que se aproveitam todos os atos do processo que não estejam viciados de irregularidade, e assim deverá fazer observar a autoridade, e não anular o que não é objeto de inconformismo.

Uma vez apresentado o recurso (§4º), os demais interessados poderão contra-arrazoá-lo em até três dias úteis, contados da intimação pessoal ou da divulgação oficial da interposição do recurso.

O §5º assegura aos participantes *vista dos elementos indispensáveis à defesa de seus interesses*, assim reza a lei; porém, é interessante franquear-lhes vista de todo o processo, sem nenhuma sonegação – porque quem tem medo de transparência não é honesto de propósito –, ou se estará atribuindo à autoridade o juízo do que é e do que não é indispensável aos interessados em contra-arrazoar recursos, o que não é regular nem recomendável sob nenhum aspecto.

Art. 166

> Art. 166. Da aplicação das sanções previstas nos incisos I, II e III do *caput* do art. 156 desta Lei caberá recurso no prazo de 15 (quinze) dias úteis, contado da data da intimação.
>
> Parágrafo único. O recurso de que trata o *caput* deste artigo será dirigido à autoridade que tiver proferido a decisão recorrida, que, se não a reconsiderar no prazo de 5 (cinco) dias úteis, encaminhará o recurso com sua motivação à autoridade superior, a qual deverá proferir sua decisão no prazo máximo de 20 (vinte) dias úteis, contado do recebimento dos autos.

Artigo que também cuida de recursos das sanções, desta vez as de multa, advertência e suspensão do direito de licitar e contratar com o mesmo nível de governo do ente penalizador. Dessas, cabe recurso em até quinze dias úteis da intimação – a partir do primeiro dia útil subsequente –, prazo esse que foi significativamente ampliado com relação ao do direito anterior.

O recurso será endereçado ao agente apenador, que poderá reconsiderar sua decisão em até cinco dias úteis do recebimento do recurso ou, em não o fazendo, deverá manifestar-se e encaminhar o expediente à autoridade superior, que terá vinte dias úteis do recebimento do processo para decidir. Os prazos são tremendamente longos, como se denota.

Os recursos não precisam ser subscritos por advogado, ainda que se recomende entregá-los a causídicos ou outros profissionais *do ramo*, na suposição de que *cada símio melhor atuará se dentro da circunscrição da ramagem respectiva*, na forma do princípio da especialização de funções.

Art. 167

Art. 167. Da aplicação da sanção prevista no inciso IV do *caput* do art. 156 desta Lei caberá apenas pedido de reconsideração, que deverá ser apresentado no prazo de 15 (quinze) dias úteis, contado da data da intimação, e decidido no prazo máximo de 20 (vinte) dias úteis, contado do seu recebimento.

Resumido ao *caput*, este artigo, ao molde do direito anterior, informa que, da pena de declaração de inidoneidade para licitar e contratar com o poder público brasileiro, cabe não recurso estrito, mas *pedido de reconsideração* – e isso se deve a que o aplicador dessa sanção é a autoridade máxima do ente aplicador –, através do qual o agente apenador, com base na nova argumentação, pode reconsiderar sua própria decisão e modificá-la.

É o chamado juízo de retratação, neste caso exercido no plano administrativo, e é algo que existe também no Poder Judiciário, porque nunca é desarrazoado pleitear que alguém reconsidere sua própria decisão, bastando que os novos argumentos que se apresentem convençam aquela autoridade. E, tal qual no processo administrativo disciplinar, a mera alegação de injustiça na pena não serve como argumentação.

Art. 168

Art. 168. O recurso e o pedido de reconsideração terão efeito suspensivo do ato ou da decisão recorrida até que sobrevenha decisão final da autoridade competente.

Parágrafo único. Na elaboração de suas decisões, a autoridade competente será auxiliada pelo órgão de assessoramento jurídico, que deverá dirimir dúvidas e subsidiá-la com as informações necessárias.

Curto artigo que empresta efeito suspensivo aos recursos e ao pedido de reconsideração, suspendendo os trabalhos que se seguiriam até decisão final sobre o pleito.

É medida acertada e necessária, porque seria simplesmente desastroso prosseguir os trabalhos após o recurso ser apresentado e, nesse passo, se praticar ou celebrar algum ato que, se o recurso for provido, precisará ser desfeito. O efeito suspensivo é quase sempre uma sábia medida, que evita grandes transtornos em muitos casos.

Ainda que não conste da regra legal, na maioria das vezes é prudente atribuí-lo, mesmo sem obrigação legal, a muitas manifestações de inconformismo pela parte; quem já foi *atropelado* por consequências de atos apressurado ou quem atropelou, sabe do que aqui se fala.

O parágrafo único pretende ensinar às assessorias jurídicas dos entes públicos que elas devem assessorar as autoridades na prática dos atos referidos no artigo, pelo que os assessores devem estar comovidamente agradecidos ao legislador.

Art. 169

CAPÍTULO III
DO CONTROLE DAS CONTRATAÇÕES

Art. 169. As contratações públicas deverão submeter-se a práticas contínuas e permanentes de gestão de riscos e de controle preventivo, inclusive mediante adoção de recursos de tecnologia da informação, e, além de estar subordinadas ao controle social, sujeitar-se-ão às seguintes linhas de defesa:

I – primeira linha de defesa, integrada por servidores e empregados públicos, agentes de licitação e autoridades que atuam na estrutura de governança do órgão ou entidade;

II – segunda linha de defesa, integrada pelas unidades de assessoramento jurídico e de controle interno do próprio órgão ou entidade;

III – terceira linha de defesa, integrada pelo órgão central de controle interno da Administração e pelo tribunal de contas.

§1º Na forma de regulamento, a implementação das práticas a que se refere o *caput* deste artigo será de responsabilidade da alta administração do órgão ou entidade e levará em consideração os custos e os benefícios decorrentes de sua implementação, optando--se pelas medidas que promovam relações íntegras e confiáveis, com segurança jurídica para todos os envolvidos, e que produzam o resultado mais vantajoso para a Administração, com eficiência, eficácia e efetividade nas contratações públicas.

§2º Para a realização de suas atividades, os órgãos de controle deverão ter acesso irrestrito aos documentos e às informações necessárias à realização dos trabalhos, inclusive aos documentos classificados pelo órgão ou entidade nos termos da Lei nº 12.527, de 18 de novembro de 2011, e o órgão de controle com o qual foi compartilhada eventual informação sigilosa tornar-se-á corresponsável pela manutenção do seu sigilo.

§3º Os integrantes das linhas de defesa a que se referem os incisos I, II e III do *caput* deste artigo observarão o seguinte:

I – quando constatarem simples impropriedade formal, adotarão medidas para o seu saneamento e para a mitigação de riscos de sua nova ocorrência, preferencialmente com o aperfeiçoamento dos controles preventivos e com a capacitação dos agentes públicos responsáveis;

II – quando constatarem irregularidade que configure dano à Administração, sem prejuízo das medidas previstas no inciso I deste §3º, adotarão as providências necessárias para a apuração das infrações administrativas, observadas a segregação de funções e a necessidade de individualização das condutas, bem como remeterão ao Ministério Público competente cópias dos documentos cabíveis para a apuração dos ilícitos de sua competência.

Longo, esotérico e enjoativo artigo, de nada serve na prática da administração para absolutamente coisa nenhuma. Invencionice pura e indisfarçada, lembra programação de batalhas numa guerra, armando-se as rês primeiras linhas de defesa, como a infantaria, a cavalaria, a linha de canhões e as trincheiras... não se imagina de onde o legislador extraiu inspiração para algo assim, mais adequado talvez para futebol que para licitação.

Por outro lado, informar que, em 2021, os entes públicos poderão *adotar recursos de tecnologia de informação* é para dar gargalhadas, tal qual se ainda existisse alguma coisa neste mundo que não utilize tecnologia de informação ou que não dependa exclusivamente dela.

A descrição das linhas de defesa é patética, sem nenhum propósito lógico nem de nenhuma outra natureza. *Duvida-se que ente público tome a sério esta previsão.*

O §2º reinventa a roda ao prever que os órgãos de controle deverão ter acesso irrestrito aos documentos e arquivos a fiscalizar – como se já não o tivessem desde que o primeiro ente de controle foi criado. Então, alguma autoridade sonega ao controle interno dados e informações? Desde quando?

O artigo inteiro é uma lástima e materializa uma excelente oportunidade esperdiçada pela lei para honrosamente omitir-se.

Art. 170

Art. 170. Os órgãos de controle adotarão, na fiscalização dos atos previstos nesta Lei, critérios de oportunidade, materialidade, relevância e risco e considerarão as razões apresentadas pelos órgãos e entidades responsáveis e os resultados obtidos com a contratação, observado o disposto no §3º do art. 169 desta Lei.

§1º As razões apresentadas pelos órgãos e entidades responsáveis deverão ser encaminhadas aos órgãos de controle até a conclusão da fase de instrução do processo e não poderão ser desentranhadas dos autos.

§2º A omissão na prestação das informações não impedirá as deliberações dos órgãos de controle nem retardará a aplicação de qualquer de seus prazos de tramitação e de deliberação.

§3º Os órgãos de controle desconsiderarão os documentos impertinentes, meramente protelatórios ou de nenhum interesse para o esclarecimento dos fatos.

§4º Qualquer licitante, contratado ou pessoa física ou jurídica poderá representar aos órgãos de controle interno ou ao tribunal de contas competente contra irregularidades na aplicação desta Lei.

Outro artigo embaraçoso ao aplicador – e como é difícil comentá-lo! –, pretende ensinar os órgãos de controle a trabalhar como alguém tentaria ensinar a *ave-maria* a um padre.

Apenas se pergunta, e gravemente: como faziam os órgãos de controle antes do advento desta lei? Como conseguiam trabalhar? E como o conseguirão, até abril de 2023, nos entes que adotem a L 8.666 até então?

O *caput* é de uma infantilidade atroz, a indicar critérios de trabalho aos fiscais e aos controladores, como se eles já não os detivessem – e há décadas – em nosso direito administrativo e nas práticas diuturnas de fiscalização. Puro discurso e pretensiosidade, vale tanto quanto a pedra na sopa. Teria esta lei acaso inventado as funções de controlador e de fiscal para, com tanto afinco, definir-lhes as atribuições?

Os parágrafos igualmente não merecem detença. Em que universo de ilusão viverá o legislador, que talvez imagine ter realizado um importante trabalho disciplinador com este simples repetir do que se sabe há várias décadas e que jamais foi objeto de controvérsia?

É mais um momento para esquecer nesta lei.

Art. 171

Art. 171. Na fiscalização de controle será observado o seguinte:

I – viabilização de oportunidade de manifestação aos gestores sobre possíveis propostas de encaminhamento que terão impacto significativo nas rotinas de trabalho dos órgãos e entidades fiscalizados, a fim de que eles disponibilizem subsídios para avaliação prévia da relação entre custo e benefício dessas possíveis proposições;

II – adoção de procedimentos objetivos e imparciais e elaboração de relatórios tecnicamente fundamentados, baseados exclusivamente nas evidências obtidas e organizados de acordo com as normas de auditoria do respectivo órgão de controle, de modo a evitar que interesses pessoais e interpretações tendenciosas interfiram na apresentação e no tratamento dos fatos levantados;

III – definição de objetivos, nos regimes de empreitada por preço global, empreitada integral, contratação semi-integrada e contratação integrada, atendidos os requisitos técnicos, legais, orçamentários e financeiros, de acordo com as finalidades da contratação, devendo, ainda, ser perquirida a conformidade do preço global com os parâmetros de mercado para o objeto contratado, considerada inclusive a dimensão geográfica.

§1º Ao suspender cautelarmente o processo licitatório, o tribunal de contas deverá pronunciar-se definitivamente sobre o mérito da irregularidade que tenha dado causa à suspensão no prazo de 25 (vinte e cinco) dias úteis, contado da data do recebimento das informações a que se refere o §2º deste artigo, prorrogável por igual período uma única vez, e definirá objetivamente:

I – as causas da ordem de suspensão;

II – o modo como será garantido o atendimento do interesse público obstado pela suspensão da licitação, no caso de objetos essenciais ou de contratação por emergência.

§2º Ao ser intimado da ordem de suspensão do processo licitatório, o órgão ou entidade deverá, no prazo de 10 (dez) dias úteis, admitida a prorrogação:

I – informar as medidas adotadas para cumprimento da decisão;

II – prestar todas as informações cabíveis;

III – proceder à apuração de responsabilidade, se for o caso.

§3º A decisão que examinar o mérito da medida cautelar a que se refere o §1º deste artigo deverá definir as medidas necessárias e adequadas, em face das alternativas possíveis, para o saneamento do processo licitatório, ou determinar a sua anulação.

§4º O descumprimento do disposto no §2º deste artigo ensejará a apuração de responsabilidade e a obrigação de reparação do prejuízo causado ao erário.

Outro tormentoso artigo no qual o legislador, quanto mais escreve, menos merece atenção.

Enverada por labirintos quase indecifráveis, ditados por criatividade por completo alheia à realidade prática de fiscalização e de controle, sendo de imaginar que os controladores e os fiscais, que sempre souberam o que fazer a cada dia de seu trabalho, após lerem este dispositivo, mergulhem em sérias e fundadas dúvidas profissionais, se não existenciais. Estiveram errados todo o tempo?

Não se sabe se o artigo se dirige aos controladores internos ou aos fiscais dos tribunais de contas. Será admissível uma lei nacional de licitações ditar comportamentos, atribuições, regras de conduta profissional e parâmetros funcionais aos membros dos tribunais de contas?

Esta lei por acaso se sobrepõe às leis orgânicas dos tribunais de contas? Prevalece sobre as leis de organização e de disciplinamento interno e funcional de cada tribunal de contas brasileiro? Será à Lei de Licitações que os agentes dos tribunais de contas devem obediência quanto à descrição de suas atribuições, e não às leis e às regras locais específicas sobre esse tema?

Deixamos de descer aos pormenores dos parágrafos por esses motivos. Não se pode numa obra técnica e teórica de comentários à lei supedanear semelhante alheamento da realidade administrativa e do direito aplicável aos órgãos públicos e indiferentemente os comentar tal qual se tratasse de algo juridicamente respeitável. Não é esse o papel do comentarista de textos jurídicos.

Art. 172

(VETADO).

Art. 173

Art. 173. Os tribunais de contas deverão, por meio de suas escolas de contas, promover eventos de capacitação para os servidores efetivos e empregados públicos designados para o desempenho das funções essenciais à execução desta Lei, incluídos cursos presenciais e a distância, redes de aprendizagem, seminários e congressos sobre contratações públicas.

Outro artigo constrangedor. Dita aos tribunais de contas a) que deverão manter escolas de contas; b) que tais escolas deverão manter cursos de capacitação de servidores vinculados à licitação e a contratos; c) que tais cursos serão presenciais e a distância; e, ainda, d) que devem manter redes de aprendizagem, seminários e congressos sobre contratações públicas.

Nada diz a lei sobre a hipótese de os tribunais de contas não realizarem nem efetivarem nada disso. Que lhes acontecerá na hipótese? É óbvio que *absolutamente nada*, porque o direito não é assim.

Não é nem será a lei federal de licitações, nem lei nacional ou genérica alguma, que legitimamente poderá instituir obrigações internas, pontuais e objetivas, para entidades pertencentes a Poderes do Estado, dotadas todas de autonomia administrativa e de capacidade de autodisciplinamento organizacional mediante tão somente leis e regras locais e específicas.

Apenas para exemplificar, o Tribunal de Contas do Estado de São Paulo já realiza tudo aquilo e muito mais há décadas, e não apenas para aperfeiçoamento de seus servidores, mas para proveito de tantos agentes públicos, do nível e da esfera que forem, quantos acorram aos eventos, sempre de grande procura e gratuitos.

Onde a lei imagina estar inovando – e de modo inconstitucional como visto –, eis uma questão palpitante.

Art. 174

TÍTULO V
DISPOSIÇÕES GERAIS
CAPÍTULO I
DO PORTAL NACIONAL DE CONTRATAÇÕES PÚBLICAS (PNCP)

Art. 174. É criado o Portal Nacional de Contratações Públicas (PNCP), sítio eletrônico oficial destinado à:

I – divulgação centralizada e obrigatória dos atos exigidos por esta Lei;

II – realização facultativa das contratações pelos órgãos e entidades dos Poderes Executivo, Legislativo e Judiciário de todos os entes federativos.

§1º O PNCP será gerido pelo Comitê Gestor da Rede Nacional de Contratações Públicas, a ser presidido por representante indicado pelo Presidente da República e composto de:

I – 3 (três) representantes da União indicados pelo Presidente da República;

II – 2 (dois) representantes dos Estados e do Distrito Federal indicados pelo Conselho Nacional de Secretários de Estado da Administração;

III – 2 (dois) representantes dos Municípios indicados pela Confederação Nacional de Municípios.

§2º O PNCP conterá, entre outras, as seguintes informações acerca das contratações:

I – planos de contratação anuais;

II – catálogos eletrônicos de padronização;

III – editais de credenciamento e de pré-qualificação, avisos de contratação direta e editais de licitação e respectivos anexos;

IV – atas de registro de preços;

V – contratos e termos aditivos;

VI – notas fiscais eletrônicas, quando for o caso.

§3º O PNCP deverá, entre outras funcionalidades, oferecer:

I – sistema de registro cadastral unificado;

II – painel para consulta de preços, banco de preços em saúde e acesso à base nacional de notas fiscais eletrônicas;

III – sistema de planejamento e gerenciamento de contratações, incluído o cadastro de atesto de cumprimento de obrigações previsto no §4º do art. 88 desta Lei;

IV – sistema eletrônico para a realização de sessões públicas;

V – acesso ao Cadastro Nacional de Empresas Inidôneas e Suspensas (Ceis) e ao Cadastro Nacional de Empresas Punidas (Cnep);

VI – sistema de gestão compartilhada com a sociedade de informações referentes à execução do contrato, que possibilite:

a) envio, registro, armazenamento e divulgação de mensagens de texto ou imagens pelo interessado previamente identificado;

b) acesso ao sistema informatizado de acompanhamento de obras a que se refere o inciso III do *caput* do art. 19 desta Lei;

c) comunicação entre a população e representantes da Administração e do contratado designados para prestar as informações e esclarecimentos pertinentes, na forma de regulamento;

d) divulgação, na forma de regulamento, de relatório final com informações sobre a consecução dos objetivos que tenham justificado a contratação e eventuais condutas a serem adotadas para o aprimoramento das atividades da Administração.

§4º O PNCP adotará o formato de dados abertos e observará as exigências previstas na Lei nº 12.527, de 18 de novembro de 2011.

§5º (VETADO).

Vastíssimo, torturante e inconstitucional artigo, preocupa o fato de não ter sido vetado pelo presidente da República, porque significa a criação de um universo imensurável de obrigações a cargo do Executivo.

Tendo sido promulgado, isso significa que o presidente, num primeiro momento, concordou com essa nova e extraordinária carga de trabalho que lhe ofereceu de presente o Congresso Nacional, autor da ideia e do projeto de lei que se converteu nesta Lei nº 14.133.

Duvidamos inteiramente de que todas as atribuições do novo portal venham a ser cumpridas. É facílimo ao Congresso inventar infindáveis obrigações ao Executivo, como quem *compra briga para o irmão*. Muito difícil é ver o mesmo Congresso criando um cipoal tão imenso de deveres para si mesmo.

Daí nossa estranheza em ter sido promulgado este dispositivo. Se deve ser criado um órgão para o Executivo, a lei há de ser de iniciativa do próprio Executivo por força a) do princípio constitucional da harmonia e da independência entre os Poderes do Estado. Conforme Constituição, art. 2º: um Poder não tem a iniciativa de leis que instituam obrigações internas para outro, mas principalmente porque b) a Constituição Federal, art. 61, §1º, inc. II, alíneas *b* e *e*, determina que compete privativamente ao presidente da República iniciar as leis de "organização administrativa e judiciária (...) serviços públicos" (al. *b*) e das leis de "criação e extinção de Ministérios e órgãos da administração pública".

Como o projeto da Lei nº 14.133 não foi do presidente da República, mas de membro do Congresso Nacional, então este art. 174, ao criar órgão do Executivo, simplesmente violou a Constituição Federal, art. 2º, e, mais objetivamente, o art. 61, §1º, inciso II, alíneas b e e.

Observe-se que o artigo não "autoriza o Executivo a criar" o órgão, mas diretamente reza "fica criado o PNCP", ou seja, *impõe um novo órgão à estrutura de outro Poder*, sem pedir licença nem perguntar nada a ninguém.

O art. 174 é, portanto, *inteiramente inconstitucional* por vício de iniciativa, e nem cortina ninja de fumaça pode ocultar ou dissimular o claríssimo defeito deste artigo.

Porém, como *a sanção não supre nem redime vício de iniciativa*, a qualquer momento pode ser proposta ADIn pelo Executivo contra o dispositivo, que ele próprio sancionou e promulgou. Isto já está pacificado em direito constitucional legislado.

Nesse sentido, transcrevemos excerto do artigo *A sanção do Executivo tem o condão de suprir vício de iniciativa a projeto de lei?*, de

Ariane Fucci Wadi, publicado no site *Jusbrasil* da internet, no qual a autora reporta o entendimento hoje consolidado do Supremo Tribunal sobre o tema:

> Nesses casos, ocorrendo usurpação da competência, haverá vício formal de constitucionalidade, em razão da competência. Em se tratando de vício de competência privativa do Poder Judiciário, por exemplo, a lei estará sendo editada sem que o legitimado tenha sobre ela se manifestado em algum momento, já que nem mesmo poderão vetá-la ou sancioná-la, como aconteceria no caso de vícios de competência dos projetos de lei de iniciativa presidencial. Desta forma, a sanção presidencial não convalidaria um ato normativo que, sequer, passou à análise do legitimado constitucional.
>
> O mesmo entendimento é adotado pelo Supremo Tribunal Federal em relação às leis de iniciativa reservada do chefe do Poder Executivo, eis que a sanção é ato de natureza política, diversa do ato de iniciativa de lei, não podendo convalidar vício constitucional absoluto, de ordem pública, insanável.
>
> Portanto, vícios de iniciativa de lei nunca são supridos pela sanção presidencial ao projeto de lei que, sancionado, padecerá de vício formal, a ser declarado por meio de ação judicial própria, como a ADI, ADPF e o controle difuso.

O artigo é claramente inconstitucional ao, sendo do Legislativo, criar órgão e encargos administrativos internos para o Executivo e, por essa razão, os comentários são breves na medida em que uma obra de comentários técnicos sobre uma lei não se deve dispor a *bater palmas para maluco dançar*, consoante assevera a sabedoria das gentes.

O *caput* e seus incisos dão as principais atribuições do órgão que a lei impôs ao Executivo.

O §1º informa que quem cuida do filho do Congresso é o Executivo, sem dizer a que ministério estaria vinculado e como se pudesse estar solto em uma estrutura extremamente rígida e disciplinada.

Dá a seguir sua composição, que inclui indicados pelo presidente da República, pelo Conselho Nacional de Secretários estaduais de administração, e de municípios, apontados pela Confederação Nacional de Municípios. O legislador federal imagina que pode tudo, inclusive assujeitar administrativamente autoridades e entes estaduais e municipais.

O §2º enumera conteúdos obrigatórios do portal, e o §3º informa o que deverá oferecer. Se isso fosse vigorar – como duvidamos –, esse portal por certo deteria mais atribuições e seria responsável por maior volume de trabalho que alguns ministérios.

O artigo inteiro é uma insânia, fruto de um torpor institucional que de há tempos toma conta do Congresso Nacional e que precisa ser contido com todo vigor pelo Judiciário, por provocação do interessado, que, neste caso, é o Executivo federal.

Num país institucionalizado, não se admite outro encaminhamento do problema nem, respeitosamente, outra solução.

Art. 175

Art. 175. Sem prejuízo do disposto no art. 174 desta Lei, os entes federativos poderão instituir sítio eletrônico oficial para divulgação complementar e realização das respectivas contratações.

§1º Desde que mantida a integração com o PNCP, as contratações poderão ser realizadas por meio de sistema eletrônico fornecido por pessoa jurídica de direito privado, na forma de regulamento.

§2º (VETADO).

§2º Até 31 de dezembro de 2023, os Municípios deverão realizar divulgação complementar de suas contratações mediante publicação de extrato de edital de licitação em jornal diário de grande circulação local. (Promulgação partes vetadas)

Artigo concebido na esteira do despautério que é o artigo anterior, ao menos o *caput* apenas faculta a estados e municípios instituírem seus *sites* para divulgação dos contratos. No mais, revela-se absolutamente anacrônico, na medida em que muitos estados e incontáveis municípios já instituíram e mantêm seus *sites* com esse fim, algo que jamais precisou ser autorizado por lei federal nenhuma.

E o §1º "autoriza" a terceirização do *site*, o que sempre foi permitido na medida em que essa não é uma função privativa de Estado e que, portanto, sempre lhe foi permitido terceirizar.

O §3º, também obra de amador, "manda" que os municípios, até o fim de 2023, publiquem os extratos de seus contratos em jornal diário. Pergunta-se: quais contratos? Os futuros ou os já celebrados e, nesse caso, a partir de quando? E só os municípios? Que têm eles de melhor ou de pior que os estados que a lei não atinge?

O artigo, no rastro dos anteriores, é degradante à consciência jurídica nacional. Foi escrito para ser descumprido e apenas polui a legislação do país. No país das leis que *pegam* ao lado das que *não pegam*, nada se espera deste dispositivo.

Art. 176

Art. 176. Os Municípios com até 20.000 (vinte mil) habitantes terão o prazo de 6 (seis) anos, contado da data de publicação desta Lei, para cumprimento:

I – dos requisitos estabelecidos no art. 7º e no *caput* do art. 8º desta Lei;

II – da obrigatoriedade de realização da licitação sob a forma eletrônica a que se refere o §2º do art. 17 desta Lei;

III – das regras relativas à divulgação em sítio eletrônico oficial.

Parágrafo único. Enquanto não adotarem o PNCP, os Municípios a que se refere o *caput* deste artigo deverão:

I – publicar, em diário oficial, as informações que esta Lei exige que sejam divulgadas em sítio eletrônico oficial, admitida a publicação de extrato;

II – disponibilizar a versão física dos documentos em suas repartições, vedada a cobrança de qualquer valor, salvo o referente ao fornecimento de edital ou de cópia de documento, que não será superior ao custo de sua reprodução gráfica.

Este art. 176 generosamente aumenta para seis anos, contados da promulgação:
- inc. I – o prazo para que municípios de até vinte mil habitantes cumpram os requisitos fixados no art. 7º e no *caput* do art. 8º, que se referem, ambos, à designação de servidores para desempenhar as funções exigidas por esta lei, e suas condições;
- inc. II – ser obrigatória a forma eletrônica das licitações, na forma do §2º do art. 17. Duvida-se que, em 2027, ainda exista licitação que não eletrônica;
- inc. III – cumprimento das regras de divulgação eletrônica das licitações. Mesmo comentário.

O parágrafo único cria obrigações aos municípios de até vinte mil habitantes enquanto, dentro dos seis anos, não adotarem o PNCP –

que, se o direito prevalecer neste país, jamais será implantado por força desta lei de iniciativa parlamentar.

São as seguintes:

a) publicar as informações, exigidas por esta lei em sítio eletrônico, em diário oficial – se isto ainda existir nos próximos anos. Nada impede que as publiquem já, desde hoje, em sítio eletrônico; e

b) disponibilizar a versão física dos expedientes nas repartições – e vejamos por quanto tempo elas ainda existirão, *eletronização* essa que, a este provecto escriba, enseja séria preocupação quanto à segurança e à incolumidade dos dados. A informática é funcionalmente maravilhosa e a mais extraordinária auxiliar do trabalho humano – quando dá certo.

Art. 177

CAPÍTULO II
DAS ALTERAÇÕES LEGISLATIVAS

Art. 177. O *caput* do art. 1.048 da Lei nº 13.105, de 16 de março de 2015 (Código de Processo Civil), passa a vigorar acrescido do seguinte inciso IV:

"Art. 1.048. (...)

IV – em que se discuta a aplicação do disposto nas normas gerais de licitação e contratação a que se refere o inciso XXVII do *caput* do art. 22 da Constituição Federal".

Primeiro artigo sobre as alterações que diversas leis sofreram por força desta Lei nº 14.133, incidiu já diretamente sobre o Código de Processo Civil, acrescendo o inciso IV ao seu art. 1.048, cujo *caput* reza: "Terão prioridade de tramitação, em qualquer juízo ou tribunal, os procedimentos judiciais".

O dispositivo, portanto, incluiu entre as matérias de tramitação prioritária qualquer discussão judicial sobre as normas gerais de licitação e contrato, referidas no inciso XXVII do art. 22 da Constituição, que hoje são ou as da L 8.666 (até abril de 2023), ou as desta Lei nº 14.133, conforme seja uma ou outra a lei escolhida para reger cada respectivo certame e contratação.

A Lei de Licitações *puxa a brasa para a sua sardinha*, como se observa, e não sem razão, porque, se a decisão judicial sobre licitação tardar, o interesse das partes desaparecerá total e fatalmente, dada a dinâmica própria desse assunto, no qual fatos os mais relevantes se sucedem com velocidade.

Art. 178

Art. 178. O Título XI da Parte Especial do Decreto-Lei nº 2.848, de 7 de dezembro de 1940 (Código Penal), passa a vigorar acrescido do seguinte Capítulo II-B:

"CAPÍTULO II-B

DOS CRIMES EM LICITAÇÕES E CONTRATOS ADMINISTRATIVOS

Contratação direta ilegal

Art. 337-E. Admitir, possibilitar ou dar causa à contratação direta fora das hipóteses previstas em lei:

Pena – reclusão, de 4 (quatro) a 8 (oito) anos, e multa.

Frustração do caráter competitivo de licitação

Art. 337-F. Frustrar ou fraudar, com o intuito de obter para si ou para outrem vantagem decorrente da adjudicação do objeto da licitação, o caráter competitivo do processo licitatório:

Pena – reclusão, de 4 (quatro) anos a 8 (oito) anos, e multa.

Patrocínio de contratação indevida

Art. 337-G. Patrocinar, direta ou indiretamente, interesse privado perante a Administração Pública, dando causa à instauração de licitação ou à celebração de contrato cuja invalidação vier a ser decretada pelo Poder Judiciário:

Pena – reclusão, de 6 (seis) meses a 3 (três) anos, e multa.

Modificação ou pagamento irregular em contrato administrativo

Art. 337-H. Admitir, possibilitar ou dar causa a qualquer modificação ou vantagem, inclusive prorrogação contratual, em favor do contratado, durante a execução dos contratos celebrados com a Administração Pública, sem autorização em lei, no edital da licitação ou nos respectivos instrumentos contratuais, ou, ainda, pagar fatura com preterição da ordem cronológica de sua exigibilidade:

Pena – reclusão, de 4 (quatro) anos a 8 (oito) anos, e multa.

Perturbação de processo licitatório

Art. 337-I. Impedir, perturbar ou fraudar a realização de qualquer ato de processo licitatório:

Pena – detenção, de 6 (seis) meses a 3 (três) anos, e multa.

Violação de sigilo em licitação

Art. 337-J. Devassar o sigilo de proposta apresentada em processo licitatório ou proporcionar a terceiro o ensejo de devassá-lo:

Pena – detenção, de 2 (dois) anos a 3 (três) anos, e multa.

Afastamento de licitante

Art. 337-K. Afastar ou tentar afastar licitante por meio de violência, grave ameaça, fraude ou oferecimento de vantagem de qualquer tipo:

Pena – reclusão, de 3 (três) anos a 5 (cinco) anos, e multa, além da pena correspondente à violência.

Parágrafo único. Incorre na mesma pena quem se abstém ou desiste de licitar em razão de vantagem oferecida.

Fraude em licitação ou contrato

Art. 337-L. Fraudar, em prejuízo da Administração Pública, licitação ou contrato dela decorrente, mediante:

I – entrega de mercadoria ou prestação de serviços com qualidade ou em quantidade diversas das previstas no edital ou nos instrumentos contratuais;

II – fornecimento, como verdadeira ou perfeita, de mercadoria falsificada, deteriorada, inservível para consumo ou com prazo de validade vencido;

III – entrega de uma mercadoria por outra;

IV – alteração da substância, qualidade ou quantidade da mercadoria ou do serviço fornecido;

V – qualquer meio fraudulento que torne injustamente mais onerosa para a Administração Pública a proposta ou a execução do contrato:

Pena – reclusão, de 4 (quatro) anos a 8 (oito) anos, e multa.

Contratação inidônea

Art. 337-M. Admitir à licitação empresa ou profissional declarado inidôneo:

Pena – reclusão, de 1 (um) ano a 3 (três) anos, e multa.

§1º Celebrar contrato com empresa ou profissional declarado inidôneo:

Pena – reclusão, de 3 (três) anos a 6 (seis) anos, e multa.

§2º Incide na mesma pena do *caput* deste artigo aquele que, declarado inidôneo, venha a participar de licitação e, na mesma pena do §1º deste artigo, aquele que, declarado inidôneo, venha a contratar com a Administração Pública.

Impedimento indevido

Art. 337-N. Obstar, impedir ou dificultar injustamente a inscrição de qualquer interessado nos registros cadastrais ou promover indevidamente a alteração, a suspensão ou o cancelamento de registro do inscrito:

Pena – reclusão, de 6 (seis) meses a 2 (dois) anos, e multa.

Omissão grave de dado ou de informação por projetista

Art. 337-O. Omitir, modificar ou entregar à Administração Pública levantamento cadastral ou condição de contorno em relevante dissonância com a realidade, em frustração ao caráter competitivo da licitação ou em detrimento da seleção da proposta mais vantajosa para a Administração Pública, em contratação para a elaboração de projeto básico, projeto executivo ou anteprojeto, em diálogo competitivo ou em procedimento de manifestação de interesse:

Pena – reclusão, de 6 (seis) meses a 3 (três) anos, e multa.

§1º Consideram-se condição de contorno as informações e os levantamentos suficientes e necessários para a definição da solução de projeto e dos respectivos preços pelo licitante, incluídos sondagens, topografia, estudos de demanda, condições ambientais e demais elementos ambientais impactantes, considerados requisitos mínimos ou obrigatórios em normas técnicas que orientam a elaboração de projetos.

§2º Se o crime é praticado com o fim de obter benefício, direto ou indireto, próprio ou de outrem, aplica-se em dobro a pena prevista no *caput* deste artigo.

Art. 337-P. A pena de multa cominada aos crimes previstos neste Capítulo seguirá a metodologia de cálculo prevista neste Código e não poderá ser inferior a 2% (dois por cento) do valor do contrato licitado ou celebrado com contratação direta".

Este artigo da Lei nº 14.133 modificou 12 (doze) artigos do Código Penal para acrescer-lhe todo um Capítulo II-B, no qual descreve os tipos penais relativos a licitações e contratos.

Fez *muitíssimo bem esta lei* em retirar do seu corpo próprio os crimes de licitação e de contratos, porque Lei de Licitações não é nem nunca foi foro tecnicamente adequado para elencar crimes e penas, matéria própria e por excelência das leis penais – e não das de direito administrativo, como a Lei de Licitações –, a começar pelo Código Penal.

Agora, o CP se vê acrescido, *em serviço formalmente limpo e elogiável*, de doze artigos a compor um capítulo, o que desobriga os autores das ações penais a pular de galho em galho à cata do fundamento daquelas ações, concentrado este, agora, no diploma máximo que rege o direito penal.

Outro ponto corolariamente elogiável foi a *concisão dos tipos penais*, sucinta, sumária e objetiva, ao estilo do Código Penal e bem diferente daquela selva amadorística de tipos penais da L 8.666, que lembram discursos moralistas.

O legislador, desta vez, teve o nítido cuidado de incumbir penalistas de redigirem estes artigos – que têm toda a técnica do Código Penal e das leis penais – e de não deixar por conta de administrativistas o trabalho que lhes é estranho. Valeu a regra da especialização de funções, em muito boa hora ativada.

Se o novo formato dos crimes, tipicamente penal, e também o fato de esses crimes terem sido retirados da Lei de Licitações e passados pelo Código Penal são pontos amplamente favoráveis à qualidade da lei, quanto à descrição dos tipos penais, esta lei, prendendo-se às fórmulas da L 8.666, foi muito menos feliz.

Observa-se que as penas previstas são bastante duras e que, no núcleo ou título do tipo, que vem em epígrafe e negrito na lei, os tipos penais são objetivos; entretanto, na descrição e na aplicação dos enquadramentos concretos de alguém naqueles tipos, quase sempre foi mantida a incômoda subjetividade da lei de origem, o que, em direito penal, pode ser deletério à justiça e aos direitos das partes.

É que as descrições dos tipos, como se disse, se basearam na L 8.666, uma péssima fonte de referência ou de inspiração nesse assunto. Com isso, ainda que o panorama haja melhorado, não se superaram em definitivo as deficiências de clareza e de objetividade que constavam dos arts. 89 a 98 da L 8.666, um conjunto de maus artigos de direito penal, o qual fora escrito, repita-se, por amadores dessa província jurídica.

Se os direitos civil e processual civil exigem cuidado, ponderação e reflexão para os enquadramentos e julgamentos, o direito penal os exige *três vezes mais*, em face de que as penas privativas de liberdade constituem uma cominação pesadíssima, talvez a mais indesejável num rápido juízo. Os valores em jogo são absolutamente essenciais – a *liberdade pessoal* representando maximamente todos eles.

Despiciendo reiterar que os enquadramentos penais hão sempre de ser, em matéria de licitações ou em qualquer outra existente, os mais técnicos e criteriosos que forem possíveis ao acusador ou, de outro modo, podem *arrasar vidas inteiras*, pelas injustiças mais revoltantes.

A *tipicidade estrita* é possivelmente o mais essencial requisito ao correto enquadramento de alguém no tipo criminal e nas sanções respectivas. Tipicidade é uma roupa apertada, sem folga nem desajuste nenhum admissível, que, se não for obtida à perfeição, inviabilizará qualquer tentativa de incriminação de alguém.

A Constituição se refere a essa regra da tipicidade penal no art. 5º, inc. XXXIX: *não há crime sem lei anterior que o defina nem pena em prévia cominação legal*. Esta é toda a base do direito penal.

Em direito penal, por fim, não existem métodos ou sistemas de interpretação da tipicidade, mas apenas *aplicação literal* do que está escrito na lei: ou a conduta do agente se enquadra como uma luva no figurino legal, ou simplesmente não existiu crime.

Nessa matéria, não existe analogia, teleologia, finalismo, historicidade, paralelismo, simetria, nem *asnices*, como invocação ao "espírito da lei" ou à "intenção do legislador", invenções de *picaretas* do direito que merecem o cesto de lixo da profissão.

O direito penal é mais que os outros informado pelo calor das emoções humanas; porém, o enquadramento penal, em específico, precisa ser gelado como um inverno ártico e preciso como uma microcirurgia.

******

Os novos tipos que foram acrescidos ao Código Penal são:
– *contratação direta ilegal* – *CP, art. 337-E*. O crime é contratar diretamente fora das hipóteses legais. A descrição poderia ser mais objetiva e clara. Sem a efetiva contratação, não se vislumbra crime algum, e o gigantismo da pena apenas confirma esta leitura;
– *frustração do caráter competitivo de licitação* – *art. 337-F*. Advogar administrativamente ou dirigir o encaminhamento do procedimento para obter vantagem ilícita, eis o crime. A pena é também bastante severa, o que torna um pouco irrealístico o dispositivo, como o artigo anterior. O legislador, com isso, deve imaginar poder espantar os maus caracteres dos certames, no que se engana redondamente;
– *patrocínio de contratação indevida* – *art. 337-G*. Tipo bem resumido, porém irrealístico. É impossível saber se uma licitação, ocasionalmente anos após realizada, será julgada ilegal, de modo que o crime será cometido se por acaso a licitação a que se refere for dada por ilegal. Nada objetivo, nada bem concebido e que lembra aposta ou adivinhação;
– *modificação ou pagamento irregular em contrato administrativo* – *art. 337-H*. Confunde-se com o tido do artigo anterior, o que evidencia a abundância moralista e punitiva da lei, neste ponto simplesmente copiando a técnica da L 8.666. Sutis diferenças recomendam a adoção de redobrado cuidado com relação ao enquadramento com base neste artigo do Código Penal;
– *perturbação de processo licitatório* – *art. 337-I*. Ruim a descrição, como no artigo anterior do CP. Não se sabe a que *perturbação* se refere o dispositivo – seria um excesso de recursos ou de contraditas às decisões da comissão? Seria falar alto, contar piadas de teor pornográfico, jogar cascas de laranja na comissão ou tocar música em alto volume na sessão? Muito ruim, exatamente como na L 8.666. Parece obra de criança metendo-se a falar sobre direito penal. Trata-se de um dispositivo que *perturba o direito*.

Fraudar é mais objetivo, significando praticar atos sabidamente ilegais, irregulares, o que facilita qualquer processamento;

– *violação de sigilo em licitação – art. 337-J*. Diz-se que o único segredo admissível em licitação é o conteúdo das propostas até sua abertura oficial. Em prestígio a essa tese, este artigo se restringe a prever o crime de alguém devassar segredo de outrem no certame, o que é algo mais ou menos infantil na medida em que não se imagina uma situação como tal, já que os licitantes não são crianças travessas e incontroláveis.

Melhor se adapta ou se endereça esta coercitiva previsão à própria administração licitadora, que, sendo delas a custodiadora, muito mais condição material tem de devassar proposta que algum licitante;

– *afastamento de licitante – art. 337-K*. É crime *afastar ou tentar afastar licitante por meio de violência, grave ameaça, fraude ou oferecimento de vantagem de qualquer tipo*. Bastante clara a descrição, uma vez demonstrada essa atuação, o seu autor se sujeita à pena de prisão, além de à pena prevista para a violência, algo bastante pesado.

Até aqui, foi referido o criminoso ativo; porém, pelo parágrafo único na mesma pena, incide o agente passivo que se abstém de participar em razão da vantagem oferecida, não se falando nesse caso de pena pela violência que não existiu.

O fato, de resto muito difícil de provar, é comum, referindo-se àqueles falsos licitantes, que apenas procuram vender facilidades – pedir propinas – aos licitantes verdadeiros e competitivos pelas dificuldades que lhes aventaram. Esse criminoso passivo é uma espécie humana pior que a primeira descrita no artigo e merece um destino triste;

– *fraude em licitação ou contrato – art. 337-L*. O crime aqui é fraude à licitação ou ao contrato se provocou prejuízo à Administração – porque, se não provocou, não existe tipicidade e, com isso, inexiste crime. Sim, porque nenhum crime pode ser "meio tipificado" ou aproximadamente tipificado. Tal não existe em direito penal.

Os comportamentos criminosos, neste caso, são especificados nos incisos I a V e são:

(I) Entrega de objeto a menor ou de qualidade pior que o contratado. Um tanto exagerado imaginar que tal seja crime, na medida em que o ente público contratante, sob pena de prevaricação, *está obrigado a recusar essa entrega* por desconformidade com o contratado. Se a recusa e se faz o contratado corrigir a entrega, então onde o crime?

(II) Fornecimento de mercadoria falsa ou deteriorada, ou com validade vencida. Mesmo comentário: para que serve o fiscal ou o gestor de contrato senão para fiscalizar essas entregas e/*ou* as recusar, *ou* atestar sua conformidade?

O dispositivo parece tão patético quanto o anterior, e quem merece punição, antes que o contratado, é o fiscal ou o recebedor que aceita a entrega desconforme. Se bem cumprir seu dever de fiscalizar, então jamais existirá crime à vista.

(III) Entrega de uma mercadoria por outra. O legislador não se cansa de repetir a mesma incongruência, e os mesmos comentários devem também ser repetidos. Para que existe recebedor, ou fiscal, ou gestor de contratos, que não fiscalize uma tentativa semelhante?

Será, porventura, preferível receber mercadoria errada, denunciar o fato ao Ministério Público e ao Tribunal de Contas, ver um inquérito e uma ação penal correrem contra o contratado, rescindir o contrato com este e convidar o segundo colocado para, querendo, contratar e entregar ou simplesmente recusar o recebimento e mandar corrigir o objeto?

A lei parece tentar encobrir a falha, a omissão e a prevaricação do recebedor que não examina o que recebe, transferindo a culpabilidade ao entregador. Ora, isto é absurdo!

(IV) Alterar característica do objeto. A mesma rematada *idiotice* merece os mesmos comentários.

(V) (Utilizar) qualquer meio fraudulento que torne injustamente mais onerosa para a administração pública a proposta ou a execução do contrato. Podia todo o artigo se resumir a este inciso, que poderia ser o único, e evitaria a rebarbativa falta de inteligência que os quatro incisos anteriores demonstraram.

Qualquer fraude à entrega, se não foi detectada na própria entrega e recusada, merece o enquadramento criminal. Só não se compreende, a esta altura, para que servem ou existem o fiscal, o gestor ou o recebedor do objeto contratual se não exatamente para prevenir fraudes como tais, por vezes bastante grosseiras, porém todas detectáveis por exame acurado ou, se preciso, por perícia;

– *contratação inidônea* – *art. 337-M*. Artigo prolixo, que pune a admissão à licitação de contratando inidôneo e pune também a contratação de pessoa inidônea. Ou seja, se o ente público admite um inidôneo ao certame, pode sofrer um enquadramento; se com ele contrata – o que é natural, se for o vencedor do certame – pode sofrer outro.

Trata-se de um evidente exagero, até porque o licitante pode forçar sua admissão através de documento falso, mas formalmente ótimo, e o ente não tem como saber da fraude nem tem motivo por que, farejando algo no ar *além de aviões de carreira*,[14] desde logo trilhar a sua origem. E, se o admitiu sem ter tido como inadmiti-lo, natural que o contrate se vencer o certame.

Duas penas, então, sendo ambas desmerecidas? Péssimo. Excessivamente rigoroso e pouco criterioso. Essa irracional caça às bruxas não raro atemoriza mais que o próprio criminoso, que, na maioria das vezes, se desmascara com facilidade. Mas a sanha punitiva de certos agentes que tenham esta lei nas mãos... essa, sim, é o verdadeiro perigo à justiça e à sanidade das instituições, pois que, se é revoltante a impunidade de criminosos, pior é a condenação de inocentes.

Incide nas mesmas penas – §2º – o inidôneo que conseguir participar do certame e se sujeita a mais uma pena aquele que conseguir ser contratado, uma duplicidade penal sem o menor sentido lógico e que contraria a regra de que ninguém pode ser punido duas vezes pelo mesmo crime.

Ser membro de comissão de licitação constitui, como já dissemos em artigo publicado, um ofício de alto risco. Até que ponto se pode exigir do agente licitador que saiba quais são os cidadãos inidôneos que tentam participar dos certames?

Se os métodos de falsificação, de fraude, de embuste de todo gênero, são hoje tão extraordinários que ameaçam NASA, Pentágono, Kremlin, tribunais eleitorais e organismos dessa magnitude, como exigir do responsável pela licitação que se assegure da não inidoneidade de seus simpáticos e sorridentes licitantes?

---

[14] Conforme o Barão de Itararé.

É bem certo que fraudes nesse caso, uma vez demonstradas, eximem de culpabilidade o agente público; porém, por vezes, é muito árduo e penoso provar que *focinho de porco não é tomada*, um marcado sacrifício e um grande risco ao agente público.

O que – já exaustivamente – se recomenda às autoridades com poder de indiciar e de punir é moderação, reflexão e isenção absolutas, ou tão integrais quão possíveis, já que a perfeição é um atributo divino.

Apenas assim o remédio não se deverá revelar mais grave que a doença. E absolutamente sem apologia ao crime nem à infração, não custa ter presente e reiterar que é sempre mais grave punir um inocente que inocentar um culpado. Quem tem sanha de punir não deveria ocupar função pública;

– *impedimento indevido* – *art. 337-N*. Artigo destinado inteiramente à administração pública e seus agentes licitadores e cadastradores, nada diz ao licitante. Quem, agente público, impedir ou dificultar injustamente o cadastramento de interessado ou quem o descadastrar ou modificar seu cadastramento está sujeito ao enquadramento criminal deste artigo.

Custa imaginar que um agente público venha a ser tão mortalmente estúpido a ponto de intentar algo como tal, mas o ser humano tem inesgotável criatividade – e algo do gênero já deve haver ocorrido... – e somente por isso o artigo se justifica;

– *omissão grave de dado ou de informação por projetista* – *art. 337-O*. Se seria quase inadmissível a estupidez do agente capaz de incidir no crime do artigo anterior, aqui a questão atinge um patamar de cuidado psiquiátrico, uma psicopatia ou psicose das mais graves.

É tão subjetivo, artificial e rebuscado o tipo aqui descrito que não deve ser necessário perder tempo – literalmente isso – indo a fundo na sua análise. Uma poça d'água contém mais substância que este infelicíssimo momento da lei.

Se o licitante apresenta documentação irrealística, então que seja desclassificado, mas jamais acusado de cometer crime. O esotérico para alguns, a outros parece normal. O artigo, com seus parágrafos, é mais um momento desastroso desta lei;

– *art. 337 – P*. Informa que a multa aos crimes deste capítulo seguirá a metodologia do Código Penal e não será inferior a dois por cento do contrato celebrado, licitado ou não. Aplicável apenas a contratados, este artigo não é claro ao referir a metodologia do Código Penal, o que ninguém pode saber exatamente o que significa, nem como na prática se aplica.

Dispositivos como este *desestimulam fortemente*, a autoridades honestas de propósito, a incluir multas nos seus contratos, porque o assunto *multa*, como se denota, é bastante mal disciplinado na lei de origem.

Art. 179

Art. 179. Os incisos II e III do *caput* do art. 2º da Lei nº 8.987, de 13 de fevereiro de 1995, passam a vigorar com a seguinte redação:

"Art. 2º (..)

II – concessão de serviço público: a delegação de sua prestação, feita pelo poder concedente, mediante licitação, na modalidade concorrência ou diálogo competitivo, a pessoa jurídica ou consórcio de empresas que demonstre capacidade para seu desempenho, por sua conta e risco e por prazo determinado;

III – concessão de serviço público precedida da execução de obra pública: a construção, total ou parcial, conservação, reforma, ampliação ou melhoramento de quaisquer obras de interesse público, delegados pelo poder concedente, mediante licitação, na modalidade concorrência ou diálogo competitivo, a pessoa jurídica ou consórcio de empresas que demonstre capacidade para a sua realização, por sua conta e risco, de forma que o investimento da concessionária seja remunerado e amortizado mediante a exploração do serviço ou da obra por prazo determinado;".

Artigo que modifica a Lei Federal de Concessões de Serviço Público, a Lei nº 8.987, de 13 de fevereiro de 1995, por alterar as suas definições de concessão de serviço público e de concessão de serviço público precedida de execução de obra pública.

Apenas acresceu aos dois incisos citados a previsão de que aquelas concessões podem dar-se, além de por licitação, também *por diálogo competitivo*, este último na forma desta lei.

É que, tendo esta lei criado o diálogo competitivo, cumpria atualizar a importante Lei das Concessões Federais para contemplar o novo instituto, que deve desempenhar papel relevante em muitas concessões que o Executivo doravante pretenda outorgar.

Art. 180

Art. 180. O *caput* do art. 10 da Lei nº 11.079, de 30 de dezembro de 2004, passa a vigorar com a seguinte redação:

"Art. 10. A contratação de parceria público-privada será precedida de licitação na modalidade concorrência ou diálogo competitivo, estando a abertura do processo licitatório condicionada a:".

Artigo que repete a inserção do diálogo competitivo, tal qual fez o artigo anterior quanto a concessões de serviço, desta vez para as PPPs – parcerias público-privadas –, para tanto modificando o art. 10 da lei respectiva, a Lei Federal nº 11.079, de 30 de dezembro de 2004.

O legislador acredita efetivamente no diálogo competitivo como forma de simplificar a escolha da melhor proposta para o ente licitador, como de resto aguardam os beneficiários desses certames e, finalmente, a população usuária do objeto.

Art. 181

CAPÍTULO III
DISPOSIÇÕES TRANSITÓRIAS E FINAIS

Art. 181. Os entes federativos instituirão centrais de compras, com o objetivo de realizar compras em grande escala, para atender a diversos órgãos e entidades sob sua competência e atingir as finalidades desta Lei.

Parágrafo único. No caso dos Municípios com até 10.000 (dez mil) habitantes, serão preferencialmente constituídos consórcios públicos para a realização das atividades previstas no *caput* deste artigo, nos termos da Lei nº 11.107, de 6 de abril de 2005.

Chega-se às disposições transitórias e finais da lei. E não se chega bem, como sói acontecer com as disposições transitórias na legislação brasileira em geral: um pesadelo, um *show* de horrores. Aqui não foi diferente, porque o assunto acabou, mas o legislador não parou de escrever.

A lei neste momento manda que estados, Distrito Federal e municípios instituam centrais de compras.

Ora, que competência tem uma lei federal para dar essa ordem a entes que detêm autonomia política e administrativa assegurada pela Constituição e que se organizam apenas segundo sua vontade, obedecendo apenas a Constituição?

Desde quando lei federal, sobre o que for, decide sobre a organização interna dos entes federados? É absolutamente inconstitucional e juridicamente desprezível esta ordem.

E quanto ao parágrafo único, como utiliza o advérbio preferencialmente e em se sabendo que lei não é catecismo nem manual de aconselhamento, pode ser simplesmente ignorado sem qualquer cogitação. Para aconselhar ou para recomendar, nenhum país precisa de lei nenhuma.

Art. 182

Art. 182. O Poder Executivo federal atualizará, a cada dia 1º de janeiro, pelo Índice Nacional de Preços ao Consumidor Amplo Especial (IPCA-E) ou por índice que venha a substituí-lo, os valores fixados por esta Lei, os quais serão divulgados no PNCP.

O que estava ruim no artigo anterior agora está pior.

Nesta lei, de origem parlamentar, o legislador adotou comportamento oposto ao que teve na L 8.666, cujo art. 115, por exemplo, informava que "os órgãos da Administração *poderão expedir normas* relativas aos procedimentos operacionais (...)" ou o art. 120, a rezar que "os valores fixados por esta Lei *poderão ser anualmente atualizados* pelo Poder Executivo Federal (...)", com destaques nossos.

Nesta lei, o panorama mudou, e o legislador passou a se julgar o chefe do presidente da República ao *mandar* que atualize a cada ano o índice econômico que menciona e o publique no portal nacional de compras que inconstitucionalmente impôs ao Executivo como uma obrigação.

Deveria ter sido vetado este artigo, como diversos outros já declinados, pelo Executivo, porque é virtualmente intolerável a *tirania hierárquica* que o Legislativo tenta exercer sobre o Executivo, tal qual fora seu dirigente, superior ou chefe de ordens.

Não é o Congresso que determina a política econômica e as regras procedimentais nesse assunto para outro Poder nem nunca será enquanto a tripartição de poderes do Estado estiver plasmada e consagrada na Constituição.

Uma coisa seria a lei de origem parlamentar *autorizar* o Executivo a isto ou àquilo, mas outra, insuportável, é que lhe determine o que fazer em matéria de administração.

Conviria ter sido vetado este artigo, mas não se vislumbra, mesmo sem o veto, obrigação legítima nenhuma para o Executivo.

Art. 183

Art. 183. Os prazos previstos nesta Lei serão contados com exclusão do dia do começo e inclusão do dia do vencimento e observarão as seguintes disposições:

I – os prazos expressos em dias corridos serão computados de modo contínuo;

II – os prazos expressos em meses ou anos serão computados de data a data;

III – nos prazos expressos em dias úteis, serão computados somente os dias em que ocorrer expediente administrativo no órgão ou entidade competente.

§1º Salvo disposição em contrário, considera-se dia do começo do prazo:

I – o primeiro dia útil seguinte ao da disponibilização da informação na internet;

II – a data de juntada aos autos do aviso de recebimento, quando a notificação for pelos correios.

§2º Considera-se prorrogado o prazo até o primeiro dia útil seguinte se o vencimento cair em dia em que não houver expediente, se o expediente for encerrado antes da hora normal ou se houver indisponibilidade da comunicação eletrônica.

§3º Na hipótese do inciso II do *caput* deste artigo, se no mês do vencimento não houver o dia equivalente àquele do início do prazo, considera-se como termo o último dia do mês.

Artigo que ensina a ave-maria ao padre, inventa a roda, descobre o fogo e, possivelmente, confirma que a Terra não é plana.

Nada do que diz constitui novidade para ninguém, exceto sobre a publicação na internet, que não existia até tempo recente, como meio de publicidade dos atos oficiais. Essa publicação passou a ser o marco inaugural da contagem dos prazos.

Trata-se da tradicional e secular regra da contagem de prazos, que é a do direito civil – que da contagem exclui o dia da publicação e inclui o último dia – e não aquela do direito penal, que, em face dos valores envolvidos, inclui o dia da publicação e exclui o último.

Dia útil é o em que existe expediente *administrativo* no respectivo ente, e não simplesmente expediente finalístico ininterrupto, como ocorre em hospitais, delegacias de polícia e diversos outros organismos cuja atividade-fim não pode cessar nunca.

Art. 184

Art. 184. Aplicam-se as disposições desta Lei, no que couber e na ausência de norma específica, aos convênios, acordos, ajustes e outros instrumentos congêneres celebrados por órgãos e entidades da Administração Pública, na forma estabelecida em regulamento do Poder Executivo federal.

Artigo irrealístico, quixotesco e quase absolutamente inaplicável, no pouquíssimo que eventualmente tem de aplicável é por inteiro subjetivo e instabilizador.

Em primeiro lugar, não há como aplicar a Lei de Licitações a atos que não contêm licitação porque incabível, como convênios, acordos e ajustes fora de competição. Não faz sentido.

Em segundo lugar, porque a locução "no que couber", tão cômoda para o legislador, é uma vez mais absolutamente impraticável para o aplicador em face da sua subjetividade infinita, que não permite aplicação segura, confiável e com garantia de correção.

Neste caso, esta lei *não cabe nunca* aos negócios referidos no artigo, de modo que se soma uma inconsistência a outra, resultando em absolutamente *nada* do ponto de vista jurídico, técnico, operacional ou organizacional.

O legislador brasileiro não perde a mania de mandar o cidadão aplicar "no que couber" alguma regra a situações que, no mais das vezes, nada têm com a mesma regra e lava as mãos a seguir, talvez imaginando que galhardamente cumpriu sua missão... tudo a confirmar que de ilusão também se vive.

Art. 185

Art. 185. Aplicam-se às licitações e aos contratos regidos pela Lei nº 13.303, de 30 de junho de 2016, as disposições do Capítulo II-B do Título XI da Parte Especial do Decreto-Lei nº 2.848, de 7 de dezembro de 1940 (Código Penal).

Outro artigo acaciano, reza o óbvio ululante de que se aplica o Código Penal às licitações.

Acaso seria diferente? Um licitante rouba o computador em que o licitador está coligindo as propostas na licitação e, por acaso, deveria ficar livre ou imune à incidência do Código Penal?

Se comete um crime comum, por acaso durante uma licitação, então apenas por estar numa licitação isso o protegeria da aplicação do Código Penal?

Incomentável.

Art. 186

Art. 186. Aplicam-se as disposições desta Lei subsidiariamente à Lei nº 8.987, de 13 de fevereiro de 1995, à Lei nº 11.079, de 30 de dezembro de 2004, e à Lei nº 12.232, de 29 de abril de 2010.

Neste caso, a regra faz sentido, porque a Lei das Concessões de Serviços é omissa e lacunosa em variados aspectos operacionais que podem ensejar a aplicação subsidiária desta lei para dar solução a casos concretos.

A aplicação subsidiária de leis é porém um vasto campo de incertezas e de subjetividades, no qual poucas certezas se tem sobre qualquer coisa.

Isso exige do aplicador, além de anunciar que está aplicando subsidiariamente esta ou aquela lei, bom senso, ponderação e justificativa, de modo a fazer a condução do trabalho ser ou parecer a mais *natural* que se possa exigir e a menos discrepante da fonte original de direito.

Trata-se, em verdade, de um delicado trabalho de *sistematização*, que se revela imprescindível em grande número de situações frequentes em licitações e na execução de contratos. Sempre precisará existir, já enunciada ou à espera de provocação, a *justificativa* da atitude, como todos os atos oficiais têm de ser, ao menos, justificáveis.

Art. 187

Art. 187. Os Estados, o Distrito Federal e os Municípios poderão aplicar os regulamentos editados pela União para execução desta Lei.

Artigo muito melhor que a "ditadura" dos precedentes, que não autorizam como aqui, mas *mandam* que os entes federados façam isto e aquilo, e instituam atividades ou mesmo órgãos no Executivo.

É bem certo que uma lei coerente não autoriza o que não foi pedido, mas, seja como for, fica muito melhor ao legislador apenas recordar aos entes federados que poderão adotar regulamentos federais – o que, de resto, aqueles entes já sabiam e sempre souberam, e praticam com absoluta frequência – do que lhes determinar medidas e providências a adotar.

O que continua incomodando, isto, sim, é a menção aos regulamentos do Executivo a serem editados por força desta lei, algo, como se disse, inconstitucional e abusivo à tripartição constitucional dos Poderes do Estado.

Art. 188

(VETADO).

Art. 189

Art. 189. Aplica-se esta Lei às hipóteses previstas na legislação que façam referência expressa à Lei nº 8.666, de 21 de junho de 1993, à Lei nº 10.520, de 17 de julho de 2002, e aos arts. 1º a 47-A da Lei nº 12.462, de 4 de agosto de 2011.

Outra obviedade tão necessária quanto uma gripe suína, mesmo que inexistissem todas as menções legais às leis englobadas e unificadas por esta Lei nº 14.133, já se as aplicariam a esta lei automática e necessariamente.

Vale esta regra, porém, apenas a partir de quando esta lei for a única regedora das licitações, a partir de abril de 2023, e não antes disso e enquanto a L 8.666 ainda puder ser aplicada e ainda reger os certames e os contratos.

Art. 190

> Art. 190. O contrato cujo instrumento tenha sido assinado antes da entrada em vigor desta Lei continuará a ser regido de acordo com as regras previstas na legislação revogada.

Pelo menos desde o início do século passado no Brasil, a lei nova não prejudica o direito adquirido, a coisa julgada e o *ato jurídico perfeito*.

É o que reza hoje a Constituição, art. 5º, inciso XXXVI, mas é também o que já preconizava a Lei de Introdução ao Código Civil, em 2010 rebatizada de Lei de Introdução às Normas do Direito Brasileiro, no seu art. 6º.

Sendo supostamente o contrato um ato jurídico perfeito (como o foi o edital), então não precisa a Lei de Licitações informar que continuará regido pela lei que o fundamentou na origem, porque isso já era assim e assim continua.

Se uma licitação tem publicado o edital no último dia de vigência da L 8.666 e se rege por ela, então pode o contrato resultante durar quinze anos ou o tempo que for que continuará sendo regido pela lei de origem, sem nenhuma interferência desta Lei nº 14.133.

Art. 191

Art. 191. Até o decurso do prazo de que trata o inciso II do *caput* do art. 193, a Administração poderá optar por licitar ou contratar diretamente de acordo com esta Lei ou de acordo com as leis citadas no referido inciso, e a opção escolhida deverá ser indicada expressamente no edital ou no aviso ou instrumento de contratação direta, vedada a aplicação combinada desta Lei com as citadas no referido inciso.

Parágrafo único. Na hipótese do *caput* deste artigo, se a Administração optar por licitar de acordo com as leis citadas no inciso II do *caput* do art. 193 desta Lei, o contrato respectivo será regido pelas regras nelas previstas durante toda a sua vigência.

Artigo que curiosamente foi lido e se tornou conhecido no Brasil antes dos antecedentes dispositivos desta lei – tal a sua bombástica importância para o destino das licitações e dos contratos, e a curiosidade que o assunto despertou –, consigna a pouquíssimo comum alternatividade de fundamento de procedimentos administrativos, tais quais a licitação e o consequente contrato.

Que uma lei contenha a *vacatio* e, enquanto isso, a anterior continue em vigor é comum e da essência do direito, mas que se possa escolher, por dois anos inteiros, *ou uma, ou outra lei*, sem combinação ou mistura possível após a escolha, isso é raríssimo.

Os comentários ao dispositivo, que bem logo se ouviram, foram os mais disparatados, muitos aplicadores detestando a mudança, muitos ansiosos pela aplicação das novidades. Como em tudo, só o tempo e a experiência dirão do *acerto médio* da nova lei e quanto representou de evolução com relação à L 8.666.

Diz-se acerto *médio* porque, como foi visto, a lei tem altos e baixos, e sempre se faz necessário ponderar as suas vantagens e as suas desvantagens ao longo do tempo e da continuada aplicação.

Existem na nova lei, como se examinou, pontos admiráveis ao lado e de permeio a tópicos detestáveis – algo natural a todo diploma "codificante", como são as leis do que já é de praxe denominar *normas gerais de licitação*. O remédio, diria o poeta popular, é esperar.

Art. 192

Art. 192. O contrato relativo a imóvel do patrimônio da União ou de suas autarquias e fundações continuará regido pela legislação pertinente, aplicada esta Lei subsidiariamente.

Artigo destinado à União e também útil como o despertar da primavera ou o gorjeio do uirapuru.

Não seria a Lei de Normas Gerais de Licitações que mudaria o feixe normativo de contratos imobiliários da União, e o casuístico artigo se revela despiciendo por completo. Ninguém imaginaria nada diferente.

Art. 193

Art. 193. Revogam-se:

I – os arts. 89 a 108 da Lei nº 8.666, de 21 de junho de 1993, na data de publicação desta Lei;

II – a Lei nº 8.666, de 21 de junho de 1993, a Lei nº 10.520, de 17 de julho de 2002, e os arts. 1º a 47-A da Lei nº 12.462, de 4 de agosto de 2011, após decorridos 2 (dois) anos da publicação oficial desta Lei.

Artigo que se dedica a indicar vigência e revogação de dispositivos da L 8.666, no inciso I revogou desde a promulgação desta lei e, expressamente, o minicódigo penal representado pelos arts. 89 a 98 daquele diploma de 1993 – no que, como já se iterou, fez muitíssimo bem. Desloca-se essa matéria criminal da Lei de Licitações para o Código Penal, fora do qual jamais deveria ter estado.

No inciso II, fixou a vigência conjunta das duas leis por dois anos contados da promulgação desta, o que acontece em 31 de março de 2023, ocasião em que somente esta lei regerá as licitações e os contratos cujo ato inicial se inicie a partir dessa data.

Imagina o legislador, não sem razão, que os entes públicos precisam de tempo para absorver as novas regras, por vezes muito impactantes, desta lei – daí o prazo concedido para regência alternativa.

Art. 194

Art. 194. Esta Lei entra em vigor na data de sua publicação.

Brasília, 1º de abril de 2021; 200º da Independência e 133º da República.

JAIR MESSIAS BOLSONARO

Artigo final, demarca o início da vigência ou do vigor da Lei nº 14.133, sendo que a eficácia, que também foi dada, é alternativa com a da L 8.666 até abril de 2023.

Portanto, já está emprestada eficiência a esta lei, porém facultativa: ou se aplica esta lei, ou a L 8.666 até o advento daquela data.

Esta obra foi composta em fonte Palatino Linotype, corpo 10,5
e impressa em papel Pólen Bold 70g (miolo) e Supremo 250g (capa)
pela Gráfica Formato, em Belo Horizonte/MG.